세법 속 민법의 이해

김성균

박영사

머리말

　본 교재는 저자가 제주도에 있는 국세공무원교육원 전임교수로 강의하면서 그 필요성을 느껴 집필하게 되었다. 세무전문가를 상대로 어떤 부분을 강의할 것인지 어느 부분을 약점으로 보고 보완할 것인지 등에 관한 수많은 고뇌는 저자의 부족한 실력에도 불구하고 출간하고자 하는 욕구를 자극하기에 부족함이 없었다.

　본문에서는 공법인 조세법과 다른 법과의 관계와 그 적용원칙, 민법의 기본원리와 그로부터 파생되는 관련 쟁점을 다루었다. 세법과 회계를 선택과목으로 하여 법학을 생소하게만 느끼는 신규 세무공무원과 과다한 업무량으로 인해 시간적 여유가 없어 그 근거에 대한 확신을 가지지 못하고 있는 재직공무원, 그리고 민법을 공부하고자 하는 이들에게 조금이나마 도움이 되기를 바란다.

　교재의 구성과 관련해서는 필자의 입장에서 법학은 자칫 그 용어와 내용이 딱딱하여 재미가 없고 독자들에게는 오로지 이해하기 어렵고 양이 방대하여 쉽게 포기하는 사례를 다수 목격하여, 이를 보완하고자 사례와 판례를 각 주제마다 추가하여 민법과 일부 세법에 대하여 관심과 흥미를 유발하고자 하였다.

　저자는 민법과 세법은 매우 어려운 과목이기는 하나 반복학습을 통해서 쟁점을 정리해 가다보면 익숙해지고 비교적 쉽게 이해할 수 있는 실력을 겸비하는 날이 필히 도래한다고 믿고 있다. 현재 자신의 실력이 부족하다고 생각하여 어려움을 겪고 있는 독자가 있다면 여기 실력이 부족한 저자를 보면서 미래 발전할 자신의 모습을 상상해보고 이를 근거로 자신감을 가져도 좋다고 감히 조언해주고 싶다.

　교재의 목차는 일반적인 민법 교과서의 순서를 기본으로 하고자 하였다. 그러나 저자가 수업을 진행하면서 그때그때 필요성을 느껴 그 순서와 배치를 달리 한 부분도 있다는 점을 이해해주기 바란다.

이 책이 출간되기까지 아낌없이 도움을 주신 출판사 박영사 안종만 회장님, 송병민 과장과 조보나 대리 그리고 이정순 여사님, 박상준 상무, 이종건 변호사, 박용식 변호사, 강병훈 변호사, 조준형 미국변호사, 국세공무원교육원 교수님들께 감사의 말씀을 드린다. 마지막으로 표지선택에 도움을 주신 문효정 변호사님께도 고마움을 전한다.

2018년 7월

김 성 균

차 례

Part I 총설

Part II 민법총칙

Part III 물권법

쟁점사례 차례

세법 속 민법의 이해

총설

I

조세법과 다른 법과의 관계

01

Ⅰ. 서설

　　조세법질서도 전체 법질서에 속하므로 다른 법 분야와 밀접한 관련을 가지고 있다. 따라서 조세법을 체계적으로 이해하기 위해서는 다른 법과의 관계를 분석하여 파악하는 과정이 필수적이다. 우선 조세법률주의와 조세평등주의의 헌법적 요청은 모든 조세법규의 합헌적 해석을 요구하며, 조세법률관계를 권리·의무관계로 파악하는 한 세법 해석의 밑바탕에는 민법의 기초이론이 자리 잡을 수밖에 없다.[1] 나아가 국가 간 경제교류가 긴밀하게 된 현대사회에서 국제법이 세법의 주요한 법원으로 자리 잡고 있고, 전통적으로 세법은 행정법의 일부로 취급되어 왔을 정도로 행정법과 밀접히 연관되어 있다. 그 밖에도 상법·민사소송법·형사법 등도 실체와 절차, 그리고 쟁송적 측면에서 세법과 유기적으로 연관되어 있다.

Ⅱ. 헌법과 세법

　　우리나라는 자유시장 경제질서에 기초한 자유주의 국가이다. 사유재산제도를 보

---

1) 임승순, 조세법, 박영사, 2018, 17쪽.

장하고 있고, 국민의 재산권이 헌법상 기본권 중의 하나로 인정된다(헌법 제23조). 그런데 우리나라는 조세수입을 국고의 근간으로 하는 조세국가로 조세법률주의와 조세평등주의에 근거하여 과세권을 행사하게 된다. 이렇게 이루어지는 과세권은 필연적으로 국민의 재산권을 약하게 만들고 자칫 부당한 과세권의 행사로 이어지기도 한다. 따라서 자유시장 경제질서에 기초한 자유주의 국가는 국가의 과세권과 사인의 재산 및 자유의 제한 사이의 조정을 위하여 국민의 동의에 과세권을 엄격히 기속시키는 법치주의를 확립함으로써 그 목적을 실현하고, 이를 통하여 조세국가에 합법적 정통성을 부여하게 된다.[2]

Ⅲ. 사법과 세법

조세는 사법상의 경제적 거래를 기초로 생산되는 재화나 용역에 담세력을 인정하여 부과되므로 이를 규율하는 세법은 기본적으로 사법의 법률관계에 기초하게 된다. 따라서 사법상 거래가 무효라면 그에 대한 조세의 부과는 허용될 수 없다. 그러나 조세는 국민 모두가 부담하는 공적 부담으로서 고유의 목적과 기능을 가지므로 조세법률관계는 사법상 법률관계와 다른 특성도 지니게 된다. 나아가 거래 당사자는 가능한 한 조세를 적게 내려 하고 경우에 따라서는 사법상 거래형태를 조세회피 수단으로 남용하므로 현실에 있어서는 여러 가지 사유로 세법의 적용과 해석이 사법의 법률관계로부터 이탈하여 양자 사이에 괴리가 생기게 된다.[3]

---

2) 임승순, 앞의 책, 17-18쪽.
3) 임승순, 앞의 책, 19쪽.

조세법상 기본원칙

02

Ⅰ. 조세법률주의

1. 개관

조세행정에 있어서의 법치주의의 적용은 조세징수로부터 국민의 재산권을 보호하고 법적 생활의 안전을 도모하려는데 그 목적이 있는 것으로서, **과세요건법정주의**와 **과세요건명확주의**를 그 핵심적 내용으로 하는 것이지만 오늘날의 법치주의는 국민의 권리·의무에 관한 사항은 법률로써 정해야 한다는 형식적 법치주의에 그치는 것이 아니라 그 법률의 목적과 내용 또한 기본권 보장의 헌법이념에 부합되어야 한다는 **실질적 법치주의**를 의미하며 헌법 제38조, 제59조가 선언하는 조세법률주의도 이러한 실질적 법치주의를 뜻하는 것이므로 비록 과세요건이 법률로 명확히 정해진 것일지라도 그것만으로는 충분한 것이 아니고 조세법의 목적이나 내용이 기본권 보장의 헌법이념과 이를 뒷받침하는 헌법상의 諸원칙에 합치되지 않으면 안 된다.[1]

> **헌법**
> **제38조** 모든 국민은 법률이 정하는 바에 의하여 납세의 의무를 진다.
> **제59조** 조세의 종목과 세율은 법률로 정한다.

---

[1] 헌법재판소 1992.02.25. 선고 90헌가69,91헌가5,90헌바3.

2. 형식적 법치주의

(1) 과세요건법정주의

조세의 종목과 세율은 물론 납세의무를 성립시키는 납세의무자·과세물건·과세기간·세율 등의 모든 과세요건과 조세의 부과·징수 절차는 헌법에 위배되지 않는 범위에서 국민의 대표기관인 국회가 제정한 법률로 규정하여야 한다는 원칙을 말한다.[2][3] 또한 과세요건법정주의는 조세의 부과·징수뿐만 아니라 조세감면의 근거 역시 법률로 정할 것을 요구한다.[4]

(2) 과세요건명확주의

과세요건에 관한 법률규정의 내용이 지나치게 추상적이거나 불명확하면 이에 대한 과세관청의 자의적인 해석과 집행을 초래할 염려가 있으므로 그 규정내용이 명확하여야 하고 함부로 불확정개념이나 개괄조항을 사용하여서는 안 된다는 원칙으로, 과세요건을 정한 조세법률규정의 내용이 지나치게 추상적이고 불명확하여 과세관청의 자의적 해석이 가능하고 그 집행이 자유재량에 맡겨지도록 되어 있다면 그 규정은 과세요건명확주의에 어긋나는 것이어서 헌법상 조세법률주의 원칙에 위배된다.[5][6]

---

2) 이창희, 세법강의, 박영사, 2016, 18쪽; 임승순, 앞의 책, 31쪽.
3) 헌법재판소 1999.03.25. 선고 98헌가11·14·15·18(병합) - 사치성 재산에 대한 재산세의 표준세율을 그 가액의 1,000분의 50으로 중과하고 있는 지방세법(1998.12.31. 법률 제5615호로 개정되기 이전의 것) 제188조 제1항 제2호 (2)목 중 "고급오락장용 건축물" 부분은 "고급오락장"의 개념이 지나치게 추상적이고 불명확하여 고급오락장용 건축물이 무엇인지를 예측하기가 어렵고, 과세관청의 자의적인 해석과 집행을 초래할 염려가 있으므로 헌법 제38조, 제59조에 규정된 조세법률주의에 위배된다.
4) 헌법재판소 1996.06.26. 93헌바2, 판례집 8-1, 525[합헌] - 조세(租稅)의 감면(減免)에 관한 규정(規定)은 조세(租稅)의 부과(賦課)·징수(徵收)의 요건이나 절차와 직접 관련되는 것은 아니지만, 조세(租稅)란 공공경비(公共經費)를 국민에게 강제적으로 배분하는 것으로서 납세의무자(納稅義務者) 상호 간에는 조세(租稅)의 전가관계가 있으므로 특정인이나 특정계층에 대하여 정당한 이유없이 조세감면(租稅減免)의 우대조치(優待措置)를 하는 것은 특정한 납세자군(納稅者群)이 조세(租稅)의 부담을 다른 납세자군(納稅者群)의 부담으로 떠맡기는 것에 다름아니므로 조세감면(租稅減免)의 근거 역시 법률(法律)로 정하여야만 하는 것이 국민주권주의(國民主權主義)나 법치주의(法治主義)의 원리에 부응하는 것이다.
5) 이창희, 앞의 책, 19쪽; 임승순, 앞의 책, 35쪽.
6) 헌법재판소 1992.12.24. 선고 90헌바21 - 1988.12.26. 개정전(改正前)의 상속세법(相續稅法) 제9조

(3) 소급과세금지의 원칙

새로운 입법으로 과거에 소급하여 과세하거나 또는 이미 납세의무가 존재하는 경우에도 소급하여 중과세해서는 안 된다는 원칙을 말한다. 여기서 말하는 '소급'이란 과세요건 후의 사실이나 법률관계를 규율대상으로 하는 '진정소급'을 의미한다. 소급과세금지의 원칙에도 조세공평의 원칙을 실현하기 위하여 불가피한 경우 또는 공공복리를 위하여 절실한 필요가 있는 경우에는 예외가 인정된다. 다만, '부진정소급'의 경우에는 신뢰보호원칙에 위배되지 않아야 한다. 헌법재판소도 '새로운 입법으로 이미 종료된 사실관계에 작용케 하는 진정소급입법은 헌법적으로 허용되지 않는 것이 원칙이며 특단의 사정이 있는 경우에만 예외적으로 허용될 수 있는 반면, 현재 진행 중인 사실관계에 작용케 하는 부진정소급입법은 원칙적으로 허용되지만 소급효를 요구하는 공익상의 사유와 신뢰보호의 요청 사이의 교량과정에서 신뢰보호의 관점이 입법자의 형성권에 제한을 가하게 된다'라고 판시한 바 있다.[7]

(4) 엄격해석의 원칙

조세법의 집행에 있어서 법률은 엄격하게 해석·적용하여야 하며 행정편의적인 확장해석이나 유추해석은 허용되지 않음을 의미한다.[8]

3. 실질적 법치주의

형식적으로 국민의 대표가 제정한 법률에 의하지 아니하고는 과세 없다는 의미를 넘어 조세법의 목적이나 내용이 기본권보장의 헌법이념과 이를 뒷받침하는 헌법상의 제원칙에 합치할 것을 요구하는 것이 실질적 조세법률주의이다.[9]

제2항 본문의 위헌(違憲) 여부에 관한 것으로 상속사실의 무신고 또는 누락된 상속재산의 가액은 상속개시 당시가 아닌 상속세 부과 당시의 가액으로 평가한다고 규정한 것은 과세관청이 과세처분을 언제하느냐에 따라 그 상속재산의 가액평가를 달리 할 수 있게 되므로 조세법률주의에 정면으로 위배된다.
7) 헌법재판소 1998.11.26. 선고 97헌바58 전원재판부 농어촌특별세법부칙 제3조 제3항 위헌소원[헌공 제31호]
8) 헌법재판소 1990.09.03. 89헌가95.
9) 헌법재판소 1997.10.30. 96헌바14 전원재판부.

참조판례 이혼시 재산분할을 청구하여 상속세 인적공제액을 초과하는 재산을 취득한 경우 그 초과부분에 대하여 증여세를 부과하도록 규정하고 있는 상속세법 규정의 위헌 여부

이혼시의 재산분할제도는 본질적으로 혼인 중 雙方의 협력으로 형성된 공동재산의 청산이라는 성격에, 경제적으로 곤궁한 상대방에 대한 부양적 성격이 보충적으로 가미된 제도라 할 것이어서, 이에 대하여 재산의 무상취득을 과세원인으로 하는 증여세를 부과할 여지가 없으며, 설령 증여세나 상속세를 면탈할 목적으로 위장이혼하는 것과 같은 경우에 증여와 동일하게 취급할 조세정책적 필요성이 있다 할지라도, 그러한 경우와 진정한 재산분할을 가리려는 입법적 노력없이 반증의 기회를 부여하지도 않은 채 상속세 인적공제액을 초과하는 재산을 취득하기만 하면 그 초과부분에 대하여 증여세를 부과한다는 것은 입법목적과 그 수단간의 적정한 비례관계를 벗어난 것이며 비민주적 조세관의 표현이다. 그러므로 이혼시 재산분할을 청구하여 상속세 인적공제액을 초과하는 재산을 취득한 경우 그 초과부분에 대하여 증여세를 부과하는 것은, 증여세제의 본질에 반하여 증여라는 과세원인 없음에도 불구하고 증여세를 부과하는 것이어서 현저히 불합리하고 자의적이며 재산권보장의 헌법이념에 부합하지 않으므로 실질적 조세법률주의에 위배된다.[10]

4. 조세법률주의와 위임입법의 한계

(1) 수권법률

① 의회유보, ② 포괄위임금지 - 과세요건법정주의와 과세요건명확주의를 핵심적 내용으로 하는 조세법률주의의 이념은 과세요건을 법률로 명확하게 규정함으로써 국민의 재산권을 보장하고 국민생활의 법적 안정성과 예측가능성을 보장함에 있는 것이다. 그런데 조세법률주의를 철저하게 관철하고자 하면 복잡다양하고도 끊임없이 변천하는 경제상황에 대처하여 적확하게 과세대상을 포착하고 적정하게 과세표준을 산출하기 어려워 담세력에 따른 공평과세의 목적을 달성할 수 없게 되는 경우가 생길 수 있으므로, 조세법률주의를 지키면서도 경제현실에 따라 공정한 과세를 하고 탈법적인 조세회피행위에 대처하기 위하여는 납세의무의 본질적인 내용에 관한 사항이라 하더라도 그 중 경제현실의 변화나 전문적 기술의 발달 등에 즉응하여야 하는 세부적인 사항에 관하여는 국회제정의 형식적 법률보다 더 탄력성이 있는

---

10) 헌법재판소 1997.10.30. 96헌바14, 판례집 9-2, 454[위헌] - 舊 相續稅法 제29조의2 제1항 제1호 중 이혼한 자의 재산분할에 대한 증여세 규정부분 違憲訴願.

대통령령 등 하위법규에 이를 위임할 필요가 있다. 우리 헌법도 조세행정분야뿐만 아니라 국정 전반에 걸쳐 위와 같은 위임입법의 필요성이 있음을 인정하여 그 제75조에서 "대통령은 법률에서 … 위임받은 사항 … 에 관하여 대통령령을 발할 수 있다"라고 규정함으로써 위임입법의 헌법상 근거를 마련하는 한편, 대통령령으로 입법할 수 있는 사항을 "법률에서 구체적으로 범위를 정하여 위임받은 사항"으로 한정함으로써 위임입법의 기준과 한계를 명시하고 있는바, 여기서 위임입법에 관한 헌법의 위 규정이 특히 위임입법의 기준과 한계를 명시하고 있는 취지는 단순히 소극적인 측면에서 대통령령 등의 하위법규로서는 법률이 위임하지 아니한 사항을 정할 수 없음을 밝히고 있는 것에 그치는 것이 아니고, 더 나아가 적극적인 측면에서 대통령령 등의 하위법규에 입법을 위임할 경우에는 법률로써 반드시 그 위임의 범위를 구체적으로 정하여야 하며 일반적이고 포괄적인 입법위임은 허용되지 않는다는 것까지 밝히고 있는 것이다. 따라서, 입법의 위임은 법률로써 구체적인 범위를 정하여 이루어져야 하는 것이지만, 그 위임범위의 구체성, 명확성의 요구 정도는 그 규제대상의 종류와 성격에 따라 달라질 수밖에 없는 것으로서, 특히 처벌법규나 조세법규와 같이 국민의 기본권을 직접적으로 제한하거나 침해할 소지가 있는 법규에서는 구체성의 요구가 강화되어 그 위임의 요건과 범위가 일반적인 급부행정법규의 경우보다 더 엄격하게 제한적으로 규정되어야 하는 반면에 다양한 사실관계를 규율하거나 사실관계가 수시로 변화될 것이 예상될 때에는 위임의 명확성의 요건은 완화되는 것이다.[11]

(2) 위임명령

    가. 법률유보
    나. 법률우위

5. 조세법률주의의 예외

    (1) 지방세 특례 – 지방세법 제3조 제1항
    (2) 조약에 의한 협정관세율, 긴급재정경제처분·명령

---

11) 헌법재판소 1995.11.30. 94헌바40등.

Ⅱ. 조세평등주의

1. 개관

조세평등주의는 법 앞의 평등의 원칙을 조세의 부과와 징수과정에서도 구현함으로써 조세정의를 실현하려는 원칙이다. 이러한 조세평등주의의 원칙에 따라 과세는 개인의 경제적 급부능력을 고려한 것이어야 하고, 동일한 담세능력자에 대하여는 원칙적으로 평등한 과세가 있어야 한다. 조세평등주의가 요구하는 담세능력에 따른 과세의 원칙(또는 응능부담의 원칙)은 한편으로 동일한 소득은 원칙적으로 동일하게 과세될 것을 요청하며(이른바 '수평적 조세정의'), 다른 한편으로 소득이 다른 사람들 간의 공평한 조세부담의 배분을 요청한다(이른바 '수직적 조세정의'). 나아가 조세평등주의(租稅平等主義)는 특정의 납세의무자를 불리하게 차별하는 것을 금지할 뿐만 아니라 합리적 이유 없이 특별한 이익을 주는 것도 허용하지 아니한다.[12]

2. 현행법상 실천적 원리

(1) 실질과세의 원칙(국세기본법 제14조 제1항)

가. 차용개념

세법이 'p이면 q이다'라고 정하고 있고 여기에서 p가 민사법상의 법률개념으로 표현되어 있을 때 이를 민사법에서 빌려왔다는 뜻에서 차용개념이라 한다.[13] 이는 '세법에 나오는 민사법용어를 민사법과 같은 뜻이라고 이해할 것인가' 아니면 '세법과 민사법의 목적이 다른 이상, 민사법에서 빌어온 개념이라 하여 반드시 민사법과 똑같은 뜻으로 해석할 수는 없다고 볼 것인가'의 문제이다. 판례는 '구 지방세법 제22조 제2호, 제105조 제6항에서 정한 '주주'나 '과점주주'가 되는 시기'와 관련하여 구 지방세법(2006.12.30. 법률 제8147호로 개정되기 전의 것, 이하 같다) 제22조 제2호, 제105조 제6항 규정의 문언 내용과 아울러, 구 지방세법 제22조 제2호에서 말하는 '주주'나 '소유'의 개념에 대하여 구 지방세법이 별도의 정의 규정을 두고 있지 않은 이

---

12) 헌법재판소 1995.10.26. 94헌마242.
13) 이창희, 앞의 책, 83쪽 이하.

상 민사법과 동일하게 해석하는 것이 법적 안정성이나 조세법률주의가 요구하는 엄격해석의 원칙에 부합하는 점, 주식은 취득세의 과세대상물건이 아닐 뿐만 아니라, 구 지방세법 제22조 제2호는 출자자의 제2차 납세의무에 관하여 규정하면서 그 이하의 조항에서 말하는 과점주주의 개념을 일률적으로 정의하고 있어서 위 규정에서 말하는 '주주'가 되는 시기나 주식의 '소유' 여부를 결정할 때도 취득세에서의 취득시기에 관한 규정이 그대로 적용된다고 보기는 어려운 점 등을 종합하면, 이들 규정에서 말하는 '주주'나 '과점주주'가 되는 시기는 특별한 사정이 없는 한 사법상 주식 취득의 효력이 발생한 날을 의미한다고 판시한 바 있다.[14] 결국 세법을 제정하고 개정함에 있어 민사법과 별개로 독립된 개념을 사용하고 있다고 보기 어려우므로 민사법의 개념대로 풀이함이 원칙이라고 하겠다.[15]

나. 법형식의 선택과 경제적 실질

① 서론

우리는 누구나 법에서 인정하고 있는 형식을 자유롭게 선택하고 이에 따른 이익을 누릴 수 있다. 그런데 법의 테두리 안에서 세법이 예정한 것과는 또 다른 형식을 통해서 같은 경제적 효과를 얻을 수 있다면 이를 조세회피행위로 부인하고 경제적 실질을 기준으로 과세할 수 있는지가 문제된다.

② 지상권설정의 문제(양도소득세, 증여세)

③ 가장이혼의 문제(증여세)

(2) 부당행위계산의 부인[16]

구 법인세법(1998.12.28. 법률 제5581호로 전문 개정되기 전의 것, 이하 '구법'이라고 한다) 제20조 및 법인세법(이하 '법'이라고 한다) 제52조 소정의 부당행위계산 부인이란 법인이 특수관계에 있는 자와의 거래에 있어 정상적인 경제인의 합리적인 방법에 의하지 아니하고 구법 시행령 제46조 제2항 각 호 및 법 시행령 제88조 제1항 각 호에 열거된 제반 거래형태를 빙자하여 남용함으로써 조세부담을 부당하게 회피하거나 경감시켰다고 하는 경우에 과세권자가 이를 부인하고 법령에 정하는 방법에 의하여 객관적이고 타당하다고 보여지는 소득이 있는 것으로 의제하는 제도로서, 경제인의

---

14) 대법원 2013.03.14. 선고 2011두24842 판결 취득세등부과처분취소[공2013상,671]
15) 이창희, 앞의 책, 84쪽 이하.
16) 법인세법 제52조와 시행령 제88조, 소득세법 제41조와 제101조.

입장에서 볼 때 부자연스럽고 불합리한 행위계산을 함으로 인하여 경제적 합리성을 무시하였다고 인정되는 경우에 한하여 적용되는 것이고, 경제적 합리성의 유무에 대한 판단은 당해 거래행위의 대가관계만을 따로 떼내어 단순히 특수관계자가 아닌 자와의 거래형태에서는 통상 행하여지지 아니하는 것이라 하여 바로 이에 해당되는 것으로 볼 것이 아니라, 거래행위의 제반 사정을 구체적으로 고려하여 과연 그 거래행위가 건전한 사회통념이나 상관행에 비추어 경제적 합리성을 결한 비정상적인 것인지의 여부에 따라 판단하여야 하는 것이다.17)

3. 한계

대법원은 "구 국세기본법(2007.12.31. 법률 제8830호로 개정되기 전의 것, 이하 같다) 제14조 제1항, 제2항이 천명하고 있는 실질과세의 원칙은 헌법상의 기본이념인 평등의 원칙을 조세법률관계에 구현하기 위한 실천적 원리로서, 조세의 부담을 회피할 목적으로 과세요건사실에 관하여 실질과 괴리되는 비합리적인 형식이나 외관을 취하는 경우에 그 형식이나 외관에 불구하고 실질에 따라 담세력이 있는 곳에 과세함으로써 부당한 조세회피행위를 규제하고 과세의 형평을 제고하여 조세정의를 실현하고자 하는 데 주된 목적이 있다. 이는 조세법의 기본원리인 조세법률주의와 대립관계에 있는 것이 아니라 조세법규를 다양하게 변화하는 경제생활관계에 적용함에 있어 예측가능성과 법적 안정성이 훼손되지 않는 범위 내에서 합목적적이고 탄력적으로 해석함으로써 조세법률주의의 형해화를 막고 실효성을 확보한다는 점에서 조세법률주의와 상호보완적이고 불가분적인 관계에 있다"고 판시하고 있다.18) 그러나 현행 세법에서 규정하고 있는 실질과세의 원칙과 부당행위계산의 부인에 관한 규정이 조세평등의 이념을 실현하는 데 그 효용가치가 크다고 하더라도 부정확한 개념 또는 추상적 판단기준으로 인한 과세권자의 자의적 판단을 초래할 위험성은 항시 존재하므로 조세평등주의는 조세법률주의가 허용되는 범위 내에서 상호 보완되고 불가분의 관계에 있다고 보아야 할 것이다.

---

17) 대법원 2006.05.11. 선고 2004두7993 판결 법인세등부과처분취소[공2006.6.15.(252),1059]
18) 대법원 2012.01.19. 선고 2008두8499 전원합의체 판결 취득세등부과처분취소[공2012상,359]

대법원 2009.3.19. 선고 2006두19693 전원합의체 판결【증여세부과처분취소】

[공2009상,495]

【판시사항】

[1] 구 상속세 및 증여세법 시행령 제31조 제6항 규정이 모법의 위임범위를 벗어난 것으로서 무효인지 여부(적극)

[2] 시행령 본칙 규정이 무효인 경우, 그 규정을 소급적용하도록 한 부칙 규정도 무효가 되는지 여부(적극)

【판결요지】

[1] 구 상속세 및 증여세법(2005.1.14. 법률 제7335호로 개정되기 전의 것) 제41조는 특정법인과의 재산의 무상제공 등 거래를 통하여 최대주주 등이 '이익을 얻은 경우'에 이를 전제로 그 '이익의 계산'만을 시행령에 위임하고 있음에도, 구 상속세 및 증여세법 시행령(2004.12.31. 대통령령 제18627호로 개정되기 전의 것) 제31조 제6항은 특정법인이 얻은 이익이 바로 '주주 등이 얻은 이익'이 된다고 보아 증여재산가액을 계산하도록 하고 있고, 또한 같은 법 제41조 제1항에 의하면 특정법인에 대한 재산의 무상제공 등이 있더라도 주주 등은 실제로 이익을 얻은 바 없다면 증여세 부과대상에서 제외될 수 있으나 같은 시행령 제31조 제6항은 특정법인에 재산의 무상제공 등이 있다면 그 자체로 주주 등이 이익을 얻은 것으로 간주하여 증여세 납세의무를 부담하게 된다. 그러므로 결국, 같은 시행령 제31조 제6항의 규정은 모법인 같은 법 제41조 제1항, 제2항의 규정 취지에 반할 뿐 아니라 그 위임범위를 벗어난 것으로서 무효라고 봄이 상당하다.

[2] 구 상속세 및 증여세법 시행령(2004.12.31. 대통령령 제18627호로 개정되기 전의 것) 부칙 제6조는 "제31조 제6항의 개정규정(동항 중 1억 원의 금액기준에 관한 사항을 제외한다)은 이 영 시행 후 증여세를 결정하거나 경정하는 분부터 적용한다"고 규정함으로써, 같은 시행령 제31조 제6항과 일체가 되어 같은 시행령 시행 전에 과세요건 사실이 완성된 것에 대하여도 같은 시행령 본칙 규정을 소급적용하도록 하고 있으므로, 같은 시행령 본칙 규정이 무효인 이상 위 부칙 규정 역시 효력이 없다고 보아야 한다.

【참조조문】

[1] 구 상속세 및 증여세법(2005.1.14. 법률 제7335호로 개정되기 전의 것) 제41조, 구 상속세 및 증여세법 시행령(2004.12.31. 대통령령 제18627호로 개정되기 전의 것) 제31조 제6항 / [2] 구 상속세 및 증여세법 시행령(2004.12.31. 대통령령 제18627호로 개정되기 전의 것) 제31조 제6항, 부칙 제6조

【참조판례】

[1] 대법원 2007.5.17. 선고 2006두8648 전원합의체 판결(공2007상, 916)

【원심판결】

서울고법 2006.11.9. 선고 2006누8923 판결

【주 문】

상고를 기각한다. 상고비용은 피고가 부담한다.

【이 유】

상고이유를 판단한다.

1. 상고이유 제1점에 대하여

가. 원심은, 그 채용 증거를 종합하여 원고의 아버지 망 소외 1이 2002.4.4. 원고가 최대주주로 있는 2년 이상 결손금이 누적된 비상장법인인 소외 2 주식회사에 대한 채권 2,402,100,191원을 포기한 데 대하여, 피고는 2004.11.1. 원고가 특수관계자로부터 이익을 증여받은 것으로 보아 상속세 및 증여세법 시행령(2003.12.30. 대통령령 제18177호로 개정되어 2004.1.1.부터 시행된 것, 이하 '개정 시행령'이라 한다) 부칙 제6조에 따라 제31조 제6항을 적용하여 이월결손금보전액에 원고의 주식 지분율을 곱한 금액을 증여의제이익으로 산정하여 증여세를 부과하는 이 사건 처분을 한 사실 등을 인정한 다음, 개정 시행령의 시행 전에 이미 완성된 이 사건 과세요건 사실에 대하여도 개정 시행령 제31조 제6항이 적용되는 것으로 규정한 개정 시행령 부칙 제6조는 헌법과 국세기본법상의 조세법령 불소급의 원칙에 위배되어 그 효력이 없으므로, 이 사건에서 적용되어야 할 법령은 과세요건 사실 완성 당시에 시행되고 있던 구 상속세 및 증여세법 시행령(2003.12.30. 대통령령 제18177호로 개정되기 전의 것, 이하 '개정 전 시행령'이라 한다) 제31조 제6항이 된다고 판단하였다.

나. 그런데 원심의 개정 시행령 부칙 제6조가 조세법령 불소급의 원칙에 위배되어 효력이 없다는 판단은 그 본칙 규정인 개정 시행령 제31조 제6항이 유효함이 전제가 되어야 할 것이므로, 먼저 위 개정 시행령 본칙 규정의 유효 여부를 판단한다.

상속세 및 증여세법(2003.12.30. 법률 제7010호로 개정된 것, 이하 '개정 법'이라 한다) 제41조 제1항은 "특정법인의 주주 또는 출자자와 특수관계에 있는 자가 당해 특정법인과 재산 또는 용역을 무상제공하는 등 그 각 호의 1에 해당하는 거래를 통하여 당해 특정법인의 주주 등이 이익을 얻은 경우에는 그 이익에 상당하는 금액을 당해 특정법인의 주주 등의 증여재산가액으로 한다"{이 규정내용은 이 사건 과세요건 사실 완성 당시의 구 상속세 및 증여세법(2002.12.18. 법률 제6780호로 개정되기 전의 것, 이하 '개정 전 법'이라 한다) 제41조 제1항과 그 이익의 개념에 있어서는 동일한 것으로 해석된다}고 규정하면서 그 제2항에서 이익의 계산방법을 대통령령에 위임하고 있고, 그 위임에 의한 개정 시행령 제31조 제6항은 주주 등이 얻은 이익을 "증여재산가액 또는 채무면제 등으로 인하여 얻는 이익에 상당하는 금액(결손법인은 당해 결손금을 한도로 한다) 등에 해당 최대주주 등의 주식 등의 비율을 곱하여 계산한 금액(당해 금액이 1억 원 이상인 경우에 한한다)으로 한다"고 규정하고 있다.

헌법 제38조는 "모든 국민은 법률이 정하는 바에 의하여 납세의무를 진다"고 규정하고, 제

59조는 "조세의 종목과 세율은 법률로 정한다"고 규정함으로써 조세법률주의를 채택하고 있는바, 이러한 조세법률주의 원칙은 과세요건 등은 국민의 대표기관인 국회가 제정한 법률로써 규정하여야 하고, 그 법률의 집행에 있어서도 이를 엄격하게 해석·적용하여야 하며, 행정편의적인 확장해석이나 유추적용은 허용되지 않음을 의미하므로, 법률의 위임이 없이 명령 또는 규칙 등의 행정입법으로 과세요건 등에 관한 사항을 규정하거나 법률에 규정된 내용을 함부로 유추·확장하는 내용의 해석규정을 마련하는 것은 조세법률주의 원칙에 위반된다(대법원 2007.5.17. 선고 2006두8648 전원합의체 판결 등 참조).

개정 법 제41조는 특정법인과의 재산의 무상제공 등 거래를 통하여 최대주주 등이 '이익을 얻은 경우'에 이를 전제로 그 '이익의 계산'만을 시행령에 위임하고 있음에도, 개정 시행령 제31조 제6항은 특정법인이 얻은 이익이 바로 '주주 등이 얻은 이익'이 된다고 보아 증여재산가액을 계산하도록 하고 있고, 또한 개정 법 제41조 제1항에 의하면 특정법인에 대한 재산의 무상제공 등이 있더라도 주주 등은 실제로 이익을 얻은 바 없다면 증여세 부과대상에서 제외될 수 있으나 개정 시행령 제31조 제6항은 특정법인에 재산의 무상제공 등이 있다면 그 자체로 주주 등이 이익을 얻은 것으로 간주하여 증여세 납세의무를 부담하게 되므로, 결국 개정 시행령 제31조 제6항의 규정은 모법인 개정 법 제41조 제1항, 제2항의 규정취지에 반할 뿐 아니라 그 위임범위를 벗어난 것으로서 무효라고 봄이 상당하다.

한편, 개정 시행령 부칙 제6조는 '제31조 제6항의 개정규정(동항 중 1억 원의 금액기준에 관한 사항을 제외한다)은 이 영 시행 후 증여세를 결정하거나 경정하는 분부터 적용한다'고 규정함으로써, 개정 시행령 제31조 제6항과 일체가 되어 개정 시행령 시행 전에 과세요건 사실이 완성된 것에 대하여도 위 개정 시행령 본칙 규정을 소급적용하도록 하고 있는바, 앞서 본 바와 같이 위 개정 시행령 본칙 규정이 무효인 이상 위 부칙 규정 역시 효력이 없다고 보아야 할 것이다.

다. 앞서 본 각 법리와 기록에 비추어 살펴보면, 원심이 개정 시행령 제31조 제6항이 유효함을 전제로 개정 시행령 부칙 제6조가 조세법령 불소급의 원칙에 위배되어 효력이 없다고 본 것은 잘못이나 이 사건의 경우 개정 전 시행령 제31조 제6항이 적용되어야 한다는 결론에 있어서는 정당하므로, 위와 같은 원심의 잘못은 판결 결과에 영향이 없어 원심판결을 파기할 사유가 되는 위법이라고 할 수 없다.

2. 상고이유 제2점에 대하여

개정 전 법 제41조 제1항의 규정에 의한 특정법인의 주주 등이 증여받은 것으로 보는 이익의 계산과 관련하여, 개정 전 시행령 제31조 제6항은 증여재산가액이나 채무면제 등으로 얻는 이익에 상당하는 금액(제1호)으로 인하여 '증가된 주식 또는 출자지분 1주당 가액'에 해당 최대주주 등의 주식수를 곱하여 계산하도록 규정하고 있는바, 여기서 '증가된 주식 등의 1주당 가액'은 증여 등의 거래를 전후한 주식 등의 가액을 비교하여 산정하는 것이 타당할 것이다. 이 경우 주식 등의 가액을 산정하기 위하여 재산의 가액을 평가함에 있어 그 시가를 산정하기 어려운 경우 개정 전 법 제63조 제1항 제1호 (다)목, 개정 전 시행령 제54조 소정의 보충적 평가방법에 따라 1주당 가액을 산정한 결과 그 가액이 증여 등 거래를 전후하여 모두 부수(부수)인 경우에는 증가된 주식 등의 1주당 가액은 없는 것으로 보는 것이 합리적이라 할 것이며, 거래를 전후하여 1주당 가액이 부수로 산정되는 데도 증여재산가액 또는 채무면제액 등 거래로 인한 가액만을 주식수로 나누어 산정하거나 단순히 부수의 절대치가 감소하였다는 이유로 주식 등의 1주당 가액이 증가된 것으로 보는 것은 증여세가 부과되는 재산의 가액평가에 관한 관계 규정을 전혀 감안하지 아니하는 결과가 되어 관계 규정의 해석상 허용될 수 없다(대법원 2003.11.28. 선고 2003두4249 판결 등 참조).

원심이, 소외 2 주식회사의 비상장주식을 보충적 평가방법으로 평가한 결과 이 사건 채무면제 전후 1주당 가액이 모두 부수인 사실을 인정한 다음, 망 소외 1의 이 사건 채무면제로 인하여 원고가 얻게 되는 증여의제이익은 존재하지 않는다고 판단한 것은 위와 같은 법리에 따른 것으로서 정당하고, 이와 다른 견해를 전제로 한 상고이유 주장은 받아들일 수 없다.

대법원 2017.4.20. 선고 2015두45700 전원합의체 판결 【증여세부과처분취소】

[공2017상,1191]

【판시사항】

[1] 조세법률주의 원칙의 의미 / 법률의 위임 없이 명령 또는 규칙 등의 행정입법으로 과세요건 등에 관한 사항을 규정하거나 법률에 규정된 내용을 함부로 유추·확장하는 내용의 해석규정을 마련하는 것이 조세법률주의 원칙에 위배되는지 여부(적극)

[2] 법률의 위임의 근거가 없어 무효였던 법규명령이 법 개정으로 위임의 근거가 부여되면 그때부터 유효한 법규명령으로 볼 수 있는지 여부(적극) 및 법규명령이 개정된 법률에 규정된 내용을 함부로 유추·확장하는 내용의 해석규정이어서 위임의 한계를 벗어난 것으로 인정될 경우, 법규명령이 여전히 무효인지 여부(적극)

[3] 구 상속세 및 증여세법 시행령 제31조 제6항이 모법인 2010.1.1. 법률 제9916호로 개정되기 전의 구 상속세 및 증여세법 제41조 제1항의 규정 취지에 반하고 위임범위를 벗어난 것으로서 무효인지 여부(적극) 및 2010.1.1. 상속세 및 증여세법 개정에도 불구하고 여전히 무효인지 여부(적극)

【판결요지】

[1] 조세법률주의 원칙은 과세요건 등 국민의 납세의무에 관한 사항을 국민의 대표기관인 국회가 제정한 법률로써 규정하여야 하고, 법률을 집행하는 경우에도 이를 엄격하게 해석·적용하여야 하며, 행정편의적인 확장해석이나 유추적용을 허용하지 아니함을 뜻한다. 그러므로 법률의 위임 없이 명령 또는 규칙 등의 행정입법으로 과세요건 등에 관한 사항

을 규정하거나 법률에 규정된 내용을 함부로 유추·확장하는 내용의 해석규정을 마련하는 것은 조세법률주의 원칙에 위배된다.

[2] 일반적으로 법률의 위임에 따라 효력을 갖는 법규명령의 경우에 위임의 근거가 없어 무효였더라도 나중에 법 개정으로 위임의 근거가 부여되면 그때부터는 유효한 법규명령으로 볼 수 있다. 그러나 법규명령이 개정된 법률에 규정된 내용을 함부로 유추·확장하는 내용의 해석규정이어서 위임의 한계를 벗어난 것으로 인정될 경우에는 법규명령은 여전히 무효이다.

[3] (가) 구 상속세 및 증여세법(2003.12.30. 법률 제7010호로 개정되어 2010.1.1. 법률 제9916호로 개정되기 전의 것) 제41조 제1항(이하 '개정 전 법률 조항'이라고 한다)은 특정법인과의 일정한 거래를 통하여 최대주주 등이 '이익을 얻은 경우'에 이를 전제로 '이익의 계산'만을 시행령에 위임하고 있음에도 구 상속세 및 증여세법 시행령(2003.12.30. 대통령령 제18177호로 개정되어 2014.2.21. 대통령령 제25195호로 개정되기 전의 것) 제31조 제6항(이하 '시행령 조항'이라고 한다)은 특정법인이 얻은 이익이 바로 '주주 등이 얻은 이익'이 된다고 보아 증여재산가액을 계산하도록 하였다. 또한 개정 전 법률 조항에 의하면 특정법인에 대한 재산의 무상제공 등이 있더라도 주주 등이 '실제로 얻은 이익이 없다면' 증여세 부과대상에서 제외될 수 있으나, 시행령 조항에 의하면 특정법인에 재산의 무상제공 등이 있는 경우 그 자체로 주주 등이 이익을 얻은 것으로 간주되어 증여세 납세의무를 부담하게 된다. 결국, 시행령 조항은 모법인 개정 전 법률 조항의 규정 취지에 반할 뿐만 아니라 위임범위를 벗어난 것이다.

(나) 한편 2010.1.1. 법률 제9916호로 개정된 구 상속세 및 증여세법(2011.12.31. 법률 제11130호로 개정되기 전의 것, 이하 '상증세법'이라고 한다) 제41조 제1항(이하 '개정 법률 조항'이라고 한다)은 종전에 특정법인의 주주 등이 '이익을 얻은 경우'라고만 하던 것을 '대통령령으로 정하는 이익을 얻은 경우'로 문언이 일부 변경되었으나, 시행령 조항은 2014.2.21. 대통령령 제25195호로 개정되기 전까지 그대로 존치되어 왔다.

(다) 증여세는 증여재산의 경제적 또는 재산적 가치를 정당하게 산정한 가액을 기초로 하여 과세하여야 하고, 납세의무자가 증여로 인하여 아무런 경제적·재산적 이익을 얻지 못하였다면 원칙적으로 증여세를 부과할 수 없다고 보아야 한다.

개정 법률 조항은 결손금이 있는 특정법인의 주주 등과 특수관계에 있는 자가 특정법인에 재산을 증여하는 등 일정한 거래를 함으로써 특정법인은 증여가액을 결손금으로 상쇄하여 증여가액에 대한 법인세를 부담하지 않도록 하면서도 특정법인의 주주 등에게는 이익을 얻게 하는 변칙증여에 대하여 증여세를 과세하기 위한 것이다. 그런데 증여세의 과세체계와 증여 및 증여재산의 개념 등에 비추어 볼 때 이는 여전히 특정법인에 대한 재산의 무상제공 등으로 인하여 주주 등이 상증세법상 증여재산에 해당하는 이익을 얻었음을 전제로 하는 규정으로 보아야 하고, 재산의 무상제공 등의 상대방이 특정법인인 이상 그로 인하여 주주 등이 얻을 수 있는 '이익'은 그가 보유하고 있는 특정법인 주식 등의 가액 증가분 외에 다른 것을 상정하기 어렵다.

따라서 개정 법률 조항은 문언의 일부 개정에도 불구하고 개정 전 법률 조항과 마찬가지로 재산의 무상제공 등 특정법인과의 거래를 통하여 특정법인의 주주 등이 이익을 얻었음을 전제로 하여 그 이익, 즉 '주주 등이 보유한 특정법인 주식 등의 가액 증가분'의 정당한 계산방법에 관한 사항만을 대통령령에 위임한 규정이라고 볼 것이다. 따라서 특정법인의 주주 등과 특수관계에 있는 자가 특정법인에 재산을 증여하는 거래를 하였더라도 거래를 전후하여 주주 등이 보유한 주식 등의 가액이 증가하지 않은 경우에는 그로 인하여 주주 등이 얻은 증여 이익이 없으므로 개정 법률 조항에 근거하여 증여세를 부과할 수는 없다고 보아야 한다.

(라) 그런데 시행령 조항은 특정법인에 재산의 무상제공 등이 있으면 그 자체로 주주 등이 이익을 얻은 것으로 간주함으로써, 주주 등이 실제로 얻은 이익의 유무나 다과와 무관하게 증여세 납세의무를 부담하도록 정하고 있으므로, 결국 시행령 조항은 모법인 개정 법률 조항의 규정 취지에 반할 뿐만 아니라 위임범위를 벗어난 것으로서 2010.1.1. 상증세법 개정에도 불구하고 여전히 무효이다.

【참조조문】

[1] 헌법 제38조, 제59조 / [2] 헌법 제95조 / [3] 헌법 제38조, 제59조, 제95조, 구 상속세 및 증여세법(2010.1.1. 법률 제9916호로 개정되기 전의 것) 제41조 제1항(현행 제45조의5 제1항, 제2항 참조), 제2항(현행 제45조의5 제3항 참조), 구 상속세 및 증여세법(2011.12.31. 법률 제11130호로 개정되기 전의 것) 제2조 제1항(현행 제4조 제1항 참조), 제3항(현행 제2조 제6호 참조), 제31조 제1항(현행 제2조 제7호 참조), 제41조 제1항(현행 제45조의5 제1항, 제2항 참조), 구 상속세 및 증여세법 시행령(2014.2.21. 대통령령 제25195호로 개정되기 전의 것) 제31조 제6항(현행 제34조의4 제4항, 제5항 참조)

【참조판례】

[1] 대법원 2007.5.17. 선고 2006두8648 전원합의체 판결(공2007하, 916) / [2] 대법원 1995.6.30. 선고 93추83 판결(공1995하, 2613) / [3] 대법원 2009.3.19. 선고 2006두19693 전원합의체 판결(공2009상, 495)

【원심판결】

서울고법 2015.5.19. 선고 2014누68715 판결

【주 문】

원심판결을 파기하고, 사건을 서울고등법원에 환송한다.

【이 유】

상고이유(상고이유서 제출기간이 경과한 후에 제출된 상고이유보충서 등의 기재는 상고이유를 보충하는 범위 내에서)를 판단한다.

1. 조세법률주의 원칙은 과세요건 등 국민의 납세의무에 관한 사항을 국민의 대표기관인 국회가 제정한 법률로써 규정하여야 하고, 그 법률을 집행하는 경우에도 이를 엄격하게 해석·적용하여야 하며, 행정편의적인 확장해석이나 유추적용을 허용하지 아니함을 뜻한다. 그러므로 법률의 위임 없이 명령 또는 규칙 등의 행정입법으로 과세요건 등에 관한 사항을 규정하거나 법률에 규정된 내용을 함부로 유추·확장하는 내용의 해석규정을 마련하는 것은 조세법률주의 원칙에 위배된다(대법원 2007.5.17. 선고 2006두8648 전원합의체 판결 등 참조).

한편 일반적으로 법률의 위임에 따라 효력을 갖는 법규명령의 경우에 그 위임의 근거가 없어 무효였더라도 나중에 법 개정으로 위임의 근거가 부여되면 그때부터는 유효한 법규명령으로 볼 수 있다(대법원 1995.6.30. 선고 93추83 판결 참조). 그러나 그 법규명령이 개정된 법률에 규정된 내용을 함부로 유추·확장하는 내용의 해석규정이어서 위임의 한계를 벗어난 것으로 인정될 경우에는 그 법규명령은 여전히 무효로 봄이 타당하다.

2. 가. 구 상속세 및 증여세법(2003.12.30. 법률 제7010호로 개정되어 2010.1.1. 법률 제9916호로 개정되기 전의 것) 제41조 제1항(이하 '개정 전 법률 조항'이라고 한다)은 결손금이 있거나 휴업 또는 폐업 중인 법인(이하 '특정법인'이라고 한다)의 주주 또는 출자자와 특수관계에 있는 자가 당해 특정법인과 다음 각 호의 1에 해당하는 거래를 통하여 당해 특정법인의 주주 또는 출자자가 '이익을 얻은 경우'에는 그 이익에 상당하는 금액을 당해 특정법인의 주주 또는 출자자의 증여재산가액으로 한다고 규정하고, 제2항은 그 이익의 계산방법을 대통령령에 위임하였다. 구 상속세 및 증여세법 시행령(2003.12.30. 대통령령 제18177호로 개정되어 2014.2.21. 대통령령 제25195호로 개정되기 전의 것) 제31조 제6항(이하 '이 사건 시행령 조항'이라고 한다)은 '개정 전 법률 조항에 의한 이익은 증여재산가액 등(결손금이 있는 법인의 경우에는 당해 결손금을 한도로 한다)에 그 최대주주 등의 주식 등의 비율을 곱하여 계산한 금액(당해 금액이 1억 원 이상인 경우에 한한다)으로 한다'고 규정하고 있다.

개정 전 법률 조항은 특정법인과의 일정한 거래를 통하여 최대주주 등이 '이익을 얻은 경우'에 이를 전제로 그 '이익의 계산'만을 시행령에 위임하고 있음에도 이 사건 시행령 조항은 특정법인이 얻은 이익이 바로 '주주 등이 얻은 이익'이 된다고 보아 증여재산가액을 계산하도록 하였다. 또한 개정 전 법률 조항에 의하면 특정법인에 대한 재산의 무상제공 등이 있더라도 주주 등이 '실제로 얻은 이익이 없다면' 증여세 부과대상에서 제외될 수 있으나, 이 사건 시행령 조항에 의하면 특정법인에 재산의 무상제공 등이 있는 경우 그 자체로 주주 등이 이익을 얻은 것으로 간주되어 증여세 납세의무를 부담하게 된다. 결국 이 사건 시행령 조항은 모법인 개정 전 법률 조항의 규정 취지에 반할 뿐만 아니라 그 위임범위를 벗어난 것이다(대법원 2009.3.19. 선고 2006두19693 전원합의체 판결 참조).

나. 한편 2010.1.1. 법률 제9916호로 개정된 구 상속세 및 증여세법(2011.12.31. 법률 제

11130호로 개정되기 전의 것, 이하 '상증세법'이라고 한다) 제41조 제1항(이하 '개정 법률 조항'이라고 한다)은 종전에 특정법인의 주주 등이 '이익을 얻은 경우'라고만 하던 것을 '대통령령으로 정하는 이익을 얻은 경우'로 그 문언이 일부 변경되었으나, 이 사건 시행령 조항은 2014.2.21. 대통령령 제25195호로 개정되기 전까지 그대로 존치되어 왔다.

이 사건의 쟁점은 이와 같이 개정 전 법률 조항이 개정 법률 조항으로 개정되었음에도, 이 사건 시행령 조항이 모법인 개정 법률 조항의 규정 취지에 반하고 그 위임범위를 벗어난 것이어서 여전히 무효인지 여부이다.

다. 상증세법은 증여세의 과세대상을 '증여로 인한 증여재산'으로 삼으면서(제2조 제1항), '증여'란 경제적 가치를 계산할 수 있는 재산을 타인에게 무상으로 이전하거나 기여에 의하여 타인의 재산가치를 증가시키는 것이라고 정의하고(제2조 제3항), '증여재산'을 경제적 또는 재산적 가치가 있는 물건이나 권리로 규정하고 있으며(제31조 제1항), 증여세 과세표준의 기초가 되는 증여재산가액의 계산을 위한 여러 규정들을 두고 있다(제3장 제2절). 그러므로 증여세는 증여재산의 경제적 또는 재산적 가치를 정당하게 산정한 가액을 기초로 하여 과세하여야 하고, 납세의무자가 증여로 인하여 아무런 경제적·재산적 이익을 얻지 못하였다면 원칙적으로 증여세를 부과할 수 없다고 보아야 한다.

개정 법률 조항은 결손금이 있는 특정법인의 주주 등과 특수관계에 있는 자가 특정법인에 재산을 증여하는 등 일정한 거래를 함으로써 특정법인은 그 증여가액을 결손금으로 상쇄하여 증여가액에 대한 법인세를 부담하지 않도록 하면서도 특정법인의 주주 등에게는 이익을 얻게 하는 변칙증여에 대하여 증여세를 과세하기 위한 것이다. 그런데 앞서 본 증여세의 과세체계와 증여 및 증여재산의 개념 등에 비추어 볼 때 이는 여전히 특정법인에 대한 재산의 무상제공 등으로 인하여 그 주주 등이 상증세법상 증여재산에 해당하는 이익을 얻었음을 전제로 하는 규정으로 보아야 하고, 재산의 무상제공 등의 상대방이 특정법인인 이상 그로 인하여 주주 등이 얻을 수 있는 '이익'은 그가 보유하고 있는 특정법인 주식 등의 가액 증가분 외에 다른 것을 상정하기 어렵다.

따라서 개정 법률 조항은 그 문언의 일부 개정에도 불구하고 개정 전 법률 조항과 마찬가지로 재산의 무상제공 등 특정법인과의 거래를 통하여 특정법인의 주주 등이 이익을 얻었음을 전제로 하여 그 이익, 즉 '주주 등이 보유한 특정법인 주식 등의 가액 증가분'의 정당한 계산방법에 관한 사항만을 대통령령에 위임한 규정이라고 볼 것이다. 따라서 특정법인의 주주 등과 특수관계에 있는 자가 특정법인에 재산을 증여하는 거래를 하였더라도 그 거래를 전후하여 주주 등이 보유한 주식 등의 가액이 증가하지 않은 경우에는 그로 인하여 그 주주 등이 얻은 증여 이익이 없으므로 개정 법률 조항에 근거하여 증여세를 부과할 수는 없다고 보아야 한다.

라. 그런데 이 사건 시행령 조항은 특정법인에 재산의 무상제공 등이 있으면 그 자체로 주주 등이 이익을 얻은 것으로 간주함으로써, 주주 등이 실제로 얻은 이익의 유무나 다과와

무관하게 증여세 납세의무를 부담하도록 정하고 있으므로, 결국 이 사건 시행령 조항은 모법인 개정 법률 조항의 규정 취지에 반할 뿐만 아니라 그 위임범위를 벗어난 것으로서 **2010.1.1. 상증세법 개정에도 불구하고 여전히 무효**라고 봄이 타당하다.

3. 원심판결 이유 및 기록에 의하면, 원고들은 하이메트 주식회사의 주주이고, 원고들과 특수관계에 있는 소외인이 2011.4.20. 결손금이 있는 하이메트 주식회사에 이 사건 주식을 증여한 사실, 피고들은 이 사건 주식의 증여로 인하여 원고들이 실제로 얼마만큼의 증여이익을 얻었는지와 무관하게 개정 법률 조항 및 이 사건 시행령 조항에 따라 이 사건 주식의 가액에 각자의 보유주식 비율을 곱하여 계산한 금액 상당의 이익을 얻은 것으로 간주된다는 이유로, 2013.8.1. 원고들에게 증여세를 부과하는 이 사건 처분을 한 사실을 알 수 있다.

이러한 사실관계를 앞서 본 법리에 비추어 살펴보면, 이 사건 처분은 무효인 이 사건 시행령 조항에 근거하여 이루어진 것으로서 위법하다고 할 것이다. 그런데도 원심은 이와 달리 이 사건 시행령 조항이 유효하다고 보아 이 사건 처분이 적법하다고 판단하였으니, 이러한 원심의 판단에는 헌법상 조세법률주의와 위임입법의 한계 등에 관한 법리를 오해한 잘못이 있다. 이 점을 지적하는 상고이유 주장은 이유 있다.

4. 그러므로 원심판결을 파기하고, 사건을 다시 심리·판단하게 하기 위하여 원심법원에 환송하기로 하여, 관여 법관의 일치된 의견으로 주문과 같이 판결한다.

세법 속 민법의 이해

민법총칙

II

신의칙과 권리남용

01

1. 의의 및 요건

신의성실의 원칙은 '법률관계의 당사자는 상대방의 이익을 배려하여 형평에 어긋나거나 신뢰를 저버리는 내용 또는 방법으로 권리를 행사하거나 의무를 이행하여서는 아니된다'는 추상적 규범을 말하는 것으로서, 신의성실의 원칙에 위배된다는 이유로 그 권리의 행사를 부정하기 위하여는 **상대방에게 신의를 주었다거나 객관적으로 보아 상대방이 그러한 신의를 가짐이 정당한 상태에 이르러야 하고, 이와 같은 상대방의 신의에 반하여 권리를 행사하는 것이 정의 관념에 비추어 용인될 수 없는 정도의 상태에 이르러야 하고,** 일반 행정법률관계에서 관청의 행위에 대하여 신의칙이 적용되기 위해서는 합법성의 원칙을 희생하여서라도 처분의 상대방의 신뢰를 보호함이 정의의 관념에 부합하는 것으로 인정되는 특별한 사정이 있을 경우에 한하여 예외적으로 적용된다.[1]

---

1) 대법원 2004.07.22. 선고 2002두11233 판결 개발부담금부과처분취소.

2. 법적 근거

(1) 민법

> **제2조(신의성실)** ① 권리의 행사와 의무의 이행은 신의에 좇아 성실히 하여야 한다.
> ② 권리는 남용하지 못한다.

(2) 국세기본법

> **제15조(신의·성실)** 납세자가 그 의무를 이행할 때에는 신의에 따라 성실하게 하여야 한다. 세무공무원
> 이 직무를 수행할 때에도 또한 같다.

3. 법적 성격

신의성실의 원칙에 반하는 것은 **강행규정에 위배**되는 것으로서 **당사자의 주장이 없더라도 법원이 직권으로 판단할 수 있으므로** 원심법원이 직권으로 신의칙에 의하여 신용보증책임을 감액한 데에 변론주의를 위배한 위법은 없다.[2]

4. 유형별 판례의 태도

(1) 채무자의 신용상태에 관한 고지의무

보증제도는 본질적으로 주채무자의 무자력으로 인한 채권자의 위험을 인수하는 것이므로, 보증인이 주채무자의 자력에 대하여 조사한 후 보증계약을 체결할 것인지의 여부를 스스로 결정하여야 하는 것이고, 채권자가 보증인에게 채무자의 신용상태를 고지할 신의칙상의 의무는 존재하지 아니한다.[3]

---

2) 대법원 1998.08.21. 선고 97다37821 판결 보증금지급.
3) 대법원 1998.07.24. 선고 97다35276 판결 구상금.

(2) 강행법규 위반 vs 신의칙

가. 투자수익보장약정

강행법규에 위반하여 무효인 수익보장약정이 투자신탁회사가 먼저 고객에게 제의를 함으로써 체결된 것이라고 하더라도, 이러한 경우에 강행법규를 위반한 투자신탁회사 스스로가 그 약정의 무효를 주장함이 신의칙에 위반되는 권리의 행사라는 이유로 그 주장을 배척한다면, 이는 오히려 강행법규에 의하여 배제하려는 결과를 실현시키는 셈이 되어 입법취지를 완전히 몰각하게 되므로, 달리 특별한 사정이 없는 한 위와 같은 주장이 신의성실의 원칙에 반하는 것이라고 할 수 없다.[4]

나. 상속개시 전 상속포기약정

유류분을 포함한 상속의 포기는 상속이 개시된 후 일정한 기간 내에만 가능하고 가정법원에 신고하는 등 일정한 절차와 방식을 따라야만 그 효력이 있으므로, 상속개시 전에 한 상속포기약정은 그와 같은 절차와 방식에 따르지 아니한 것으로 효력이 없다.

상속인 중의 1인이 피상속인의 생존시에 피상속인에 대하여 상속을 포기하기로 약정하였다고 하더라도, 상속개시 후 민법이 정하는 절차와 방식에 따라 상속포기를 하지 아니한 이상, 상속개시 후에 자신의 상속권을 주장하는 것은 정당한 권리행사로서 권리남용에 해당하거나 또는 신의칙에 반하는 권리의 행사라고 할 수 없다.[5]

다. 모순행위 금지

① 갑이 을의 소유건물을 보증금 34,000,000원에 채권적 전세를 얻어 입주하고 있던 중 을이 은행에 위 건물을 담보로 제공함에 있어 을의 부탁으로 은행직원에게 임대차계약을 체결하거나 그 보증금을 지급한 바가 없다고 하고 그와 같은 내용의 각서까지 작성해 줌으로써 은행으로 하여금 위 건물에 대한 담보가치를 높게 평가하도록 하여 을에게 대출하도록 하였고, 은행 또한 위 건물에 대한 경매절차가 끝날 때까지도 을과 갑 사이의 위와 같은 채권적 전세관계를 알지 못하였다고 한다면 갑이 은행의 명도청구에 즈음하여 이를 번복하면서 위 전세금반환을 내세워 그 명도를 거부하는 것은 특단의 사정이 없는 한 금반언 내지 신의칙에 위반된다.[6]

4) 대법원 1999.03.23. 선고 99다4405 판결 약정수익금[공1999.5.1.(81),752]
5) 대법원 1998.07.24. 선고 98다9021 판결 예금반환[집46(2)민,38;공1998.9.1.(65),2212]
6) 대법원 1987.11.24. 선고 87다카1708 판결 건물명도[공1988.1.15.(816),164]

② 취득시효기간 만료 후 국가에 대하여 무단점유 사실을 확인하면서 당해 토지에 관하여 어떠한 권리도 주장하지 아니한다는 내용의 각서를 작성·교부하였고, 국가와 사이에 당해 토지를 대부하되 대부기간이 만료되거나 계약이 해지될 경우 지정한 기간 내에 원상으로 회복하여 반환하고 당해 토지에 관한 연고권을 주장할 수 없다는 내용의 국유재산 대부계약을 체결하였으며, 당해 토지를 권원 없이 점용한 데 대한 변상금 및 대부계약에 따른 대부료를 납부한 경우, 점유자는 취득시효완성의 이익을 포기하는 적극적인 의사표시를 하였다고 본 사례.

취득시효완성 후에 그 사실을 모르고 당해 토지에 관하여 어떠한 권리도 주장하지 않기로 하였다 하더라도 이에 반하여 시효주장을 하는 것은 특별한 사정이 없는 한 신의칙상 허용되지 않는다.[7]

③ 인지청구권은 본인의 일신전속적인 신분관계상의 권리로서 포기할 수도 없으며 포기하였더라도 그 효력이 발생할 수 없는 것이고, 이와 같이 인지청구권의 포기가 허용되지 않는 이상 거기에 실효의 법리가 적용될 여지도 없다. 나아가 인지청구권의 행사가 상속재산에 대한 이해관계에서 비롯되었다 하더라도 정당한 신분관계를 확정하기 위해서라면 신의칙에 반하는 것이라 하여 막을 수 없다.[8]

(3) 권리남용

권리의 행사가 주관적으로 오직 상대방에게 고통을 주고 손해를 입히려는 데 있을 뿐 이를 행사하는 사람에게는 아무런 이익이 없고, 객관적으로 사회질서에 위반된다고 볼 수 있으면, 그 권리의 행사는 권리남용으로서 허용되지 아니하고, 그 권리의 행사가 상대방에게 고통이나 손해를 주기 위한 것이라는 주관적 요건은 권리자의 정당한 이익을 결여한 권리행사로 보여지는 객관적인 사정에 의하여 추인할 수 있으며, 어느 권리행사가 권리남용이 되는가의 여부는 개별적이고 구체적인 사안에 따라 판단되어야 한다.

송전선로철거소송에 이르게 된 과정, 계쟁 토지가 51㎡에 불과한 점, 위 송전선을 철거하여 이설하기 위하여는 막대한 비용과 손실이 예상되는 반면 송전선이 철거되지 않더라도 토지를 이용함에 별다른 지장이 없는 점 등에 비추어 농로 위로 지

---

7) 대법원 1998.05.22. 선고 96다24101 판결 소유권이전등기[공1998.7.1.(61),1702]
8) 대법원 2001.11.27. 선고 2001므1353 판결 인지청구[공2002.1.15.(146),172]

나가는 송전선의 철거를 구하는 청구가 권리남용에 해당한다.[9]

5. 조세법과 신의성실의 원칙

(1) 서론

국세기본법 제15조는 "납세자가 그 의무를 이행할 때에는 신의에 따라 성실하게 하여야 한다. 세무공무원이 직무를 수행할 때에도 또한 같다"라고 하여 세무공무원뿐만 아니라 납세의무자에게도 신의성실의 원칙이 적용됨을 규정하고 있다. 그러나 이에는 과세관청의 납세의무자에 대한 우월적 지위와 공권력을 가지고 있기에 납세의무자에 대하여는 신의칙이 적용될 수 없다는 견해가 있으므로 이에 대한 검토가 필요하다.

(2) 세무공무원에 대한 신의성실의 원칙 적용

세무공무원이 과세되지 않는다거나 또는 가볍게 과세된다는 설명을 납세자에게 하여 이를 믿은 납세자가 그것을 믿고 또 그와 같이 믿은 부분에 과실이 없다면, 비록 세법에 따른 납세의무가 있다고 하더라도 과세관청은 이를 전제로 과세할 수 없다.[10][11]

(3) 납세자에 대한 신의성실의 원칙 적용

가. 적용 여부

납세의무자가 과세관청에 대하여 자기의 과거 언동과는 모순되는 반대행위를 하는 경우 세법상 조세감면 등 혜택의 박탈, 신고불성실 등에 의한 가산세 부과제재,

---

9) 대법원 2003.11.27. 선고 2003다40422 판결 송전선로철거등[공2004.1.1.(193),17]
10) 이창희·임상엽·김석환·윤지현·이재호, 세법입문, 박영사, 2017, 38쪽 참조.
11) 대법원 1990.10.10. 선고 88누5280 판결 부가가치세부과처분취소[공1990.12.1.(885),2307] - 세무서 직원들이 이 사건 골절치료기구의 수입판매업자인 원고들에게 명시적으로 위 물품이 부가가치세 면제대상이라는 세무지도를 하였고, 원고들로서는 위와 같은 세무지도를 믿고 그 이후의 국내거래에 있어서 부가가치세를 대행징수하지 아니하였으며, 그와 같이 믿게된 데에 원고들에게 어떤 귀책사유가 있다고 볼 수 없다면, 이 사건 부가가치세 면세여부에 관한 과세관청의 공적인 견해표명이 있었다고 보아야 할 것이므로, 그 후 과세관청인 피고가 위 골절치료기구의 수입시에는 부가가치세가 면제되지만 수입판매업자가 수입한 후 재차 국내 의료기관에 판매공급하는 경우에는 부가가치세가 면제되지 아니한다는 이유로 면세로 처리한 과세기간에 대한 부가가치세액을 증액결정한 이 사건 과세처분은 신의성실의 원칙에 위반되는 행위로서 위법하다.

각종 세법상의 벌칙 등 불이익처분을 받게 된다. 또한 과세관청은 납세의무자에 대하여 우월적 지위와 공권력을 가지고 있으므로 납세의무자에 대하여는 신의칙이 적용될 수 없다는 견해도 있다. 그러나 대법원은 "조세법률주의에 의하여 합법성의 원칙이 강하게 작용하는 조세실체법과 관련한 신의성실의 원칙의 적용은 합법성을 희생해서라도 구체적 신뢰를 보호할 필요성이 있다고 인정되는 경우에 한하여 비로소 적용된다고 할 것이고, 특히 납세의무자가 과세관청에 대하여 자기의 과거의 언동에 반하는 행위를 하였을 경우에는 세법상 조세감면 등 혜택의 박탈, 각종 가산세에 의한 제재, 세법상의 벌칙 등 불이익처분을 받게 될 것이며, 과세관청은 납세자에 대한 우월적 지위에서 실지조사권 등을 가지고 있고, 과세처분의 적법성에 대한 입증책임은 원칙적으로 과세관청에 있다는 점 등을 고려한다면, **납세의무자에 대한 신의성실의 원칙의 적용은 극히 제한적으로 인정하여야 하고 이를 확대해석하여서는 안 된다**"라고 하여 제한적으로 긍정하는 입장이다.12)13)

나. 적용 요건 및 입증책임

대법원은 "납세의무자에게 신의성실의 원칙을 적용하기 위해서는 **객관적으로 모순되는 행태가 존재**하고, 그 행태가 **납세의무자의 심한 배신행위에 기인**하였으며, 그에 기하여 **야기된 과세관청의 신뢰가 보호받을 가치가 있는 것**이어야 할 것"이라거나,14) "조세법률관계에 있어서 신의성실의 원칙이나 신뢰보호의 원칙 또는 비과세 관행 존중의 원칙은 합법성의 원칙을 희생하여서라도 납세자의 신뢰를 보호함이 정의에 부합하는 것으로 인정되는 특별한 사정이 있을 경우에 한하여 적용되는 예외적인 법 원칙이다. 그러므로 **과세관청의 행위에 대하여 신의성실의 원칙 또는 신뢰보호의 원칙을 적용하기 위해서는**, 과세관청이 공적인 견해표명 등을 통하여 부여한 신뢰가 평균적인 납세자로 하여금 합리적이고 정당한 기대를 가지게 할 만한 것이어야 한다. 비록 과세관청이 질의회신 등을 통하여 어떤 견해를 표명하였다고 하더라도 그것이 중요한 사실관계와 법적인 쟁점을 제대로 드러내지 아니한 채 질의한 데 따른 것이라면 공적인 견해표명에 의하여 정당한 기대를 가지게 할 만한 신뢰가 부여된 경우라고 볼 수 없다. 또한 비과세 관행 존중의 원칙도 비과세에 관하여

---

12) 대법원 1997.03.20. 선고 95누18383 판결 등 참조.
13) 소송에 이르러 양도가 아니라 명의신탁이라 주장하는 것은 신의칙에 위배되지 않는다는 입장으로 서울고등법원 2015.06.24. 선고 2014누69046 판결을 참조하기 바란다.
14) 대법원 2007.06.28. 선고 2005두2087 판결.

일반적으로 납세자에게 받아들여진 세법의 해석 또는 국세행정의 관행이 존재하여야 적용될 수 있는 것으로서, 이는 비록 잘못된 해석 또는 관행이라도 특정 납세자가 아닌 불특정한 일반 납세자에게 정당한 것으로 이의 없이 받아들여져 납세자가 그와 같은 해석 또는 관행을 신뢰하는 것이 무리가 아니라고 인정될 정도에 이른 것을 의미하고, **단순히 세법의 해석기준에 관한 공적인 견해의 표명이 있었다는 사실만으로 그러한 해석 또는 관행이 있다고 볼 수는 없으며,** 그러한 해석 또는 관행의 존재에 대한 증명책임은 그 주장자인 납세자에게 있다"라고 판시한 바 있다.[15]

다. 관련 판례

① 대법원은 "[다수의견] 구 부가가치세법(2010.1.1. 법률 제9915호로 개정되기 전의 것) 제15조, 제17조 제1항에서 채택하고 있는 이른바 전단계세액공제 제도의 구조에서는 각 거래단계에서 징수되는 매출세액이 그에 대응하는 매입세액의 공제·환급을 위한 재원이 되므로, 그 매출세액이 제대로 국가에 납부되지 않으면 부가가치세의 체제를 유지하는 것이 불가능하게 된다. 따라서 만일 연속되는 일련의 거래에서 어느 한 단계의 악의적 사업자가 당초부터 부가가치세를 포탈하려고 마음먹고, 오로지 부가가치세를 포탈하는 방법에 의해서만 이익이 창출되고 이를 포탈하지 않으면 오히려 손해만 보는 비정상적인 거래(부정거래)를 시도하여 그가 징수한 부가가치세를 납부하지 않는 경우, 그 후에 이어지는 거래단계에 수출업자와 같이 영세율 적용으로 매출세액의 부담 없이 매입세액을 공제·환급받을 수 있는 사업자가 있다면 국가는 부득이 다른 조세수입을 재원으로 삼아 그 환급 등을 실시할 수밖에 없는바, 이러한 결과는 소극적인 조세수입의 공백을 넘어 적극적인 국고의 유출에 해당되는 것이어서 부가가치세 제도 자체의 훼손을 넘어 그 부담이 일반 국민에게 전가됨으로써 전반적인 조세체계에까지 심각한 폐해가 미치게 된다. 수출업자가 그 전단계에 부정거래가 있었음을 알면서도 아랑곳없이 그 기회를 틈타 자신의 이익을 도모하고자 거래에 나섰고, 또한 그의 거래 이익도 결국 앞서의 부정거래로부터 연유하는 것이며 나아가 그의 거래 참여가 부정거래의 판로를 확보해 줌으로써 궁극적으로 부정거래를 가능하게 한 결정적인 요인이 되었다면, 이는 그 전제가 되는 매입세액 공제·환급제도를 악용하여 부당한 이득을 추구하는 행위이므로, 그러한 수출업자에게까지 다른 조세수입을 재원으로 삼아 매입세액을 공제·환급해 주는 것은 부정거래

---

15) 대법원 2013.12.26. 선고 2011두5940 판결.

로부터 연유하는 이익을 국고에 의하여 보장해 주는 격이 됨은 물론 위에서 본 바와 같은 전반적인 조세체계에 미치는 심각한 폐해를 막을 수도 없다. 따라서 이러한 경우의 수출업자가 매입세액의 공제·환급을 구하는 것은 보편적인 정의관과 윤리관에 비추어 도저히 용납될 수 없으므로, **이는 구 국세기본법**(2010.1.1. **법률 제9911호로 개정되기 전의 것) 제15조에서 정한 신의성실의 원칙에 반하는 것으로서 허용될 수 없다.** 이러한 법리는 공평의 관점과 결과의 중대성 및 보편적 정의감에 비추어 수출업자가 중대한 과실로 인하여 그와 같은 부정거래가 있었음을 알지 못한 경우, 곧 악의적 사업자와의 관계로 보아 수출업자가 조금만 주의를 기울였다면 이를 충분히 알 수 있었음에도, 거의 고의에 가까운 정도로 주의의무를 현저히 위반하여 이를 알지 못한 경우에도 마찬가지로 적용된다고 보아야 하고, 그 수출업자와 부정거래를 한 악의적 사업자 사이에 구체적인 공모 또는 공범관계가 있은 경우로 한정할 것은 아니다.

　[대법관 박시환, 대법관 김지형의 별개의견]　수출업자의 매입세액 공제·환급 주장도 신의성실의 원칙의 적용대상이 될 수 있다는 점에 관하여는 원칙적으로 동의하지만 다수의견이 들고 있는 신의성실의 원칙의 적용 요건에 관하여는 찬동할 수 없다. 사업자는 원칙적으로 부가가치세의 부담이 없기 때문에 전단계 사업자에게 징수당한 매입세액은 국가로부터 돌려받아야 하는 것이 전단계세액공제 제도의 기본원리이고, 이는 국가를 대신하여 매출세액을 징수한 전단계 사업자가 국가에 이를 납부하지 아니하였다 하더라도 마찬가지다. 이를 조세정책상의 이유로 제한하기 위해서는 조세법률주의 원칙상 법률에 명시적으로 규정을 두어야 하고 단지 이를 악용할 소지가 있다는 이유만으로 함부로 제한할 수는 없다. 이러한 취지에 비추어 볼 때, 예외적으로 신의성실의 원칙에 의하여 수출업자의 매입세액 공제·환급 주장을 제한하기 위해서는 그가 악의적 사업자의 부정거래 사실 등을 알았거나 중대한 과실로 알지 못한 것만으로는 부족하고 부정거래를 통하여 매출세액을 포탈하는 악의적 사업자의 범죄행위에 적극적으로 가담하고 그 대가로 악의적 사업자가 포탈한 매출세액의 일부를 매매차익의 형태로 분배받은 정도에 이르러야 한다"고 하여 후자의 입장에 해당한다.16)

　② 납세의무자가 자산을 과대계상하거나 부채를 과소계상하는 등의 방법으로 분

---

16) 대법원 2011.01.20. 선고 2009두13474 전원합의체 판결.

식결산을 하고 이에 따라 과다하게 법인세를 신고, 납부하였다가 그 과다납부한 세액에 대하여 취소소송을 제기하여 다투는 경우, 납세의무자에게 신의성실의 원칙을 적용할 수 없다.[17]

(4) 검토

위에서 살펴 본 판결들을 종합해보면 납세자에 대하여 신의칙을 적용하기 위해서는 보다 엄격한 요건이 필요하다는 것을 알 수 있다. 이는 형사범죄에서 피의자가 자신의 범죄를 숨기기 위해 단순한 거짓 답변을 하는 것만으로는 형사사법권 발동을 방해하는 정도에 이르지 아니하고 이러한 거짓 진술은 수사기관이 밝혀내야하는 것이라는 판례의 입장과 거의 동일하게 판단할 수 있다. 즉 납세의무자가 과세관청에 대하여 자기의 과거의 언동에 반하는 행위를 하였을 경우에는 세법상 조세감면 등 혜택의 박탈, 각종 가산세에 의한 제재, 세법상의 벌칙 등 불이익처분을 받게 될 것이며, 과세관청은 납세자에 대한 우월적 지위에서 실지조사권 등을 가지고 있고, 과세처분의 적법성에 대한 입증책임은 원칙적으로 과세관청에 있으므로 납세자에 대하여 신의성실의 원칙을 적용함에 있어서는 극히 제한적이고 신중하여야 할 것이다.

▶ 쟁점사례 - 강행법규 vs 신의칙　　　　　　　　　　　　　　　　1

갑은 A투자신탁회사의 직원으로 병에게 자신에게 투자할 것을 권유하면서 일정한 수익을 보장함과 동시에 이를 위반하여 손실이 발생하였을 때에는 그 손실 역시 자신이 보전해주겠다고 하였다. 이를 신뢰한 병은 10억 원을 투자하였으나, 3개월이 지난 시점에서 원금 1억 원이 남아있다.

문 1

병은 갑이 처음에 권유한 내용대로 원금과 그에 대한 수익을 보장하라며 갑과 A 회사를 상대로 소송을 제기하고자 한다. 이에 A회사는 투자수익보장약정은 무효이므로 병이 주장하는 원금과 수익은 보전해 줄 수 없다는 입장이다. 어느 입장이 타당한가?

---

17) 대법원 2006.01.26. 선고 2005두6300 판결 법인세등부과처분취소[공2006.3.1.(245),343]

참조조문 자본시장과 금융투자업에 관한 법률(약칭: 자본시장법)

제55조(손실보전 등의 금지) 금융투자업자는 금융투자상품의 매매, 그 밖의 거래와 관련하여 제103조 제3항에 따라 손실의 보전 또는 이익의 보장을 하는 경우, 그 밖에 건전한 거래질서를 해할 우려가 없는 경우로서 정당한 사유가 있는 경우를 제외하고는 다음 각 호의 어느 하나에 해당하는 행위를 하여서는 아니 된다. 금융투자업자의 임직원이 자기의 계산으로 하는 경우에도 또한 같다.

1. 투자자가 입을 손실의 전부 또는 일부를 보전하여 줄 것을 사전에 약속하는 행위
2. 투자자가 입은 손실의 전부 또는 일부를 사후에 보전하여 주는 행위
3. 투자자에게 일정한 이익을 보장할 것을 사전에 약속하는 행위
4. 투자자에게 일정한 이익을 사후에 제공하는 행위

권리의 주체

02

제1절 자연인

I. 서설

1. 권리의 주체

권리와 의무가 귀속자를 말한다. 모든 권리와 의무에는 그 주체가 있으며, 주체 없는 권리나 의무는 있을 수 없다. 민법학에서는 권리·의무의 귀속주체를 '법적 인격' 또는 '법인격'이라고도 일컫는다.[1]

2. 권리능력

권리와 의무의 주체가 될 수 있는 지위 또는 자격을 '권리능력' 또는 '인격'이라고 한다. 권리능력은 人(자연인 또는 법인)을 권리의 주체로서 인정할 수 있는 표지가 되나, 권리의 주체가 될 수 있는 추상적·잠재적인 법률상의 지위에 지나지 않는다.[2] 이는 법으로 규정하여 획일적으로 적용하게 된다.

---

1) 곽윤직·김재형, 민법총칙, 박영사, 2015, 93쪽.
2) 곽윤직·김재형, 앞의 책, 93쪽.

3. 근거

> **민법 제3조(권리능력의 존속기간)** 사람은 생존한 동안 권리와 의무의 주체가 된다.

4. 구별개념

(1) 의사능력

의사능력이란 자신의 행위의 의미나 결과를 정상적인 인식력과 예기력을 바탕으로 합리적으로 판단할 수 있는 정신적 능력 내지는 지능을 말한다.[3] 의사능력의 유무는 구체적인 법률행위와 관련하여 개별적으로 판단되어야 하고, 의사무능력자가 한 법률행위는 무효이다.[4]

(2) 행위능력

의사능력을 가진 자가 단독으로 유효한 법률행위를 할 수 있는 능력을 말한다. 법으로 규정하여 획일적으로 판단하고 행위무능력자의 법률행위는 취소사유가 된다.[5]

---

3) 대법원 2009.01.15. 선고 2008다58367 판결 채무부존재확인[공2009상,155] ― 의사무능력자가 자신이 소유하는 부동산에 근저당권을 설정해 주고 금융기관으로부터 금원을 대출받아 이를 제3자에게 대여한 사안에서, 대출로 받은 이익이 위 제3자에 대한 대여금채권 또는 부당이득반환채권의 형태로 현존하므로, 금융기관은 대출거래약정 등의 무효에 따른 원상회복으로서 위 대출금 자체의 반환을 구할 수는 없더라도 현존 이익인 위 채권의 양도를 구할 수 있다.

4) 대법원 2002.10.11. 선고 2001다10113 판결 근저당권말소[공2002.12.1.(167),2675] ― 원고가 직접 금융기관을 방문하여 금 50,000,000원을 대출받고 금전소비대차약정서 및 근저당권설정계약서에 날인하였다고 할지라도, 원고가 어릴 때부터 지능지수가 낮아 정규교육을 받지 못한 채 가족의 도움으로 살아왔고, 위 계약일 2년 8개월 후 실시된 신체감정결과 지능지수는 73, 사회연령은 6세 수준으로서 이름을 정확하게 쓰지 못하고 간단한 셈도 불가능하며, 원고의 본래 지능수준도 이와 크게 다르지 않을 것으로 추정된다는 감정결과가 나왔다면, 원고가 위 계약 당시 결코 적지 않은 금액을 대출 받고 이에 대하여 자신 소유의 부동산을 담보로 제공함으로써 만약 대출금을 변제하지 못할 때에는 근저당권의 실행으로 인하여 소유권을 상실할 수 있다는 일련의 법률적인 의미와 효과를 이해할 수 있는 의사능력을 갖추고 있었다고 볼 수 없고, 따라서 위 계약은 의사능력을 흠결한 상태에서 체결된 것으로서 무효라고 본 사례.

5) 민법 제5조(미성년자의 능력)
① 미성년자가 법률행위를 함에는 법정대리인의 동의를 얻어야 한다. 그러나 권리만을 얻거나 의무만을 면하는 행위는 그러하지 아니하다.
② 전항의 규정에 위반한 행위는 취소할 수 있다.

(3) 책임능력

불법행위책임을 변별할 수 있는 능력을 말한다. 구체적·개별적으로 판단하는 것이 원칙이나 판례는 어느 정도 획일화하여 대체로 12세~14세 정도가 되면 책임능력을 인정하고 있다.[6] 책임무능력자의 행위는 불법행위 성립요건이 흠결되어 불법행위가 성립하지 않는다.

Ⅱ. 권리능력의 시기

1. 근거규정

시기에 관한 명문 규정이 없으므로 이에 관한 부분은 해석에 맡겨져 있다.

2. 시기: 전부노출설(민법에서의 통설)[7]

태아가 모체로부터 밖으로 전부 드러난 때에 출생의 시기라고 보는 견해이다.

3. 검토

물리적으로 그 시기를 쉽게 확인하여 정확하게 시기를 정하는 것이 민법에서는 중요하므로 통설인 전부노출설이 타당하다.

Ⅲ. 태아의 권리능력

우리 민법은 태아와 관련하여 개별적 보호주의를 취하고 있다.[8] 이는 상속능력

---

6) 송덕수, 신민법강의, 박영사, 2018, 79쪽.
7) 형법에서는 진통설이 통설과 판례의 입장이다.
8) 송덕수, 민법총칙, 박영사, 2015, 561쪽.

에 관한 동시존재원칙에 대한 예외에 해당한다.9)

1. 태아가 이미 출생한 것으로 의제되는 사항

가. 불법행위로 인한 손해배상청구(법 제762조)·인지(법 제858조)

나. 상속(법 제1000조 제3항)·대습상속(법 제1001조)·유증(법 제1064조)·유류분(법 제1118조)

2. 태아의 법률상 지위 – '이미 출생한 것으로 본다'의 의미

(1) 학설

가. 정지조건설

태아로 있는 동안에는 권리능력을 취득하지 못하지만, 그가 살아서 태어나면 그의 권리능력 취득의 효과가 문제의 사건이 발생한 시기까지 소급한다(**인격소급설**). 이 견해는 출생을 정지조건으로 태아의 권리능력을 인정한다.10)

나. 해제조건설(**통설**)11)

이미 출생한 것으로 보게 되는 각 경우에 태아는 그 개별적 사항의 범위 안에서 제한된 권리능력을 가지며, 다만 사산인 때에는 그 권리능력취득의 효과가 문제된 사건이 있었던 때에 소급하여 소멸한다(**제한적 인격설**). 이 견해는 사산을 해제조건으로 하여 태아에게 권리능력을 인정한다.12)

(2) 판례 – 정지조건설

태아가 특정한 권리에 있어서 이미 태어난 것으로 본다는 것은 살아서 출생한 때에 출생시기가 문제의 사건의 시기까지 소급하여 그 때에 태아가 출생한 것과 같이 법률상 보아 준다고 해석하여야 상당하므로 그가 모체와 같이 사망하여 출생의 기

---

9) 자세한 내용은 상속능력 부분 참조.
10) 곽윤직·김재형, 앞의 책, 100쪽.
11) 해제조건설에 대한 비판으로는 태아의 법정대리인에 관한 법률규정이 없음을 들고 있다(윤진수, 친족상속법강의, 박영사, 2016, 284쪽).
12) 곽윤직·김재형, 앞의 책, 101쪽.

회를 못 가진 이상 배상청구권을 논할 여지없다.[13]

(3) 검토

판례는 가사 태아가 권리를 취득한다고 하더라도 현행법상 이를 대행할 기관이 없음을 이유로 정지조건설의 입장을 취하고 있으나, 태아를 두텁게 보호하기 위해서는 해제조건설의 입장이 타당하다.

3. 낙태와 상속결격

태아가 호주상속의 선순위 또는 재산상속의 선순위나 동순위에 있는 경우에 그를 낙태하면 구 민법(1990.1.13. 법률 제4199호로 개정되기 전의 것) 제992조 제1호 및 제1004조 제1호 소정의 상속결격사유에 해당한다. 이들 소정의 상속결격사유로서 '살해의 고의' 이외에 '상속에 유리하다는 인식'을 필요로 하는지 여부에 관하여는, ① 우선 같은 법 제992조 제1호 및 제1004조 제1호는 그 규정에 정한 자를 고의로 살해하면 상속결격자에 해당한다고만 규정하고 있을 뿐, 더 나아가 '상속에 유리하다는 인식'이 있어야 한다고까지는 규정하고 있지 아니하고, ② 위 법은 "피상속인 또는 호주상속의 선순위자"(제992조 제1호)와 "피상속인 또는 재산상속의 선순위나 동순위에 있는 자"(제1004조 제1호) 이외에 "직계존속"도 피해자에 포함하고 있고, 위 "직계존속"은 가해자보다도 상속순위가 후순위일 경우가 있는바, 같은 법이 굳이 동인을 살해한 경우에도 그 가해자를 상속결격자에 해당한다고 규정한 이유는, 상속결격 요건으로서 "살해의 고의" 이외에 '상속에 유리하다는 인식'을 요구하지 아니한다는 데에 있다고 해석할 수밖에 없으며, ③ 같은 법 제992조 제2호 및 이를 준용하는 제1004조 제2호는 "고의로 직계존속, 피상속인과 그 배우자에게 상해를 가하여 사망에 이르게 한 자"도 상속결격자로 규정하고 있는데, 이 경우에는 '상해의 고의'만 있으면 되고, 이 '고의'에 '상속에 유리하다는 인식'이 필요 없음은 당연하므로, 이 규정들의 취지에 비추어 보아도 그 각 제1호의 요건으로서 '살해의 고의' 이외에 '상속에 유리하다는 인식'은 필요로 하지 아니한다고 할 것이다.[14]

---

13) 대법원 1976.09.14. 선고 76다1365 판결.
14) 대법원 1992.05.22. 선고 92다2127 판결.

Ⅳ. 권리능력의 종기

1. 근거규정

종기에 관한 명문 규정이 없으므로 이에 관한 부분은 해석에 맡겨져 있다.

2. 종기

종래의 통설은 생활기능이 절대적·영구적으로 끝나는 것이 사망이며, 심장이 그 기능을 멈추고, 맥박이 멈추는 때에 사망이 인정된다고 한다.[15]

3. 사망과 관련된 제도

의사의 사망진단서 등을 첨부하여 사망사실을 안 날로부터 1개월 이내에 사망신고를 하여야 하는데(가족관계의 등록 등에 관한 법률 제84조 제1항·제85조), 사망을 증명할 수 없거나 곤란한 경우를 대비하여 동시사망의 추정(민법 제30조)·인정사망·실종선고 등의 제도를 두고 있다.[16]

제2절   법인

Ⅰ. 서설

자연인 이외에 법인격이 인정되어 권리의무의 주체로 되는 것이 법인이다. 현행 법상 일정한 목적으로 조직을 갖추어 결합한 사람의 단체(사단 또는 조합)와 일정한 목적에 바쳐진 재산(재단)이라는 실체에 대하여 법인격이 주어지는 때에는 각각 법인

---

15) 곽윤직·김재형, 앞의 책, 105쪽.
16) 보다 자세한 부분은 상속개시 부분을 참고하기 바란다.

이 된다. 법인격 있는 사단을 '사단법인'이라 하고, 법인격 있는 재단은 '재단법인'이
라고 한다.

II. 법인의 종류

1. 영리추구의 목적 유무

(1) 영리법인

영리를 목적으로 하는 사단법인이 영리법인이다. 이는 구성원의 이익을 위하여 영
업을 수행하고, 그로 인해 발생하는 이익을 구성원 개인에게 분배하는 것이 특징이다.
따라서 공익을 목적으로 설립된 법인이 특정한 행위를 통하여 발생한 이익을 구성원
에게 분배하지 않는다면 이를 근거로 영리법인으로 판단할 수 없고, 반대로 공공의
이익을 목적으로 설립되었다 할지라도 사원에게 수익을 분배하게 된다면 영리법인에
해당한다고 볼 것이다.[17] 다만 비영리법인이라고 판단되더라도 영리를 발생하기 위
한 행위에 대하여는 상법 규정은 적용이 가능하다고 볼 것이므로 주의를 요한다.[18]

(2) 비영리법인

학술·종교·자선·기예·사교 기타 영리 아닌 사업을 목적으로 하는 사단 또는
재단은 주무관청의 허가를 얻어 이를 법인으로 할 수 있다(법 제32조). 영리 아닌 사
업을 목적으로 하여야 하므로, 영리도 아울러 목적으로 하고 있는 경우에는 비영리
법인이 아니라 영리법인이다. 그러나 비영리사업의 목적을 달성하는 데 필요하여 그
의 본질에 반하지 않는 정도의 영리행위를 하는 것은 상관없다.[19] 비영리법인은 사

---

17) 곽윤직·김재형, 앞의 책, 160쪽.
18) 새마을금고법의 제반 규정에 의하면 새마을금고는 우리 나라 고유의 상부상조 정신에 입각하여
   자금의 조성 및 이용과 회원의 경제적·사회적·문화적 지위의 향상 및 지역사회개발을 통한 건전
   한 국민정신의 함양과 국가경제발전에 기여함을 목적으로 하는 비영리법인이므로, 새마을금고가
   금고의 회원에게 자금을 대출하는 행위는 일반적으로는 영리를 목적으로 하는 행위라고 보기 어
   렵다. 다만, 새마을금고가 상인인 회원에게 자금을 대출한 경우, 상인의 행위는 특별한 사정이 없
   는 한 영업을 위하여 하는 것으로 추정되므로 그 대출금채권은 상사채권으로서 5년의 소멸시효기
   간이 적용된다(대법원 1998.07.10. 선고 98다10793 판결 대여금[공1998.8.15.(64),2091]).
19) 곽윤직·김재형, 앞의 책, 160쪽에서는 입장료를 징수하는 전람회를 개최하는 경우와 입원료를 받

단법인이거나 또는 재단법인이다. 민법의 법인에 관한 규정이 그 대상으로 하는 것
은 비영리법인이다.

2. 구성요소가 사람인지 재산인지 유무

민법은 비영리법인을 그 구성요소가 사단이냐 또는 재단이냐에 따라서 사단법인·
재단법인의 둘로 나누어진다. 사단법인은 일정한 목적을 위해 결합한 사람의 단체
즉 사단을 그 실체로 하는 법인이고, 재단법인은 일정한 목적에 바쳐진 재산 즉 재
단이 그 실체를 이루고 있는 법인이다. 사단법인은 단체의사에 의하여 자율적으로
활동하는 데 대하여, 재단법인은 설립자의 의사에 의하여 타율적으로 구속되는 점이
강하다는 본질적 차이가 있다.[20]

Ⅲ. 법인 아닌 사단·재단

1. 개관

개인이 일정한 목적을 달성하기 위해 결합한 단체로는 사단과 조합이 있다. 사단
은 단체가 그 구성원 각각의 개성을 초월한 별개의 인격적 존재가 되지만, 개개의
구성원은 단체 속에 녹아서 기관이나 구성원으로 존재할 뿐이다. 즉, 단체의 행동은
기관에 의해 행하여지고, 그 법률효과는 단체 자체에 귀속하며 단체의 구성원에게
귀속하지 않는다.[21] 구성원은 총회를 통하여 다수결원리에 따라 기관의 행동을 감
독하고, 단체의 운영에 참여할 수 있을 뿐이다. 단체의 자산이나 부채도 모두 단체
자체에 귀속되고, 단체원은 자산으로부터 배당을 받거나 또는 그 설비를 이용할 수
있을 뿐이며, 단체의 채무에 대하여 책임을 지지 않는다. 한편 조합도 구성원과는
독립한 존재로서 단체이긴 하지만, 단체로서의 단일성보다는 구성원의 개성이 강하
게 표면에 나타나고 있는 것이다. 민법은 이와 같은 조합을 법인으로 하지 않고, 구

고서 환자를 수용하는 경우 등을 예로 들고 있다.
20) 곽윤직·김재형, 앞의 책, 161쪽.
21) 곽윤직·김재형, 앞의 책, 161쪽.

성원 사이의 일종의 계약관계로서 규정하고 있다(법 제703조 이하).

2. 법인 아닌 사단

(1) 법인 설립에 관한 허가주의(법 제32조)

법인으로서의 실질을 갖추고 설립등기를 하게 되면 법인에 해당하지만, 현행법상 법인의 설립은 법률이 규정하는 특정의 경우에만 인정되므로(법 제31조), 경우에 따라서는 권리능력 없는 사단이 발생하게 된다.[22] 나아가 민법이 사단법인의 설립에 관하여 허가주의를 취하고 있어서(법 제32조) 주무관청의 허가를 득하지 못한 사단이나 설립등기를 갖추지 못한 경우에는 법인 아닌 사단으로서 존재하게 된다.

(2) 권리능력 없는 사단의 법률관계

가. 내부관계

최고의사결정기관인 총회에서 정관에 따라 내부관계를 처리한다. 총회의 다수결은 모든 사원을 구속하며, 그 다수결은 정관에서 특별히 정하고 있지 않으면 과반수로 성립한다고 해석된다.[23]

나. 외부관계

비법인사단의 경우에는 대표자의 대표권 제한에 관하여 등기할 방법이 없어 민법 제60조의 규정을 준용할 수 없고, 비법인사단의 대표자가 정관에서 사원총회의 결의를 거쳐야 하도록 규정한 대외적 거래행위에 관하여 이를 거치지 아니한 경우라도, 이와 같은 사원총회 결의사항은 비법인사단의 내부적 의사결정에 불과하다 할 것이므로, 그 거래 상대방이 그와 같은 대표권 제한 사실을 알았거나 알 수 있었을 경우가 아니라면 그 거래행위는 유효하다고 봄이 상당하고, 이 경우 거래의 상대방이 대표권 제한 사실을 알았거나 알 수 있었음은 이를 주장하는 비법인사단측이 주장·입증하여야 한다.[24]

민법 제275조, 제276조 제1항에서 말하는 총유물의 관리 및 처분이라 함은 총유

---

22) 곽윤직·김재형, 앞의 책, 162－163쪽.
23) 곽윤직·김재형, 앞의 책, 166쪽.
24) 대법원 2003.07.22. 선고 2002다64780 판결 용역비[공2003.9.1.(185),1775]

물 그 자체에 관한 이용·개량행위나 법률적·사실적 처분행위를 의미하는 것이므로, 비법인사단이 타인 간의 금전채무를 보증하는 행위는 총유물 그 자체의 관리·처분이 따르지 아니하는 단순한 채무부담행위에 불과하여 이를 총유물의 관리·처분행위라고 볼 수는 없다. 따라서 비법인사단인 재건축조합의 조합장이 채무보증계약을 체결하면서 조합규약에서 정한 조합 임원회의 결의를 거치지 아니하였다거나 조합원 총회 결의를 거치지 않았다고 하더라도 그것만으로 바로 그 보증계약이 무효라고 할 수는 없다. 다만, 이와 같은 경우에 조합 임원회의의 결의 등을 거치도록 한 조합규약은 조합장의 대표권을 제한하는 규정에 해당하는 것이므로, 거래 상대방이 그와 같은 대표권 제한 및 그 위반 사실을 알았거나 과실로 인하여 이를 알지 못한 때에는 그 거래행위가 무효로 된다고 봄이 상당하며, 이 경우 그 거래 상대방이 대표권 제한 및 그 위반 사실을 알았거나 알지 못한 데에 과실이 있다는 사정은 그 거래의 무효를 주장하는 측이 이를 주장·입증하여야 한다.[25]

다. 재산귀속관계

사단법인의 소유형태가 그 법인의 단독소유인 데 대하여, 법인 아닌 사단의 재산 소유형태는 총유 또는 준총유이다. 따라서 법인 아닌 사단의 구성원은 공유나 합유에서와 같은 지분권을 가지지 않는다.[26]

(3) 기타 문제

가. 종중

종중이라 함은 원래 공동선조의 후손 중 성년 이상의 남자를 종원으로 하여 구성되는 종족의 자연발생적 집단으로서 선조의 사망과 동시에 자손에 의하여 성립하는 것이고 성립을 위하여 특별한 조직행위를 필요로 하는 것이 아니며, 다만 목적인 공동선조의 분묘수호, 제사봉행, 종원 상호간의 친목을 위한 활동을 규율하기 위하여 규약을 정하는 경우가 있고, 또 대외적인 행위를 할 때에는 대표자를 정할 필요가 있는 것에 지나지 아니하며, 반드시 특정한 명칭의 사용 및 서면화된 종중규약이 있어야 하거나 종중의 대표자가 계속하여 선임되어 있는 등 조직을 갖추어야 하는 것도 아니다.[27]

---

25) 대법원 2007.04.19. 선고 2004다60072,60089 전원합의체 판결 공사대금·손해배상(기)[집55(1)민, 135; 공2007.5.15.(274), 693]
26) 곽윤직·김재형, 앞의 책, 167쪽.
27) 대법원 1998.07.10. 선고 96다488 판결 소유권이전등기말소[공1998.8.15.(64),2051]

나. 교회

우리 민법이 사단법인에 있어서 구성원의 탈퇴나 해산은 인정하지만 사단법인의 구성원들이 2개의 법인으로 나뉘어 각각 독립한 법인으로 존속하면서 종전 사단법인에게 귀속되었던 재산을 소유하는 방식의 사단법인의 분열은 인정하지 아니한다. 그 법리는 법인 아닌 사단에 대하여도 동일하게 적용되며, 법인 아닌 사단의 구성원들의 집단적 탈퇴로써 사단이 2개로 분열되고 분열되기 전 사단의 재산이 분열된 각 사단들의 구성원들에게 각각 총유적으로 귀속되는 결과를 초래하는 형태의 법인 아닌 사단의 분열은 허용되지 않는다. 교회가 법인 아닌 사단으로서 존재하는 이상, 그 법률관계를 둘러싼 분쟁을 소송적인 방법으로 해결함에 있어서는 법인 아닌 사단에 관한 민법의 일반 이론에 따라 교회의 실체를 파악하고 교회의 재산 귀속에 대하여 판단하여야 하고, 이에 따라 법인 아닌 사단의 재산관계와 그 재산에 대한 구성원의 권리 및 구성원 탈퇴, 특히 집단적인 탈퇴의 효과 등에 관한 법리는 교회에 대하여도 동일하게 적용되어야 한다. 따라서 교인들은 교회 재산을 총유의 형태로 소유하면서 사용·수익할 것인데, 일부 교인들이 교회를 탈퇴하여 그 교회 교인으로서의 지위를 상실하게 되면 탈퇴가 개별적인 것이든 집단적인 것이든 이와 더불어 종전 교회의 총유 재산의 관리처분에 관한 의결에 참가할 수 있는 지위나 그 재산에 대한 사용·수익권을 상실하고, 종전 교회는 잔존 교인들을 구성원으로 하여 실체의 동일성을 유지하면서 존속하며 종전 교회의 재산은 그 교회에 소속된 잔존 교인들의 총유로 귀속됨이 원칙이다. 그리고 교단에 소속되어 있던 지교회의 교인들의 일부가 소속 교단을 탈퇴하기로 결의한 다음 종전 교회를 나가 별도의 교회를 설립하여 별도의 대표자를 선정하고 나아가 다른 교단에 가입한 경우, 그 교회는 종전 교회에서 집단적으로 이탈한 교인들에 의하여 새로이 법인 아닌 사단의 요건을 갖추어 설립된 신설 교회라 할 것이어서, 그 교회 소속 교인들은 더 이상 종전 교회의 재산에 대한 권리를 보유할 수 없게 된다.[28]

다. 동·리·부락

법인 아닌 사단이나 재단도 대표자 또는 관리인이 있으면 민사소송의 당사자가 될 수 있으므로 자연부락이 부락주민을 구성원으로 하여 고유목적을 가지고 의사결정기관과 집행기관인 대표자를 두어 독자적인 활동을 하는 사회조직체라면 비법인

---

28) 대법원 2006.04.20. 선고 2004다37775 전원합의체 판결 소유권말소등기[집54(1)민,91;공2006.6.1.(251),851]

사단으로서의 권리능력이 있다고 할 것이나, 이와 같이 자연부락이 비법인사단으로서 존재하고 나아가 고유재산을 소유하고 있다는 사실을 인정하려면 자연부락의 구성원의 범위와 자연부락의 고유업무, 자연부락의 의사결정기관인 부락총회와 대표자의 존부 및 조직과 운영에 관한 규약이나 관습이 있었는지 여부, 고유재산을 소유하게 된 경위와 관리형태 등을 확정하여야 할 것이고, 집행기관인 대표자의 선정은 규약에 정함이 있거나 관습이 있다면 그에 따를 것이지만 그렇지 아니한 경우에는 부락을 구성하는 가구의 대표자 과반수의 출석과 출석 가구주의 과반수찬성에 의하여 선임된다.[29]

3. 법인 아닌 재단

일정한 목적을 위하여 결합된 재산의 집단을 '재단'이라고 한다. 이와 같은 재단은 두 가지로 나누어 생각해 볼 수 있다.[30] 첫째는 어떤 사람의 사적인 소유에 속하는 재산을 채권자 그 밖의 제3자의 권리를 보호하기 위하여 법률상 그 사람의 다른 재산과 구별해서 다루는 경우를 말한다. 예로는 파산재단(회생파산 제382조 이하), 공장 및 광업재단 저당법에 따른 공장재단이나 광업재단(법 제2조 제2호·제3호, 제10조 이하·제53조·제54조 참조)을 들 수 있다. 또 한정승인을 한 상속재산(법 제1028조 이하), 상속인 없는 상속재산(법 제1053조) 등도 이에 포함될 수 있다. 둘째는 일정한 사회의 목적을 위하여 출연된 재산으로 그 목적을 위하여 통일적으로 관리되고 실질적으로는 개인의 사적 소유를 벗어난 재산을 말한다. 그러나 그것은 무주의 재산은 아니며, 그 관리를 위한 형식적인 주체를 필요로 하는데 ① 신탁의 방법에 의하는 것, ② 법인조직에 의하는 것, ③ 권리능력 없는 재단으로서 관리되어 있는 것으로 구별된다.[31]

---

29) 대법원 1993.03.09. 선고 92다39532 판결 소유권보존등기말소등[공1993.5.1.(943),1148]
30) 곽윤직·김재형, 앞의 책, 168쪽 이하.
31) 곽윤직·김재형, 앞의 책, 168쪽 이하.

Ⅳ. 사단법인과 조합의 구별

사단과 조합은 그 단체성에 강약의 차이가 있을 뿐이고 단체라는 점에서는 변함이 없으므로, 이론상은 두 가지 모두 법인의 실체가 될 수 있는 것이며, 논리 필수적으로 사단만이 법인이 될 수 있는 것은 아니다. 즉, 사단이냐 조합이냐라는 것은 단체의 실체에 관한 구별에 지나지 않으며, 법인으로 하느냐 않느냐는 궁극적으로는 입법정책의 문제이다.[32) 따라서 실체에서는 조합이면서도 법인격이 주어지는 것이 있는가 하면,[33) 그 실체가 사단이면서도 법인격이 주어지지 않는 것이 있다.[34) 대법원도 "민법상의 조합과 법인격은 없으나 사단성이 인정되는 비법인사단을 구별함에 있어서는 일반적으로 그 단체성의 강약을 기준으로 판단하여야 하는바, 조합은 2인 이상이 상호 간에 금전 기타 재산 또는 노무를 출자하여 공동사업을 경영할 것을 약정하는 계약관계에 의하여 성립하므로 어느 정도 단체성에서 오는 제약을 받게 되는 것이지만 구성원의 개인성이 강하게 드러나는 인적 결합체인 데 비하여 비법인사단은 구성원의 개인성과는 별개로 권리·의무의 주체가 될 수 있는 독자적 존재로서의 단체적 조직을 가지는 특성이 있다 하겠는데, 어떤 단체가 고유의 목적을 가지고 사단적 성격을 가지는 규약을 만들어 이에 근거하여 의사결정기관 및 집행기관인 대표자를 두는 등의 조직을 갖추고 있고, 기관의 의결이나 업무집행방법이 다수결의 원칙에 의하여 행하여지며, 구성원의 가입, 탈퇴 등으로 인한 변경에 관계없이 단체 그 자체가 존속되고, 그 조직에 의하여 대표의 방법, 총회나 이사회 등의 운영, 자본의 구성, 재산의 관리 기타 단체로서의 주요사항이 확정되어 있는 경우에는 비법인사단으로서의 실체를 가진다고 할 것"이라고 판시한 바 있다.[35)

---

32) 곽윤직·김재형, 앞의 책, 162쪽.
33) 상법상 합명회사가 그 예이다.
34) 대법원 1991.06.25. 선고 88다카6358 판결 물품대금[집39(3)민,66;공1991.8.15.(902),1993]-한국원호복지공단법(1984.8.2. 법률 제3742호로 한국보훈복지공단법으로 개정됨) 부칙 제8조 제2항에 의하여 설립된 원호대상자광주목공조합은 민법상의 조합의 실체를 가지고 있으므로 소송상 당사자능력이 없다.
35) 대법원 1999.04.23. 선고 99다4504 판결 매매대금[공1999.6.1.(83),1018]

> ▶ **쟁점사례 - 상속결격과 낙태**   2
>
> 피상속인 A가 교통사고로 사망하자 배우자 B는 남편의 급작스러운 사망 소식에 따른 충격과
> 미래에 대한 불안감을 이겨내지 못하고 태아 C를 낙태하기로 마음먹었다. 그리하여 산부인과
> 전문의 D의 시술 하에 C에 대한 낙태가 이루어졌다.
>
> **문 1**
>
> 태아 C는 상속권자인가?
>
> **문 2**
>
> 위의 사실관계에 추가하여 현재 피상속인 A의 직계존속 부모가 생존하고 있다면 상속인은
> 누구이며 그 상속분은 얼마인가?

참조조문   민법 제1004조(상속인의 결격사유)

상속결격의 법정사유는 다음과 같다.
1. 고의로 직계존속, 피상속인, 그 배우자 또는 상속의 선순위나 동순위에 있는 자를 살해
   하거나 살해하려 한 것
2. 고의로 직계존속, 피상속인과 그 배우자에게 상해를 가하여 사망에 이르게 한 것
3. 사기 또는 강박으로 피상속인의 양자 기타 상속에 관한 유언 또는 유언의 철회를 방해
   한 것
4. 사기 또는 강박으로 피상속인의 양자 기타 상속에 관한 유언을 하게 한 것
5. 피상속인의 양자 기타 상속에 관한 유언서를 위조·변조·파기 또는 은닉한 것

법률행위

03

제 1 절   이중매매

> **➡️ 쟁점사례 - 부동산 이중매매 ①**   3
>
> 갑은 자기 소유의 ×부동산을 을에게 매도하기로 하고 3억 원에 매매계약을 체결하였다(제1
> 매매). 그 후 갑은 병이 위 ×부동산을 5억 원에 자신에게 매도하라고 하자, 병과 매매계약
> 을 체결(제2매매)하고 병에게 소유권이전등기를 경료하여 주었다.
>
> **문 1**
> 위 매매계약의 효력은 어떠한가?
>
> **문 2**
> 병은 소유권을 취득하는가?

관련판례　　　대법원 2013.10.11. 선고 2013다52622 판결【소유권이전등기말소등】
　　　　　　　　[공2013하,2075]

【판시사항】

[1] 타인의 이름으로 계약을 체결한 행위자가 계약의 당사자가 되는 경우

[2] 부동산 이중매매에서 제2양수인의 행위가 공서양속에 반한다고 하기 위한 요건 및 판단 기준

【판결요지】

[1] 상대방과의 사이에 계약 체결의 행위를 하는 사람이 다른 사람 행세를 하여 그 타인의 이름을 사용하여 계약서 기타 계약에 관련된 서면 등이 작성되었다고 하더라도, 행위자와 상대방이 모두 행위자 자신이 계약의 당사자라고 이해한 경우, 또는 그렇지 아니하다고 하더라도 상대방의 입장에서 합리적으로 평가할 때 행위자 자신이 계약의 당사자가 된다고 보는 경우에는, 행위자가 계약의 당사자가 되고 그 계약의 효과는 행위자에게 귀속된다.

[2] 어떠한 부동산에 관하여 소유자가 양도의 원인이 되는 매매 기타의 계약을 하여 일단 소유권 양도의 의무를 짐에도 다시 제3자에게 매도하는 등으로 같은 부동산에 관하여 소유권 양도의 의무를 이중으로 부담하고 나아가 그 의무의 이행으로, 그러나 제1의 양도채권자에 대한 양도의무에 반하여, 소유권의 이전에 관한 등기를 그 제3자 앞으로 경료함으로써 이를 처분한 경우에, 소유자의 그러한 제2의 소유권양도의무를 발생시키는 원인이 되는 매매 등의 계약이 소유자의 위와 같은 의무위반행위를 유발시키는 계기가 된다는 것만을 이유로 이를 공서양속에 반하여 무효라고 할 것이 아님은 물론이다. 그것이 공서양속에 반한다고 하려면, 다른 특별한 사정이 없는 한 상대방에게도 그러한 무효의 제재, 보다 실질적으로 말하면 나아가 그가 의도한 권리취득 자체의 좌절을 정당화할 만한 책임귀속사유가 있어야 한다. 제2의 양도채권자에게 그와 같은 사유가 있는지를 판단함에 있어서는, 그가 당해 계약의 성립과 내용에 어떠한 방식으로 관여하였는지(당원의 많은 재판례가 이 문제와 관련하여 제시한 '소유자의 배임행위에 적극 가담하였는지' 여부라는 기준은 대체로 이를 의미한다)를 일차적으로 고려할 것이고, 나아가 계약에 이른 경위, 약정된 대가 등 계약내용의 상당성 또는 특수성, 그와 소유자의 인적 관계 또는 종전의 거래상태, 부동산의 종류 및 용도, 제1양도채권자의 점유 여부 및 그 기간의 장단과 같은 이용현황, 관련 법규정의 취지·내용 등과 같이 법률행위가 공서양속에 반하는지 여부의 판단에서 일반적으로 참작되는 제반 사정을 여기서도 종합적으로 살펴보아야 할 것이다.

【참조조문】

[1] 민법 제105조 / [2] 민법 제103조

【참조판례】

[1] 대법원 1998.3.13. 선고 97다22089 판결(공1998상, 1011) / [2] 대법원 2009.9.10. 선고 2009다34481 판결

【원심판결】

부산지법 2013.6.14. 선고 2012나16428 판결

【주 문】

상고를 기각한다. 상고비용은 피고가 부담한다.

【이 유】

상고이유를 판단한다.

1. 계약당사자의 확정에 관한 상고이유에 대하여

상대방과의 사이에 계약 체결의 행위를 하는 사람이 다른 사람 행세를 하여 그 타인의 이름을 사용하여 계약서 기타 계약에 관련된 서면 등이 작성되었다고 하더라도, 행위자와 상대방이 모두 행위자 자신이 그 계약의 당사자라고 이해한 경우, 또는 그렇지 아니하다고 하더라도 상대방의 입장에서 합리적으로 평가할 때 행위자 자신이 계약의 당사자가 된다고 보는 경우에는, 행위자가 계약의 당사자가 되고 그 계약의 효과는 행위자에게 귀속된다(대법원 1998.3.13. 선고 97다22089 판결 등 참조).

이러한 법리에 비추어 기록을 살펴보면, 원심이 원고 2가 원고 1 행세를 하여 이 사건 제1매매계약을 체결하였다고 하더라도 그 판시와 같은 사정에 비추어 원고 2가 이 사건 제1매매계약의 매수인이라고 인정한 것은 정당하다. 거기에 상고이유의 주장과 같이 논리와 경험칙에 반하여 사실을 인정하거나 계약당사자의 확정에 관한 법리를 오해하는 등의 위법이 있다고 할 수 없다.

2. 이 사건 제2매매계약의 반사회성에 관한 상고이유에 대하여

어떠한 부동산에 관하여 소유자가 양도의 원인이 되는 매매 기타의 계약을 하여 일단 소유권 양도의 의무를 짐에도 다시 제3자에게 매도하는 등으로 같은 부동산에 관하여 소유권 양도의 의무를 이중으로 부담하고 나아가 그 의무의 이행으로, 그러나 제1의 양도채권자에 대한 양도의무에 반하여, 소유권의 이전에 관한 등기를 그 제3자 앞으로 경료함으로써 이를 처분한 경우에, 소유자의 그러한 제2의 소유권양도의무를 발생시키는 원인이 되는 매매 등의 계약이 소유자의 위와 같은 의무위반행위를 유발시키는 계기가 된다는 것만을 이유로 이를 공서양속에 반하여 무효라고 할 것이 아님은 물론이다. 그것이 공서양속에 반한다고 하려면, 다른 특별한 사정이 없는 한 상대방에게도 그러한 무효의 제재, 보다 실질적으로 말하면 나아가 그가 의도한 권리취득 자체의 좌절을 정당화할 만한 책임귀속사유가 있어야 한다. 제2의 양도채권자에게 그와 같은 사유가 있는지를 판단함에 있어서는, 그가 당해 계약의 성립과 내용에 어떠한 방식으로 관여하였는지(당원의 많은 재판례가 이 문제와 관련하여 제시한 '소유자의 배임행위에 적극 가담하였는지'

여부라는 기준은 대체로 이를 의미한다)를 일차적으로 고려할 것이고, 나아가 계약에 이른 경위, 약정된 대가 등 계약내용의 상당성 또는 특수성, 그와 소유자의 인적 관계 또는 종전의 거래상태, 부동산의 종류 및 용도, 제1양도채권자의 점유 여부 및 그 기간의 장단과 같은 이용현황, 관련 법규정의 취지·내용 등과 같이 법률행위가 공서양속에 반하는지 여부의 판단에서 일반적으로 참작되는 제반 사정을 여기서도 종합적으로 살펴보아야 할 것이다(대법원 2009.9.10. 선고 2009다34481 판결 등 참조).

기록을 살펴보면, 원심이 그 판시와 같은 이유로 이 사건 제2매매계약이 공서양속에 반하여 무효라고 판단한 것은 위와 같은 법리에 비추어 정당하다. 거기에 상고이유의 주장과 같은 사실 오인 또는 법리 오해의 위법이 없다.

3. 이 사건 제1매매계약의 '추인'에 관한 상고이유에 대하여

원심은 1997년 12월에 사망한 소외 1의 상속재산인 이 사건 부동산 전부를 그 상속인 중 1인인 소외 2가 원고 2에게 매도하여 그의 상속분뿐만 아니라 소외 3 등 다른 상속인들의 상속분에 관하여도 그들로부터의 권한 수여 없이 이 사건 제1매매계약이 체결되었다고 하더라도 그 판시와 같은 사정에 비추어 사후적으로 다른 상속인들이 위 매매계약을 '추인'한 것으로서 그 계약은 다른 상속인들의 상속분에 대하여도 유효하다고 판단하였다.

원래 매매계약은 매도인의 소유에 속하지 아니하는 목적물에 대하여도 유효하게 체결될 수 있는 것으로서(타인의 권리의 매매에 관한 민법 제569조 등 참조), 이 사건 제1매매계약은 소외 2 이외의 다른 상속인들이 상속으로 취득한 이 사건 부동산의 상속지분에 관하여도 효력이 있다고 할 것이다. 따라서 이 사건 제1매매계약으로부터 발생하는 채권적 법률효과로서 매수인인 원고 2는 매도인 소외 2에 대하여 그 목적물인 이 사건 부동산 전부에 대하여 소유권이전등기절차의 이행 및 인도를 청구할 권리를 가진다.

그렇다면 원심이 그 이유에 있어서 소외 3 등 다른 상속인들의 '추인'이 있어야 비로소 이 사건 제1매매계약의 효과가 위 다른 상속인들의 상속지분에도 미치는 것으로 설시한 것은 적절하다고 할 수 없다(또한 이 사건 제1매매계약에 기하여 이 사건 부동산을 매수한 원고 2 앞으로 아직 소유권등기가 경료되지 아니하였음이 기록상 명백하므로 아직 이 사건 부동산에 관한 소외 2의 처분이 있었다고 할 수 없고, 따라서 그 처분행위에 대한 추인도 있을 수 없다. 그렇다면 원심이 위와 같이 판단함에 있어서 권한 없이 행하여진 처분행위를 추인하는 것에 관한 대법원판결을 인용하는 것 역시 적절하지 아니하다). 그러나 그것은 이 사건 제1매매계약이 전적으로 유효함을 전제로 하여 원고 2의 청구를 인용한 판결 결과에는 영향이 없다고 할 것이다.

> ➡ **쟁점사례 – 부동산 이중매매 ②** ⬜4

갑은 을에게 갑 소유의 X토지를 매도하고 중도금까지 지급받은 상태에서 소유권이전등기를 경료하여 주지 않고 있었는데, 이러한 사실을 알고 있던 병은 갑에게 위 토지를 자신에게 매도하라고 유인하는 등 갑의 배임행위에 가담하여 적극적으로 교사하였고, 갑도 이에 응하여 병과 매매계약을 체결하고 병 명의로 소유권이전등기를 경료하여 주었다.

문 1
위 매매계약의 효력은 어떠한가?

문 2
병은 소유권을 취득하는가?

관련판례   대법원 2013.6.27. 선고 2011다5813 판결【건물명도】
[미간행]

【판시사항】
[1] 약정에 의하여 부동산 인도를 청구하는 경우, 간접점유자를 상대로 청구할 수 있는지 여부(적극) 및 다른 사람의 직접점유로 인하여 간접점유자의 인도의무 이행이 불가능한 경우에도 마찬가지인지 여부(소극)
[2] 이중매매를 사회질서에 반하는 법률행위로서 무효라고 하기 위한 요건 및 같은 법리가 이중으로 임대차계약을 체결한 경우에도 적용되는지 여부(적극)
【참조조문】
[1] 민법 제194조 / [2] 민법 제103조, 제618조
【참조판례】
[1] 대법원 1983.5.10. 선고 81다187 판결(공1983, 960), 대법원 1991.4.23. 선고 90다19695 판결(공1991, 1464), 대법원 2003.1.24. 선고 2000다22850 판결(공2003상, 685) /
[2] 대법원 1989.11.28. 선고 89다카14295, 14301 판결(공1990, 144), 대법원 2009.9.10. 선고 2009다23283 판결(공2009하, 1632)
【원심판결】
서울중앙지법 2010.12.23. 선고 2010나28252 판결
【주 문】
상고를 모두 기각한다. 상고비용은 원고들이 부담한다.
【이 유】
상고이유를 판단한다.

1. 계약상의 권리에 기초한 인도 청구에 관한 상고이유 부분에 대하여

가. 불법점유를 이유로 하여 부동산의 인도를 청구하는 경우에는 현실적인 점유자를 상대로 하여야 하는 것과 달리, 약정에 의하여 인도를 청구하는 경우에는 그 상대방이 직접점유자로 제한되지 아니하며 간접점유자를 상대로 하는 청구도 허용된다(대법원 1983.5.10. 선고 81다187 판결, 대법원 1991.4.23. 선고 90다19695 판결 참조). 다만 다른 사람의 직접점유로 인하여 간접점유자의 인도의무의 이행이 불가능한 경우에는 그러하지 아니하며, 이 경우 인도의무의 이행 불능은 단순히 절대적·물리적으로 불능인 경우가 아니라 사회생활에서의 경험법칙 또는 거래상의 관념에 비추어 볼 때 채권자가 채무자의 이행의 실현을 기대할 수 없는 경우를 말한다(대법원 2003.1.24. 선고 2000다22850 판결 등 참조).

나. 원심이 인정한 사실 및 적법하게 채택된 증거들에 의하면 다음과 같은 사실을 알 수 있다.

(1) 피고는 2009.6.5. 원고들과 사이에 그 소유의 인천 남동구 (주소 생략) 대 603.2㎡ 지하 1층, 지상 9층 건물(이하 '이 사건 건물'이라고 한다) 중 지상 1, 2층(이하 '이 사건 임대 부분'이라 한다)을 원고들에게 임대차보증금 1억 원, 차임 월 1,000만 원으로 정하여 임대하는 내용의 임대차계약을 체결하고(이하 '이 사건 임대차계약'이라고 한다), 같은 날 원고들로부터 계약금으로 1,500만 원을 받았다.

(2) 이 사건 임대차계약에 의하면, 피고는 원고들 이전의 종전 임차인으로부터 이 사건 임대 부분을 명도받은 다음날 새로운 임차인인 원고들에게 이 사건 임대 부분을 인도하고, 원고들은 같은 날 임대차보증금 잔액 8,500만 원을 피고에게 지급하기로 되어 있다.

(3) 피고는 2009.6.30. 인천지방법원 소속 집행관 소외 1을 통해 이 사건 임대 부분에 관하여 부동산 인도 집행을 실시하여 종전 임차인 소외 2로부터 이 사건 임대 부분을 인도받았다.

(4) 그 후 원고들과 피고 사이에 천장 에어컨 등 집기류 및 임대료 인하 등의 문제로 분쟁이 발생한 가운데, 피고는 2009.7.23. 소외 3과 사이에 이 사건 건물 중 지상 1, 2층(이 사건 임대 부분)과 지상 3층(이하 이 사건 임대 부분이 포함된 소외 3에 대한 임대 부분 전체를 '이 사건 재임대 부분'이라 한다)에 관하여 임대차보증금 1억 8,000만 원, 임대차기간 5년, 차임 월 1,800만 원으로 정하여 임대하는 내용의 임대차계약(이하 '2차 임대차계약'이라 한다)을 체결하고 2009.7.31. 소외 3에게 이 사건 재임대 부분을 인도하였으며, 소외 3의 요청에 따라 기존 임대차계약서의 임차인 명의를 소외 3에서 소외 3의 딸인 소외 4로 수정하는 내용의 임대차계약서를 작성하였다.

(5) 그리고 소외 3은 그 무렵부터 2009.8.10.까지 이 사건 재임대 부분의 인테리어 공사를 위한 사전 작업으로 기존 인테리어 철거공사를 실시하였다.

(6) 한편 원고들은 피고를 상대로 인천지방법원에 이 사건 임대 부분에 대한 점유이 전금지가처분을 신청하여(2009카단12054) 2009.8.4. 위 법원으로부터 그 신청취지대로 점유이전금지가처분 결정을 받았고, 2009.8.11. 이 사건 임대 부분에 위 가처분이 집행되었다(이하 '이 사건 가처분'이라고 한다).

다. 원심은 위와 같은 사실관계 아래에서 이 사건 임대차계약은 그 목적상 임차인이 임대인으로부터 직접 점유를 이전받아 그 목적물을 사용·수익함으로써 계약의 목적을 달성할 수 있는데, 피고가 이 사건 가처분의 당사자 항정효가 발생하기 이전에 소외 3과 사이에 새롭게 2차 임대차계약을 체결한 뒤 소외 3에게 이 사건 재임대 부분을 인도하여 이 사건 임대 부분에 대한 직접 점유를 상실한 이상 피고를 상대로 이 사건 임대 부분의 인도를 구할 수 없다는 이유로 원고들의 이 사건 청구를 기각하였다.

라. 그러나 이 사건에서 원고들은 피고가 이 사건 임대 부분을 불법점유하고 있음을 이유로 그 인도를 구하는 것이 아니라 이 사건 임대차계약에 따른 계약상의 의무 이행으로 이 사건 임대 부분의 인도를 구하고 있으므로, 위에서 본 법리에 의하면 피고가 이 사건 재임대 부분을 소외 3에게 임대하여 이 사건 임대 부분을 직접 점유하고 있지 않다고 하더라도 원고들은 이 사건 임대차계약에 기초하여 피고를 상대로 이 사건 임대 부분의 인도를 청구할 수 있다고 할 것이다.

그런데도 이와 달리 원심은 피고가 이 사건 임대 부분을 소외 3에게 임대하여 이를 점유하고 있지 않다는 이유만으로 원고들의 청구를 기각하고 말았으니, 이러한 원심판결에는 계약상의 의무 이행으로 인도를 구하는 소송의 상대방에 관한 법리를 오해한 잘못이 있다고 하지 아니할 수 없다.

마. 다만 원심판결 이유와 위 사실관계를 앞에서 본 법리에 비추어 살펴보면, 이 사건 가처분에 앞서 피고가 2009.7.23. 소외 3과 임대차기간을 5년으로 정하여 2차 임대차계약을 체결하고 소외 3에게 이 사건 재임대 부분을 인도하여 그가 인테리어 공사까지 마치고 상당한 금액의 임차보증금과 월 임료를 부담하면서 이를 사용하여 오고 있는 이상, 피고가 언제라도 소외 3으로부터 이 사건 임대 부분을 반환받아 원고들에게 인도할 수 있다는 등의 특별한 사정이 없는 한 피고가 원고들에게 이 사건 임대 부분을 인도해야 하는 의무는 이행불능이 되었다고 보아야 할 것이다.

원고들은 이와 달리 이 사건 가처분 집행 당시 소외 3이 이 사건 재임대 부분을 점유하고 있지 않았다고 상고이유로 주장하나, 이는 소외 3의 점유에 관한 원심의 사실인정을 다투는 취지에 불과하여 적법한 상고이유라고 할 수 없을 뿐 아니라, 위 증거들에 비추어 보아도 원심의 사실인정에 자유심증주의의 한계를 벗어난 위법이 없다.

또한 원고들은 2차 임대차계약에 관한 계약서(을제4호증)에 이 사건의 결과에 따라 승복하는 취지의 특약사항 제10항을 두고 있으므로, 이 사건의 결과에 따라 소외 3이 임의로 이 사건 임대 부분을 인도할 가능성이 있다고 주장한다. 그러나 위 계약서의 특약

사항 제10항은 '전 계약자와 법정 다툼이 있어 본 계약이 무효 판결될 경우 임대인은 임차인으로부터 받은 금액을 위약금 없이 반환하기로 한다'라는 것으로서, 이 사건에서 2차 임대차계약이 무효로 판단될 경우에 대비하여 둔 규정으로 보일 뿐, 이를 넘어서서 피고가 이 사건 임대차계약에 기초한 인도의무를 부담한다는 사정만으로 소외 3이 2차 임대차계약 내지 이 사건 임대 부분에 관한 사용권을 포기하고 이를 피고에게 반환하기로 하는 약정이라고 해석되지는 아니한다.

따라서 위 특약사항만으로는 피고가 소외 3으로부터 이 사건 임대 부분을 반환받아 원고들에게 인도할 수 있는 특별한 사정에 해당된다고 보기는 부족하고, 기록을 살펴보아도 달리 이 사건에서 그러한 특별한 사정이 있다고 볼 수는 없으므로, 이 사건 임대 부분을 원고들에게 인도해야 하는 피고의 의무는 이행불능의 상태에 이르렀다고 볼 것이다.

바. 결국 그 의무의 이행이 가능함을 전제로 한 원고들의 청구는 이를 받아들일 수 없다 할 것이고, 원심이 이 사건 임대차계약은 그 목적물을 사용·수익함으로써 계약의 목적을 달성할 수 있는데 피고가 소외 3에게 이 사건 재임대 부분을 인도함에 따라 피고를 상대로 이 사건 임대 부분의 인도를 구할 수 없다고 판단한 결론은 수긍할 수 있으므로, 위에서 본 바와 같은 원심의 잘못으로 말미암아 판결에 영향을 미친 위법은 없다고 할 것이다.

2. 2차 임대차계약의 신의칙 위반에 관한 상고이유 부분에 대하여

가. 원심은 피고와 소외 3 사이의 2차 임대차계약이 이중계약으로 무효라는 원고들의 주장에 대하여, 원고들이 이 사건 임대 부분을 점유하고 있는 소외 3을 상대로 직접 이 사건 임대 부분의 인도를 구하거나 피고를 대위하여 소외 3을 상대로 이 사건 임대 부분의 인도를 구하는 것이 아닌 이상 원고들의 주장은 그 주장 자체로 이유 없다고 판단하였다.

나. 이중매매를 사회질서에 반하는 법률행위로서 무효라고 하기 위하여는, 제2매수인이 이중매매 사실을 아는 것만으로는 부족하고, 나아가 매도인의 배임행위(또는 배신행위)를 유인, 교사하거나 이에 협력하는 등 적극적으로 가담하는 것이 필요하며, 그와 같은 사유가 있는지를 판단할 때에는 이중매매계약에 이른 경위, 약정된 대가 등 계약 내용의 상당성 또는 특수성 및 양도인과 제2매수인의 관계 등을 종합적으로 살펴보아야 한다(대법원 1989.11.28. 선고 89다카14295, 14301 판결, 대법원 2009.9.10. 선고 2009다23283 판결 등 참조). 그리고 이러한 법리는 이중으로 임대차계약을 체결한 경우에도 그대로 적용될 수 있다.

다. 앞에서 본 사실관계와 아울러 적법하게 채택된 증거들에 의하면, 소외 3이 이 사건 임대차계약 체결 사실을 알면서 2차 임대차계약을 체결하였고, 2차 임대차계약을 체결할 때에 피고에게 이 사건 임대차계약의 해제와 관련된 위약금 재원으로 5,000만 원을 지급한 사실을 알 수 있으며, 또한 이 사건 임대차계약에 의하여 2차 임대차계약이 무효로 될 경우에 대비한 특약사항을 두었음은 앞에서 본 바와 같다.

그렇지만 위 증거들에 의하면, 2차 임대차계약 체결 당시 원고들은 계약금만 지급한 상태였고, 또한 이미 원고들과 피고 사이에서 분쟁이 발생하여 그 적법 여부를 떠나 피고가 원고들에게 이 사건 임대차계약의 해제를 통보한 상태였으며, 소외 3이나 2차 임대차계약의 체결은 그 분쟁의 발생과 전혀 무관한 사정들을 알 수 있다.

따라서 이러한 사정들에 비추어 보면, 2차 임대차계약 당시 소외 3이 이 사건 임대차계약을 알고 있었고 이 사건 임대차계약과 관련된 사항이 계약 내용에 반영되었다는 앞에서 본 사실관계만으로는 2차 임대차계약을 신의칙에 반하는 이중계약으로서 무효라고 보기에는 부족하고, 소외 3이 피고에게 이 사건 임대 부분을 반환할 의무를 진다고 할 수 없으므로, 결국 이중 임대차계약을 이유로 피고가 소외 3으로부터 이 사건 임대 부분을 반환받아 원고들에게 인도하는 것은 불가능하다고 할 것이다.

라. 원심의 판단이 미흡하기는 하지만, 2차 임대차계약의 무효를 이유로 소외 3에게 이 사건 임대 부분의 인도를 구할 수 없다고 본 결론에는 잘못이 없으므로, 판결에 영향을 미친 위법이 없다. 이를 다투는 상고이유의 주장은 받아들일 수 없다.

제2절 요건과 효과

I. 서설

1. 요건

(1) 서론

법률행위는 먼저 법률행위로서 성립하고, 이어서 그것이 유효하다는 평가를 받게 된다. 즉 먼저 성립과 불성립의 문제가 있고, 그 다음 성립하였다고 인정되는 것에 관하여 유효와 무효의 문제가 문제된다.

(2) 성립요건

법률행위의 존재가 인정되기 위하여 요구되는 최소한의 외형적·형식적 요건을 말한다. 유효요건의 선행문제로서 성립요건을 흠결한 경우 무효 또는 취소가 문제되지 않는다. 성립요건은 적극적 요건이므로 권리를 주장하는 자가 요건의 구비를 입증해야 하며, 법률행위 일부로서의 의미를 갖는다. 일반적 성립요건으로는 당사자·목적·의사표시가 존재해야 하며, 특별성립요건으로는 계약에서의 청약과 승낙의 합치, 법인의 설립등기, 유언의 방식, 혼인에 있어 신고, 대물변제에서 목적물의 인도 등이 있다.

(3) 효력요건

이미 성립한 법률행위가 법률상 효력을 발생하는데 필요한 요건을 말하며, 법률행위가 성립요건을 갖추어 성립으로 확정된 후의 문제이다. 효력요건을 갖추지 못한 경우에는 무효 또는 취소할 수 있는 법률행위가 되며, 소극요건이므로 권리발생을 저지하는 측에서 흠결을 입증해야 한다. 일반적 효력요건으로는 당사자가 능력이 있고, 목적이 확정성·실현가능성·적법성·사회적 타당성이 있어야 하며, 의사와 표시의 일치 및 의사표시에 하자가 없어야 한다. 특별효력요건으로는 대리행위에 있어 대리권의 존재, 조건부·기한부 법률행위에 있어 조건의 성취·기한의 도래, 유언에 있어서 유언자의 사망, 재단법인 기본재산 처분시 주무관청의 허가 등이 있다.

(4) 입증책임의 문제

2. 종류

(1) 단독행위(예: 유증) / 계약(예: 증여, 사인증여) / 합동행위
(2) 신탁행위 / 비신탁행위

Ⅱ. 무효와 취소

1. 법률행위(민법총칙)

(1) 의의 및 차이

가. 무효

법률행위가 성립한 당초부터 법률상 당연히 그 효력이 발생하지 않는 것이 확정되어 있는 것을 말한다.[1]

나. 취소

법률행위의 성립 당시 취소사유가 있는 경우에 일단 유효하게 성립한 법률행위의 효력을 행위시로 소급하여 소멸시키는 의사표시를 말한다.[2]

다. 차이

① 취소에서는 특정인이 그 효력을 잃게 하기 위한 주장 또는 행위를 하는 때에 비로소 효력이 없는 것(유동적 유효)으로 되는데 반하여, 무효에서는 누구의 주장이나 행위를 기다리지 않고서 당연히 처음부터 효력이 없는 것으로 된다.

② 무효는 시간의 경과에 의하여 효력에 변동이 생기지 않지만, 취소는 일정한 시간이 지나면 취소권이 소멸하므로 유효로 확정되거나, 취소되면 처음부터 효력이 없는 것으로 된다(민법 제146조).

③ 무효인 법률행위는 추인하더라도 원칙적으로 효력이 발생하지 않지만(민법 제139조), 취소할 수 있는 법률행위는 추인하면 유효한 법률행위로 확정된다(민법 제143조 제1항).

(2) 민법상 무효 규정(절대적·상대적 무효)

가. 의사무능력의 법률행위

의사능력이란 자신의 행위의 의미나 결과를 정상적인 인식력과 예기력을 바탕으로 합리적으로 판단할 수 있는 정신적 능력 내지는 지능을 말하는바, 특히 어떤 법률행위가 그 일상적인 의미만을 이해하여서는 알기 어려운 특별한 법률적인 의미나

---

1) 곽윤직, 앞의 책, 382쪽.
2) 곽윤직, 앞의 책, 389쪽.

효과가 부여되어 있는 경우 의사능력이 인정되기 위하여는 그 행위의 일상적인 의미뿐만 아니라 법률적인 의미나 효과에 대하여도 이해할 수 있을 것을 요한다고 보아야 하고, 의사능력의 유무는 구체적인 법률행위와 관련하여 개별적으로 판단되어야 할 것이다.[3]

나. 원시적 불능

급부의 목적물이 존재하지 않거나 멸실한 경우임에도 이러한 급부를 목적으로 하는 법률행위는 무효이다.

다. 강행법규 위반행위[4]

강행법규에는 효력규정뿐만 아니라 단속규정도 포함된다고 설명하기도 하지만, 단속규정은 강행법규와는 구별하여 사용하는 것이 편리하다. 따라서 강행법규는 효력규정이라고 이해할 수 있고, 이를 위반하는 행위의 사법상 효과는 부정된다.[5] 반면에 단속규정을 위반하는 경우에는 그 사법상 행위의 효과는 유효하고, 다만 행위자가 행정적 또는 형사적 제재를 받을 뿐이다.[6][7]

민법상 강행규정으로는 민법총칙편의 권리능력, 행위능력, 법인제도, 비진의표시, 허위표시, 소멸시효제도 등과 물권편의 대부분의 규정, 채권편에서 사회적·경제적

---

3) 대법원 2006.09.22. 선고 2006다29358 판결 – 지능지수가 58로서 경도의 정신지체 수준에 해당하는 38세의 정신지체 3급 장애인이 2,000만 원이 넘는 채무에 대하여 연대보증계약을 체결한 사안에서, 연대보증계약 당시 그 계약의 법률적 의미와 효과를 이해할 수 있는 의사능력이 없었다고 본 사례.

4) 탈법행위: 강행규정에 직접적으로 위반되지는 않지만 간접적으로 다른 수단으로 강행규정이 금지하는 내용을 실질적으로 실현하는 법률행위를 말한다. 통설·판례는 탈법행위의 개념을 인정한다. 전형적인 탈법행위의 예로는 공무원연금지급권의 담보, 동산의 양도담보 등이 있다. 탈법행위는 법규의 정신에 반하고 법률이 인정하지 않는 결과의 발생을 목적으로 하기 때문에 무효이다. 탈법행위를 막기 위해 일정정도 양성화한 제도로는 덕대계약, 가등기담보 등이 있다.

5) 대법원 2002.09.04. 선고 2000다54406,54413 판결 – 부동산중개업법이 '부동산중개업자의 공신력을 높이고 공정한 부동산 거래질서를 확립하여 국민의 재산권 보호에 기여함'을 목적으로 하고 있는 점(같은 법 제1조), 위 규정들이 위와 같은 금지행위의 결과에 의하여 경제적 이익이 귀속되는 것을 방지하려는 데에도 그 입법 취지가 있다고 보이는 점, 그와 같은 위반행위에 대한 일반 사회의 평가를 감안할 때 위와 같은 금지행위 위반은 반사회적이거나 반도덕적으로 보아야 할 것인 점, 위반행위에 대한 처벌만으로는 부동산중개업법의 실효를 거둘 수 없다고 보이는 점 등을 종합하여 보면, 위와 같은 규정들은 부동산중개의 수수료 약정 중 소정의 한도액을 초과하는 부분에 대한 사법상의 효력을 제한함으로써 국민생활의 편의를 증진하고자 함에 그 목적이 있는 것이므로 이른바, 강행법규에 속하는 것으로서 그 한도액을 초과하는 부분은 무효라고 보아야 한다.

6) 곽윤직, 앞의 책, 275쪽.

7) 예컨대, 무허가 음식점의 유흥영업행위 또는 음식물을 파는 행위(식품위생법 제37조, 제94조 등 참조).

약자를 보호하는 규정 및 거래안전을 보호하기 위한 규정, 친족·상속편에서 친족관계·상속관계의 기본질서 유지에 필요한 규정 등이 있다.

[참고]
- 구 증권거래법 제52조에 위반하여 이루어진 손실보장약정, 사립학교 또는 의료법인의 재산에 관해 주무관청허가 없이 이루어진 처분행위, 구 국토이용관리법상 시장 등의 허가없이 이루어진 토지거래행위, 사립학교법에 위반하여 이사회의 결의와 감독청의 허가 없이 이루어진 금원차용행위, 국민주택기금의 운용제한에 관한 구 주택건설촉진법 제10조의4 제1항에 위배하여 이루어진 상계약정 등은 무효.
  단속규정은 행정상 고려에 의해 일정한 행위를 금지·제한하고 그 위반행위에 대하여 형벌이나 행정상 불이익을 주는 규정을 말한다. 단속규정의 체계와 내용에 대해서는 학설이 대립하고 있다
- 구 외국환관리법상 제한규정에 위반된 행위, 부동산등기특별조치법에 위반하여 이루어진 미등기전매행위, 농지법상 소재지 관서의 농지취득자격증명 없이 이루어진 농지매매행위, 증권거래법에 위배된 일임약정행위 등은 유효.

라. 반사회질서 법률행위(법 제103조)(별도 쟁점)

> **민법 제103조(반사회질서의 법률행위)** 선량한 풍속 기타 사회질서에 위반한 사항을 내용으로 하는 법률행위는 무효로 한다.

마. 불공정 법률행위(법 제104조)
바. 비진의표시(법 제107조)
사. 통정허위표시(법 제108조)

(3) 민법상 취소 규정

가. 행위무력자의 법률행위
나. 착오에 의한 의사표시(법 제109조)
다. 사기 또는 강박에 의한 의사표시(법 제110조)

2. 과세처분(행정행위)의 하자

(1) 의의 및 차이

과세처분은 행정법상 처분에 해당하고, 이에 하자가 있을 경우에는 무효인 행위 또는 취소할 수 있는 행위로 다루어진다. 무효인 행정행위는 외관상으로 행정행위로 존재하나 처음부터 전혀 법적 효과를 발생하지 아니하는 행위로서, 다른 행정청이나 법원은 물론이고 사인도 그 독자적 판단과 책임하에서 그 무효임을 단정할 수 있는 행위를 말한다. 한편 취소할 수 있는 행정행위는 그 성립에 흠이 있음에도 불구하고 일단 유효한 행위로 통용되는 것으로서, 다른 국가기관 또는 국민은 그에 기속되고, 행정쟁송 또는 직권에 의하여 취소됨으로써 비로소 그 효력을 상실하는 행위를 말한다.8)

(2) 구별기준(중대명백설)

가. 행정처분이 당연무효라고 하기 위하여는 그 처분에 위법사유가 있다는 것만 으로는 부족하고 그 하자가 중요한 법규에 위반한 것이고 객관적으로 명백한 것이어야 하며 하자가 중대하고도 명백한 것인가의 여부를 판별함에 있어서는 그 법규의 목적, 의미, 기능 등을 목적론적으로 고찰함과 동시에 구체적 사안자체의 특수성에 관하여도 합리적으로 고찰함을 요한다.9)10)

나. 행정처분에 사실관계를 오인한 하자가 있는 경우 그 하자가 중대하다고 하더라도 객관적으로 명백하지 않다면 그 처분을 당연무효라고 할 수 없는바, 하자가 명백하다고 하기 위하여는 그 사실관계 오인의 근거가 된 자료가 외형상 상태성을 결여하거나 또는 객관적으로 그 성립이나 내용의 진정을 인정할 수 없는 것임이 명백한 경우라야 할 것이고 사실관계의 자료를 정확히 조사하여야 비로소 그 하자 유무가 밝혀질 수 있는 경우라면 이러한 하자는 외관상 명백하다고 할 수는 없을 것이다.11)

---

8) 김동희, 행정법Ⅰ, 박영사, 2015, 339쪽 참조.
9) 대법원 1985.07.23. 선고 84누419 판결.
10) 김동희, 앞의 책, 340쪽－행정행위의 성립에 일응 위법·부당한 하자가 있어도 일단 그 유효성을 인정하여야 하는 논거는 행정의 실효성확보요청과 신뢰보호원칙에 있다.
11) 대법원 1992.04.28. 선고 91누6863 판결.

(3) 구별실익

행정소송형태, 불가쟁력의 인정 여부, 선결문제[12], 사정재결·사정판결, 하자의 승계, 하자의 치유·전환

(4) 관련 판례

가. 무효사유로 판단한 사례

① 법령의 해석을 잘못하여 중과세처분을 할 수 없는 물품에 대하여 한 중과세나 과세대상이 아닌 물품에 대하여 한 과세처분은 법률의 근거가 없는 처분으로서 당연무효이므로 이에 기하여 납부받은 세금은 부당이득으로서 반환하여야 한다.[13]

② 종합토지세부과처분의 과세기준일 현재 토지의 등기부등본상 토지의 소유자가 아닌 것으로 등재되어 있다면 토지의 소유자가 아님은 일견 명백하게 알 수 있는 것이어서 과세관청이 토지의 소유자가 아닌 자를 토지의 소유자로 오인한 것은 그 하자가 외관상 일견 명백하다고 보아야 할 것이다.[14]

③ 과세관청이 납세자에 대한 체납처분으로서 제3자의 소유 물건을 압류하고 공매하더라도 그 처분으로 인하여 제3자가 소유권을 상실하는 것이 아니고, 체납처분으로서 압류의 요건을 규정하는 국세징수법 제24조 각 항의 규정을 보면 어느 경우에나 압류의 대상을 납세자의 재산에 국한하고 있으므로, 납세자가 아닌 제3자의 재산을 대상으로 한 압류처분은 그 처분의 내용이 법률상 실현될 수 없는 것이어서 당연무효이다.[15]

④ 과세소득이 없는데도 과세관청이 잘못된 과세자료를 근거로 과세소득이 있는

---

12) 대법원 1982.06.08. 선고 80도2646 판결 – 도로교통법 제65조 제1호의 규정방식을 근거로 내세워 도로교통법 제57조 제1호에 규정한 연령미달의 결격자이던 피고인이 그의 형인 공소외 甲의 이름으로 운전면허시험에 응시 합격하여 받은 원판시 운전면허를 당연무효로 보아야 할 것이라는 소론 주장은 채택할 바 못되는 것이고, 피고인이 위와 같은 방법에 의하여 받은 운전면허는 비록 위법하다 하더라도 도로교통법 제65조 제3호의 허위 기타 부정한 수단으로 운전면허를 받은 경우에 해당함에 불과하여 취소되지 않는 한 그 효력이 있는 것이라 할 것이므로 같은 취지에서 피고인의 원판시 운전행위가 도로교통법 제38조의 무면허운전에 해당하지 아니한다고 본 원심판단은 정당하다.
13) 대법원 1981.06.09. 선고 81다400 판결.
14) 대법원 1999.10.12. 선고 98두13140 판결.
15) 대법원 2006.04.13. 선고 2005두15151 판결.

것으로 사실관계를 오인하여 과세처분을 한 경우라도 그 사실관계 오인의 근거가 된 과세자료가 외형상 상태성을 결여하거나 또는 객관적으로 그 성립이나 내용의 진정을 인정할 수 없는 것임이 명백한 경우에는 이러한 과세자료만을 근거로 과세소득을 인정하여 행한 과세처분은 그 하자가 중대할 뿐만 아니라 객관적으로도 명백하여 무효이다.[16]

나. 취소사유로 판단한 사례

① 증여사실이 없는데 세무서장이 증여사실의 오인으로 인한 세금부과처분을 당연무효라고는 볼 수 없다.[17]

② 부동산에 대한 실질적인 소유자가 아닌 명의수탁자에 대하여 행해진 양도소득세 부과처분은 위법하지만 그 하자가 중대·명백하다고 할 수 없어 무효라고는 볼 수 없고 단지 취소할 수 있음에 불과하다.[18]

③ 국세징수법 제9조 제1항의 규정은 단순한 세무행정상의 편의를 위한 훈시규정이 아니라 헌법과 국세기본법이 정한 조세법률주의의 원칙에 따라 과세당국의 자의를 배제하고 신중하고 합리적인 처분을 하게 함으로써 조세행정의 공정을 기함과 아울러 납세자에게 부과처분의 내용을 자세히 알리고 이에 대한 불복여부의 결정과 불복신청에 편의를 주고자 하려는데 그 근본취지가 있으므로 위 규정은 강행규정으로 보아야 하고 따라서 납세고지서에 세액산출근거 등 기재사항이 누락되었다면 이는 적법한 부과결정의 고지라고 볼 수 없고 그 부과처분 자체가 위법한 것이 되어 취소의 대상이 된다.[19]

3. 무효와 취소의 이중효 문제

하나의 법률행위에 무효와 취소사유가 존재하는 경우 어느 것이나 주장할 수 있다는 것이 무효와 취소의 경합 또는 이중효의 문제이다. 예를 들어 행위무능력자가 동시에 의사능력이 없는 경우를 말한다. 이처럼 이중효에 대해 긍정하는 견해가 다수설인데 행위무능력을 이유로 한 취소의 경우에는 취소권의 제척기간(제146조)이 적

---

16) 대법원 1985.12.24. 선고 84누573 판결.
17) 대법원 1974.11.26. 선고 74누76 판결.
18) 대법원 1999.08.20. 선고 99다20179 판결.
19) 대법원 1988.02.09. 선고 83누404 판결.

용되나 의사무능력자의 행위는 무효이므로 기간제한이 없기 때문에 행위무능력자라는 이유로 오히려 불리하게 되는 경우를 막아야 한다는 점, 무효는 불성립이나 부존재가 아니라 성립은 되어 있으나 효과만 발생하지 않고 있으므로 무효라도 취소할 대상물이 존재한다는 점 등을 근거로 제시하고 있다. 이중효의 문제는 이러한 경우뿐만 아니라 통정허위표시에 의한 법률행위의 채권자취소권을 인정하는 경우에도 나타난다.

Ⅲ. 해제와 취소

매도인이 매수인의 중도금 지급채무 불이행을 이유로 매매계약을 적법하게 해제한 후라도 매수인으로서는 상대방이 한 계약해제의 효과로서 발생하는 손해배상책임을 지거나 매매계약에 따른 계약금의 반환을 받을 수 없는 불이익을 면하기 위하여 착오를 이유로 한 취소권을 행사하여 매매계약 전체를 무효로 돌리게 할 수 있다.[20]

제3절 위법소득과 과세

Ⅰ. 서설

위법소득이라 함은 횡령, 수뢰 등 형사상 처벌되는 행위나 민사상 무효 또는 취소할 수 있는 행위로 인한 소득 및 법률상 요구되는 허가 등을 받지 않고 영업을 하여 얻은 소득 등을 포괄하는 개념을 말한다.[21]

세법은 뇌물·알선수재 및 배임수재에 의하여 받은 금품은 기타소득(소득세법 제21조 제1항 제23호, 제24호), 불법정치자금에 대하여는 상속세 또는 증여세를 과세하도록

---

20) 대법원 1996.12.06. 선고 95다24982,24999 판결 매매대금반환·점유사용료[공1997.1.15.(26),180])
21) 고성춘, 국세기본법 사례연구, 법문사, 2013, 874쪽 이하.

하고 있다(조세제한특례법 제76조 제2항, 제3항). 그 밖의 위법을 원인으로 소득이 발생한 경우에 관하여는 규정을 두고 있지 않다. 소득세법은 소득세부과대상이 되는 소득을 일일이 열거하여 그 열거된 소득에 대하여만 소득세를 부과하도록 규정하고 있으므로 소득세법에 규정되어 있지 아니한 소득에 대하여 소득세를 부과할 수 없다는 결론에 이른다.

Ⅱ. 과세 유무에 관한 판례

1. 담세력 판단의 기준 – 이득에 대한 현실적 지배와 관리

소득세법은 개인의 소득이라는 경제적 현상에 착안하여 담세력이 있다고 보여지는 것에 과세하려는데 그 근본취지가 있다 할 것이므로 과세소득은 이를 경제적 측면에서 보아 현실로 이득을 지배 관리하면서 이를 향수하고 있어 담세력이 있는 것으로 판단되면 족하고 그 소득을 얻게 된 원인관계에 대한 법률적 평가가 반드시 적법하고 유효한 것이어야 하는 것은 아니라 할 것이다.[22]

2. 귀속자에 대한 환원조치 유무

가. 법인의 대표이사 또는 실질적 경영자 등이 그의 지위를 이용하여 법인의 수익을 사외에 유출시켜 자신에게 귀속시킨 금원 중 법인의 사업을 위하여 사용된 것이 분명하지 아니한 것은 특별한 사정이 없는 한 상여 내지 임시적 급여로서 근로소득에 해당한다 할 것이고, 법인의 대표이사 또는 실질적 경영자 등의 횡령 등 법인의 자금을 유용하는 행위는 애당초 회수를 전제로 하여 이루어진 것이 아니어서 그 금액에 대한 지출 자체로서 이미 사외유출에 해당하고, 그 사외유출금 중 대표이사 또는 실질적 경영자 등에게 귀속된 부분에 관하여 일단 소득세 납세의무가 성립하면 사후에 그 귀속자가 소득금액을 법인에게 환원시켰다고 하더라도 이미 발생한 납세의무에 영향을 미칠 수 없는 것이다.[23]

---

22) 대법원 1983.10.25. 선고 81누136 판결 종합소득세부과처분취소.
23) 대법원 2001.09.14. 선고 99두3324 판결 법인세등부과처분취소.

나. 법인세법상 익금이라 함은 법인의 순자산을 증가시키는 거래로 인하여 발생하는 수익의 총액을 말하고, 여기에서 수익이라 함은 타인에게 재화 또는 용역을 제공하고 획득한 수입금액과 기타 당해 법인에 귀속되는 일체의 경제적 이익을 의미한다고 할 것인 한편 어떤 소득이 과세소득이 되는지 여부는 이를 경제적인 측면에서 보아 현실로 이득을 지배 관리하면서 이를 향수하고 있어 담세력이 있는 것으로 판단되면 족하고 그 소득을 얻게된 원인관계에 대한 법률적 평가가 반드시 적법하고 유효한 것이어야 하는 것은 아니라 할 것이므로(당원 1979.8.28. 선고 79누188 판결; 당원 1983.10.25. 선고 81누136 판결 및 당원 1985.5.28. 선고 83누123 판결 등 참조), 이 사건에서 원심이 확정한 바와 같이 소외 회사의 대표이사인 소외 김중하 등이 소외 회사의 명의로 부금을 수입하거나 금원을 차입하고도 이를 위 법 제17조 제2항에 따라 장부에 기장하지 않고 비밀장부를 만들어 소위 부외부채로 관리하면서 이를 유용하였다면 비록 그와 같은 차입행위가 같은 법 제17조 소정의 차입한도제한과 차입절차를 위배한 것이 되어 사법상으로는 소외 회사의 차입행위로서는 무효가 된다 하더라도 그 부외부채의 상대계정인 현금은 일단 소외 회사에 들어온 법인의 수익으로 보아야 할 것이며, 이와 같이 소외 회사의 수익으로 되는 부외부채의 상대계정인 현금이 소외 회사의 장부에 기장되지 아니한 이상 이는 특별한 사정이 없는 한 사외로 유출되었다고 보아야 할 것이니(당원 1990.2.13. 선고 89누152 판결 등 참조), 그 귀속이 분명하지 않다면 법인세법 제32조 제5항 및 그 시행령 제94조의2 제1항에 의하여 대표자에 대한 상여로 소득처분이 되는 것이라고 할 것이다.

따라서 원심이 위와 같이 소외 회사의 이 사건 차입금은 상호신용금고법 제17조의 규정에 위반한 것이 되어 소외 회사의 차입금으로서는 무효이므로 법인세법상 소외 회사의 수익이 될 수 없다고 판단하였음은 필경 법인의 소득에 관한 법리를 오해하였다 할 것이고, 이를 지적하는 논지는 이유 있다.[24]

---

24) 대법원 1991.12.10. 선고 91누5303 판결 갑종근로소득세등부과처분무효확인.

3. 구체적 사례

(1) 횡령의 경우

가. 횡령한 직원 또는 대표이사의 횡령금액에 대하여 그들에게 소득세를 부과할 수 있는
지 여부

법인의 소득이 위법행위에 의하여 사외유출됨으로써 해당 위법행위를 한 임원에게 귀속되는 등의 예외적인 경우가 아닌 한 소득세법상 횡령 또는 배임행위에 의하여 얻게 된 위법소득에 대하여 소득세를 부과하는 규정을 두고 있지 않고 있으므로, 횡령금액은 소득세 과세대상이 될 수 없다는 게 원칙이다.[25]

나. 법인의 매출누락액 등 소득처분의 대상이 되는 횡령금액이 항상 사외유출에 해당하
는지 여부

① 법인의 대표이사 또는 실질적 경영자 등이 그의 지위를 이용하여 법인의 수익을 사외에 유출시켜 자신에게 귀속시킨 금원 중 법인의 사업을 위하여 사용된 것이 분명하지 아니한 것은 특별한 사정이 없는 한 상여 내지 임시적 급여로서 근로소득에 해당한다 할 것이고, 법인의 대표이사 또는 실질적 경영자 등의 횡령 등 법인의 자금을 유용하는 행위는 애당초 회수를 전제로 하여 이루어진 것이 아니어서 그 금액에 대한 지출 자체로서 이미 사외유출에 해당하고, 그 사외유출금 중 대표이사 또는 실질적 경영자 등에게 귀속된 부분에 관하여 일단 소득세 납세의무가 성립하면 사후에 그 귀속자가 소득금액을 법인에게 환원시켰다고 하더라도 이미 발생한 납세의무에 영향을 미칠 수 없다.[26]

② 법인의 실질적 경영자인 대표이사 등이 법인의 자금을 유용하는 행위는 특별한 사정이 없는 한 애당초 회수를 전제로 하여 이루어진 것이 아니어서 그 금액에 대한 지출 자체로서 이미 사외유출에 해당한다. 여기서 그 유용 당시부터 회수를 전제하지 않은 것으로 볼 수 없는 특별한 사정에 관하여는 횡령의 주체인 대표이사 등의 법인 내에서의 실질적인 지위 및 법인에 대한 지배 정도, 횡령행위에 이르게 된 경위 및 횡령 이후의 법인의 조치 등을 통하여 그 대표이사 등의 의사를 법인의 의사와 동일시하거나 대표이사 등과 법인의 경제적 이해관계가 사실상 일치하는 것으

---

25) 고성춘, 앞의 책, 876쪽.
26) 대법원 2001.09.14. 선고 99두3324 판결 법인세등부과처분취소.

로 보기 어려운 경우인지 여부 등 제반 사정을 종합하여 개별적·구체적으로 판단하여야 하며, 이러한 특별한 사정은 이를 주장하는 법인이 입증하여야 한다.[27]

(2) 뇌물·알선수재 및 배임수재의 경우

가. 문제점

뇌물·알선수재 및 배임수재에 의하여 받은 금품은 기타소득으로 과세된다(소득세법 제21조 제1항 제23호, 제24호). 이처럼 범죄행위로 인하여 받은 불법소득에 대하여는 구 소득세법이 2005.5.31. 법률 제7528호로 개정되어 위 규정이 신설되기 이전에는 실무에서는 사례금으로 과세하였다.[28] 그런데 수뢰죄, 배임수재, 알선수재의 경우에 받은 금품은 필요적 몰수 및 추징의 대상이 되므로 형사판결에 의하여 받은 뇌물 등이 몰수 내지 추징된 경우 또는 나아가 몰수, 추징과 함께 받은 만큼의 금품을 제공한 사람에게 반환한 경우에는 과세대상이 되는 경제적 이익이 존재하지 않는 것이어서 이와 같은 상황에서도 여전히 과세할 수 있는지가 문제된다.

나. 판례의 입장

〈변경 전 판례〉

대법원 2002.5.10. 선고 2002두431 판결 【종합소득세부과처분취소】

[미간행]

【참조조문】

[1] 구 소득세법(1994.12.22. 법률 제4803호로 전문 개정되기 전의 것) 제25조 제1항 제15호(현행 제21조 제1항 제17호 참조), 구 소득세법(1995.12.29. 법률 제5031호로 개정되기 전의 것) 제21조 제1항 제17호, 구 소득세법 시행령(1994.12.31. 대통령령 제14467호로 전문 개정되기 전의 것) 제49조의2 제1항 제2호(현행 소득세법 제21조 제1항 제17호 참조)

【원심판결】 서울고법 2001.11.15. 선고 2001누6151 판결

【주문】

상고를 기각한다. 상고비용은 원고의 부담으로 한다.

【이유】

상고이유를 본다.

과세소득은 이를 경제적 측면에서 보아 현실로 이득을 지배관리하면서 이를 향수하고 있어서 담세력이 있는 것으로 판단되면 족하고 그 소득을 얻게 된 원인관계에 대한 법률적

---

27) 대법원 2008.11.13. 선고 2007두23323 판결 법인세등부과처분취소.
28) 고성춘, 앞의 책, 877쪽.

평가가 반드시 적법하고 유효한 것이어야 하는 것은 아니므로, 범죄행위로 인한 위법소득이더라도 귀속자에게 환원조치가 취해지지 않은 한 이는 과세소득에 해당되는바(대법원 1983.10.25. 선고 81누136 판결 참조), 납세자가 범죄행위로 인하여 금원을 교부받은 후 그에 대하여 원귀속자에게 환원조치를 취하지 아니한 이상 그로써 소득세법상의 과세대상이 된 소득은 이미 실현된 것이고, 그 후 납세자에 대한 형사사건에서 그에 대한 추징이 확정됨으로써 결과적으로 그 금원을 모두 국가에 추징 당하게 될 것이 확정되었다 하더라도, 이는 납세자의 그 금품수수가 형사적으로 처벌대상이 되는 범죄행위가 됨에 따라 그 범죄행위에 대한 부가적인 형벌로서 추징이 가하여진 결과에 불과하여 이를 원귀속자에 대한 환원조치와 동일시할 수는 없으므로, 결국 그 추징 및 집행만을 들어 납세자가 범죄행위로 인하여 교부받은 금원 상당의 소득이 실현되지 아니하였다고 할 수는 없다(대법원 1998.2.27. 선고 97누19816 판결 참조).

원심판결 이유에 의하면, 원심이 원고가 성원건설 주식회사의 직원으로 토지매입 업무를 처리하는 과정에서 정규봉으로부터 사례금조로 10억 원을 받았는데, 이 돈을 받은 것에 대하여 배임수재죄로 유죄판결과 함께 추징금 10억 원의 판결을 선고받고 확정되었으며, 또한 원고가 성원건설 주식회사와 사이에 이 돈을 돌려주기로 합의하고 원고 소유의 부동산에 근저당권을 설정해 주었다 하더라도, 이러한 사유만으로는 10억 원의 소득을 원귀속자에게 환원하였다고 볼 수 없다는 이유로 이 돈을 기타소득으로 본 피고의 이 사건 부과처분은 적법하다고 판단하였는바, 앞서 본 법리와 기록에 비추어 살펴보면, 이러한 원심의 사실인정과 판단은 옳은 것으로 수긍이 가고, 거기에 실질소득 산정의 법리나 조세평등주의의 법리를 오해하거나, 판단을 유탈한 위법이 없다. 이 점을 탓하는 상고이유는 받아들이지 아니한다.

그러므로 상고를 기각하고, 상고비용은 패소자의 부담으로 하기로 하여 관여 법관의 일치된 의견으로 주문과 같이 판결한다.

〈변경 후 판례〉

대법원 2015.7.16. 선고 2014두5514 전원합의체 판결【종합소득세등부과처분취소】

[공2015하,1266]

【판시사항】

위법소득의 지배·관리라는 과세요건이 충족되어 납세의무가 성립한 후 몰수나 추징과 같은 후발적 사유가 발생하여 소득이 실현되지 아니하는 것으로 확정됨으로써 당초 성립하였던 납세의무가 전제를 잃게 된 경우, 후발적 경정청구를 하여 납세의무의 부담에서 벗어날 수 있는지 여부(원칙적 적극) 및 이러한 후발적 경정청구사유가 존재하는데도 당초에 위법소득에 관한 납세의무가 성립하였던 적이 있음을 이유로 과세처분을 한 경우, 항고소송을 통해 취소를 구할 수 있는지 여부(적극)

【판결요지】

형법상 뇌물, 알선수재, 배임수재 등의 범죄에서 몰수나 추징을 하는 것은 범죄행위로 인한 이득을 박탈하여 부정한 이익을 보유하지 못하게 하는 데 목적이 있으므로, 이러한 위법소득에 대하여 몰수나 추징이 이루어졌다면 이는 위법소득에 내재되어 있던 경제적 이익의 상실가능성이 현실화된 경우에 해당한다. 따라서 이러한 경우에는 소득이 종국적으로 실현되지 아니한 것이므로 납세의무 성립 후 후발적 사유가 발생하여 과세표준 및 세액의 산정기초에 변동이 생긴 것으로 보아 납세자로 하여금 그 사실을 증명하여 감액을 청구할 수 있도록 함이 타당하다. 즉, 위법소득의 지배·관리라는 과세요건이 충족됨으로써 일단 납세의무가 성립하였다고 하더라도 그 후 몰수나 추징과 같은 위법소득에 내재되어 있던 경제적 이익의 상실가능성이 현실화되는 후발적 사유가 발생하여 소득이 실현되지 아니하는 것으로 확정됨으로써 당초 성립하였던 납세의무가 전제를 잃게 되었다면, 특별한 사정이 없는 한 납세자는 국세기본법 제45조의2 제2항 등이 규정한 후발적 경정청구를 하여 납세의무의 부담에서 벗어날 수 있다. 그리고 이러한 후발적 경정청구사유가 존재함에도 과세관청이 당초에 위법소득에 관한 납세의무가 성립하였던 적이 있음을 이유로 과세처분을 하였다면 이러한 과세처분은 위법하므로 납세자는 항고소송을 통해 취소를 구할 수 있다.

【참조조문】

구 소득세법(2008.12.26. 법률 제9270호로 개정되기 전의 것) 제21조 제1항 제23호, 제24호, 국세기본법 제45조의2 제2항

【참조판례】

대법원 1983.10.25. 선고 81누136 판결(공1983, 1752), 대법원 1998.2.27. 선고 97누19816 판결(변경), 대법원 2002.5.10. 선고 2002두431 판결(변경)

【원심판결】

서울고법 2014.3.6. 선고 2013누25346 판결

【주 문】

원심판결을 파기하고, 사건을 서울고등법원에 환송한다.

【이 유】

상고이유를 판단한다.

1. 상고이유 제1점에 관하여

가. 과세소득은 경제적 측면에서 보아 현실로 이득을 지배·관리하면서 이를 향수하고 있어 담세력이 있다고 판단되면 족하고 그 소득을 얻게 된 원인관계에 대한 법률적 평가가 반드시 적법·유효하여야 하는 것은 아니다(대법원 1983.10.25. 선고 81누136 판결 등 참조). 이러한 점에서 구 소득세법(2008.12.26. 법률 제9270호로 개정되기 전의 것, 이하 같다) 제21조 제1항은 '뇌물'(제23호), '알선수재 및 배임수재에 의하여 받는 금품'(제24호)을

기타소득의 하나로 정하고 있다.

뇌물 등의 위법소득을 얻은 자가 그 소득을 종국적으로 보유할 권리를 갖지 못함에도 그가 얻은 소득을 과세대상으로 삼는 것은, 그가 사실상 소유자나 정당한 권리자처럼 경제적 측면에서 현실로 이득을 지배·관리하고 있음에도 불구하고 이에 대하여 과세하지 않거나 그가 얻은 위법소득이 더 이상 상실될 가능성이 없을 때에 이르러야 비로소 과세할 수 있다면 이는 위법하게 소득을 얻은 자를 적법하게 소득을 얻은 자보다 우대하는 셈이 되어 조세정의나 조세공평에 반하는 측면이 있음을 고려한 것이고, 사후에 위법소득이 정당한 절차에 의하여 환수됨으로써 그 위법소득에 내재되어 있던 경제적 이익의 상실가능성이 현실화된 경우에는 그때 소득이 종국적으로 실현되지 아니한 것으로 보아 이를 조정하면 충분하다.

그런데 형법상 뇌물, 알선수재, 배임수재 등의 범죄에서 몰수나 추징을 하는 것은 범죄행위로 인한 이득을 박탈하여 부정한 이익을 보유하지 못하게 하는 데 그 목적이 있으므로, 이러한 위법소득에 대하여 몰수나 추징이 이루어졌다면 이는 그 위법소득에 내재되어 있던 경제적 이익의 상실가능성이 현실화된 경우에 해당한다고 보아야 한다. 따라서 이러한 경우에는 그 소득이 종국적으로 실현되지 아니한 것이므로 납세의무 성립 후 후발적 사유가 발생하여 과세표준 및 세액의 산정기초에 변동이 생긴 것으로 보아 납세자로 하여금 그 사실을 증명하여 감액을 청구할 수 있도록 함이 타당하다. 즉, 위법소득의 지배·관리라는 과세요건이 충족됨으로써 일단 납세의무가 성립하였다고 하더라도 그 후 몰수나 추징과 같은 위법소득에 내재되어 있던 경제적 이익의 상실가능성이 현실화되는 후발적 사유가 발생하여 소득이 실현되지 아니하는 것으로 확정됨으로써 당초 성립하였던 납세의무가 그 전제를 잃게 되었다면, 특별한 사정이 없는 한 납세자는 국세기본법 제45조의2 제2항 등이 규정한 후발적 경정청구를 하여 그 납세의무의 부담에서 벗어날 수 있다고 보아야 한다. 그리고 이러한 후발적 경정청구사유가 존재함에도 과세관청이 당초에 위법소득에 관한 납세의무가 성립하였던 적이 있음을 이유로 과세처분을 하였다면 이러한 과세처분은 위법하므로 납세자는 항고소송을 통해 그 취소를 구할 수 있다고 할 것이다.

이와 달리 범죄행위로 인한 위법소득에 대하여 형사사건에서 추징판결이 확정되어 집행된 경우에도 소득세법상 과세대상이 된다는 취지로 판시한 대법원 1998.2.27. 선고 97누 19816 판결, 대법원 2002.5.10. 선고 2002두431 판결 등은 이 판결의 견해에 저촉되는 범위에서 이를 변경하기로 한다.

나. 원심판결 이유에 의하면, ① 재건축정비사업조합의 조합장인 원고가 2008.7.경 재건축상가 일반분양분을 우선 매수하려는 소외 1로부터 5,000만 원을, 재건축아파트 관리업체 선정 대가로 소외 2로부터 3,800만 원을 각 교부받은 사실, ② 원고는 2010.4.9. 이에 관하여 특정범죄가중처벌등에관한법률위반(뇌물)죄로 처벌을 받으면서 위 합계 8,800만 원의 추징을 명하는 판결을 선고받은 후 그 항소와 상고가 기각되어 판결이 확정되자 2011.2.16. 추징금 8,800만 원을 모두 납부한 사실, ③ 한편 피고는 위 8,800만 원이 '뇌물'

로서 구 소득세법 제21조 제1항 제23호가 정한 기타소득에 해당한다고 보아 2012.9.1. 원고에게 2008년 귀속 종합소득세를 부과하는 이 사건 처분을 한 사실 등을 알 수 있다.

이러한 사실관계를 앞서 본 법리에 비추어 살펴보면, 원고가 뇌물로 받은 8,800만 원에 관하여는 그 수령 당시에 일단 납세의무가 성립하였다고 하더라도 그 후 추징과 같은 위법소득에 내재되어 있던 경제적 이익의 상실가능성이 현실화되는 후발적 사유가 발생하여 소득이 실현되지 아니하는 것으로 확정됨으로써 당초 성립하였던 납세의무가 그 전제를 잃게 되었으므로, 당초에 위법소득에 관한 납세의무가 성립하였던 적이 있음을 이유로 한 이 사건 처분은 위법하다고 할 것이다.

그런데도 원심은 이와 달리 원고가 확정된 형사판결에 따라 추징금 8,800만 원을 납부하였다고 하더라도 이는 뇌물수수라는 범죄행위에 대한 부가적인 형벌로서 추징이 가하여진 결과에 불과하여 원귀속자에 대한 환원조치와 같이 볼 수 없다는 이유로 이 사건 처분이 적법하다고 판단하였는바, 이러한 원심의 판단에는 소득세의 과세대상인 위법소득과 추징에 관한 법리를 오해하여 판결에 영향을 미친 잘못이 있다. 이 점을 지적하는 상고이유의 주장은 이유 있다.

2. 결론

그러므로 나머지 상고이유에 관한 판단을 생략한 채 원심판결을 파기하고, 사건을 다시 심리·판단하게 하기 위하여 원심법원에 환송하기로 하여, 관여 법관의 일치된 의견으로 주문과 같이 판결한다.

➡ 쟁점사례 l - 위법소득에 대한 과세(변경 전 판례) 5

① 갑은 X건설 주식회사의 직원으로 토지매입 업무를 처리하는 과정에서 을로부터 사례금조로 10억 원을 받았는데, 이 돈을 받은 것에 대하여 배임수재죄로 유죄판결과 함께 추징금 10억 원의 판결을 선고받고 확정되었다.

② 갑은 X건설 주식회사와 사이에 이 돈을 돌려주기로 합의하고 갑 소유의 부동산에 근저당권을 설정해 주었다.

③ 한편 과세관청은 여전히 10억을 기타소득으로 보고 갑에 대하여 부과처분을 하였다.

문 1

과세처분은 적법한가?

➡ 쟁점사례 II - 위법소득에 대한 과세(변경 후 판례)　　　　　　6

① 재건축정비사업조합의 조합장인 갑은 2008.7.경 재건축상가 일반분양분을 우선 매수하려는 을로부터 5,000만 원을, 재건축아파트 관리업체 선정 대가로 병으로부터 3,800만 원을 각 교부받았다.

② 갑은 2010.4.9. 이에 관하여 특정범죄가중처벌등에관한법률위반(뇌물)죄로 처벌을 받으면서 위 합계 8,800만 원의 추징을 명하는 판결을 선고받은 후 그 항소와 상고가 기각되어 판결이 확정되자 2011.2.16. 추징금 8,800만 원을 모두 납부하였다.

③ 한편 과세관청은 위 8,800만 원이 '뇌물'로서 구 소득세법 제21조 제1항 제23호가 정한 기타소득에 해당한다고 보아 2012.9.1. 원고에게 2008년 귀속 종합소득세를 부과하는 이 사건 처분을 하였다.

문 1

과세처분은 적법한가?

문 2

만약 위법하다면 그 정도는 어떠한가?

조건과 기한

04

Ⅰ. 법률행위의 부관

법률행위의 부관이란 두 가지 의미로 사용된다. 광의로는 법률행위에 따르는 약관이라는 의미로 사용되며, 이자약관·담보약관·환매약관·면책약관 등을 가리킨다. 이와 달리 협의로는 법률행위에 따르는 독립한 약관이 아니라, 법률행위 효과의 발생 또는 소멸을 제한하기 위해 그 법률행위의 내용으로 부가되는 약관을 말한다. 일반적으로 법률행위의 부관이라고 하면, 협의를 의미한다.1) 법률행위의 부관에는 조건·기한·부담이 있는데 민법은 조건과 기한에 관해서만 일반규정을 두고 있고, 부담에 대해서는 부담부 증여(법 제561조)와 부담부 유증(법 제1088조)에 관한 특별규정을 두고 있다.

Ⅱ. 조건

1. 의의

조건이란 법률행위의 효력의 발생 또는 소멸을 장래의 불확실한 사실의 성취(발

---

1) 곽윤직·김재형, 앞의 책, 398-399쪽.

생)여부에 의존하게 하는 법률행위의 부관을 말한다. 조건은 법률행위의 내용으로서 당사자들이 임의로 정하는 것이기 때문에 법정조건은 조건이 아니며(통설),[2] 법률행위와 동시에 부과된 것이어야 한다. 조건부 법률행위는 조건이 성취된 때로부터 효력이 발생하거나 소멸하고, 그 이전으로 소급하지 않는 것이 원칙이다. 그러나 당사자가 조건성취의 효력을 그 성취 전에 소급하게 할 의사를 표시한 때에는 그 의사에 의한다.

2. 조건을 붙일 수 없는 법률행위

(1) 서론

조건을 붙이는 것은 법률행위 자유의 원칙상 허용되지만, 조건을 붙인 법률행위는 그 효력의 발생이나 존속이 불안정하기 때문에 법률관계가 확정적이어야 하는 법률행위에는 조건을 붙일 수 없고, 또한 조건을 허용하면 법률의 목적에 명백히 반하는 경우에도 조건을 붙일 수 없다.[3] 조건을 붙일 수 없는 법률행위에 조건을 붙인 경우 그 법률행위는 전부무효로 되며, 무효행위의 전환도 인정되지 않는다(통설).

(2) 구체적인 예

가. 공익상의 불허가

조건을 붙이는 것이 강행법규 또는 사회질서에 반하는 결과가 되는 경우, 즉 행위의 성질상 그 효과가 곧 확정적으로 발생하는 것이 요구되는 경우에는 조건을 붙이는 것이 절대로 허용되지 않는다. 특히, 혼인·인지·이혼·입양·파양·상속의 포기와 승인 등 가족법·상속법상의 행위[4]와 어음행위·수표행위 등에 조건을 붙이는 것은 허용되지 않는다.[5][6]

---

2) 곽윤직·김재형, 앞의 책, 400－401쪽.
3) 곽윤직·김재형, 앞의 책, 403쪽.
4) 다만, 유언(제1073조 제2항)과 약혼에는 가능하다.
5) 곽윤직·김재형, 앞의 책, 403쪽.
6) 따라서 어음·수표행위에 조건을 붙이면 그 행위 전부 무효가 되지만, 어음·수표의 배서에 붙인 조건. 그 조건만 무효(조건 없는 배서)가 되고 어음보증의 경우에도 조건을 붙일 수 있다. 어음·수표행위는 기한과는 친하다.

나. 사익상의 불허가

조건을 붙임으로써 상대방의 지위를 현저하게 불리하게 하는 것은 허용되지 아니한다. 단독행위처럼 상대방의 의사에 의하지 않는 경우에 조건을 허용하게 되면 상대방의 지위를 불안정하게 만드는 점에서 부당하므로 원칙적으로 조건을 붙이지 못한다(상계·해제·해지·취소·추인·선택채권에 있어서의 선택·환매 등). 반대로 단독행위라고 하더라도 상대방의 동의가 있거나 상대방에게 이익만 주는 채무면제 또는 유증과 같이 상대방을 특별하게 불리하게 하지 않을 때에는 허용된다.[7]

3. 조건의 성취와 불성취

(1) 서론

조건부 법률행위의 효력은 장래의 불확정 사실의 실현 여부에 의존하게 된다. 적극조건에서는 사실의 발생이, 소극조건에서는 사실의 불발생이 각각 확정되는 것을 '조건의 성취'라고 한다. 이와 달리 적극조건에서는 그 사실의 불발생이, 소극조건에서는 그 사실의 발생이 각각 확정되는 것이 '조건의 불성취'이다.[8] 이처럼 조건부 법률행위의 효력은 조건이 이루어지는지에 달려 있기에, 조건의 성취로 불이익을 받게 될 자가 부정·부당하게 조건의 성취를 방해하여 조건을 불성취하게 한다거나, 또는 조건의 성취로 이익을 얻게 될 자가 부정·부당하게 조건을 성취하게 한 경우에 이를 조건의 불성취 또는 성취로서 그 효력을 인정할 것인지가 문제된다.

(2) 조건의 성취로 의제되는 경우

가. 법적 근거

> **민법 제150조(조건성취, 불성취에 대한 반신의행위)** ① 조건의 성취로 인하여 불이익을 받을 당사자가 신의성실에 반하여 조건의 성취를 방해한 때에는 상대방은 그 조건이 성취한 것으로 주장할 수 있다.

---

7) 곽윤직·김재형, 앞의 책, 403-404쪽.
8) 곽윤직·김재형, 앞의 책, 404쪽.

나. 요건

① 조건의 성취로 불이익을 받게 될 당사자의 행위여야 한다. ② 방해로 조건이 불성취로 되었어야 하며, 작위·부작위를 불문한다. ③ 방해행위가 신의성실에 반하는 것이어야 한다. 신의칙에 반하지 않는 한, 조건의 불성취가 있어도 성취로 의제되지 않는다. 따라서 상대방이 동의를 하였거나, 또는 수의조건인 때에는 신의칙 위반이라고 할 수 없을 것이다.[9]

다. 효과

상대방은 조건이 성취된 것으로 주장할 수 있다.[10] 이는 일종의 형성권으로 상대방에 대한 의사표시로 행사하게 된다. 나아가 대법원은 "조건의 성취로 인하여 불이익을 받을 당사자가 신의성실에 반하여 조건의 성취를 방해한 경우, 조건이 성취된 것으로 의제되는 시점은 이러한 신의성실에 반하는 행위가 없었더라면 조건이 성취되었으리라고 추산되는 시점"이라는 입장이다.[11]

(3) 조건의 불성취로 의제되는 경우

가. 법적 근거

> **민법 제150조(조건성취, 불성취에 대한 반신의행위)** ② 조건의 성취로 인하여 이익을 받을 당사자가 신의성실에 반하여 조건을 성취시킨 때에는 상대방은 그 조건이 성취하지 아니한 것으로 주장할 수 있다.

나. 요건과 효과

조건성취로 의제되는 것과 동일하다.

---

9) 곽윤직·김재형, 앞의 책, 405쪽.

10) 상대방이 하도급받은 부분에 대한 공사를 완공하여 준공필증을 제출하는 것을 정지조건으로 하여 공사대금채무를 부담하거나 위 채무를 보증한 사람은 위 조건의 성취로 인하여 불이익을 받을 당사자의 지위에 있다고 할 것이므로, 이들이 위 공사에 필요한 시설을 해주지 않았을 뿐만 아니라 공사장에의 출입을 통제함으로써 위 상대방으로 하여금 나머지 공사를 수행할 수 없게 하였다면, 그것이 고의에 의한 경우만이 아니라 과실에 의한 경우에도 신의성실에 반하여 조건의 성취를 방해한 때에 해당한다고 할 것이므로, 그 상대방은 민법 제150조 제1항의 규정에 의하여 위 공사대금채무자 및 보증인에 대하여 그 조건이 성취된 것으로 주장할 수 있다(대법원 1998.12.22. 선고 98다42356 판결 공사대금[공1999.2.1.(75),198]).

11) 대법원 1998.12.22. 선고 98다42356 판결 공사대금[공1999.2.1.(75),198]

4. 조건부 법률행위의 효력

(1) 조건의 성취 여부 확정 전

가. 기대권

조건의 성취 여부가 확정되기 전에 당사자 일방은 조건의 성취로 일정한 이익을 얻게 될 '기대'를 가지게 된다. 민법은 이 기대 또는 희망을 일종의 권리로서 보호하는 규정을 두고 있다. 이 권리를 '조건부 권리'라고 하며, '기대권'의 일종이다.

나. 조건부 권리의 보호

① 적극적 보호

> **민법 제149조(조건부권리의 처분 등)** 조건의 성취가 미정한 권리의무는 일반규정에 의하여 처분, 상속, 보존 또는 담보로 할 수 있다.

문제는 의무자가 조건부 권리를 침해하는 처분행위를 한 경우에 그 처분행위의 효력은 어떻게 되는지 여부인데 이에 관하여 민법은 침묵하고 있기에 그 해결은 학설에 맡겨져 있다. 이러한 처분행위의 효력에 관하여는 무효라고 보는 것이 통설의 입장이다.[12] 통설과 같이 무효라고 보아도 제3자를 부당하게 침해할 염려가 없기 때문일 것이다. 즉 조건부 권리의 목적물이 부동산인 경우에 제3자에 대하여 조건부 권리를 주장하기 위해서는 등기(가등기)가 필요하기 때문이다.[13] 나아가 조건부 권리의 목적물이 동산인 경우에도 선의취득(법 제249조)이 인정되므로 제3자에 대하여 아무런 영향이 없다.

② 소극적 보호

> **민법 제148조(조건부권리의 침해금지)** 조건 있는 법률행위의 당사자는 조건의 성부가 미정한 동안에 조건의 성취로 인하여 생길 상대방의 이익을 해하지 못한다.

---

12) 곽윤직·김재형, 앞의 책, 406쪽; 백태승, 민법총칙, 집현재, 2011, 533쪽; 송덕수, 민법총칙, 박영사, 2015, 476쪽.
13) 부동산등기법 제3조(등기할 수 있는 권리 등).

(2) 조건의 성취 여부 확정 후

가. 법적 근거

> **민법 제147조(조건성취의 효과)** ① 정지조건 있는 법률행위는 조건이 성취한 때로부터 그 효력이 생긴다.
> ② 해제조건 있는 법률행위는 조건이 성취한 때로부터 그 효력을 잃는다.
> ③ 당사자가 조건성취의 효력을 그 성취 전에 소급하게 할 의사를 표시한 때에는 그 의사에 의한다.

나. 조건성취의 효력이 발생하는 시기

조건성취의 효력은 원칙적으로 소급하지 않는다. 다만, 당사자의 의사표시로 소급효를 인정하는 것은 허용된다(법 제147조 제3항). 주의할 것은 소급효가 인정되는 경우에도 제3자의 권리를 침해하지는 못한다는 점이다.[14]

Ⅲ. 기한

1. 의의

법률행위의 당사자가 그 효력의 발생·소멸요부 또는 채무의 이행여부를 '장래에 발생하는 것이 확실한 사실'에 의존하게 하는 법률행위의 부관이 '기한'이다. 기한이 되는 사실은 장래 사실이라는 점에서 조건과 같지만, 그 발생이 확정적이라는 점에서는 이루어질 것인지 여부가 불확정한 조건이 되는 사실과 다르다.[15]

2. 종류

가. 시기와 종기
나. 확정기한·불확정기한

---

14) 곽윤직·김재형, 앞의 책, 407쪽.
15) 곽윤직·김재형, 앞의 책, 407쪽.

3. 기한을 붙일 수 없는 법률행위

기한을 붙일 수 없는 법률행위의 범위는 대체로 '조건을 붙일 수 없는 법률행위'의 경우와 같다. 따라서 기한을 붙일 수 없는 법률행위에 기한을 붙인 경우 법률행위 전체가 무효로 된다.

4. 기한부 법률행위의 효력

(1) 기한도래 전

불확정한 조건부 기대를 조건부 권리·의무로서 법이 보호한다면, 확정적인 기한부 기대는 그것보다 강한 법의 보호를 받아야 할 것이다.[16] 민법은 조건부권리에 관한 규정을 기한부 법률행위에 준용하고 있다.

> **민법 제154조(기한부권리와 준용규정)** 제148조와 제149조의 규정은 기한 있는 법률행위에 준용한다.

(2) 기한도래 후

> **민법 제152조(기한도래의 효과)** ① 시기 있는 법률행위는 기한이 도래한 때로부터 그 효력이 생긴다.
> ② 종기 있는 법률행위는 기한이 도래한 때로부터 그 효력을 잃는다.

5. 기한의 이익

(1) 서론

'기한의 이익'은 기한이 존재하는 것, 즉 기한이 도래하지 않고 있음으로써 그동안 당사자가 받는 이익을 말한다. 시기부인 때에는 법률행위의 효력이 아직 발생하지 않고 있는 데서 받는 이익 또는 이행기가 아직 도래하지 않음으로써 받는 이익이, 그리고 종기부의 경우에는 법률행위의 효력이 아직 소멸하지 않는 데서 얻는 이익이 각각 '기한의 이익'이다. 이러한 기한의 이익은 당사자 중 일방만이 가지는 경

---

16) 곽윤직·김재형, 앞의 책, 409쪽.

우도 있고, 쌍방 모두가 가지는 경우도 있다.[17] 그러나 가장 많은 것은 채무자만이 기한의 이익을 가지는 경우여서 민법은 당사자의 특약이나 법률행위의 성질상 반대의 취지가 인정되는 경우를 제외하고는 '기한은 채무자의 이익을 위한 것으로 추정'한다(법 제153조). 따라서 기한의 이익이 채권자를 위하여 정해져 있다는 점은 채권자 쪽에서 이를 증명해야만 한다.

(2) 기한의 이익의 포기

> **민법 제153조(기한의 이익과 그 포기)** ② 기한의 이익은 이를 포기할 수 있다. 그러나 상대방의 이익을 해하지 못한다.

(3) 기한의 이익의 상실

> **민법 제388조(기한의 이익의 상실)** 채무자는 다음 각 호의 경우에는 기한의 이익을 주장하지 못한다.
> 1. 채무자가 담보를 손상, 감소 또는 멸실하게 한 때
> 2. 채무자가 담보제공의 의무를 이행하지 아니한 때

> **채무자회생 및 파산에 관한 법률 제425조(기한부채권의 변제기도래)** 기한부채권은 파산선고시에 변제기에 이른 것으로 본다.

---

17) 곽윤직·김재형, 앞의 책, 410쪽 - ① 무이자 소비대차(채무자), ② 무상임치(채권자), ③ 이자 있는 정기예금(채권자 및 채무자)를 예로 들고 있다.

권리의 변동

05

I. 서설

가. 권리의 변동: 권리·의무의 발생·변경·소멸을 의미

나. 일정한 원인(법률요건)이 있을 때에 그 결과로서 생기는 법률관계의 변동을 법률효과라 한다.[1]

II. 권리의 변동의 유형

권리가 어떤 사람에 관하여 발생한다는 것은 그가 권리를 취득한다는 것인데, 이에는 원시취득과 승계취득이 있다.[2]

1. 원시취득

타인의 권리를 바탕으로 하지 않고서 원시적으로 취득하는 것으로 즉 사회에 전

---

1) 곽윤직, 민법총칙(제9판), 박영사, 2015, 243쪽 참조.
2) 곽윤직, 앞의 책, 244쪽.

에는 없었던 권리가 하나 새로 발생하는 것이다. 선점(법 제252조)·습득(법 제253조)·시
효취득(법 제254조 이하) 등이 이에 속한다.

2. 승계취득

타인의 권리를 바탕으로 하여 취득하는 것이 승계취득이며, 그것은 타인이 가지
고 있는 이미 존재하고 있는 권리를 이어받음으로써 어떤 주체에게 권리가 발생하
는 것으로, 상대적 발생이라고도 한다. 매매·상속 등에 의한 취득을 말하며, 이는
다시 이전적 승계와 설정적 승계, 특히 특정승계와 포괄승계로 나누어진다.

(1) 이전적 승계와 설정적 승계

가. 이전적 승계

구권리자(피승계인)에게 속하고 있었던 권리가 그 동일성을 유지하면서 그대로 신
권리자(승계인)에 의하여 취득되고, 권리의 주체에 변경이 생긴다.

나. 설정적 승계

구권리자는 그의 권리를 그대로 가지면서, 다만 그 권리를 바탕으로 하여 성립·
존속·내용에 관하여 제한된 새로운 권리를 발생케 하고, 신권리자는 이 새로운 권
리만을 취득한다. 예컨대, 소유권을 제한하는 지상권·전세권·저당권 등이 설정되는
경우이다. 따라서 설정적 승계가 있으면, 구권리자가 가지는 기본적 권리는 신권리
자가 취득한 권리에 의한 제한을 받게 된다.

(2) 특정승계와 포괄승계

개개의 권리가 개개의 취득원인에 의하여 취득되는 것이고, 포괄승계는 하나의
취득원인에 의하여 다수의 권리가 한데 묶여서 취득되는 것이다. **상속·포괄적 유증**
등은 포괄승계이다.

소멸시효

06

Ⅰ. 서설

1. 시효의 의의

일정한 사실상태가 일정기간 계속된 경우에 그 상태가 진정한 권리관계에 합치하는지 여부를 묻지 않고 그 사실상태를 그대로 권리관계로서 존중하여 일정한 법률효과를 발생시키는 제도가 '시효'이다.[1] 이 가운데 권리불행사라는 사실상태가 일정기간 계속된 경우에 권리소멸의 효과가 발생하는 것은 '소멸시효'이고,[2][3] 권리발생의 효과가 발생하는 것은 '취득시효'이다. 여기서는 소멸시효를 중심으로 살펴보기로 한다.

---

1) 곽윤직·김재형, 앞의 책, 415쪽; 송덕수, 민법총칙, 박영사, 2015, 489쪽.
2) 지원림, 민법강의, 홍문사, 2017, 372쪽.
3) 권리가 발생하는 경우에 취득시효가 인정될 수 있으나 본고에서는 논의를 생략하기로 한다.

2. 소멸시효의 존재이유

(1) 학설

가. 전통적인 견해

소멸시효의 존재이유에 있어서는 전통적인 견해와 이에 대한 비판적인 견해가
존재한다. 전통적인 견해에서는 다음의 3가지를 이유로 들고 있다.

① 법률생활의 안정과 평화의 달성

② 증거보전의 곤란으로부터 구제

③ 권리 위에 잠자는 자를 법의 보호범위에서 제외

나. 비판적인 견해

위의 전통적인 견해에 대하여 비판적인 견해로 판례는 "시효제도의 존재이유는
영속된 사실상태를 존중하고 권리 위에 잠자는 자를 보호하지 않는다는 데에 있고
특히 소멸시효에 있어서는 후자의 의미가 강하므로, 권리자가 재판상 그 권리를 주
장하여 권리 위에 잠자는 것이 아님을 표명한 때에는 시효중단사유가 되는바, 이러
한 시효중단사유로서의 재판상의 청구에는 그 권리 자체의 이행청구나 확인청구를
하는 경우만이 아니라, 그 권리가 발생한 기본적 법률관계에 관한 확인청구를 하는
경우에도 그 법률관계의 확인청구가 이로부터 발생한 권리의 실현수단이 될 수 있
어 권리 위에 잠자는 것이 아님을 표명한 것으로 볼 수 있을 때에는 그 기본적 법률
관계에 관한 확인청구도 이에 포함된다고 보는 것이 타당하다"라고 한다.[4] 이와 같
은 판례의 입장은 학설 가운데 전통적 입장과 그 맥락을 같이 한다고 볼 수 있다거
나[5] 전통적 입장에서 ①의 이유는 주로 취득시효에, ② · ③의 이유는 주로 소멸시효
에 대한 근거로 해석된다.[6]

---

4) 대법원 1992.03.31. 선고 91다32053 전원합의체 판결 부당이득금[공1992.5.15.(920),1406].
5) 송덕수, 앞의 책, 492쪽.
6) 곽윤직 · 김재형, 앞의 책, 417쪽.

3. 구별개념: 제척기간

(1) 서론

일정한 기간의 경과로 권리가 소멸하거나 실효하는 점에서 소멸시효와 유사하나, 제도의 취지와 성질에 비추어 볼 때 소멸시효와는 별개의 것으로 다루어야 할 제도가 두 가지 있다. 하나는 '제척기간'이고, 다른 하나는 '실효의 원칙'이다.[7] 실효의 원칙은 신의칙 부분에서 함께 살펴보기로 하고 여기서는 제척기간만을 검토하기로 한다.

제척기간이란 일정한 권리에 대하여 법률에서 예정하고 있는 존속기간을 의미한다(예컨대 취소권의 소멸에 대하여 추인할 수 있는 날로부터 3년 내에, 법률행위를 한 날로부터 10년 내에 행사하여야 함을 규정(민법 제141조)하고 있는데, 이때 3년 또는 10년은 제척기간이다).[8] 정하여진 제척기간 내에 권리를 행사하지 않으면 그 권리는 당연히 소멸한다. 제척기간은 권리자로 하여금 해당 권리를 신속하게 행사하도록 함으로써 법률관계를 조속히 확정시키려는 데 제도의 취지가 있는 것으로서,[9] 주로 형성권에 관하여 규정된 때가 많지만, 청구권과 같은 다른 권리에 규정된 경우도 있다.[10]

(2) 소멸시효와의 차이

가. 소급효 유무

소멸시효가 완성되면 그 기산일에 소급하여 권리소멸의 효과가 생기지만(법 제167조), 제척기간의 경우에는 소급효가 인정되지 않으므로 기간이 경과한 때부터 장래에 향하여 권리가 소멸하여 법률관계가 확정된다.

나. 중단 유무

소멸시효(법 제168조)와 달리 제척기간에 있어서는 소멸시효와 같이 기간의 중단

---

7) 곽윤직·김재형, 앞의 책, 419쪽.
8) 대법원 1993.07.27. 선고 92다52795 판결 ― 미성년자 또는 친족회가 민법 제950조 제2항에 따라 제1항의 규정에 위반한 법률행위를 취소할 수 있는 권리는 형성권으로서 민법 제146조에 규정된 취소권의 존속기간은 제척기간이라고 보아야 할 것이지만, 그 제척기간 내에 소를 제기하는 방법으로 권리를 재판상 행사하여야만 되는 것은 아니고, 재판 외에서 의사표시를 하는 방법으로도 권리를 행사할 수 있다고 보아야 한다.
9) 대법원 2015.01.29. 선고 2013다215256 판결 소유권보존등기말소.
10) 송덕수, 앞의 책, 493쪽.

이 있을 수 없다.11) 따라서 제척기간 내에 권리자의 권리주장 또는 의무자의 승인이 있어도 기간은 다시 진행하지 아니한다.12)

다. 정지 유무

민법에는 소멸시효에 관하여만 시효의 정지에 관한 규정을 두고 있다(법 제 179-182조). 그런데 이에 관한 규정을 제척기간에 대하여도 준용할 수 있는지를 두고 ① 긍정설, ② 부정설, ③ 제한적 긍정설이 대립한다. 우리 민법은 제182조의 경우, 즉 천재 기타 피할 수 없는 사변으로 권리를 행사할 수 없었을 경우에도 유예기간을 인정하지 않는 것은 권리자에게 지나치게 가혹하다. 이 규정을 제척기간에 유추 적용하더라도 제척기간의 취지에 크게 어긋난다고 보기 어렵다.13) 따라서 제한적 긍정설이 타당하다고 본다.

라. 시효이익의 포기 여부

제척기간의 경우에는 소멸시효(법 제184조)와 달리 시효이익에 대한 포기는 인정되지 않는다.14)

마. 직권조사사항 여부

소멸시효의 완성에 관한 절대적소멸설(다수설)에 따르더라도 민사소송의 변론주의로 말미암아 시효이익을 받을 자가 그 이익을 소송에서 공격·방어방법으로 제출하지 않으면 그 이익은 누릴 수 없다. 그러나 제척기간의 이익은 당사자가 공격·방어방법으로 제출하지 않더라도 법원은 당연히 고려해야 한다. 즉 판례는 "민법 제 146조는 취소권은 추인할 수 있는 날로부터 3년 내에 행사하여야 한다고 규정하고 있는바, 이때의 3년이라는 기간은 일반 시효기간이 아니라 제척기간으로서 그 기간이 도과하였는지 여부는 당사자의 주장여부와는 관계없이 법원이 당연히 조사하여 고려하여야 할 사항이다"라고 판시하였다.15)

(3) 구별 및 행사방법

가. 구별방법

앞서 살펴본 바와 같이 소멸시효와 제척기간은 여러 가지 차이점이 있으므로 양

---

11) 대법원 2003.01.10. 선고 2000다26425 판결.
12) 송덕수, 앞의 책, 496쪽.
13) 곽윤직·김재형, 앞의 책, 421쪽.
14) 곽윤직·김재형, 앞의 책, 421쪽.
15) 대법원 1996.09.20. 선고 96다25371 판결.

자를 구별해야 할 실익이 존재한다. 어떻게 구별할 것인지와 관련하여 학설은 일반적으로 법률규정의 문구에 의하여 구별한다고 한다. 이른바 문언설로서 조문이 '시효로 인하여'라고 되어 있을 때에는 소멸시효기간이고, 그러한 문구가 없으면 제척기간이라고 해석한다.16) 그러나 이와 같은 기준이 모든 경우에 있어 구별을 가능케 하는 것은 아니어서 결국 문언을 기본으로 하되 권리의 성질과 규정의 취지 등을 고려하여 실질적으로 판단해야 할 것이다.17)

나. 행사방법

① 문제점

제척기간이 정해져 있는 권리에 있어서 권리자는 그 기간 내에 어떠한 행위를 하여야 권리를 행사한 것으로 인정될 수 있는지가 문제된다. 즉 재판상 소제기까지 하여야 하는지 아니면 재판 외 권리행사만으로도 충분한지에 대하여 견해가 대립된다.

② 견해의 대립

학설은 (ㄱ) 제척기간을 출소기간이라고 보아 그 기간 내에 재판상 소제기가 있어야 한다는 견해18)와 (ㄴ) 명문으로 소제기가 요구되지 않는 한 재판 외의 행사로도 충분하다는 견해19)가 대립된다.

③ 판례

(ㄱ) 권리행사기간이라는 입장

"미성년자 또는 친족회가 민법 제950조 제2항에 따라 제1항의 규정에 위반한 법률행위를 취소할 수 있는 권리는 형성권으로서 민법 제146조에 규정된 취소권의 존속기간은 제척기간이라고 보아야 할 것이지만, 그 제척기간 내에 소를 제기하는 방법으로 권리를 재판상 행사하여야만 되는 것은 아니고, 재판 외에서 의사표시를 하는 방법으로도 권리를 행사할 수 있다고 보아야 한다."20) 이 밖에도 수급인에 대하여 하자담보책임을 묻는 경우에 그 하자보수청구권 등의 행사기간은 제척기간이라고 보아 일정한 기간 내에 재판상 또는 재판 외에서 행사할 수 있다고 판시한 바 있다.21) 이 경우 재판 외에서 권리행사를 하는 것은 특별한 형식이 필요한 것이 아니

---

16) 송덕수, 앞의 책, 497쪽.
17) 곽윤직·김재형, 앞의 책, 421–422쪽; 송덕수, 앞의 책, 497쪽.
18) 백태승, 민법총칙, 집현재, 2011, 543쪽.
19) 곽윤직·김재형, 앞의 책, 420쪽.
20) 대법원 1993.07.27. 선고 92다52795 판결.
21) 대법원 2000.06.09. 선고 2000다15371 판결.

므로 적당한 방법으로 손해배상 등 권리행사를 한다는 뜻을 표시함으로써 충분하다.[22)]

(ㄴ) 출소기간이라는 입장

점유회수청구권(민법 제204조 제3항·제205조 제2항)에 있어서는 "점유를 침탈당하거나 방해를 받은 자의 침탈자 또는 방해자에 대한 청구권은 그 점유를 침탈당한 날 또는 점유의 방해행위가 종료된 날로부터 1년 내에 행사하여야 하는 것으로 규정되어 있는데, 여기에서 제척기간의 대상이 되는 권리는 형성권이 아니라 통상의 청구권인 점과 점유의 침탈 또는 방해의 상태가 일정한 기간을 지나게 되면 그대로 사회의 평온한 상태가 되고 이를 복구하는 것이 오히려 평화질서의 교란으로 볼 수 있게 되므로 일정한 기간을 지난 후에는 원상회복을 허용하지 않는 것이 점유제도의 이상에 맞고 여기에 점유의 회수 또는 방해제거 등 청구권에 단기의 제척기간을 두는 이유가 있는 점 등에 비추어 볼 때, 위의 제척기간은 재판 외에서 권리행사하는 것으로 족한 기간이 아니라 반드시 그 기간 내에 소를 제기하여야 하는 이른바 출소기간으로 해석함이 상당하다"[23)]고 하여 '제척기간'으로 보면서도 '출소기간'으로 해석하였다.

④ 검토

권리관계를 조속히 확정하고자 하는 취지도 중요하지만 권리행사자의 입장에서 단기간에 재판상으로만 권리를 행사해야한다는 것은 권리행사를 지나치게 제약하게 되므로 문언의 표현상 명확하게 소제기를 행사요건으로 하지 않는 경우에는 재판 외로도 행사가 가능하다고 볼 것이다.

---

22) 대법원 2003.06.27. 선고 2003다20190 판결 손해배상(기)[공2003.8.1.(183),1621]−민법 제582조 소정의 매수인의 권리행사 기간은 재판상 또는 재판 외에서의 권리행사에 관한 기간이므로 매수인은 소정 기간 내에 재판 외에서 권리행사를 함으로써 그 권리를 보존할 수 있고, 재판 외에서의 권리행사는 특별한 형식을 요구하는 것이 아니므로 매수인이 매도인에 대하여 적당한 방법으로 물건에 하자가 있음을 통지하고, 계약의 해제나 하자의 보수 또는 손해배상을 구하는 뜻을 표시함으로써 충분하다.
23) 대법원 2002.04.26. 선고 2001다8097,8103 판결 토지인도 등.

(4) 관련 판례

가. 매매예약완결권

① 법적성질 및 행사기간

매매의 일방예약에서 예약자의 상대방이 매매예약 완결의 의사표시를 하여 매매의 효력을 생기게 하는 권리, 즉 매매예약의 완결권은 일종의 형성권으로서 당사자 사이에 그 행사기간을 약정한 때에는 그 기간 내에, 그러한 약정이 없는 때에는 그 예약이 성립한 때로부터 10년 내에 이를 행사하여야 하고, 그 기간을 지난 때에는 예약 완결권은 제척기간의 경과로 인하여 소멸한다.[24]

② 매매예약완결권의 행사시기

제척기간은 권리자로 하여금 당해 권리를 신속하게 행사하도록 함으로써 법률관계를 조속히 확정시키려는데 그 제도의 취지가 있는 것으로서, 소멸시효가 일정한 기간의 경과와 권리의 불행사라는 사정에 의하여 권리 소멸의 효과를 가져 오는 것과는 달리 그 기간의 경과 자체만으로 곧 권리 소멸의 효과를 가져 오게 하는 것이므로 **그 기간 진행의 기산점은 특별한 사정이 없는 한 원칙적으로 권리가 발생한 때이고, 당사자 사이에 매매예약 완결권을 행사할 수 있는 시기를 특별히 약정한 경우에도** 그 제척기간은 **당초 권리의 발생일로부터 10년간의 기간이 경과되면 만료되는 것**이지 그 기간을 넘어서 그 약정에 따라 권리를 행사할 수 있는 때로부터 10년이 되는 날까지로 연장된다고 볼 수 없다.[25]

나. 한정승인신고의 기간

민법 제1019조 제3항의 기간은 한정승인신고의 가능성을 언제까지나 남겨둠으로써 당사자 사이에 일어나는 법적 불안상태를 막기 위하여 마련한 제척기간이고, 경과규정인 개정 민법(2002.1.14. 법률 제6591호) 부칙 제3항 소정의 기간도 제척기간이라 할 것이며, 한편, 제척기간은 불변기간이 아니어서 그 기간을 지난 후에는 당사자가 책임질 수 없는 사유로 그 기간을 준수하지 못하였더라도 추후에 보완될 수 없다고 할 것이다.[26]

---

24) 대법원 1995.11.10. 선고 94다22682,22699(반소) 판결 토지소유권이전등기.
25) 대법원 1995.11.10. 선고 94다22682,22699(반소) 판결 토지소유권이전등기.
26) 대법원 2003.08.11.자 2003스32 결정 상속한정승인.

Ⅱ. 소멸시효의 요건

1. 개관

시효로 인하여 권리가 소멸하려면 ① 권리가 소멸시효에 걸리는 것이어야 하고, ② 권리자가 권리를 행사할 수 있는데도 불구하고 행사하지 않아야 하며(법률상 장애의 부존재), ③ 권리불행사의 상태가 일정한 기간 동안 계속되어야 한다(일정한 소멸시효기간의 존재).

2. 소멸시효에 걸리는 권리

(1) 채권

채권은 소멸시효에 걸리며(법 제162조 제1항), 민법은 각종의 채권에 관하여 제세한 규정을 두고 있다.

(2) 소유권 이외의 재산권

소유권을 제외한 그 밖의 재산권은 소멸시효에 걸린다(법 제162조 제2항).

가. 소유권

소유권은 소멸시효에 걸리지 않는다(법 제162조 제2항).

나. 채권적 청구권

채권이 소멸시효에 걸리므로 채권적 청구권이 소멸시효에 걸리는 것은 당연하다. 그러나 판례는 예외를 인정한다(대법원 1976.11.06. 선고 76다148 판결, 대법원 1999.03.18. 선고 98다32175 전원합의체 판결).

다. 물권적 청구권

소유권이 소멸시효에 걸리지 않으므로 그로부터 파생되는 물권적 청구권 역시 소멸시효에 걸리지 않는다. 다만, 소유권 이외의 물권에 의한 물권적 청구권이 소멸시효에 걸리는지에 관하여는 견해가 대립된다.[27]

---

27) 곽윤직·김재형, 앞의 책, 426쪽.

라. 형성권

제척기간에서 이미 설명하였다.

마. 담보물권

지상권·지역권 등 용익물권은 소멸시효의 대상이 되는 것과 달리 질권·저당권(법 제369조) 등 담보물권은 피담보채권과 별개로 독립하여 소멸시효에 걸리지 않는다. 즉 담보물권은 피담보채권과 그 운명을 같이한다(부종성).[28]

바. 점유권

점유권은 일정한 사실상태가 있으면 언제나 존재하고 그 사실상태가 소멸하면 당연히 소멸하는 권리이므로, 소멸시효의 문제는 생기지 않는다. 유치권도 점유를 요건으로 하고 있는 권리로서 소멸시효에 걸리지 않는다.[29]

사. 비재산권

소멸시효제도는 재산권에 관한 것이어서 재산권만이 시효에 걸리며, 가족권이나 인격권과 같은 비재산권의 경우에는 시효에 걸리지 않는다.[30]

3. 권리의 불행사(소멸시효의 기산점)

(1) 권리를 행사할 수 있는 때

소멸시효는 권리를 행사할 수 있는 때로부터 진행한다(법 제166조 제1항). 그리고 부작위를 목적으로 하는 채권의 소멸시효는 위법행위를 한 때로부터 진행한다(법 제166조 제2항). 여기서 소멸시효에 있어서 권리를 행사할 수 있는 때의 의미가 무엇인지가 문제된다. 일반적으로 권리 행사에 관한 장애를 '법률상의 장애'와 '사실상의 장애'로 나누고, 앞의 것은 시효의 기산점에 영향을 주지만, 뒤의 것은 영향을 주지 않는다.[31] 판례도 같은 입장이다.[32] 이를 '법률상의 장애·사실상 장애 이분론'이라고 하는데, 이에 따르면 권리자가 그 권리의 존재나 행사가능성을 알지 못하는 것, 알지 못하는 데 과실이 있는지 여부 등은 원칙적으로 시효의 진행을 방해하지 않는

---

28) 곽윤직·김재형, 앞의 책, 428쪽.
29) 곽윤직·김재형, 앞의 책, 428쪽.
30) 곽윤직·김재형, 앞의 책, 428쪽.
31) 곽윤직·김재형, 앞의 책, 429쪽.
32) 대법원 1992.03.31. 선고 91다32053 전원합의체 판결 부당이득금[공1992.5.15.(920),1406]

다. 또한 권리 행사가 의무자나 제3자의 행동으로 방해받고 있는 경우에도, 기산점
은 영향을 받지 않는다.[33]

(2) 구체적인 기산점

변제기가 확정기한부 권리는 그 기한이 도래한 때,[34] 변제기가 불확정기한부인
경우에는 기한이 객관적으로 도래한 때,[35] 정지조건부 권리의 경우에는 조건이 성
취된 때,[36] 채무불이행으로 인한 손해배상청구권은 채무불이행시부터,[37] 부당이득
반환청구권은 성립과 동시에, 동시이행항변권이 붙어 있는 채권의 경우에는 이행기
부터 진행한다.[38]

4. 소멸시효기간

(1) 채권

채권은 10년간 행사하지 아니하면 소멸시효가 완성한다(법 제162조 제1항). 상행위
로 생긴 채권은 상법상 5년의 소멸시효가 인정된다(상법 제64조).

(2) 소유권 이외의 기타의 재산권

소유권 이외의 기타의 재산권은 20년간 행사하지 아니하면 소멸시효가 완성한다.

(3) 3년간의 단기소멸시효

가. 이자, 부양료, 급료, 사용료 기타 1년 이내의 기간으로 정한 금전 또는 물건
의 지급을 목적으로 한 채권
나. 의사, 조산사, 간호사 및 약사의 치료, 근로 및 조제에 관한 채권
다. 도급받은 자, 기사 기타 공사의 설계 또는 감독에 종사하는 자의 공사에 관

---

33) 곽윤직·김재형, 앞의 책, 429쪽.
34) 곽윤직·김재형, 앞의 책, 430쪽.
35) 곽윤직·김재형, 앞의 책, 430쪽.
36) 곽윤직·김재형, 앞의 책, 432쪽.
37) 대법원 1995.06.30. 선고 94다54269 판결 손해배상(기)[공1995.8.1.(997),2561])
38) 지원림, 앞의 책, 388–389쪽.

한 채권

라. 변호사, 변리사, 공증인, 공인회계사 및 법무사에 대한 직무상 보관한 서류의 반환을 청구하는 채권

마. 변호사, 변리사, 공증인, 공인회계사 및 법무사의 직무에 관한 채권

바. 생산자 및 상인이 판매한 생산물 및 상품의 대가

사. 수공업자 및 제조자의 업무에 관한 채권

(4) 1년의 단기소멸시효

가. 여관, 음식점, 대석, 오락장의 숙박료, 요금료, 임대료, 입장료, 소비물의 대가 및 체당금의 채권

나. 의복, 침구, 장구, 기타 동산의 사용료의 채권

다. 노역인, 연예인의 임금 및 그에 공급한 물건의 대금채권

라. 학생 및 수업자의 교육, 의식 및 유박에 관한 교주, 교사의 채권

(5) 판결 등에 의하여 확정된 채권의 소멸시효

소멸시효가 완성하기 전에 소를 제기하면 시효의 진행은 중단된다(법 제168조 제1항). 이때 중단된 시효는 다시 진행하게 될 것인바(법 제178조 제2항), 새로이 진행되는 소멸시효의 기간은 단기로 볼 것인지가 문제된다. 우리 민법은 판결 등에 의하여 확정된 채권은 단기의 소멸시효에 해당하는 것이라도 그 소멸시효는 10년으로 한다(법 제165조 제1항)고 규정하고 있다. 이는 확정판결에 의하여 권리관계가 확정된 후에도 다시 단기소멸시효에 걸린다면 권리의 보존을 위하여 여러 번의 중단절차를 거쳐야 하는 불편을 고려한 것이다.[39] 다만, 기한부 채권에 관하여 기한이 도래하기 전에 확정판결을 받은 경우와 같이 확정될 당시에 아직 변제기가 도래하지 않은 채권에는 위의 규정은 적용되지 않는다(법 제165조 제3항). 한편 주의할 점은 본 규정이 당해 판결 등의 당사자 사이에 한하여 발생하는 효력에 관한 것이고, 채권자와 주채무자 사이의 판결 등에 의해 채권이 확정되어 그 소멸시효가 10년으로 되었다고 할지라도 채권자의 연대보증인의 연대보증채권의 소멸시효기간은 여전히 종전의 소멸시효기간에 따른다는 점이다.[40]

---

39) 곽윤직·김재형, 앞의 책, 436쪽.
40) 대법원 1986.11.25. 선고 86다카1569 판결.

5. 시효의 장애

(1) 소멸시효의 중단

원래 시효는 법률이 권리 위에 잠자는 자의 보호를 거부하고 사회생활상 영속되는 사실상태를 존중하여 여기에 일정한 법적 효과를 부여하는 제도이기에 어떤 사실상의 상태가 계속 중 그 사실상의 상태와 상용할 수 없는 사정이 발생할 때는 그 사실상의 상태를 존중할 이유를 잃게 된다고 할 것이니 이미 진행한 시효기간의 효력을 상실케 하는 것이 이른바, 시효중단이라고 하는 것이다.[41] 시효가 중단된 때에는 중단까지의 경과한 시효기간은 이를 산입하지 아니하고 중단사유가 종료한 때로부터 새로이 진행한다(민법 제178조 제1항). 또한 소멸시효의 진행을 방해하는 '시효의 정지'와 더불어 시효의 장애라 한다.[42]

(2) 시효중단 사유

시효중단의 효력을 생기게 하는 사유를 중단사유라고 한다. 민법이 들고 있는 중단사유는 아래와 같다.

> **민법 제168조(소멸시효의 중단사유)** 소멸시효는 다음 각 호의 사유로 인하여 중단된다.
> 1. 청구
> 2. 압류 또는 가압류, 가처분
> 3. 승인

가. 청구

청구란 시효의 대상인 권리를 행사하는 것을 말하며, 재판상의 청구만을 의미하는 것이 아니라 재판 외의 것도 포함한다.[43] 민법상 시효중단의 효력이 발생하는 청구의 유형으로 재판상의 청구(법 제170조), 파산절차 등 도산절차 참가(법 제171조·회생파산 제32조), 지급명령(법 제172조), 화해를 위한 소환(법 제173조), 최고(법 제174조)가 있다.

---

41) 대법원 1979.07.10. 선고 79다569 판결.
42) 곽윤직·김재형, 앞의 책, 437쪽.
43) 대법원 1979.02.13. 선고 78다1500 판결.

민법 제170조(재판상의 청구와 시효중단) ① 재판상의 청구는 소송의 각하, 기각 또는 취하의 경우에는 시효중단의 효력이 없다.
② 전항의 경우에 6월내에 재판상의 청구, 파산절차참가, 압류 또는 가압류, 가처분을 한 때에는 시효는 최초의 재판상청구로 인하여 중단된 것으로 본다.

민법 제171조(파산절차참가와 시효중단) 파산절차참가는 채권자가 이를 취소하거나 그 청구가 각하된 때에는 시효중단의 효력이 없다.

민법 제172조(지급명령과 시효중단) 지급명령은 채권자가 법정기간내에 가집행신청을 하지 아니함으로 인하여 그 효력을 잃은 때에는 시효중단의 효력이 없다.

민법 제173조(화해를 위한 소환, 임의출석과 시효중단) 화해를 위한 소환은 상대방이 출석하지 아니 하거나 화해가 성립되지 아니한 때에는 1월내에 소를 제기하지 아니하면 시효중단의 효력이 없다. 임의출석의 경우에 화해가 성립되지 아니한 때에도 그러하다.

나. 압류·가압류·가처분

압류는 집행법원이 확정판결 그 밖의 집행권원에 의거하여 채무자의 재산처분행위를 금지하는 강제집행이며(민사집행법 제24조·제56조·제188조 이하), 권리의 실행행위에 속한다.[44] 그리고 가압류는 장래의 금전채권의 보전으로서 집행대상 재산을 미리 압류하여 두는 것이고 가처분은 청구권의 목적물의 현상을 유지하거나 또는 다툼 있는 권리관계에 대하여 임시의 지위를 주는 것으로 둘 다 권리의 실행행위에 속한다.[45] 이와 달리 재산관계명시절차는, 비록 그 신청에 있어서 집행력 있는 정본과 강제집행의 개시에 필요한 문서를 첨부하여야 하고 명시기일에 채무자의 출석의무가 부과되는 등 엄격한 절차가 요구되고, 그 내용에 있어서도 채무자의 책임재산을 탐지하여 강제집행을 용이하게 하고 재산상태의 공개를 꺼리는 채무자에 대하여는 채무의 자진이행을 하도록 하는 간접강제적 효과가 있다고 하더라도, 특정 목적물에 대한 구체적 집행행위 또는 보전처분의 실행을 내용으로 하는 압류 또는 가압류, 가처분과 달리 어디까지나 집행 목적물을 탐지하여 강제집행을 용이하게 하기 위한 강제집행의 보조절차 내지 부수절차 또는 강제집행의 준비행위와 강제집행 사이의

---

44) 곽윤직·김재형, 앞의 책, 442쪽.
45) 곽윤직·김재형, 앞의 책, 442쪽.

중간적 단계의 절차에 불과하다고 볼 수밖에 없으므로, 민법 제168조 제2호 소정의 소멸시효 중단사유인 압류 또는 가압류, 가처분에 준하는 효력까지 인정될 수는 없고, 따라서 재산관계명시결정에 의한 소멸시효 중단의 효력은 그로부터 6월 내에 다시 소를 제기하거나 압류 또는 가압류, 가처분을 하는 등 민법 제174조에 규정된 절차를 속행하지 아니하는 한 상실되는 것으로 본다.[46]

압류·가압류·가처분이 있을 경우 시효중단의 시점에 관하여는 민법이 침묵하고 있고, 이에는 학설이 대립하고 있는데 ① 집행행위를 하였을 때라는 견해, ② 명령을 신청한 때에 중단된다는 견해[47]가 있다. 소의 제기나 지급명령이 송달을 필요로 하는데도 신청을 한 때에 중단의 효력이 생긴다고 해석하므로 압류·가압류·가처분도 그 명령을 신청하는 때(즉 집행행위가 있으면 신청한 때에 소급하여)에 중단의 효력이 생긴다고 보는 것이 타당하다.[48]

> **민법 제176조(압류, 가압류, 가처분과 시효중단)** 압류, 가압류 및 가처분은 시효의 이익을 받은 자에 대하여 하지 아니한 때에는 이를 그에게 통지한 후가 아니면 시효중단의 효력이 없다.

다. 승인

승인은 시효이익을 받을 자가 시효의 완성으로 말미암아 권리를 상실하게 될 상대방 또는 그 대리인[49]에 대하여 그 권리가 존재함을 인식하고 있다는 뜻을 표시하는 행위로 그 성질은 관념의 통지이다.[50] 따라서 중단하려는 효과의사는 필요하지 않는다. 다만, 승인을 위하여 행위능력은 필요하다고 본다.[51] 이와 같은 승인에는 특별한 방식을 필요로 하지 않으므로 명시적인 승인은 물론이고, 묵시적인 승인도 중단의 효력이 있다.[52] 예컨대, 이자를 지급하는 것도 묵시적 승인이 된다. 소멸시

---

46) 대법원 2001.05.29. 선고 2000다32161 판결 손해배상(자)[집49(1)민,420;공2001.7.15.(134),1461]
47) 백태승, 앞의 책, 562쪽.
48) 곽윤직·김재형, 앞의 책, 442쪽.
49) 대법원 1995.09.29. 선고 95다30178 판결 환지청산금[공1995.11.15.(1004),3622] ─ 채권 시효 중단 사유로서의 승인은 시효이익을 받을 당사자인 채무자가 그 시효의 완성으로 권리를 상실하게 될 자 또는 그 대리인에 대하여 그 권리가 존재함을 인식하고 있다는 뜻을 표시함으로써 성립한다고 할 것이며, 이 때 그 표시의 방법은 아무런 형식을 요구하지 아니하고, 또한 명시적이건 묵시적이건 불문한다 할 것이나, 승인으로 인한 시효중단의 효력은 그 승인의 통지가 상대방에게 도달하는 때에 발생한다.
50) 곽윤직·김재형, 앞의 책, 443쪽.
51) 곽윤직·김재형, 앞의 책, 443쪽.
52) 대법원 2000.04.25. 선고 98다63193 판결 공사대금[공2000.6.15.(108),1258] ─ 채권양수인이라고 주장하는 자가 채무자를 상대로 제기한 양수금 청구소송에서 채무자가 채권자로부터 채권을 양

효가 중단되는 승인은 시효의 완성 전에만 가능하므로, 소멸시효의 진행이 개시되기 전이나 현존하지 않는 장래의 채권을 미리 승인하는 것은 채무자가 그 권리의 존재를 인식하고서 한 것이라고 볼 수 없어 허용되지 않는다.[53)]

> **민법 제177조(승인과 시효중단)** 시효중단의 효력 있는 승인에는 상대방의 권리에 관한 처분의 능력이나 권한있음을 요하지 아니한다.

(3) 시효중단의 효력

> **민법 제169조(시효중단의 효력)** 시효의 중단은 당사자 및 그 승계인간에만 효력이 있다.

> **민법 제178조(중단 후에 시효진행)** ① 시효가 중단된 때에는 중단까지에 경과한 시효기간은 이를 산입하지 아니하고 중단사유가 종료한 때로부터 새로이 진행한다.
> ② 재판상의 청구로 인하여 중단한 시효는 전항의 규정에 의하여 재판이 확정된 때로부터 새로이 진행한다.

가. 의의와 범위

시효가 중단된 때에는 중단까지 경과한 시효기간은 이를 산입하지 아니하고 중단사유가 종료한 때로부터 새로이 기산한다(법 제178조). 그리고 중단의 효력은 당사자 및 그 승계인에게만 효력이 있다(법 제169조). 여기서 말하는 당사자는 시효중단행위에 관여한 자를 뜻하는 것이고, 승계인에는 포괄승계인과 특정승계인이 모두 포함된다.[54)] 이와 같이 중단의 효력은 당사자 및 승계인에게만 있게 되므로, 제3자에게는 그 효력이 미치지 않는다. 즉 갑의 소유지를 을과 병이 공동으로 점유하여 시효로 취득하려고 할 때, 을 또는 병 가운데 한 명에게만 중단행위를 하여도 나머지 한 명에게는 시효중단의 효력이 미치지 않는 것이 원칙이다. 다만, 지역권(법 제295조 제2항·제296조)·연대채무(법 제416조·제421조)·보증채무(법 제440조) 등에서는 그 법률관계의 특수성을 고려하여 예외를 규정하고 있음을 주의하여야 한다.[55)]

도한 사실이 없다는 취지의 진술서를 작성·교부받아 이를 증거로 제출하여 승소판결을 받은 경우, 채무자는 채권자로부터 위 진술서를 교부받음으로써 채무를 승인하였으므로 그 무렵 소멸시효가 중단되었다고 본 사례.
53) 대법원 2001.11.09. 2001다52568 판결.
54) 대법원 1997.04.25. 96다46484 판결.
55) 곽윤직·김재형, 앞의 책, 445쪽.

나. 중단 후의 시효진행

중단사유가 종료한 때란 재판상 청구로 중단된 때에는 재판이 확정된 때(법 제178조 제2항), 압류·가압류·가처분으로 중단된 때에는 그 절차가 종료되는 때,56) 승인으로 중단된 때에는 그 승인이 상대방에게 도달한 때부터 새로운 시효기간을 계산하게 된다.

(4) 소멸시효의 정지

가. 의의

소멸시효의 정지는 시효기간이 거의 완성할 무렵에 권리자가 중단행위를 하는 것이 불가능하거나 또는 대단히 곤란한 사정이 있는 경우에, 그 시효기간의 진행을 일시적으로 멈추게 하고, 그러한 사정이 없어졌을 때에 다시 나머지 기간을 진행시키는 것을 말한다.57)

나. 정지사유

① 무능력자 보호를 위한 정지

소멸시효의 기간 만료 전 6월 내에 무능력자의 법정대리인이 없는 때에는 그가 능력자가 되거나 법정대리인이 취임한 때로부터 6월 내에는 시효가 완성하지 아니한다(법 제179조).

재산을 관리하는 부, 모 또는 후견인에 대한 무능력자의 권리는 그가 능력자가 되거나 후임의 법정대리인이 취임한 때로부터 6월 내에는 소멸시효가 완성하지 아니한다(법 제180조 제1항).

② 부부사이의 권리를 위한 정지

부부의 일방의 타방에 대한 권리는 혼인관계의 종료한 때로부터 6월 내에는 소멸시효가 완성하지 아니한다(법 제180조 제2항).

③ 상속재산에 관한 권리를 위한 정지

상속재산에 속한 권리나 상속재산에 대한 권리는 상속인의 확정, 관리인의 선임 또는 파산선고가 있는 때로부터 6월 내에는 소멸시효가 완성하지 아니한다(법 제181조).

---

56) 대법원 2000.04.25. 선고 2000다11102 판결.
57) 곽윤직·김재형, 앞의 책, 445쪽.

④ 천재 등에 의한 정지

천재, 기타 사변으로 인하여 소멸시효를 중단할 수 없을 때에는 그 사유가 종료한 때로부터 1월 내에는 시효가 완성하지 아니한다(법 제182조).

Ⅲ. 소멸시효 완성의 효과

1. 개관

현행 민법에 의하면 '소멸시효가 완성한다'라고만 규정하고 있는데, 여기서 '~ 완성한다'의 의미에 관하여는 구체적으로 기술하고 있지 않아 그 의미가 분명하지 않다. 결국 소멸시효 완성의 효과는 학설에 맡겨져 있는 바, 견해가 대립된다.

2. 견해의 대립

(1) 절대적 소멸설

소멸시효 완성으로 권리가 당연히 소멸한다고 해석하는 견해로 다수설의 입장이다.[58]

(2) 상대적 소멸설

소멸시효 완성으로 권리가 당연히 소멸하지 않고, 다만 시효의 이익을 받을 자에게 권리의 소멸을 주장할 권리가 생기고 그가 권리를 행사한 때 권리가 소멸한다는 견해이다.[59]

3. 판례의 태도

판례는 "소멸시효에 있어서 그 시효기간이 만료되면 권리는 당연히 소멸하는 것

---

58) 이은영, 민법총칙, 박영사, 2009, 778쪽.
59) 김상용, 민법총칙, 화산미디어, 2009, 722쪽; 백태승, 앞의 책, 567쪽.

이지만 그 시효의 이익을 받는 자가 소송에서 소멸시효의 주장을 하지 아니하면 그 의사에 반하여 재판할 수 없는 것이고, 그 시효이익을 받는 자는 시효기간 만료로 인하여 소멸하는 권리의 의무자를 말한다고 할 것이다"라고 판시하여 "소멸시효가 완성되면 권리가 당연히 절대적으로 소멸한다"거나[60] "소멸시효기간 만료에 인한 권리소멸에 관한 것은 소멸시효의 이익을 받은 자가 소멸시효완성의 항변을 하지 않으면, 그 의사에 반하여 재판할 수 없다"고 한다.[61]

4. 검토

대립하는 견해 중 어느 하나라도 완벽하게 서로가 비판하고 있는 문제점을 해결할 수는 없으므로 다수의 견해인 절대적 소멸설에 따르기로 한다. 다만, 절대적 소멸설에 따를 경우 가장 곤란한 부분이 소멸시효 이익의 포기를 어떻게 설명할 것인지에 있는 바,[62] 이하에서 검토하기로 한다.

Ⅳ. 소멸시효 완성의 포기

> **민법 제184조(시효의 이익의 포기 기타)** ① 소멸시효의 이익은 미리 포기하지 못한다.
> ② 소멸시효는 법률행위에 의하여 이를 배제, 연장 또는 가중할 수 없으나 이를 단축 또는 경감할 수 있다.

1. 시효기간 완성 전의 포기

소멸시효가 완성하기 전에 시효이익을 포기한다는 것은 소멸시효로 생기는 법률상의 이익을 받지 않겠다는 일방적 의사표시이다. 이는 '절대적 소멸설'에 의하면 실체법적으로는 시효완성의 이익을 받을 것을 미리 포기하는 것이고, 소송법적으로는 방어방법으로서 주장하는 것을 미리 포기하는 것이 된다. 그러나 '상대적 소멸설'에

---

60) 대법원 1991.07.26. 선고 91다5631 판결.
61) 대법원 1980.01.29. 선고 79다1863 판결 소유권이전등기 등[공1980.3.15.(628),12593]
62) 곽윤직·김재형, 앞의 책, 450쪽.

의하면 시효완성의 원용권을 미리 포기하는 것이다.[63]

소멸시효의 이익은 시효기간이 완성되기 전에 미리 포기하지 못하고, 소멸시효를 배제·연장·가중하는 특약은 무효이다(법 제184조 참조). 이를 규정한 이유는 시효제도가 장기간 지속된 사실상태를 존중하기 위해 만들어진 공익적 제도이므로 개인의 의사에 의하여 미리 배척할 수 있게 하는 것은 부당하고, 또한 채권자가 채무자의 궁박을 이용하여 미리 소멸시효의 이익을 포기하게 할 염려가 있기 때문이다.[64] 이와는 달리, 시효기간을 단축하거나 시효완성의 요건을 경감하는 특약은 유효하다(법 제184조 제2항).

2. 시효기간 완성 후의 포기

시효이익의 포기는 단독행위이며, 이는 처분행위이므로 포기를 하는 자는 처분능력과 권한이 있어야 한다.[65] 이와 같은 포기는 명시적으로 하여야 하는 것은 아니므로, 채무의 일부변제[66]·채무의 승인[67]·기한유예의 요청[68] 등은 모두 시효이익을 포기한 것으로 볼 것이다.

▶ 쟁점사례 – 주채무자에 대한 시효중단이 보증인에게 미치는 범위 　7

갑은 2010.5.1. A은행과 소비대차계약을 체결(만기 1년)하였고, 을은 갑의 채무를 보증하기 위하여 A와 자신과의 사이에 연대보증계약을 체결하였다. 그러나 갑은 만기에 변제를 하지 못하였고 A은행은 법원에 채무를 이행하라는 소송을 제기하여 2012.3.14. 승소판결이 확정되었다. 그런데 A은행은 판결에 따른 집행을 미루어오다가 2018.4.20.에 연대보증인 을에 대하여 이행청구를 하였다.

문 1
갑이 A은행에 부담하고 있는 주채무의 소멸시효기간은 얼마인가?

---

63) 곽윤직·김재형, 앞의 책, 451쪽.
64) 곽윤직·김재형, 앞의 책, 452쪽.
65) 김상용, 앞의 책, 724쪽; 백태승, 앞의 책, 569쪽.
66) 대법원 1993.10.26. 선고 93다14936 판결.
67) 대법원 1965.11.30. 선고 65다1996 판결.
68) 대법원 1965.12.28. 선고 65다2133 판결.

문 2

을이 A은행에 부담하고 있는 연대보증채무의 소멸시효기간은 얼마인가?

문 3

A은행의 갑에 대한 이행청구가 을의 연대보증채무에 어떠한 영향을 미치며, 위 사례에서 을의 연대보증채무는 언제 시효로 소멸하는가?

문 4

A은행의 이행청구는 타당한가?

관련판례 대법원 2006.8.24. 선고 2004다26287,26294 판결【채무부존재확인등·구상금】[공2006.9.15.(258),1593]

【판시사항】

[1] 확정판결로 주채무의 소멸시효기간이 10년으로 연장된 경우, 보증채무의 소멸시효기간도 10년으로 연장되는지 여부(소극)

[2] 사망자를 채무자로 한 가압류결정의 효력(무효) 및 당연 무효의 가압류가 민법 제168조 제2호에 정한 소멸시효의 중단사유에 해당하는지 여부(소극)

[3] 상속인이 피상속인의 사망신고와 상속등기를 게을리 하고 채권자가 피상속인을 피신청인으로 하여 한 가압류에 대하여 이의하지 않는 등 소극적으로 행동한 경우, 상속인의 소멸시효 완성 주장을 권리남용이라고 할 수 있는지 여부(소극)

【판결요지】

[1] 채권자와 주채무자 사이의 확정판결에 의하여 주채무가 확정되어 그 소멸시효기간이 10년으로 연장되었다 할지라도 그 보증채무까지 당연히 단기소멸시효의 적용이 배제되어 10년의 소멸시효기간이 적용되는 것은 아니고, 채권자와 연대보증인 사이에 있어서 연대보증채무의 소멸시효기간은 여전히 종전의 소멸시효기간에 따른다.

[2] 사망한 사람을 피신청인으로 한 가압류신청은 부적법하고 그 신청에 따른 가압류결정이 내려졌다고 하여도 그 결정은 당연 무효로서 그 효력이 상속인에게 미치지 않으며, 이러한 당연 무효의 가압류는 민법 제168조 제1호에 정한 소멸시효의 중단사유에 해당하지 않는다.

[3] 상속채무를 부담하게 된 상속인의 행위가 단순히 피상속인의 사망신고 및 상속등기를 게을리 함으로써 채권자로 하여금 사망한 피상속인을 피신청인으로 하여 상속부동산에 대하여 당연 무효의 가압류를 하도록 방치하고 그 가압류에 대하여 이의를 제기하지

않거나 피상속인의 사망 사실을 채권자에게 알리지 않은 정도에 그치고, 그 밖에 달리 채권자의 권리 행사를 저지·방해할 만한 행위를 하지 않았다면 상속인의 소멸시효 완성 주장은 권리남용에 해당하지 않는다.

【참조조문】

[1] 민법 제165조 제1항, 제440조 / [2] 민법 제168조, 제175조, 민사소송법 제280조 / [3] 민법 제2조, 제162조

【참조판례】

[1] 대법원 1986.11.25. 선고 86다카1569 판결(공1987상, 101) / [2] 대법원 1982.10.26. 선고 82다카884 판결(공1983, 64), 대법원 1991.3.29.자 89그9 결정(공1991, 1283), 대법원 2002.4.26. 선고 2000다30578 판결(공2002상, 1239), 대법원 2004.12.10. 선고 2004다38921, 38938 판결

【원심판결】

서울고법 2004.4.22. 선고 2003나57484, 57491 판결

【주 문】

원심판결 중 본소의 상속채무 부존재확인 청구부분과 반소에 관한 원고(반소피고)들 패소 부분을 파기하고, 이 부분 사건을 서울고등법원에 환송한다. 원고(반소피고)들의 나머지 상고는 모두 기각한다.

【이 유】

상고이유를 판단한다.

1. 이 사건 각 계약의 효력에 관한 주장에 대한 판단

원심이 그 판결에서 채택하고 있는 증거들을 종합하여, 원고들의 망부(망부) 이규성과 피고 사이의 1991.6.13.자 연대보증 및 근저당권설정계약, 1991.10.4.자 연대보증계약이 모두 적법·유효하게 체결되었음을 인정하고, 위 각 계약 체결 당시 이규성이 의사무능력 상태에 있었다거나 1991.10.4.자 연대보증계약 체결 대리권을 박현수에게 수여한 바 없다는 원고들의 주장을 배척한 것은 정당하고, 거기에 채증법칙을 위반하여 사실을 오인하는 등의 위법은 없다. 이 부분 원고들의 상고이유는 모두 받아들이지 않는다.

2. 소멸시효 주장에 대한 판단

가. 민법 제440조가 "주채무자에 대한 시효의 중단은 보증인에 대하여 그 효력이 있다"고 정한 것은 민법 제169조에서 "시효의 중단은 당사자 및 그 승계인 간에만 효력이 있다"고 정한 것에 대한 예외를 인정한 것으로, 이는 보증채무의 부종성에 기인한 당연한 법리를 선언한 것이라기보다 채권자보호 내지 채권담보의 확보를 위하여 마련한 특별조항인바, 위 조항은 상충하는 채권자와 보증채무자의 이해관계를 조절하는 조항이라는 점을 고려하면 이를 해석함에 있어서는 가급적 문언에 충실함이 바람직하다 할 것인데, 위 조항의 문언상 의미는 주채무자에 대한 시효중단의 사유가 발생하였을 때는 그 보증

인에 대한 별도의 중단조치가 이루어지지 아니하여도 동시에 시효중단의 효력이 생기도록 한 것에 불과하고 중단된 이후의 시효기간까지 당연히 보증인에게도 그 효력이 미친다고 하는 취지는 아니다.

한편, 민법 제165조 제1항이 "판결에 의하여 확정된 채권은 단기의 소멸시효에 해당한 것이라도 그 소멸시효는 10년으로 한다"고 정한 것은 단기소멸시효가 적용되는 채권이라도 판결에 의하여 채권의 존재가 확정되면 그 성립이나 소멸에 관한 증거자료의 일실 등으로 인한 다툼의 여지가 없어지고, 법률관계를 조속히 확정할 필요성도 소멸하며, 채권자로 하여금 단기소멸시효 중단을 위해 여러 차례 중단절차를 밟도록 하는 것은 바람직하지 않기 때문이다. 그런데 보증채무가 주채무에 부종한다 할지라도 원래 보증채무는 주채무와는 별개의 독립된 채무이어서 채권자와 주채무자 사이에서 주채무가 판결에 의하여 확정되었다고 하더라도 이로 인하여 보증채무 자체의 성립 및 소멸에 관한 분쟁까지 당연히 해결되어 보증채무의 존재가 명확하게 되는 것은 아니므로, 채권자가 보증채무에 대하여 뒤늦게 권리행사에 나선 경우 보증채무 자체의 성립과 소멸에 관한 분쟁에 대하여 단기소멸시효를 적용하여야 할 필요성은 여전히 남는다.

위와 같은 민법 제440조와 제165조의 규정 내용 및 입법 취지 등을 종합하면, 채권자와 주채무자 사이의 확정판결에 의하여 주채무가 확정되어 그 소멸시효기간이 10년으로 연장되었다 할지라도 이로 인해 그 보증채무까지 당연히 단기소멸시효의 적용이 배제되어 10년의 소멸시효기간이 적용되는 것은 아니고, 채권자와 연대보증인 사이에 있어서 연대보증채무의 소멸시효기간은 여전히 종전의 소멸시효기간에 따른다고 보아야 할 것이다(대법원 1986.11.25. 선고 86다카1569 판결 참조).

원심이 이와 달리, 상사채무인 주식회사 오수물산의 주채무가 1996.11.14. 확정판결에 의하여 그 소멸시효기간이 10년으로 연장된 이상 이규성의 연대보증채무의 소멸시효기간 역시 당연히 10년으로 연장되었다고 보아 연대보증채무의 소멸시효기간은 여전히 5년이라는 원고들의 주장을 배척한 것은, 주채무가 판결에 의하여 확정된 경우의 보증채무의 소멸시효기간에 관한 법리를 오해하여 판결에 영향을 미치는 위법을 저지른 것이니, 이를 지적하는 원고들의 상고이유는 받아들이기로 한다.

나. 이미 사망한 자를 피신청인으로 한 가압류신청은 부적법하고 그 신청에 따른 가압류결정이 있었다고 하여도 그 결정은 당연 무효로서 그 효력이 상속인에게 미치지 않으며(대법원 2002.4.26. 선고 2000다30578 판결), 이러한 당연 무효의 가압류는 민법 제168조가 정한 소멸시효의 중단사유인 가압류에 해당하지 않는다고 볼 것이다.

이는 민법 제175조가 법률의 규정에 따르지 아니함으로 인하여 취소된 가압류에 대하여는 시효중단의 효력을 인정하지 않고 있는 점에 비추어 보아도 분명하고, 또 가압류에 의한 소멸시효 중단의 효력이 그 집행보전의 효력이 존속하는 동안 지속된다는 점에서 판결의 확정으로 중단되었던 소멸시효가 다시 진행하는 재판상 청구보다도 훨씬 강력하다는 사정을 고려하면 당연 무효인 가압류를 소멸시효 중단사유로 취급하는 것은 적절하다고 볼 수도 없다.

원심이 이와 달리, 피고가 이규성이 1993.9.13. 사망한 이후 그를 피신청인으로 하여 가압류신청을 한 이상 그 신청에 기한 2000.7.18.자 가압류결정은 당연 무효에 해당한다고 하면서도 이를 통하여 피고의 권리행사 의사가 확인된 이상 적법한 가압류와 같은 소멸시효 중단사유에 해당한다고 보아 이 사건 상속채무는 주채무에 대한 1996.11.14. 확정판결 이후 5년이 경과함으로써 소멸시효가 완성되었다는 원고들의 주장을 배척한 것은, 소멸시효 중단사유에 관한 법리를 오해하여 판결에 영향을 미치는 위법을 저지른 것이니, 이를 지적하는 원고들의 상고이유 역시 받아들이기로 한다.

다. 채무자의 소멸시효에 기한 항변권의 행사도 우리 민법의 대원칙인 신의성실의 원칙과 권리남용금지의 원칙의 지배를 받는 것이어서, 채무자가 시효완성 전에 채권자의 권리행사나 시효중단을 불가능 또는 현저히 곤란하게 하였거나, 그러한 조치가 불필요하다고 믿게 하는 행동을 하였거나, 객관적으로 채권자가 권리를 행사할 수 없는 장애사유가 있었거나, 또는 일단 시효완성 후에 채무자가 시효를 원용하지 아니할 것 같은 태도를 보여 권리자로 하여금 그와 같이 신뢰하게 하였거나, 채권자보호의 필요성이 크고, 같은 조건의 다른 채권자가 채무의 변제를 수령하는 등의 사정이 있어 채무이행의 거절을 인정함이 현저히 부당하거나 불공평하게 되는 등의 특별한 사정이 있는 경우에는 채무자가 소멸시효의 완성을 주장하는 것이 신의성실의 원칙에 반하여 권리남용으로서 허용될 수 없다(대법원 2005.5.13. 선고 2004다71881 판결 참조). 그러나 상속채무를 부담하게 된 상속인의 행위가 단순히 피상속인에 대한 사망신고 및 상속부동산에 대한 상속등기를 게을리 함으로써 채권자로 하여금 사망한 피상속인을 피신청인으로 하여 상속부동산에 대하여 당연 무효의 가압류를 하도록 방치하고 그 가압류에 대하여 이의를 제기하거나 피상속인의 사망 사실을 채권자에게 알리지 않은 정도에 그치고, 그 외 달리 채권자의 권리 행사를 저지·방해할 만한 행위에 나아간 바 없다면 위와 같은 소극적인 행위만을 문제 삼아 상속인의 소멸시효 완성 주장이 신의성실의 원칙에 반하여 권리남용으로서 허용될 수 없다고 볼 것은 아니다.

원심이 이와 달리, 원고들이 망부 이규성의 사망신고 및 상속부동산에 대한 상속등기를 게을리 함으로써 피고로 하여금 이규성을 피신청인으로 한 당연 무효의 가압류를 하도록 방치하고 그 후에도 피고에게 이규성의 사망 사실을 알리거나 가압류에 대한 이의를 하지 않았다는 이유만으로, 그 외 달리 채권자인 피고의 권리 행사를 저지·방해할 만한 행위를 하였는지에 대하여 살펴보지도 않은 채 바로 소멸시효가 완성되었다거나 당연 무효인 가압류는 소멸시효 중단의 효력이 없다는 원고들의 주장을 신의성실의 원칙에 반한다고 판단한 것은, 신의성실의 원칙에 관한 법리를 오해하여 판결에 영향을 미치는 위법을 저지른 것이다.

결국, 이 사건 상속채무가 모두 소멸시효 완성으로 소멸하였다는 원고들의 주장을 배척한 원심 판단 부분은 그대로 유지될 수 없다.

세법 속 민법의 이해

물권법

물권변동의 성립요건주의

01

Ⅰ. 물권변동에서의 공시제도

1. 공시의 원칙

공시의 원칙이란 물권을 취득하거나 설정하는 경우에는 법률이 요건으로 두고 있는 공시방법을 갖추어야 함을 의미한다. 이는 물권이 대세적 권리로 배타성이 있기 때문에 어떤 물건에 관하여 어떤 사람이 하나의 물권을 취득하면 다른 사람은 그것과 양립할 수 없는 내용의 물권을 취득할 수 없다. 뿐만 아니라 근대법에서는 물권 가운데 가장 중요한 소유권과 저당권은 현실적 지배를 하지 않는 관념적인 권리로 되어 있어서 소유권을 이전받거나 저당권을 설정하고자 할 때 그 물건에 누가 어떠한 내용의 물권을 가지고 있는지를 아는 것이 필요하다.[1] 반대로 그 권리발생에 관여한 당사자 이외의 사람에 대해서도 그 우선적 효력을 주장할 수 있기에 제3자에 대하여 그 존재 및 내용을 알릴 필요성이 있다.

---

[1] 곽윤직·김재형, 물권법, 박영사, 2016, 35쪽.

2. 부동산과 동산의 공시방법

우리나라는 독일의 등기제도를 모범으로 한 일본의 등기제도가 일제시대부터 시행되었다.[2] 부동산에 관하여는 등기, 동산에 관하여는 점유를 공시방법으로 한다. 점유는 등기에 비하여 공시방법으로 불충분하지만 당사자가 별도의 절차를 밟지 않아도 되는 편리함이 있다.

3. 공신력 인정여부(선의취득 가부)

Ⅱ. 동산물권의 변동

가. 권리자로부터의 취득
나. 무권리자로부터의 취득(선의취득)

Ⅲ. 부동산물권의 변동

1. 부동산물권의 공시

(1) 입법정책

부동산의 공시방법으로서 등기제도를 채택하고 동산의 공시방법은 점유로 한다는 것은 대륙법계 국가의 공통점이다. 그러나 그 공시방법을 어떤 방식으로 강제할 것인가에 관하여는 의사주의와 형식주의의 두 가지 입법정책이 있다.

가. 의사주의

당사자의 의사표시 즉 합의만으로 물권의 변동이 생기고, 등기 또는 인도는 대항요건이라고 보는 입법주의로 프랑스와 일본이 취하는 방식이다.

---

2) 곽윤직·김재형, 물권법, 박영사, 2016, 35쪽.

나. 형식주의

당사자의 소유권이전의 의사표시와 함께 공시방법인 등기 또는 인도를 갖추어야 물권변동이 생기는 것으로 보는 입법주의로 독일에서 취하는 방식이다.

다. 우리나라의 경우

현행민법(1958년 제정, 1960년 시행) 이전까지는 식민지시대에 강제 적용된 일본민법에 따라 의사주의를 취했으나, 현행민법제정을 계기로 형식주의로 전환하였다. 우리나라의 등기제도는 독일의 등기제도와 정책방향은 같으나 실제 운영에서는 상당한 차이를 갖는다. 독일에서는 소유권이전의 합의에 공증인이 입회한 엄격한 형식이 요구되고 이것이 있어야 등기를 할 수 있지만, 우리 법은 이러한 엄격한 형식을 요구하지 않는다.

2. 공시의 원칙이 엄격히 요구되는 물권변동

현행민법 제186조는 "부동산에 관한 법률행위로 인한 물권의 득실변경은 등기하여야 그 효력이 생긴다"고 규정하고 있는데 이는 형식주의를 채택한 것이다. 이에 따라 법률행위로 인한 물권의 득실변경에 관하여만 공시의 원칙이 엄격하게 요구된다. 법률행위에 의하지 않는 경우는 공시의 원칙에 대한 예외가 인정된다. 취득자는 등기, 점유와 관계없이 법률의 규정에 따라 물권을 취득한다.

Ⅳ. 미등기매수인의 지위

1. 문제의 제기

매수인이 매도인에게 잔금을 주고 부동산의 점유를 이전받았으나 아직 소유권이전등기를 하지 않은 경우에, 그 매수인은 채권자로서 매도인에 대하여 목적물에 대한 사용·수익권 및 처분권을 포함한 모든 권리를 이전해 줄 것을 청구할 권리를 갖는다.

2. 사실상의 소유자의 지위(대내적 관계)

토지의 매수인이 아직 소유권이전등기를 경료받지 아니하였다 하여도 매매계약의 이행으로 그 토지를 인도받은 때에는 매매계약의 효력으로서 이를 점유 사용할 권리가 생기게 된 것으로 보아야 하고 또 매수인이 그 토지 위에 건축한 건물을 취득한 자는 그 토지에 대한 매수인의 위와 같은 점유사용권까지 아울러 취득한 것으로 봄이 상당하므로 매도인은 매매계약의 이행으로서 인도한 토지 위에 매수인이 건축한 건물을 취득한 자에 대하여 토지소유권에 기한 물권적청구권을 행사할 수 없다.[3]

3. 제3자에 대한 대외적 관계

제3자에 대한 관계에서 소유자는 현재 등기명의를 갖고 있는 매도인이며, 매수인은 제3자에 대한 관계에서는 소유자의 권리를 행사할 수 없다. 따라서 제3자가 그 부동산을 불법 점거했을 때 소유자로서 반환청구할 수 있는 사람은 매도인이며, 제3자에게 소유권을 양도해 주거나, 제한물권을 설정해 줄 수 있는 사람도 매도인이다.

V. 소득세법상 양도

미등기 양도에 관한 판례의 입장

구 소득세법(2009.6.9. 법률 제9774호로 개정되기 전의 것, 이하 같다) 제94조 제1항은 "양도소득은 당해연도에 발생한 다음 각 호의 소득으로 한다"고 규정하면서, 과세대상인 양도소득으로서 **제1호**에서 '토지 또는 건물의 양도로 인하여 발생하는 소득'을, **제2호 (가)** 목에서 '부동산을 취득할 수 있는 권리(건물이 완성되는 때에 그 건물과 이에 부수되는 토지를 취득할 수 있는 권리를 포함한다)의 양도로 인하여 발생하는 소득'을 각각 들고 있다. 한편 **구 소득세법 제104조 제1항 제3호**는 미등기양도자산에 관하여 100분의 70의 중과세율을 적용하도록 하면서, **제3항** 본문에서 "미등기양도자산이라 함은 **제94조 제1항 제1호 및 제2호**에 규정하는 자산을 취득한 자가 그 자산의 취득에 관한 등기를 하지 아니하

---

3) 대법원 1988.04.25. 선고 87다카1682 판결 토지인도등[집36(1)민,177;공1988.6.1.(825),889]

고 양도하는 것을 말한다"고 규정하고 있다.

위 각 규정에 비추어 보면 부동산 매매계약을 체결한 매수인이 대금을 청산하지 아니한 상태에서 매매계약상 권리의무 또는 매수인의 지위를 제3자에게 양도하고 그 매매계약 관계에서 탈퇴하는 경우에는, 매매당사자 사이에 잔금의 완납 전이라도 소유권이전등기를 먼저 넘겨주기로 특약을 하였다는 등 특별한 사정이 없는 한 그 취득에 관한 등기 자체가 불가능하므로 이를 양도하더라도 원칙적으로 **구 소득세법 제104조 제1항 제3호** 소정의 미등기양도자산에 관한 중과세율을 적용할 수 없다(대법원 2012.9.27. 선고 2010두23408 판결 등 참조). 그러나 부동산매매계약을 체결한 매수인이 매매대금 중 계약금과 중도금뿐만 아니라 잔금의 상당 부분을 이미 지급하여 잔금 일부만을 지급하면 바로 그 취득에 관한 등기가 가능함에도, 양도소득세 중과세율 적용을 회피할 의도 등으로 그 대금을 지급하지 아니한 채 부동산에 관한 자신의 권리를 양도하는 등의 특별한 사정이 있다면, 이러한 경우에는 구 소득세법 제104조 제1항 제3호 소정의 미등기양도자산에 관한 중과세율을 적용하여야 할 것이다.

양도소득세의 과세요건을 충족하는 부동산의 양도가 있다고 볼 수 있는 대가적 급부의 이행 정도 및 이 경우 대가적 급부가 사회통념상 거의 전부 이행되었다고 볼 만한 정도에 이르는지 판단하는 기준

구 소득세법(2009.12.31. 법률 제9897호로 개정되기 전의 것) 제88조 제1항, 구 소득세법 시행령(2008.2.29. 대통령령 제20720호로 개정되기 전의 것) 제162조 제1항의 문언과 취지 등을 종합하여 보면, 부동산의 매매 등으로 대금이 모두 지급된 경우뿐만 아니라 사회통념상 대가적 급부가 거의 전부 이행되었다고 볼 만한 정도에 이른 경우에도 양도소득세의 과세요건을 충족하는 부동산의 양도가 있다고 봄이 타당하다고 할 것이나, 대가적 급부가 사회통념상 거의 전부 이행되었다고 볼 만한 정도에 이르는지 여부는 미지급 잔금의 액수와 그것이 전체 대금에서 차지하는 비율, 미지급 잔금이 남게 된 경위 등에 비추어 구체적 사안에서 개별적으로 판단하여야 한다.[4]

---

4) 대법원 2014.06.12. 선고 2013두2037 판결 양도소득세부과처분취소[공2014하,1422]

1. 소득세법상 양도

일반적으로 양도라고 할 경우에는 무상양도와 유상양도를 모두 포함하나, 양도소득세는 소득에 대하여 부과하는 세금이므로 경제적 이익이 있는 유상양도를 말한다.5)6) 예컨대 토지소유권이 유상으로 사실상 이전되는 것이라 함은 매매와 같은 경우에는 그 토지의 대가가 사회통념상 대금의 거의 전부가 지급되었다고 볼 만한 정도의 대금지급이 이행되었음을 뜻한다고 보아야 할 것이다.7)

2. 과세대상 자산8)

(1) 토지·건물9)

가. 토지: 지적법에 의하여 지적공부에 등록하여야 할 지목에 해당하는 것

나. 건물10): 건물에 부속된 시설물과 구축물11)을 포함한다고 규정하고 있으나,

---

5) 양해운, 양도소득세 법령 해설, 삼일인포마인, 2016, 51쪽.
6) 소득세법 제88조(양도의 정의) ① 제4조 제1항 제3호 및 이 장에서 "양도"란 자산에 대한 등기 또는 등록과 관계없이 매도, 교환, 법인에 대한 현물출자 등으로 인하여 그 자산이 유상으로 사실상 이전되는 것을 말한다. 이 경우 부담부증여(負擔附贈與)(상속세 및 증여세법 제47조 제3항 본문에 해당하는 경우는 제외한다)에 있어서 증여자의 채무를 수증자(受贈者)가 인수하는 경우에는 증여가액 중 그 채무액에 상당하는 부분은 그 자산이 유상으로 사실상 이전되는 것으로 본다.
  ② 다음 각 호의 어느 하나에 해당하는 경우에는 제1항에 따른 양도로 보지 아니한다.
  1. 도시개발법이나 그 밖의 법률에 따른 환지처분으로 지목 또는 지번이 변경되거나 보류지(保留地)로 충당되는 경우
  2. 토지의 경계를 변경하기 위하여 공간정보의 구축 및 관리 등에 관한 법률에 따른 토지의 분할 등 대통령령으로 정하는 방법과 절차로 하는 토지 교환의 경우
7) 대법원 1984.02.14. 선고 82누286 판결 양도소득세부과처분취소.
8) 소득세법 제94조 제1항
9) 민법 제99조 제1항-토지 및 그 정착물은 부동산이다.
  민법에서는 정착물의 개념에서 건물, 수목의 집단, 미분리의 과실, 농작물을 검토한다.
10) 대법원 2001.01.16. 선고 2000다51872 판결-독립된 부동산으로서의 건물이라고 하기 위하여는 최소한의 기둥과 지붕 그리고 주벽이 이루어지면 된다고 할 것인바, 이 사건 공작물은 최소한의 지붕과 기둥 그리고 주벽(주벽)이 이루어졌다고 할 것이어서 미완성 상태의 독립된 건물(원래 지상 7층 건물로 설계되어 있으나, 지상 1층만으로도 구분소유권의 대상이 될 수 있는 구조임이 분명하다)로서의 요건을 갖추었다고 할 것이다.
11) 대법원 2015.10.29. 선고 2011두23016 판결[양도소득세부과처분취소]-토지의 정착물로서 사실상 토지와 일체화되어 토지에서 분리복구가 불가능하거나 토지에서 분리하게 되면 경제적 가치가 거의 없어서 거래상 독립한 권리의 객체성을 상실하였다고 평가되는 경우에, 거래 당사자가 구축물을 토지와 함께 양도하면서 구축물의 양도 대가를 별도로 정하였다고 하더라도, 특별한 사정이 없는 한 구축물의 양도 대가는 토지의 양도소득에 포함되어 구 소득세법(2007.12.31. 법률 제8825호로 개

건물·시설물 및 구축물에 대하여 명확히 규정하고 있지 아니하다. 이에 관하여 건물은 건축법에 따르고, 시설물이나 구축물은 토지에 정착한 건물 외의 공작물로서 구조와 형태가 물리적으로 토지와 구분되어 독립적인 경제적 가치를 가진 것으로 본다는 견해가 있다.[12]

다. 미완성건물: 아직 건물의 상태에 이르지 못하여 이는 토지의 일부로 양도소득세 과세대상에 해당[13]

(2) 부동산에 관한 권리

가. 지상권(민법 제279조)·전세권(민법 제303조)과 등기된 부동산임차권(민법 제621조)

① 지상권(별도 쟁점)

(ㄱ) 의의: 타인의 토지에 건물 기타 공작물이나 수목을 소유하기 위하여 그 토지를 사용하는 권리(타물권). 따라서 지상권과 토지소유권이 동일인에게 귀속하면 그 지상권은 혼동으로 소멸한다.[14]

(ㄴ) 사회적 작용: ① 토지를 매수하여 그 명의로 소유권이전청구권보전을 위한 가등기를 경료하고 그 토지상에 타인이 건물 등을 축조하여 점유 사용하는 것을 방지하기 위하여 지상권을 설정하였다면 이는 위 가등기에 기한 본등기가 이루어질 경우 그 부동산의 실질적인 이용가치를 유지 확보할 목적으로 전소유자에 의한 이용을 제한하기 위한 것이라고 봄이 상당하다고 할 것이고 그 가등기에 기한 본등기청구권이 시효의 완성으로 소멸하였다면 그 가등기와 함께 경료된 위 지상권 또한 그

정되기 전의 것, 이하 같다) 제94조 제1항 제1호 전단에서 정한 양도소득세의 과세 대상이 된다.

12) 양해운, 앞의 책, 225쪽.

13) 대법원 2000.01.21. 선고 98두20018 판결[양도소득세부과처분취소]—양도가액과 취득가액 산정의 기초가 되는 인수채무액을 산정하기 위하여서는 양도소득세 과세대상 자산의 범위 및 가액의 결정은 양도소득세 과세대상이 아닌 자산과의 관계에서 양자에 동일한 기준을 적용할 수 있는 합리적인 방법에 의하여야 할 것인바, 건물 부속설비는 건물의 일부를 이루는 것이고, 건설가계정은 신축 중이던 건물의 가액 상당으로 그 공정이 사회관념상 건물이라고 볼 수 있는 단계에 미치지 못하여 토지의 일부를 이루는 것이므로, 모두 양도소득세 과세대상 자산가액에 포함되고 양도소득세 과세대상이 아닌 자산의 경우와 같은 기준을 적용하여 그 가액을 평가할 수 있다.
[비교판례]
대법원 2004.02.12. 선고 2003두9077 판결—토지 매도대금 3억 7천만 원 중에서는 이 사건 토지 자체의 대가뿐 아니라 지상 미완성 건물의 대가까지 포함되어 있으므로 이 사건 양도소득세 산출을 위한 양도가액으로서는 위 매도대금으로부터 위 미완성 건물의 대가에 해당하는 2천 일백만 원을 제외한 3억 4천 구백만 원을 양도가액으로 봄이 타당하다.

14) 송덕수, 신민법강의, 박영사, 2016, 720쪽.

목적을 잃어 소멸되었다고 봄이 상당하다.15) ② 근저당권 등 담보권 설정의 당사자들이 그 목적이 된 토지 위에 차후 용익권이 설정되거나 건물 또는 공작물이 축조·설치되는 등으로써 그 목적물의 담보가치가 저감하는 것을 막는 것을 주요한 목적으로 하여 채권자 앞으로 아울러 지상권을 설정하였다면, 그 피담보채권이 변제 등으로 만족을 얻어 소멸한 경우는 물론이고 시효소멸한 경우에도 그 지상권은 피담보채권에 부종하여 소멸한다.16)

(ㄷ) 존속기간 : 최단기간에 대한 규정은 두고 있으나(민법 제280조), 최장기간에 대한 규정은 두고 있지 않다. 다만 존속기간을 영구무한으로 정할 수 있는지와 관련하여 판례는 "민법상 지상권의 존속기간은 최단기만이 규정되어 있을 뿐 최장기에 관하여는 아무런 제한이 없으며, 존속기간이 영구(영구)인 지상권을 인정할 실제의 필요성도 있고, 이러한 지상권을 인정한다고 하더라도 지상권의 제한이 없는 토지의 소유권을 회복할 방법이 있을 뿐만 아니라, 특히 구분지상권의 경우에는 존속기간이 영구라고 할지라도 대지의 소유권을 전면적으로 제한하지 아니한다는 점 등에 비추어 보면, 지상권의 존속기간을 영구로 약정하는 것도 허용된다"고 하여 긍정하는 입장이다.17)

② 전세권

③ 등기된 부동산임차권(별도 쟁점)

현재 임차권이 설정시에 등기를 경료하는 경우는 거의 찾아볼 수 없고, 대항력을 갖춘 주택임대차 또는 상가임대차인 경우에 주택임대차보호법과 상가임대차보호법에 의해 보호된다.

나. 부동산을 취득할 수 있는 권리

당첨 전의 주택청약예금증서,18) 계약금이나 계약금외의 매매대금의 일부를 지급한 상태의 매수인의 권리,19) 재개발조합원의 분양권20) 등도 과세대상에 해

---

15) 대법원 1991.03.12. 선고 90다카27570 판결.
16) 대법원 2011.04.14. 선고 2011다6342 판결.
17) 대법원 2001.05.29. 선고 99다66410 판결.
18) 대법원 1985.09.24. 선고 85누424 판결-후에 당첨이 되지 않더라도 양도소득세를 과세한다.
19) 대법원 1997.06.13. 선고 95누15070 판결 양도소득세부과처분취소-잔대금의 분할지급 조건부로 부동산을 매수한 자로부터 여러 차례 매수인 지위가 승계된 경우는 모두 구 소득세법(1993.12.31. 법률 제4661호로 개정되기 전의 것) 제23조 제1항 제2호, 같은 법 시행령(1993.12.31. 대통령령 제14083호로 개정되기 전의 것) 제44조 제4항 제2호 소정의 '부동산을 취득할 수 있는 권리'의 양도 또는 취득에 해당될 뿐 '부동산'의 양도 또는 취득이라고 볼 수 없다.
20) 대법원 2007.06.15. 선고 2005두5369 판결 양도소득세부과처분취소-재건축조합원이 구 주택건설촉진법(2003.5.29. 법률 제6916호 주택법으로 전문 개정되기 전의 것)상 사업계획승인이 있은 후

당한다.[21]

(3) 주식·출자지분

(4) 기타자산

(5) 파생상품

3. 과세의 원인(양도의 범위)

> **제88조(양도의 정의)** ① 제4조 제1항 제3호 및 이 장에서 "양도"란 자산에 대한 등기 또는 등록과 관계없이 매도, 교환, 법인에 대한 현물출자 등으로 인하여 그 자산이 유상으로 사실상 이전되는 것을 말한다. 이 경우 부담부증여(負擔附贈與)(「상속세 및 증여세법」 제47조 제3항 본문에 해당하는 경우는 제외한다)에 있어서 증여자의 채무를 수증자(受贈者)가 인수하는 경우에는 증여가액 중 그 채무액에 상당하는 부분은 그 자산이 유상으로 사실상 이전되는 것으로 본다.

(1) 경매나 수용

가. 국가기관이 행하는 공경매에는 민사집행법에 의한 경매와 국세징수법에 의한 경매가 있고, 민사집행법상에 경매에는 일반채권자에 의한 강제경매(통상의 강제경매, 민사집행법 제78조 이하)와 담보권의 실행을 위한 경매(담보권 실행경매, 민집법 제264조 이하)가 있다.

나. 자신의 소유자산이 제3자의 채무에 대한 담보로 제공되었다가 제3자인 채무자가 채무변제를 하지 아니하여 당해 담보자산이 경매개시되어 당초 소유자가 자기 명의로 경락을 받은 경우에는 양도에 해당하지 않는다(재일 46014-857, 1996.4.2.).

관리처분계획이 의결되지 않는 상태에서 아직 철거되지 않은 기존 주택을 양도한 경우, 구 소득세법(2002.12.18. 법률 제6781호로 개정되기 전의 것)상 '부동산'의 양도가 아니라 '부동산을 취득할 수 있는 권리'의 양도에 해당한다.

21) 이창희, 세법강의, 2016, 박영사, 440-441쪽.

(2) 양도담보

가. 의의

채권담보를 위해 담보부동산의 소유권을 채권자에게 이전해 두고 채무이행이 있을 때에 그 소유권을 다시 이전받기로 약정한 경우를 가리켜 양도담보라고 한다.22) 이와 같은 부동산 양도담보에 대하여는 민법 제607조와 제608조 및 가등기담보법의 규제가 행해진다(가담법 제2조 제1호).

나. 내용

① 양도담보권에는 소비대차 및 그에 종속하는 담보계약이 존재하고, 담보권의 실효성을 확보하기 위하여 채무자(차주)로부터 채권자(대주)에게로 소유권이전등기가 경료된다. 채권자는 양도담보권을 가지는데, 이는 비점유담보로서 담보권자는 담보부동산을 점유하지도 않고 사용·수익할 권리도 갖지 않는다.

다. 소득세법 시행령 제151조

① 양도담보는 담보를 목적으로 소유권을 이전하는 것이므로 채무자가 양도담보계약을 체결한 경우에 양도담보계약서의 사본을 과세표준 확정신고서에 첨부하여 신고하는 때에는 이를 양도로 보지 않는다. 다만, 양도담보계약을 체결한 후 그 계약을 위배하거나 채무불이행으로 인하여 당해 자산을 변제에 충당한 때에는 그때에 이를 양도한 것으로 본다.

(3) 명의신탁(별도 쟁점)

가. 명의신탁이란 대내적으로 명의신탁자가 소유권을 보유하여 이를 관리·수익하면서 공부상의 소유명의만을 명의수탁자 앞으로 해두는 것을 말한다.23) 이와 같

---

22) 이은영, 리갈마인드 물권법, 박영사, 2013, 472쪽.
23) 대법원 1993.11.09. 선고 92다31699 판결 ― 부동산의 명의신탁이라 함은 당사자 간의 신탁에 관한 채권계약에 의하여 신탁자가 실질적으로는 그의 소유에 속하는 부동산의 등기명의를 실체적인 거래관계가 없는 수탁자에게 매매 등의 형식으로 이전하여 두는 것을 일컫는 것이니 만큼, 신탁자는 수탁자에 대한 관계에 있어서 등기 없이 그 부동산에 대한 실질적인 소유권을 내세울 수 있는 것이며, 그 부동산이 공유물인 경우 공유자가 다수의 수탁자에게 하나의 명의신탁계약에 의하여 소유명의를 신탁하였다면 그 신탁자와 수탁자 상호관계에서 수탁자는 신탁자에 대하여는 물론 그들 상호 간에 있어서도 그 부동산의 소유권 또는 지분권이 자기에게 있음을 주장할 수 없고, 신탁자는 사정 내지 재결명의나 소유권이전등기명의에 관계없이 그 부동산이 자신의 소유임을 주장할 수 있다.

은 명의신탁은 일제시대 토지 및 임야조사서에서 종중 소유의 재산을 종중명의로 사정받을 수 없어서 이를 종중원명의로 사정받은 데에서 시작되었으며, 명의신탁에 관한 이론은 판례에 의해 정립되었다.[24]

(4) 재산분할청구권(별도 쟁점)

가. 사해행위취소의 대상유무: 이혼에 따른 재산분할은 혼인 중 부부 쌍방의 협력으로 이룩한 공동재산의 청산이라는 성격에 경제적으로 곤궁한 상대방에 대한 부양적 성격이 가미된 제도로서, 이미 채무초과 상태에 있는 채무자가 이혼을 하면서 그 배우자에게 재산분할로 일정한 재산을 양도함으로써 일반 채권자에 대한 공동담보를 감소시키는 결과가 된다고 하더라도, 이러한 재산분할이 민법 제839조의2 제2항의 규정 취지에 따른 상당한 정도를 벗어나는 과대한 것이라고 인정할 만한 특별한 사정이 없는 한 사해행위로서 채권자에 의한 취소의 대상으로 되는 것은 아니고, 다만 상당한 정도를 벗어나는 초과 부분에 관한 한 적법한 재산분할이라고 할 수 없어 취소의 대상으로 될 수 있을 것이나, 이처럼 상당한 정도를 벗어나는 과대한 재산분할이라고 볼 특별한 사정이 있다는 점에 관한 입증책임은 채권자에게 있다고 보아야 할 것이다.[25]

나. 이혼에 있어서 재산분할은 부부가 혼인 중에 가지고 있었던 실질상의 공동재산을 청산하여 분배함과 동시에 이혼 후에 상대방의 생활유지에 이바지하는 데 있지만, 분할자의 유책행위에 의하여 이혼함으로 인하여 입게 되는 정신적 손해(위자료)를 배상하기 위한 급부로서의 성질까지 포함하여 분할할 수도 있다고 할 것이다.[26]

다. 민법 제839조의2에 규정된 재산분할제도는 그 법적 성격, 분할대상 및 범위 등에 비추어 볼 때 실질적으로는 공유물분할에 해당하는 것이어서 공유물분할에 관한 법리가 준용되어야 할 것인바, 공유물의 분할은 법률상으로는 공유자 상호 간의 지분의 교환 또는 매매라고 볼 것이나 실질적으로는 공유물에 대하여 관념적으로 그 지분에 상당하는 비율에 따라 제한적으로 행사되던 권리, 즉 지분권을 분할로 인하여 취득하는 특정 부분에 집중시켜 그 특정 부분에만 존속시키는 것으로 소유형

24) 광장신탁법연구회, 주석신탁법, 박영사, 2016, 24쪽.
25) 대법원 2006.09.14. 선고 2006다33258 판결.
26) 대법원 2001.05.08. 선고 2000다58804 판결.

태가 변경된 것뿐이어서 이를 자산의 유상양도라고 할 수 없으며, 이러한 법리는 이혼시 재산분할의 방법으로 부부 일방의 소유명의로 되어 있던 부동산을 상대방에게 이전한 경우에도 마찬가지라고 할 것이고, 또한 재산분할로 인하여 이전받은 부동산을 그 후에 양도하는 경우 그 양도차익을 산정함에 있어서는 취득가액은 최초의 취득시를 기준으로 정할 것이지 재산분할을 원인으로 한 소유권이전시를 기준으로 할 것은 아니다.[27]

라. 법원의 판결에 따라 재산분할을 원인으로 본인의 부동산 지분에 대한 소유권이전등기를 마친 후, 별도로 민법 제269조 제1항에 따른 공유물분할청구 소송을 제기하여 화해권고결정으로 해당 부동산의 지분을 상대방에게 이전하고 그 지분에 상당하는 현금을 받는 경우에는 유상양도에 해당하는 것이다(사전 - 2015 - 법령해석재산 - 0174, 2015.10.08.).[28]

(5) 공유물 분할

가. 2인 이상이 공동으로 소유하던 2필지 이상의 토지를 공동소유자 중 특정인에게 특정 필지를 단독으로 소유하게 하고 공동소유로 남겨둔 나머지 필지에 대해서는 그 특정 필지를 단독소유하게 된 특정인의 자기지분을 감소시키면서 서로의 지분을 정리하는 것은 각 필지의 자기지분 감소분과 다른 필지의 자기지분 증가분이 교환되는 자산의 유상이전으로 소득세법 제88조에서 말하는 양도에 해당하는 것으로 각 필지의 자기지분 감소자에게 양도소득세가 과세되는 것이며, 이때 교환약정에 따른 교환대상 토지 전부가 양도소득세 과세대상에 해당한다(서면 - 2015 - 부동산 - 1415).

나. 2016 양도소득세 실무해설 92 - 93쪽 참조.

(6) 토지거래허가구역 내 거래의 효력(별도 쟁점)

가. 양도에 해당하지 않는다는 판례: 국토이용관리법상의 토지거래허가지역 내에서의 매매계약 등 거래계약은 관할관청의 허가를 받아야만 효력이 발생하며, 허가를 받기 전에는 물권적 효력은 물론 채권적 효력도 발생하지 아니하여 무효라 할 것(**유동적 무효**)이므로 토지에 대한 거래허가를 받지 아니하여 무효의 상태에 있다면 단지 매매대금이 먼저 지급되어 양도인이 이를 보관하고 있다 하여 이를 두고 양도소득

---

27) 대법원 2003.11.14. 선고 2002두6422 판결 양도소득세부과처분취소.
28) 국세청, 양도소득세실무해설, 2016, 92쪽 참조.

의 과세대상인 자산의 양도에 해당한다거나 자산의 양도로 인한 소득이 있었다고 단정할 수는 없는 것이며, 소득세법 제4조 제3항에 의하면 양도소득에 있어 자산의 양도라 함은 자산이 유상으로 사실상 이전되는 것을 말한다고 규정하고 있는바, 경제적인 측면에서만 양도소득을 파악하여 이득의 지배관리나 향수를 하고 있는 지위에 있는 것만으로 양도소득이 있다고 판단하여서는 안 된다.[29]

나. 양도에 해당한다는 판례: 국토의 계획 및 이용에 관한 법률에서 정한 토지거래허가구역 내 토지를 매도하고 대금을 수수하였으면서도 토지거래허가를 배제하거나 잠탈할 목적으로 매수인 앞으로 매매가 아닌 증여를 원인으로 한 이전등기를 마쳤거나 토지를 제3자에게 전매하여 매매대금을 수수하고서도 최초의 매도인이 제3자에게 직접 매도한 것처럼 토지거래허가를 받아 이전등기를 마친 경우, **위 등기가 말소되지 않은 채 남아 있고 매도인 또는 중간 매도인이 수수한 매매대금을 그대로 보유하고 있는 때에는 예외적으로 양도소득세 과세대상이 된다.**[30]

▶ 쟁점사례 – 토지거래허가구역 내 거래   8

갑이 을과 토지거래허가구역 내 을 소유 토지에 관하여 매매계약을 체결한 직후 병 등과 그 토지에 관한 전매계약을 체결한 다음 을과 병 등을 직접 당사자로 하는 토지거래허가를 받아 병 등 명의로 소유권이전등기를 마쳤다. 이에 과세관청은 위 토지에 관한 전매가 양도소득세 과세대상에 해당한다며 갑에게 양도소득세 등을 부과하였다. 이에 갑은 경료된 소유권이전등기가 무효이므로 양도소득세를 부과하는 것은 부당하다고 주장하며 양도소득세 취소소송을 제기하였다. 법원은 어떻게 판단할 것인가?

---

29) 대법원 1993.01.15. 선고 92누8361 판결.
30) 대법원 2011.07.21. 선고 2010두23644 전원합의체 판결.

관련판례   대법원 2011.7.21. 선고 2010두23644 전원합의체 판결【양도소득세부과 처분취소】[공2011하,1818]

【판시사항】

[1] 국토의 계획 및 이용에 관한 법률에서 정한 토지거래허가구역 내 토지를 매도하고 대금을 수수하였으면서도 토지거래허가를 배제하거나 잠탈할 목적으로 매수인 앞으로 매매가 아닌 증여를 원인으로 한 이전등기를 마쳤거나 토지를 제3자에게 전매하여 매매대금을 수수하고서도 최초의 매도인이 제3자에게 직접 매도한 것처럼 토지거래허가를 받아 이전등기를 마친 경우, 위 등기가 말소되지 않은 채 남아 있고 매도인 또는 중간 매도인이 수수한 매매대금을 그대로 보유하고 있는 때에는 예외적으로 양도소득세 과세대상이 되는지 여부(적극)

[2] 갑이 을과 토지거래허가구역 내 을 소유 토지에 관하여 매매계약을 체결한 직후 병 등과 그 토지에 관한 전매계약을 체결한 다음 을과 병 등을 직접 당사자로 하는 토지거래허가를 받아 병 등 명의로 소유권이전등기를 마친 데 대하여, 과세관청이 위 토지 전매가 양도소득세 과세대상에 해당한다며 갑에게 양도소득세 등을 부과하는 처분을 한 사안에서, 이는 예외적으로 양도소득세 과세대상이 된다는 이유로 위 처분은 적법하다고 한 사례

【판결요지】

[1] [다수의견]   (가) 구 소득세법(2006.12.30. 법률 제8144호로 개정되기 전의 것, 이하 '구 소득세법'이라 한다) 제88조 제1항 본문은 "제4조 제1항 제3호 및 이 장에서 '양도' 라 함은 자산에 대한 등기 또는 등록에 관계없이 매도, 교환, 법인에 대한 현물출자 등으로 인하여 그 자산이 유상으로 사실상 이전되는 것을 말한다"라고 규정하고 있을 뿐 자산이 유상으로 이전된 원인인 매매·교환·현물출자 등(이하 '매매 등'이라 한다) 계약이 법률상 유효할 것까지 요구하고 있지 않다. 한편 매매 등 계약이 처음부터 국토의 계획 및 이용에 관한 법률(이하 '국토계획법'이라 한다)에서 정한 토지거래허가를 배제하거나 잠탈할 목적으로 이루어진 경우와 같이, 위법 내지 탈법적인 것이어서 무효임에도 당사자 사이에서는 매매 등 계약이 유효한 것으로 취급되어 매도인 등이 매매 등 계약의 이행으로 매매대금 등을 수수하여 그대로 보유하고 있는 경우에는 종국적으로 경제적 이익이 매도인 등에게 귀속되고, 그럼에도 매매 등 계약이 법률상 무효라는 이유로 매도인 등이 그로 말미암아 얻은 양도차익에 대하여 양도소득세를 과세할 수 없다고 보는 것은 매도인 등으로 하여금 과세 없는 양도차익을 향유하게 하는 결과로 되어 조세정의와 형평에 심히 어긋난다.

(나) 국토계획법이 정한 토지거래허가구역 내 토지를 매도하고 대금을 수수하였으면서도 토지거래허가를 배제하거나 잠탈할 목적으로 매매가 아닌 증여가 이루어진 것처럼 가장하여 매수인 앞으로 증여를 원인으로 한 이전등기까지 마친 경우 또는 토지거래허

가구역 내 토지를 매수하였으나 그에 따른 토지거래허가를 받지 않고 이전등기를 마치지도 않은 채 토지를 제3자에게 전매하여 매매대금을 수수하고서도 최초 매도인이 제3자에게 직접 매도한 것처럼 매매계약서를 작성하고 그에 따른 토지거래허가를 받아 이전등기까지 마친 경우, 이전등기가 말소되지 않은 채 남아 있고 매도인 또는 중간 매도인이 수수한 매매대금도 매수인 또는 제3자에게 반환하지 않은 채 그대로 보유하고 있는 때에는 예외적으로 매도인 등에게 자산의 양도로 인한 소득이 있다고 보아 양도소득세 과세대상이 된다고 보는 것이 타당하다.

[대법관 박시환, 대법관 김지형, 대법관 전수안, 대법관 차한성, 대법관 이인복, 대법관 이상훈의 반대의견] (가) 구 소득세법상 양도는 엄연히 권리이전의 원인행위가 유효하게 이루어진 것을 전제로 하는 것으로서 원인행위인 매매계약이 무효여서 매도인이 양도로 인한 소득을 보유할 적법한 권원이 없는 경우에는 자산의 양도가 있다거나 자산의 양도로 인한 소득이 있다고 볼 수 없다. 따라서 위와 같은 한도 내에서는 사법상 양도 개념과 세법상 양도 개념은 별개로 구분될 수 없는 것이고, 이와 달리 구 소득세법상 양도를 원인인 계약의 유·무효와 관계없이 사실상 이전이라고만 해석하는 것은 사법상 양도 개념과 세법상 양도 개념의 통일적 해석에 장애가 되는 것이어서 받아들이기 어렵다.

(나) 토지거래허가구역 내 토지에 관한 매매계약이 처음부터 허가를 배제하거나 잠탈할 목적으로 이루어진 경우에는 확정적으로 무효이고, 이와 같이 매매계약이 무효인 이상 매매대금이 양도인에게 지급되었다고 하더라도 이것이 양도소득세 과세대상인 자산의 양도에 해당한다거나 매도인 등에게 자산의 양도로 인한 소득이 있었다고 할 수는 없다.

[2] 갑이 을과 토지거래허가구역 내 을 소유의 토지에 관하여 매매계약을 체결한 직후 병 등과 그 토지에 관한 전매계약을 체결한 다음 을과 병 등을 직접 당사자로 하는 토지거래허가를 받아 병 등 명의로 소유권이전등기를 마친 데 대하여, 과세관청이 토지 전매가 양도소득세 과세대상에 해당한다며 갑에게 양도소득세 등을 부과하는 처분을 한 사안에서, 위 매매계약과 전매계약은 국토의 계획 및 이용에 관한 법률에서 정한 토지거래허가를 배제하거나 잠탈하는 내용의 계약으로 모두 확정적으로 무효이지만, 을에서 최종매수인인 병 등 앞으로 소유권이전등기가 마쳐진 채 말소되지 않고 남아 있고 갑이 병 등에게서 받은 매매대금을 반환하지 않고 보유하고 있다면, 이는 위 토지를 사실상 이전함으로써 양도한 것이고 갑에게 자산의 양도로 인한 소득이 있으므로 예외적으로 양도소득세 과세대상된다는 이유로, 위 처분은 적법하다고 한 사례

【참조조문】
[1] 구 소득세법(2006.12.30. 법률 제8144호로 개정되기 전의 것) 제4조 제1항 제3호, 제88조 제1항 / [2] 구 소득세법(2006.12.30. 법률 제8144호로 개정되기 전의 것) 제4조 제1항 제3호, 제88조 제1항

【참조판례】

[1] 대법원 1997.3.20. 선고 95누18383 전원합의체 판결(공1997상, 1005)(변경), 대법원 2000.6.13. 선고 98두5811 판결(공2000하, 1683)(변경)

【원심판결】

서울고법 2010.10.8. 선고 2010누13502 판결

【주 문】

원심판결을 파기하고, 사건을 서울고등법원에 환송한다.

【이 유】

상고이유를 판단한다.

1. **가.** 구 소득세법(2006.12.30. 법률 제8144호로 개정되기 전의 것, 아래에서는 '구 소득세법'이라고 한다) 제4조 제1항은 거주자의 소득을 종합소득, 퇴직소득, 양도소득, 산림소득으로 구분하면서 그 중 양도소득을 '자산의 양도로 인하여 발생하는 소득'(제3호)이라고 규정하고 있다. 이와 같이 양도소득세는 자산의 양도로 인한 소득에 대하여 과세되는 것이므로, 외관상 자산이 매매·교환·현물출자 등(아래에서는 '매매 등'이라고 한다)에 의하여 양도된 것처럼 보이더라도, 그 매매 등의 계약이 처음부터 무효이거나 나중에 취소되는 등으로 효력이 없는 때에는, 양도인이 받은 매매대금 등은 원칙적으로 양수인에게 원상회복으로 반환되어야 할 것이어서 이를 양도인의 소득으로 보아 양도소득세의 과세대상으로 삼을 수 없음이 원칙이다.

그러나 구 소득세법 제88조 제1항 본문은 "제4조 제1항 제3호 및 이 장에서 '양도'라 함은 자산에 대한 등기 또는 등록에 관계없이 매도, 교환, 법인에 대한 현물출자 등으로 인하여 그 자산이 유상으로 사실상 이전되는 것을 말한다"라고 규정하고 있을 뿐 자산이 유상으로 이전된 원인인 매매 등 계약이 법률상 유효할 것까지를 요구하고 있지는 않다. 한편 매매 등 계약이 처음부터 국토의 계획 및 이용에 관한 법률(아래에서는 '국토계획법'이라고 한다)이 정한 토지거래허가를 배제하거나 잠탈할 목적으로 이루어진 경우와 같이, 위법 내지 탈법적인 것이어서 무효임에도 불구하고 당사자 사이에서는 그 매매 등 계약이 유효한 것으로 취급되어 매도인 등이 그 매매 등 계약의 이행으로서 매매대금 등을 수수하여 그대로 보유하고 있는 경우에는 종국적으로 경제적 이익이 매도인 등에게 귀속된다고 할 것이고 그럼에도 그 매매 등 계약이 법률상 무효라는 이유로 그 매도인 등이 그로 인하여 얻은 양도차익에 대하여 양도소득세를 과세할 수 없다고 보는 것은 그 매도인 등으로 하여금 과세 없는 양도차익을 향유하게 하는 결과로 되어 조세정의와 형평에 심히 어긋난다.

이러한 점 등을 종합적으로 고려하면, 국토계획법이 정한 토지거래허가구역 내의 토지를 매도하고 그 대금을 수수하였으면서도 토지거래허가를 배제하거나 잠탈할 목적으로 매매가 아닌 증여가 이루어진 것처럼 가장하여 매수인 앞으로 증여를 원인으로 한 이전등

기까지 마친 경우 또는 토지거래허가구역 내의 토지를 매수하였으나 그에 따른 토지거래허가를 받지 아니하고 이전등기를 마치지도 아니한 채 그 토지를 제3자에게 전매하여 그 매매대금을 수수하고서도 최초의 매도인이 제3자에게 직접 매도한 것처럼 매매계약서를 작성하고 그에 따른 토지거래허가를 받아 이전등기까지 마친 경우에, 그 이전등기가 말소되지 아니한 채 남아 있고 매도인 또는 중간의 매도인이 수수한 매매대금도 매수인 또는 제3자에게 반환하지 아니한 채 그대로 보유하고 있는 때에는 예외적으로, 매도인 등에게 자산의 양도로 인한 소득이 있다고 보아 양도소득세 과세대상이 된다고 봄이 상당하다.

이와 달리, 위와 같은 예외적인 경우에도 자산의 양도에 해당하지 아니하여 그로 인한 소득이 양도소득세 과세대상이 되지 아니한다는 취지로 판시한 대법원 1997.3.20. 선고 95누18383 전원합의체 판결, 대법원 2000.6.13. 선고 98두5811 판결 등의 견해는 이 판결의 견해에 저촉되는 범위에서 이를 변경한다.

나. 원심은 다음의 사실들을 확정하였다.

원고는 2005.4.18.경 망 소외 1과 토지거래허가구역 내에 위치한 위 망인 소유의 이 사건 각 토지에 관하여 매매대금 2,080,800,000원으로 하는 매매계약(아래에서는 '이 사건 매매계약'이라고 한다)을 체결하였다. 원고는 그 직후에 소외 2 외 6인(아래에서는 '최종매수인들'이라고 한다)과 매매대금 합계 2,741,000,000원에 이 사건 각 토지에 관한 각 전매계약(아래에서는 '이 사건 각 전매계약이라고 한다)을 체결하고, 그 무렵 최종매수인들과 위 망인을 직접 당사자로 하는 토지거래허가를 받아 이 사건 각 토지에 관하여 최종매수인들 명의로 각 소유권이전등기를 마쳐 주었다. 피고는 2009.1.10. 원고가 이 사건 각 토지를 최종매수인들에게 전매한 것이 자산의 사실상 유상 이전으로서 그로 인한 소득이 양도소득세 과세대상에 해당한다는 이유로 원고에게 2005년도 귀속 양도소득세, 신고불성실가산세, 납부불성실가산세 등 합계 686,832,460원을 부과하는 처분(아래에서는 '이 사건 처분'이라고 한다)을 하였다.

다. 그렇다면 이 사건 매매계약과 각 전매계약 및 위 망인과 최종매수인들 사이의 매매계약은 어느 것이나 국토계획법이 정한 토지거래허가를 배제하거나 잠탈하는 내용의 계약으로서 모두 확정적으로 무효라고 할 것이나, 이미 그와 같이 무효인 매매계약에 기하여 위 망인으로부터 최종매수인들 앞으로 소유권이전등기가 마쳐진 채 말소되지 아니하고 남아 있고, 원고는 최종매수인들로부터 받은 매매대금을 반환하지 아니한 채 그대로 보유하고 있다면, 앞서 본 법리에 비추어 원고가 이 사건 각 토지를 최종매수인들에게 전매한 것은 이 사건 각 토지를 사실상 이전함으로써 양도한 것이므로 예외적으로 자산의 양도로 인한 소득이 있다고 보아 양도소득세의 과세대상이 되는 경우에 해당한다고 보아야 할 것이다. 따라서 피고의 이 사건 처분은 이러한 범위 안에서 적법하다.

그럼에도 원심은 이 사건 매매계약 및 각 전매계약이 무효인 이상 양도소득세의 과세대상인 자산의 양도가 있다거나 자산의 양도로 인한 소득이 있다고 볼 수 없다는 이유로 피고의 이 사건 처분이 위법하다고 단정하였으므로, 원심판결에는 양도소득세의 과세대 상인 자산의 양도에 관한 법리를 오해하여 판결에 영향을 미친 위법이 있다고 할 것이 다. 이 점을 지적하는 상고이유의 주장은 이유 있다.

라. 그러므로 원심판결을 파기하고, 사건을 다시 심리·판단하게 하기 위하여 원심법원 에 환송하기로 하여 주문과 같이 판결한다.

이 판결에는 대법관 박시환, 대법관 김지형, 대법관 전수안, 대법관 차한성, 대법관 이인 복, 대법관 이상훈의 반대의견이 있는 외에는 관여 대법관들의 의견이 일치되었고, 대법 관 김능환, 대법관 안대희의 각 다수의견에 대한 보충의견과 대법관 이인복, 대법관 이 상훈의 반대의견에 대한 보충의견이 있다.

2. 대법관 박시환, 대법관 김지형, 대법관 전수안, 대법관 차한성, 대법관 이인복, 대법관 이상훈의 반대의견

다수의견은, 토지거래허가구역 내의 토지를 매도하고 그 매매대금을 수수하였으면서도 매수인 앞으로 증여를 원인으로 한 이전등기를 마쳤거나 그 토지를 제3자에게 전매하여 그 매매대금을 수수하고서도 최초의 매도인이 제3자에게 직접 매도한 것처럼 토지거래 허가를 받아 이전등기를 마친 경우로서 그 이전등기가 말소되지 않은 채 남아 있고 매 도인 등이 수수한 매매대금도 그대로 보유하고 있는 때에는 국토계획법이 정한 토지거 래허가를 배제하거나 잠탈할 목적으로 이루어진 것이어서 무효라고 하더라도 예외적으 로 양도소득세 과세대상이 되는 자산의 양도, 즉 '자산의 사실상 유상이전'에 해당한다고 보아 원심판결을 파기하겠다는 것인데, 이러한 다수의견에는 다음과 같은 이유로 찬성할 수 없다.

가. 우선 '양도'의 개념과 관련하여, 구 소득세법 제88조 제1항 본문에서는 '양도'를 '자 산이 유상으로 사실상 이전되는 것'을 말한다고 규정하고 있으나, 위의 '사실상 이전되는 것'을 수식하는 표현으로 위 법조항 앞머리에 '자산에 대한 등기 또는 등록에 관계없이' 라는 문언을 사용하고 있으므로, 여기서 '사실상 이전'이란 '법률상 이전'에 대응하는 것 으로서 권리 이전의 원인행위가 유효하게 이루어졌으나 권리의 이전을 위한 법률상의 성립요건으로서 등기나 등록만을 갖추지 못하고 있을 때를 의미한다고 보는 것이 위 법 조항의 전후 문맥에 비추어 타당하다. 그렇다면 구 소득세법상의 양도는 엄연히 권리이 전의 원인행위가 유효하게 이루어진 것을 전제로 하는 것으로서 원인행위인 매매계약이 무효여서 매도인이 양도로 인한 소득을 보유할 적법한 권원이 없는 경우에는 자산의 양 도가 있다거나 자산의 양도로 인한 소득이 있다고 볼 수 없다. 따라서 위와 같은 한도 내에서는 사법상 양도 개념과 세법상 양도 개념은 별개로 구분될 수 없는 것이고, 이와 달리 구 소득세법상 양도를 그 원인인 계약의 유·무효와 관계없이 사실상의 이전이라고 만 해석하는 것은 사법상 양도 개념과 세법상 양도 개념의 통일적 해석에 장애가 되는

것이어서 받아들이기 어렵다.

그러므로 토지에 관한 매매계약이 토지거래허가를 배제하거나 잠탈할 목적으로 이루어진 것이어서 매매계약 자체가 애초부터 무효인 경우에는 토지거래와 관련하여 사법상 아무런 권리도 이전되지 못하므로, 비록 매매대금이 매도인에게 지급되었다거나 등기가 경료되었다고 하여도 이를 두고 양도소득세의 과세대상인 자산의 양도, 즉 '자산의 사실상 이전'이 있다거나 자산의 양도로 인한 소득이 있다고 볼 수는 없다. 그럼에도 다수의견과 같이 매매대금이 지급되었다거나 등기가 경료되었다는 등의 이유만으로 자산의 양도가 있다고 보는 것은 구 소득세법 제88조 제1항의 규정을 지나치게 확대해석한 것이 된다.

나. 또한 다수의견은, 토지거래허가구역 내의 토지를 매도하고 그 매매대금을 수수하였으면서도 매수인 앞으로 증여를 원인으로 한 이전등기를 마쳤거나 그 토지를 제3자에게 전매하여 매매대금을 수수하고서도 최초의 매도인이 제3자에게 직접 매도한 것처럼 토지거래허가를 받아 이전등기를 마친 경우에, 그 이전등기가 말소되지 않은 채 남아 있고 매도인 등이 수수한 매매대금도 그대로 보유하고 있는 때에 한하여 양도가 무효이더라도 '사실상 이전'에 해당한다 하여 양도소득세의 과세대상이 된다고 보고 있으나, 위의 두 경우 이외에 일반적인 무효·취소·해제의 경우에까지 위와 같은 논리가 확대될 가능성에 대하여 우려하지 않을 수 없다. 설사 양도소득세의 과세대상을 위의 두 경우로 제한하는 것이 가능하다고 하더라도, 일반적인 무효·취소·해제의 경우에도 다수의견이 들고 있는 것처럼 원상회복되지 않고 이전등기 등이 그대로 남아 있는 수가 많을 것인데, 그러한 경우와 토지거래허가를 배제 또는 잠탈하는 경우를 구별하여 후자만을 소득세법상 양도로 보면서 일반적인 무효·취소·해제의 경우는 양도로 보지 아니하는 합리적인 근거나 기준을 발견하기 어렵다.

다. 양도시기의 관점에서 보더라도 다수의견에는 다음과 같은 문제점이 있다. 즉 다수의견에 의하면, 매매대금이 수수되고 나서 매수인 또는 제3자 앞으로 이전등기까지 이루어진 후 그 이전등기가 말소되지 않은 채 남아 있고 매도인 등이 수수한 매매대금도 그대로 보유하고 있는 때에 양도소득세의 과세대상이 된다는 것이므로, 그 경우 양도시기가 대금청산일인지 그 후에 이전등기를 경료한 때인지, 아니면 이전등기를 경료한 후 상당한 기간이 경과하여 원상회복 가능성이 없다고 볼 수 있는 때인지를 특정할 수 없게 된다. 결국 다수의견에 따르면 납세의무가 언제 성립되는지, 양도소득세의 과세요건 및 면제요건이 언제 충족되었다고 볼 수 있는지를 확정할 수 없고 가산세 및 부과제척기간의 기산일 역시 모호하게 되어 양도소득세 과세를 위한 기준으로서 제대로 기능하기 어렵게 된다.

라. 나아가 구 소득세법 제105조 제1항 제1호 단서는 국토계획법상의 토지거래허가구역 내에 있는 토지를 양도함에 있어서 토지거래허가를 받기 전에 대금을 청산한 경우에는

그 허가일이 속하는 달의 말일부터 2월 이내에 양도소득 과세표준의 예정신고를 하도록 규정하고 있고, 제110조 제1항은 제105조 제1항 제1호 단서의 규정에 해당하는 경우에는 토지거래허가일이 속하는 연도의 다음 연도 5월 1일부터 5월 31일까지 확정신고를 하도록 규정하고 있다. 위 규정에 의하면 토지거래허가구역 내에 있는 토지를 양도함에 있어서 그 허가를 받기 전에 대금을 청산한 경우에는 토지거래허가를 받은 후에 예정신고 및 확정신고를 하도록 되어 있으므로, 토지거래허가를 받기 전에는 원칙적으로 양도소득세를 부과할 수 없다고 보아야 한다. 그럼에도 불구하고 다수의견과 같이 대금청산이 있고 이전등기가 경료되었다는 이유만으로 토지거래허가를 받지 않은 경우에도 양도소득세를 부과할 수 있다고 보는 것은 위 규정의 문언내용 및 취지에 반하는 해석으로서 허용될 수 없다.

마. 결국 토지거래허가구역 내의 토지에 관한 매매계약이 처음부터 허가를 배제하거나 잠탈할 목적으로 이루어진 경우에는 확정적으로 무효이며, 이와 같이 매매계약이 무효인 이상 그 매매대금이 양도인에게 지급되었다고 하더라도 양도소득세의 과세대상인 자산의 양도에 해당한다거나 자산의 양도로 인한 소득이 있었다고 할 수는 없다.

같은 취지에서 원심이 토지거래허가구역 내에 위치한 이 사건 각 토지에 관한 원고와 위 망인 사이의 매매계약 및 원고와 최종매수인들 사이의 각 전매계약은 중간생략등기의 합의 아래 전매차익을 얻을 목적으로 체결된 것으로서 처음부터 토지거래허가를 배제하거나 잠탈하는 내용의 계약이라고 할 것이어서 모두 확정적으로 무효이고, 최종매수인들 명의의 이 사건 각 소유권이전등기 또한 무효이므로, 양도소득세 과세대상인 자산의 양도에 해당한다거나 양도소득이 발생하였다고 볼 수 없다는 이유로 원고에게 양도소득세를 부과한 이 사건 처분이 위법하다고 판단한 것은 정당하고, 거기에 상고이유에서 주장하는 바와 같은 양도소득세 과세요건에 관한 법리오해 등의 위법이 있다고 할 수 없다.

이상과 같이 다수의견에 반대하는 이유를 밝혀 둔다.

3. 대법관 김능환의 다수의견에 대한 보충의견

가. '양도'를 '자산에 대한 등기 또는 등록에 관계없이 매도, 교환, 법인에 대한 현물출자 등으로 인하여 그 자산이 유상으로 사실상 이전되는 것'이라고 정의하고 있는 구 소득세법 제88조 제1항 본문의 규정에서 알 수 있듯이, 구 소득세법상 양도소득세 과세대상인 자산의 '양도'는 소득세법 고유의 개념일 뿐 사법상의 그것과 반드시 일치하여야 하는 것은 아니다. 원래 구 소득세법은 과세소득을 종합소득, 퇴직소득, 양도소득, 산림소득의 네 가지로 한정하여 열거하면서, 그 중 양도소득을 '자산의 양도로 인하여 발생하는 소득'이라고 정의하고(제3조, 제4조 제1항), 다시 '자산의 양도'를 위와 같이 '자산이 유상으로 사실상 이전되는 것'이라고 정의하고 있으므로, 자산이 유상으로 사실상 이전되어 소득이 발생하면 그에 대하여 양도소득세가 과세되어야 하는 것이 원칙이다. 그런데 자

산이 양도되는 원인인 매매 등 계약이 처음부터 무효이거나 취소 또는 해제된 때에는, 원상회복되어야 하는 결과, 그 양도인이 수수하였던 매매대금 등의 대가도 양수인에게 반환되어야 한다. 이러한 경우까지 일률적으로 양도인이 매매대금 등을 수수함으로써 양도소득을 얻은 것으로 보아 일단 양도소득세를 과세하였다가 그 매매대금 등을 원상회복으로 반환한 때에 앞서의 과세처분을 경정하여 납부하였던 양도소득세액을 환급받도록 하는 것은 그 절차가 번잡하고 당사자의 구제에 미흡한 측면이 없지 않다. 그러므로 이와 같은 경우에는 처음부터 자산의 양도가 없고 따라서 양도소득도 발생하지 아니하여 양도소득세의 과세대상에 해당하지 아니하는 것으로 취급하는 것이 간명하다. 종래 대법원이 1997.1.21. 선고 96누8901 판결 등에서 매매 등 계약이 무효이거나 취소 또는 해제된 때에는 아직 원상회복되지 않고 있더라도 양도소득세의 과세대상인 자산의 양도에 해당한다거나 자산의 양도로 인한 소득이 있다고는 할 수 없다고 판시한 것은 바로 위에서 본 것과 같은 이유에서 나온 것이라고 이해하여야 할 것이고, 그 결론은 일응 타당하다.

그러나 다수의견이 들고 있는 두 경우에는 사정이 다르다. 그 두 경우에 있어서 매매 등 계약이 무효인 이유는 당사자가 국토계획법상의 토지거래허가를 배제하거나 잠탈할 목적으로 계약하였다는 데에 있고, 그 목적은 최종매수인 앞으로 이전등기가 마쳐짐으로써 달성되고 현실화되었으며, 최초의 매도인은 물론 중간의 매도인이나 최종매수인도 각각 매매대금을 수수하거나 목적물에 관하여 소유권취득의 요건인 이전등기를 마친다는 목적을 일응 달성한 결과, 그 매매 등 계약이 무효임에도 불구하고 특별한 사정이 없는 한 당사자 어느 누구도 원상회복을 희망하지 않고 실제로 원상회복될 가능성도 거의 없다. 그리하여 매도인 또는 중간의 매도인이 양도차익을 그대로 보유하게 된다. 이 사건에서도, 원고는 이 사건 각 토지를 매수하여 미등기전매하였으면서도 최초 매도인이 최종매수인에게 직접 매도한 것처럼 허위의 매매계약서를 작성하여 토지거래허가를 받고 그에 따른 이전등기를 마치고서도 그때부터 3년 이상이 경과한 시점에 이루어진 이 사건 양도소득세 부과처분 당시는 물론, 원심의 변론종결 당시까지도 그 이전등기 등을 원상회복하지 않고 있다. 바로 이 점에서 다른 사유로 매매 등 계약이 무효인 경우와는 현저히 구별된다. 이러한 경우까지 앞서 본 일반적인 경우에 관한 법리가 그대로 적용되어 매매 등 계약이 무효이어서 자산의 양도에 해당하지 않는다거나 자산의 양도로 인한 소득이 없다고 보는 것은 지나친 형식논리이고 자산의 양도를 자산이 유상으로 사실상 이전되는 것이라고 정의하고 있는 구 소득세법 제88조 제1항 본문의 취지에도 어긋난다. 뿐만 아니라 토지거래허가의 규제를 배제 또는 잠탈하기 위하여 이전등기까지 경료하고 그 외형을 제거하지 아니하여 경제적 실질이 매도인에게 귀속되어 있음에도 불구하고 양도소득세 부과처분을 다투는 소송에서는 승소하여 매도인에 대하여 양도소득세를 부과할 수 없게 되는 결과를 용인하는 것이라는 점에서도 부당하다. 다수의견은 이러한 부당함을 시정하려는 것일 뿐이라고 이해하여야 할 것이다.

나. 다수의견은 위에서 본 두 경우도 자산의 양도에 해당하고 양도소득세의 과세대상이 된다고 보려는 것일 뿐 양도시기 등에 관한 소득세법상의 일반적인 법리까지 변경하려 는 것은 아니다. 그러므로 위 두 경우에 있어서도 구 소득세법 제98조, 구 소득세법 시 행령(2010.12.30. 대통령령 제22580호로 개정되기 전의 것) 제162조가 규정하는 바에 따 라 원칙적으로 대금을 청산한 날이 양도시기가 된다고 볼 것이다.

토지거래허가를 배제하거나 잠탈할 목적으로 이루어진 계약은 처음부터 무효이다. 그러 나 그러한 목적은 단순히 매매계약을 체결하였다는 것만으로는 알기 어렵다. 그 가장 뚜 렷한 징표는 토지거래허가를 회피하는 방법으로 증여계약 또는 매매계약이 체결되고 매 수인 또는 최종 매수인 앞으로 이전등기가 마쳐지는 것이다. 한편 그와 같은 거래와 이 전등기가 마쳐졌다고 하더라도, 이미 매도인이 수수하였던 매매대금을 매수인에게 반환 하여 원상회복한 경우에는, 매도인이 종국적으로 양도차익을 보유하고 있지 아니하므로 굳이 양도소득세의 과세대상으로 삼을 이유나 필요가 없다. 다수의견이 최종매수인 앞으 로 이전등기가 마쳐져 말소되지 아니하고 남아 있다거나 매수인이 수수한 매매대금도 반환되지 아니하고 보유하고 있다는 사정을 들고 있는 것은 위와 같은 점을 고려한 결 과일 뿐이다.

다만 이와 같은 경우 매수인 앞으로 증여를 원인으로 한 이전등기가 마쳐지거나 최종 매수인 앞으로 이전등기가 마쳐지기 전까지는 토지거래허가를 배제하거나 잠탈할 목적 으로 이루어진 계약으로서 원상회복되지 아니하리라는 점이 뚜렷이 드러난다고 볼 수 없고, 위와 같이 이전등기가 마쳐짐으로써 비로소 양도소득세의 납세의무가 확정된다고 볼 수 있으므로 위 시점까지는 구 소득세법 제110조 제1항 소정의 과세표준확정신고의 무가 없고, 그 후 이전등기가 경료된 다음 연도 5월 1일부터 5월 31일까지 구 소득세법 제110조 제1항 소정의 과세표준확정신고를 하여야 하며, 양도소득세 부과의 제척기간은 그 다음날부터 진행한다고 보아야 할 것이다. 이 경우의 매매 등 계약은 처음부터 무효 이고 토지거래허가를 받을 것을 예정하고 있는 것이 아니므로 토지거래허가일을 기준으 로 하여 양도소득 과세표준의 예정신고 및 확정신고일을 정하고 있는 구 소득세법 제 105조 제1항 제1호 단서, 제110조 제1항 괄호 부분의 규정은 여기에 적용될 수 있는 것 이 아니다.

다. 다수의견이 예외적으로 양도소득세의 과세대상이라고 본 두 경우에 일단 양도소득 세가 과세된 후 어떤 사유로든지 매매대금 등을 상대방에게 반환하여 원상회복한 때의 구제수단이 문제될 수 있다. 그러나 구 국세기본법(2007.12.31. 법률 제8830호로 개정되 기 전의 것, 이하 같다) 제45조의2 제2항은 '과세표준신고서를 법정기간 내에 제출한 자 또는 국세의 과세표준 및 세액의 결정을 받은 자는 다음 각 호의 1에 해당하는 사유가 발생한 때에는 그 사유가 발생한 것을 안 날부터 2월 이내에 결정 또는 경정을 청구할 수 있다'고 규정하고, 그 제5호의 위임을 받은 구 국세기본법 시행령(2010.2.18. 대통령령 제22038호로 개정되기 전의 것, 이하 같다) 제25조의2 제2호는 "최초의 신고·결정 또는 경정에 있어서 과세표준 및 세액의 계산근거가 된 거래 또는 행위 등의 효력에 관계되는 계약이 해제권의 행사에 의하여 해제되거나 당해 계약의 성립 후 발생한 부득이한 사유로 인하여 해제되거나 취소된 때"를, 제4호는 "기타 제1호 내지 제3호에 준하는 사유에 해당하는 때"를 각 규정하고 있으므로, 그 제4호가 적용되어 경정을 청구할 수 있는 것으로 보아도 좋을 것이다.

4. 대법관 안대희의 다수의견에 대한 보충의견

기본적으로 대법관 김능환의 보충의견에 찬동하면서, 다음과 같은 의견을 덧붙이고자 한다.

가. 소득세법은 개인의 소득이라는 경제적 현상에 착안하여 담세력이 있다고 보여지는 것에 과세하는 데 그 근본취지가 있다고 할 것이므로 과세소득은 경제적 측면에서 보아 현실로 이득을 지배·관리하면서 이를 향수하고 있어 담세력이 있는 것으로 판단되면 족하고 그 소득을 얻게 된 원인관계에 대한 법률적 평가가 반드시 적법하고 유효한 것이어야 하는 것은 아니다. 종래 대법원은 법인소득·사업소득·이자소득 등에서는 법률적으로 하자 있는 행위에 의하여 얻은 수입, 이른바 위법소득도 이를 일관되게 과세대상이라고 보아 왔다. 이자제한법 소정의 제한이율을 초과하는 이자, 손해금이라도 현실로 지급된 때에는 과세의 대상이 되는 이자소득을 구성하고(대법원 1985.7.23. 선고 85누323 판결), 사법상 유효한 매매계약에 기한 수입뿐 아니라 사법상 무효인 매매계약에 기한 수입도 사업소득에 포함된다(대법원 1979.8.28. 선고 79누188 판결)고 하는 등 민사법상 무효인 위법소득도 과세소득으로 인정하여 왔다. 또한 미국의 경우 법에서 예외 또는 배제되는 소득의 유형을 두고 있지 않는 한, 일반적으로 위법소득도 과세소득으로 인정되고 있고, 일본의 판례도 위법소득에 대한 과세를 긍정하고 있는 등 다수의 외국에서도 동일한 입장에 있다. 따라서 국토계획법상의 토지거래허가구역 내의 토지에 대한 매매계약이 그 허가를 배제 또는 잠탈하려는 것이어서 사법상 무효라고 하더라도 경제적인 측면에서 보아 현실로 이득을 지배·관리하면서 향수하고 있어 담세력이 있는 것으로 판단되면 그에 대한 양도소득세를 과세하여야 한다고 보는 것이 법체계의 정합성과 논리적 일관성을 유지하는 것이다.

나. 양도소득에 관하여 양도행위가 무효로 되거나 취소된 경우 매매대금이 양도인에게 지급되었다 하여도 자산의 사실상 이전이 있다거나 자산의 양도로 인한 소득이 있다고 볼 수 없어 양도소득세를 부과할 수 없다는 종래의 판례는, 무효인 거래행위에 대하여 과세가 이루어진 이후에 원상회복으로 소득을 상실한 경우 그 하자가 중대하고 명백함을 증명하여 부당이득의 법리에 따라 세액의 반환청구를 구하는 방법 외에는 마땅한 구제수단이 없어 거래당사자에게 가혹한 결과를 초래할 수도 있다는 점이 고려된 것이라

고 생각된다. 그러나 1994.12.22. 개정된 구 국세기본법 제45조의2로 경정청구제도가 신
설된 이후에는 신고납부 또는 부과처분 후 무효에 따른 원상회복이 되어 소득을 상실한
경우 구 국세기본법 제45조의2 제2항 소정의 후발적 경정청구사유에 해당한다고 볼 수
있을 것이므로 종래의 판례 법리를 굳이 고집할 필요는 없을 것이다.

다. 구 소득세법 제105조 제1항 제1호 단서 및 제110조 제1항 괄호 부분은 토지거래허
가를 받은 이후에 양도소득 과세표준에 대한 예정신고 및 확정신고를 하도록 규정하고
있다. 위 규정은 문언상 토지거래허가가 있는 경우에 한하여 적용되는 것을 명백히 하고
있고, 당초부터 토지거래허가를 배제하거나 잠탈할 목적으로 계약을 체결하는 경우에는
위 규정이 적용된다고 볼 수 없으므로 이를 근거로 다수의견이 드는 두 경우에 양도소
득세의 과세대상이 아니라고 보는 논거는 성립되기 어렵다.

라. 무엇보다도 반대의견에 의하면 법을 준수한 경우에는 세금을 납부하여야 하고 법을
침탈한 경우에는 세금을 납부하지 않아도 되는 결과를 초래하게 되어 균형이 맞지 않고
조세정의에도 반한다. "누구도 자신의 잘못으로부터 이득을 취할 수 없다"는 법언에 비
추어 보더라도 다수의견은 정당하다고 할 것이다.

5. 대법관 이인복, 대법관 이상훈의 반대의견에 대한 보충의견

가. 다수의견은, 매매 등 계약이 위법 내지 탈법적인 것이어서 무효이지만 당사자 사이
에서는 매매대금 등이 수수되고 매도인 등이 이를 그대로 보유하고 있어 종국적으로 경
제적 이익이 매도인 등에게 귀속되었다고 볼 수 있는데도 그 매매 등 계약이 법률상 무
효라는 이유로 그 양도차익에 대하여 양도소득세를 부과할 수 없다고 하는 것은 그 매
도인 등으로 하여금 과세 없는 양도차익을 향유하게 하는 결과로 되어 조세정의와 형평
에 심히 어긋난다고 보고, 따라서 토지거래허가구역 내의 토지에 관한 매매계약이 토지
거래허가를 배제하거나 잠탈할 목적으로 이루어져 무효인 경우에는 이를 양도소득세 과
세대상이 되는 자산의 양도에 해당하는 것으로 보아야 한다고 한다. 그러면서 다수의견
은, 그 과세대상을 ① 매매가 아닌 증여가 이루어진 것으로 가장하여 매수인 앞으로 증
여를 원인으로 한 이전등기까지 마친 경우, ② 매매에 따른 토지거래허가를 받지 않고
등기도 이전하지 않은 채 그 토지를 제3자에게 전매하여 그 매매대금을 수수하고서도
최초의 매도인이 제3자에게 직접 매도한 것처럼 매매계약서를 작성하고 그에 따른 토지
거래허가를 받아 이전등기까지 마친 경우로서, 그 이전등기가 말소되지 않은 채 남아 있
고 매도인 또는 중간의 매도인이 수수한 매매대금도 매수인 또는 제3자에게 반환하지
않고 그대로 보유하고 있는 때로 한정하고 있다.

이러한 다수의견은, 스스로 조세정의와 형평에 비추어 부당하다고 본 종전 대법원 판례
의 태도, 즉 매매 등 계약이 위법 내지 탈법적인 것이어서 당초부터 무효인 경우에는 당
사자 사이에서 매매대금 등이 수수되었다고 하더라도 그에 대하여 양도소득세를 부과할
수 없다는 견해를 비판하면서도, 다른 한편으로는 오히려 이를 원칙적으로는 정당하다고

수긍한 채, 단지 위와 같은 경우 중 일부에 해당하는 앞서 본 두 경우를 따로 떼어 그 경우에만 구 소득세법상의 '자산의 양도'에 해당하고 그에 따른 소득에 대하여 양도소득세를 부과하여야 한다고 보는 것이라고 할 수 있다. 이는 종전의 대법원 판례를 전면적으로 폐기·변경하는 데 따른 부담을 덜고 명확성 결여 등의 시비를 피하기 위한 선택으로 보이기는 하나, 아래에서 보는 바와 같이 그 실질은 법원에 의한 과세요건 및 과세장애사유의 창설이나 다름없어 조세법규의 해석론으로는 수긍할 수 없다.

나. 다수의견이 양도소득세의 과세대상으로 드는 두 경우는 그 요소를 나누어 살펴보면 '등기의 이전'과 '매매대금의 보유'의 두 가지로 구성되어 있음을 알 수 있다.

(1) 먼저 '등기의 이전'의 점과 관련하여, 다수의견도 원칙으로서 긍정하고 있는 바와 같이 등기의 원인이 되는 매매 등이 처음부터 무효이거나 나중에 취소되어 소급적으로 효력을 상실한 경우에는 자산의 양도가 있다고 볼 수 없다고 전제한다면, 매매 등 원인행위와 분리하여 그 자체로서는 권리이전의 실질을 형성한다고 볼 수 없는 등기의 이전이 이루어졌다고 하여 자산의 양도가 있다고 볼 수 없고, 나아가 등기가 이전된 것 가운데 다시 국토계획법상의 토지거래허가구역 내의 토지에 관한 매매계약이 무효인 경우로서 증여를 가장하거나 최초 매도인으로부터 제3자에게 직접 매도된 것으로 가장하여 이전등기를 마친 경우에만 자산의 양도로서 실질을 갖추었다고 볼 근거는 더욱 없다.

만일 다수의견이 매매 등이 처음부터 무효이거나 나중에 취소되어 소급적으로 효력을 상실한 경우에도 일단 매매 등의 행위가 있었던 이상 세법상으로는 자산의 양도에 해당한다고 보는 것이라면, 그 견해의 당부는 별론으로 하고 이는 법률의 해석에 해당한다고 볼 수 있을 것이다. 그러나 위와 같은 경우 세법상으로도 '원칙적으로' 자산의 양도에 해당하지 않는다고 해석하면서, 그 중 특정한 경우에는 조세정의와 형평에 비추어 예외적으로 양도소득세를 부과할 수 있어야 한다고 하고, 그러한 예외적인 경우에 관한 양도소득세 부과의 요건을 판례의 형태로 제시하는 것은 조세법규의 해석이 아닌 과세요건의 창설에 해당한다고 보지 않을 수 없다. 이러한 판례를 통한 과세요건의 창설이 조세법률주의의 원칙에 비추어 허용될 수 없음은 두말할 나위가 없다.

(2) 다음으로 '매매대금의 보유'의 점과 관련하여, 양도소득세가 자산의 양도 및 그에 따른 소득의 발생을 과세대상으로 하는 것이라면 원칙적으로 매매대금을 수령함으로써 과세요건은 완성되고 그 매매대금을 보유하고 있는지는 조세채무의 성립에 직접 영향을 줄 수 없는 것이다. 따라서 이는 양도소득세의 과세요건인 '자산의 양도' 유무에 관한 기준이 될 수 없고, 단지 과세요건의 충족에 따른 조세채무의 성립 후 어떠한 사정으로 그 기초가 상실된 경우 이를 과세처분에 장애가 되는 사유로 볼 것인지의 문제에 불과하다고 할 것이다. 결국 다수의견은 실질적으로 '매매대금의 보유'가 아닌 '매매대금의 반환·상실 등 미보유'를 과세장애사유로 들고 있는 것이나 다름없

는데, 법원이 조세법규가 예정하고 있지 않은 과세장애사유를 판례의 형태로 설정하는 것도 조세법률주의의 원칙상 허용될 수 없음은 마찬가지이다.

다. 한편 다수의견에 따른 대법원 판례의 변경과 관련하여 형사법적 고려도 하지 않을 수 없다. 조세법규는 조세범처벌법 및 특정범죄 가중처벌 등에 관한 법률의 관련 규정을 통하여 형벌법규와 직접적으로 연관되는데, 다수의견에 따른 과세요건의 창설 및 과세장애사유의 설정은 형벌에 관련된 구성요건을 창설하는 것이나 다름없는 결과에 이를 수 있다. 더욱이 형벌법규에 관한 대법원 판례의 변경에 소급효가 배제된다고 보기 어려운 점까지 고려하면, 위와 같은 판례변경을 통한 구성요건의 보장적 기능에 대한 위협은 매우 현실적이고 심각하다.

물론 법률 규정이 명확하고 일의적이어서 달리 해석할 여지가 없다면 위와 같은 고려보다도 법원의 올바른 법령해석에 관한 책무가 우선할 수밖에 없겠지만, 종전 대법원 판례의 태도가 법률 해석으로서 잘못되었다고 보기 어려운데도 그 해석에 따른 결과가 사회적·경제적으로 타당하지 않다는 정책적 고려에서 판례를 변경하고자 하는 것이라면, 그리고 그것이 과세요건을 확장하고 나아가 국민에 대한 형사처벌의 범위까지 소급적으로 확대하는 것이 된다면, 이는 결코 바람직한 법률해석의 태도라고 볼 수 없다.

라. 다수의견이 토지거래허가를 배제 또는 잠탈하여 부당한 이득을 얻는 행위에 대해 양도소득세를 부과할 수 있도록 함으로써 형평과 조세정의를 구현하고자 하는 뜻을 이해하지 못하는 것은 아니다. 그리고 반대의견의 취지가 위법소득에 대한 일반적인 과세가능성을 부정하자는 것도 아니다. 다만 대법원이 그동안 이 사건과 같은 경우에 매매계약이 무효인 이상 그 매매대금이 양도인에게 지급되었다고 하더라도 양도소득세 과세대상인 자산의 양도나 자산의 양도로 인한 소득이 있다고 볼 수 없다는 태도를 견지하여 왔음에도 불구하고 이제 와서 위와 같은 종전의 판례를 변경하면서, 그것도 다른 경우와 합리적 이유에서 구분되지 않는 위 두 경우만을 분리하여 양도소득세 과세대상으로 정하는 것은 토지거래허가를 배제 또는 잠탈하려는 행위를 억제한다는 정책적 당위에는 다소 도움이 될지 모르겠으나 조세법규의 해석론으로는 타당하지 않고 법적 안정성도 해치는 것이라고 생각한다.

이상과 같은 점에서도 다수의견이 부당하므로 반대의견을 보충하여 그 이유를 밝혀 둔다.

명의신탁

02

제1절 부동산실권리자명의등기에 관한 법률상 명의신탁

Ⅰ. 서설

종래 판례이론에 의하여 유효성을 인정받아 온 명의신탁은 조세를 포탈하거나 토지에 관한 각종 공법적 규제(예컨대 농지법 제8조에 의한 농지취득자격증명)를 피하기 위한 경우 또는 상속을 위장하거나 재산을 은닉하는 등의 불법적인 수단으로 악용되었다. 이를 규제하고자 1990년에 부동산등기특별조치법을 제정하면서 관련 규제조항(동법 제7조)을 두었으나, 동 조항의 성격은 단속규정에 불과하여 효과를 거두지 못하였다.[1] 그리하여 1995년 부동산실명법이 제정 및 시행되었다.[2]

---

[1] 송덕수, 신민법강의, 박영사, 2018, 407쪽.

[2] 부동산실명법 제1조(목적) 이 법은 부동산에 관한 소유권과 그 밖의 물권을 실체적 권리관계와 일치하도록 실권리자 명의(名義)로 등기하게 함으로써 부동산등기제도를 악용한 투기·탈세·탈법행위 등 반사회적 행위를 방지하고 부동산 거래의 정상화와 부동산 가격의 안정을 도모하여 국민경제의 건전한 발전에 이바지함을 목적으로 한다.

Ⅱ. 본 법에서 사용되는 용어[3]

1. "명의신탁약정"(名義信託約定)이란 부동산에 관한 소유권이나 그 밖의 물권(이하 "부동산에 관한 물권"이라 한다)을 보유한 자 또는 사실상 취득하거나 취득하려고 하는 자[이하 "실권리자"(實權利者)라 한다]가 타인과의 사이에서 대내적으로는 실권리자가 부동산에 관한 물권을 보유하거나 보유하기로 하고 그에 관한 등기(가등기를 포함한다. 이하 같다)는 그 타인의 명의로 하기로 하는 약정[위임·위탁매매의 형식에 의하거나 추인(追認)에 의한 경우를 포함한다]을 말한다.

2. "명의신탁자"(名義信託者)란 명의신탁약정에 따라 자신의 부동산에 관한 물권을 타인의 명의로 등기하게 하는 실권리자를 말한다.

3. "명의수탁자"(名義受託者)란 명의신탁약정에 따라 실권리자의 부동산에 관한 물권을 자신의 명의로 등기하는 자를 말한다.

4. "실명등기"(實名登記)란 법률 제4944호 부동산실권리자명의등기에관한법률 시행 전에 명의신탁약정에 따라 명의수탁자의 명의로 등기된 부동산에 관한 물권을 법률 제4944호 부동산실권리자명의등기에관한법률 시행일 이후 명의신탁자의 명의로 등기하는 것을 말한다.

Ⅲ. 적용범위

부동산실명법 제2조(정의)
1. 다만, 다음 각 목의 경우는 제외한다.
가. 채무의 변제를 담보하기 위하여 채권자가 부동산에 관한 물권을 이전(移轉)받거나 가등기하는 경우
나. 부동산의 위치와 면적을 특정하여 2인 이상이 구분소유하기로 하는 약정을 하고 그 구분소유자의 공유로 등기하는 경우
다. 「신탁법」 또는 「자본시장과 금융투자업에 관한 법률」에 따른 신탁재산인사실을 등기한 경우

---

3) 부동산실명법 제2조 참조.

> **부동산실명법 제8조(종중, 배우자 및 종교단체에 대한 특례)** 다음 각 호의 어느 하나에 해당하는 경우로서 조세 포탈, 강제집행의 면탈(免脫) 또는 법령상 제한의 회피를 목적으로 하지 아니하는 경우에는 제4조부터 제7조까지 및 제12조 제1항부터 제3항까지를 적용하지 아니한다.
> 1. 종중(宗中)이 보유한 부동산에 관한 물권을 종중(종중과 그 대표자를 같이 표시하여 등기한 경우를 포함한다) 외의 자의 명의로 등기한 경우
> 2. 배우자 명의로 부동산에 관한 물권을 등기한 경우
> 3. 종교단체의 명의로 그 산하 조직이 보유한 부동산에 관한 물권을 등기한 경우

Ⅳ. 효력

부동산실명법상 **명의신탁약정**은 무효이다(동법 제4조 제1항). 나아가 명의신탁약정에 따른 등기로 이루어진 **부동산에 관한 물권변동**은 무효로 한다(동법 제4조 제2항 본문). **다만, 부동산에 관한 물권을 취득하기 위한 계약에서 명의수탁자가 어느 한쪽 당사자가 되고 상대방 당사자는 명의신탁약정이 있다는 사실을 알지 못한 경우에는 그러하지 아니하다**(동법 제4조 제2항 단서). 이처럼 **명의신탁약정 및 물권변동은 당사자 간에는 무효이지만, 제3자에게는 대항하지 못한다**(동법 제4조 제3항).

Ⅴ. 유형 및 그 내용

1. 이전형 명의신탁(2자 간 등기명의신탁)

명의신탁자가 자기 명의로 등기된 부동산 물권을 명의수탁자의 명의로 이전해주는 것을 말한다. 신탁자와 수탁자 사이의 명의신탁약정은 무효이고, 물권변동이 무효이므로 등기 역시 무효이다. 신탁자는 여전히 신탁부동산에 대한 소유권을 보유하고 있고 수탁자를 상대로 소유권에 기한 방해배제청구권 행사하거나 부당이득반환청구권을 행사하여 등기의 말소나 이전등기를 구할 수 있다. 다만 명의신탁약정에 따른 등기이전이 불법원인급여에 해당되는 것은 아닌지 문제되는데 판례는 강제집행면탈을 목적으로 자기 소유 부동산을 타인명의로 등기한 경우 불법원인급여에 해당되지 않는다고 한다.[4]

---

4) 대법원 2003.11.27. 선고 2003다41722 판결[소유권이전등기] - 부당이득의 반환청구가 금지되는

2. 중간생략형 명의신탁(3자 간 명의신탁)

신탁자가 제3자로부터 부동산을 매수하면서 매도인으로부터 곧바로 수탁자 앞으로 등기를 경료하는 경우를 말한다. 명의신탁약정은 무효이고 매도인으로부터 수탁자 앞으로 등기된 물권변동도 무효이다. 따라서 명의신탁된 물권은 매도인에게 귀속된다. 매도인과 명의신탁자 간의 법률관계에 대해 살펴보면 매매계약이 유효하므로 명의신탁자는 물권자에 대해 계약에 기해 물권이전등기를 청구할 수 있고, 그 이전등기청구권을 보전하기 위해 매도인을 대위하여 무효인 수탁자 명의의 등기 말소를 청구할 수 있다.[5] 신탁자와 수탁자 간의 명의신탁약정은 무효이나 그에 기한 등기이전은 불법원인급여가 아니므로 명의신탁자는 반환청구권을 가진다. 중간생략형 명의신탁의 경우에는 계약명의신탁과 달리, 명의신탁자는 수탁자를 상대로 부당이득반환청구를 할 수 없다. 계약명의신탁의 경우에는 매도인이 선의인 경우, 수탁자에게 소유권이 반사적으로 귀속될 수 있어 부당이득반환청구의 문제가 발생하나, 중간생략형 명의신탁의 경우에는 여전히 소유권은 매도인에게 귀속되어 있고, 신탁자 역시 매도인에 대한 소유권이전등기청구권을 보유하고 있으므로 부당이득반환청구할 수 없다.[6]

3. 계약명의신탁의 경우

신탁자의 위임에 따라 수탁자가 자기 이름으로 매도인으로부터 부동산을 취득한 다음 수탁자 이름으로 경료한 경우를 말한다. 신탁자와 수탁자 사이의 명의신탁약정은 무효이나 수탁자와 매도인 사이의 매매계약은 유효하다. 매도인이 선의인 경우 경료된 등기는 확정적으로 유효하며 명의수탁자가 제3자에게 처분하더라도 횡령죄나 배임죄가 성립하지 않고 제3자는 유효하게 물권을 취득한다. 한편 신탁자가 수탁

사유로 민법 제746조가 규정하는 불법원인이라 함은 그 원인되는 행위가 선량한 풍속 기타 사회질서에 위반하는 경우를 말하는 것으로서, 법률의 금지에 위반하는 경우라 할지라도 그것이 선량한 풍속 기타 사회질서에 위반하지 않는 경우에는 이에 해당하지 않는다.

5) 대법원 2013.12.12. 선고 2013다26647 판결 소유권말소등기등[공2014상,163]－3자 간 등기명의신탁에 의한 등기가 유효기간 경과로 무효로 된 경우, 목적 부동산을 인도받아 점유하고 있는 명의신탁자의 매도인에 대한 소유권이전등기청구권의 소멸시효가 진행되지 아니한다.

6) 대법원 2009.04.09. 선고 2008다87723 판결 소유권이전등기[미간행]

자에게 제공한 매매대금의 급부는 법률상 원인이 없게 되어 신탁자는 수탁자에게
부당이득으로 반환을 청구할 수 있고, 그 반환범위와 관련하여 부동산을 현물로 받
을 수 있는지에 대해 견해가 대립되나 판례는 부동산 자체를 부당이득으로 보아 반
환을 청구할 수는 없고,[7] 신탁자가 제공한 금전만을 부당이득으로 볼 수 있다는 입
장이다.[8][9] 매도인이 악의인 경우에는 물권변동이 무효이므로 등기도 무효이고 소유
권은 매도인이 보유하게 되며 3자 간 명의신탁 법률관계와 동일하게 된다.

4. 3자 간 명의신탁과 계약명의신탁의 구별기준

가. 명의신탁약정이 이른바 3자 간 등기명의신탁인지 아니면 계약명의신탁인지
의 구별은 **계약당사자가 누구인가를 확정하는 문제**로 귀결된다. 그런데 타인을 통하
여 부동산을 매수함에 있어 매수인 명의를 그 타인 명의로 하기로 하였다면 이때의
명의신탁관계는 그들 사이의 내부적인 관계에 불과하므로, 설령 계약의 상대방인 매
도인이 그 명의신탁관계를 알고 있었다고 하더라도, 계약명의자인 명의수탁자가 아
니라 명의신탁자에게 계약에 따른 법률효과를 직접 귀속시킬 의도로 계약을 체결하
였다는 등의 특별한 사정이 인정되지 아니하는 한, 그 명의신탁관계는 계약명의신탁
에 해당한다고 보아야 함이 원칙이다.[10]

나. 2자 간 명의신탁은 양도가 아니며,[11] 명의신탁의 해지도 양도에 해당하지 아

---

7) 대법원 2014.08.20. 선고 2014다30483 판결[손해배상(기)]
8) 대법원 2014.08.20. 선고 2014다30483 판결 손해배상(기)[공2014하,1804] – 계약명의신탁약정이
   부동산실명법 시행 후에 이루어진 경우에는 명의신탁자는 애초부터 당해 부동산의 소유권을 취득
   할 수 없었으므로 위 명의신탁약정의 무효로 명의신탁자가 입은 손해는 당해 부동산 자체가 아니
   라 명의수탁자에게 제공한 매수자금이고, 따라서 명의수탁자는 당해 부동산 자체가 아니라 명의
   신탁자로부터 제공받은 매수자금만을 부당이득한다.
9) 대법원 2010.10.14. 선고 2007다90432 판결 대여금[공2010하,2062] – 명의수탁자가 소유권이전등
   기를 위하여 지출하여야 할 취득세, 등록세 등을 명의신탁자로부터 제공받았다면, 이러한 자금
   역시 위 계약명의신탁약정에 따라 명의수탁자가 당해 부동산의 소유권을 취득하기 위하여 매매대
   금과 함께 지출된 것이므로, 당해 부동산의 매매대금 상당액 이외에 명의신탁자가 명의수탁자에
   게 지급한 취득세, 등록세 등의 취득비용도 특별한 사정이 없는 한 위 계약명의신탁약정의 무효
   로 인하여 명의신탁자가 입은 손해에 포함되어 명의수탁자는 이 역시 명의신탁자에게 부당이득으
   로 반환하여야 한다.
10) 대법원 2013.10.07.자 2013스133 결정.
11) 대법원 1988.04.25. 선고 88누919 판결 – 지방세법 제110조 제1항 제3호, 제4호는 신탁법의 규정
    에 의한 신탁재산을 이전하는 경우에 있어서의 부동산취득에 관하여서만 비과세로 하는 취지로서
    위 조항을 명의신탁의 경우에까지 확대적용할 수는 없다.

니한다.[12) 즉 수탁자 명의로 등기하고 있던 부동산이 재판절차 등에 의하여 신탁재산임이 확인되어 신탁해지를 원인으로 원상회복되는 것은 증여세나 양도소득세가 과세되지 않는다.[13)

VI. 명의신탁과 양도소득세

1. 명의신탁 부동산을 관리처분한 자

(1) 3자 간 등기명의신탁의 경우

3자 간 등기명의신탁의 경우 명의신탁약정과 그에 따른 수탁자 명의의 등기는 무효이나 매도인과 명의신탁자 사이의 매매계약은 여전히 유효하다. 따라서 명의신탁자는 매도인에게 매매계약에 기한 소유권이전등기를 청구할 수 있고, 소유권이전등기청구권을 보전하기 위하여 매도인을 대위하여 무효인 명의수탁자 명의 등기의 말소를 구할 수도 있다. 이처럼 매도인과 명의신탁자 사이의 매매계약이 유효한 이상 명의신탁자로부터 매매대금을 전부 수령한 매도인은 소득세법상 양도소득세 납세의무를 부담하게 되고, 이후 명의신탁자가 자신의 의사에 따라 부동산을 양도할 경우 양도소득에 대한 납세의무는 명의신탁자가 부담하여야 한다.[14) 결국 명의신탁 관계에서 명의신탁자와 수탁자 중에 누가 대상 주택을 지배·관리하면서 사실상 이를 처분할 수 있는 지위를 보유하고 있는지, 또 그 처분에 따른 소득의 귀속주체는 누구인지를 기준으로 양도소득세 납세의무자를 판단하여야 할 것이다.

---

12) 대법원 2004.05.14. 선고 2003두3468 판결 - 명의신탁해지를 원인으로 하여 경료된 소유권이전등기가 그 실질에 있어서도 명의신탁의 해지를 원인으로 소유권이 환원된 것이지, 증여계약의 합의해제나 재차증여를 명의신탁의 해지로 가장한 것이라고 볼 수 없다는 이유로 이에 대한 증여세부과처분이 위법하다고 한 사례.
13) 양해운, 앞의 책, 64쪽.
14) 대법원 2016.10.27. 선고 2016두43091 판결[양도소득세부과처분취소]

(2) 부동산 경매절차의 경우

판례는 부동산 경매절차에서 매수대금을 부담한 사람이 다른 사람 명의로 매각 허가결정을 받은 후에 자신의 의사에 따라 위 부동산을 제3자에게 양도하여 그 양도대금을 모두 수령하고 명의인은 매수대금을 부담한 사람에게 위 부동산을 반환하기로 한 약정의 이행으로서 직접 위 제3자에게 소유권이전등기를 경료해 준 사안에서 소유권을 취득하는 자는 명의인[15]이라고 판단하면서도 양도소득세와 관련해서는 그 매수대금을 부담한 사람이 양도소득을 사실상 지배·관리·처분할 수 있는 지위에 있어 '사실상 소득을 얻은 자'라고 할 것이므로 실질과세의 원칙상 그 매수대금을 부담한 사람이 양도소득세 납세의무를 진다.[16]

2. 수탁자의 임의처분

명의신탁된 부동산을 수탁자가 임의로 처분한 경우에는 거래상대방의 선·악의를 불문하고 상대방은 소유권을 취득한다. 이때 신탁자가 명의신탁된 부동산을 임의처분하였다고 하더라도 이로 인해 발생한 양도소득을 신탁자에게 환원하였다면 신탁자가 사실상 양도소득을 얻은 자로 볼 수 있겠지만, 그렇지 아니한 경우에는 양도의 주체는 수탁자이고 양도소득 역시 수탁자에게 귀속된다고 볼 것이다.[17]

---

15) 대법원 2010.11.25. 선고 2009두19564 판결 양도소득세부과처분취소[공2011상,61] - 부동산경매절차에서 부동산을 매수하려는 사람이 다른 사람과 사이에 자신이 매수대금을 부담하여 다른 사람 명의로 매각허가결정을 받고 나중에 그 부동산의 반환을 요구한 때에 이를 반환받기로 약정한 다음 그 다른 사람을 매수인으로 한 매각허가가 이루어진 경우, 그 경매절차에서 매수인의 지위에 서게 되는 사람은 그 명의인이므로 그가 대내외적으로 경매 목적 부동산의 소유권을 취득하고, 위 부동산을 양도함에 따른 양도소득은 특별한 사정이 없는 한 그 소유자인 명의인에게 귀속되는 것이 원칙이다.

16) 대법원 2010.11.25. 선고 2009두19564 판결 양도소득세부과처분취소[공2011상,61]

17) 대법원 1996.02.09. 선고 95누9068 판결 법인세부과처분취소[공1996.4.1.(7),996] - 법인들 사이에서 명의신탁된 토지를 수탁자가 신탁자의 동의 없이 제3자인 대한주택공사에게 공공용지의취득및손실보상에관한특례법상의 협의취득 절차에 따라 임의로 매각하였다면 그 양도주체는 일응 수탁자라고 할 것이지만, 당초 약정대로 수탁자가 신탁자에게 소유 명의를 환원시켜 주었다고 하더라도 신탁자 역시 주택공사에게 이를 협의취득시키거나 수용당할 수밖에 없었고, 협의취득된 토지에 관하여 수탁자가 그 보상금 전액을 공탁하여 신탁자가 이를 출급해 간 점에 비추어 보면, 수탁자가 주택공사에게 토지를 양도함으로써 얻은 양도소득은 신탁자에게 전액 환원되어 신탁자가 그 양도소득을 사실상 지배·관리·처분할 수 있는 지위에 있게 되었다고 할 것이어서 신탁자인 법

3. 검토

3자 간 등기명의신탁의 경우 명의신탁약정과 그에 따른 수탁자 명의의 등기는 무효이나 매도인과 명의신탁자 사이의 매매계약은 여전히 유효하다. 이처럼 매도인과 명의신탁자 사이의 매매계약이 유효한 이상 명의신탁자로부터 매매대금을 전부 수령한 매도인은 소득세법상 양도소득세 납세의무를 부담하게 되고, 이후 명의신탁자가 자신의 의사에 따라 부동산을 양도할 경우 그 양도소득에 대한 납세의무는 명의신탁자가 부담하여야 한다.[18] 즉 3자 간 등기명의신탁관계에서는 명의신탁자가 대상 주택을 지배·관리하면서 사실상 이를 처분할 수 있는 지위에 있고 그 처분에 따른 소득의 귀속주체가 된다는 점에서 양도소득세 납부의무를 명의신탁자가 부담하는 것이 타당하다고 본다.

Ⅶ. 명의신탁과 횡령죄

명의신탁된 부동산을 수탁자가 무단으로 임의 처분한 경우에 형법상 횡령죄가 성립된다는 것이 그동안 일관된 법원의 입장이었다.[19] 그러나 최근 판례는 중간생략등기형 명의신탁에서 신탁부동산의 임의 처분 사건에서 종래의 입장을 변경하여 횡령죄 성립을 부정하였다.

1. 수탁자가 형법상 횡령죄의 주체인 재물보관자에 해당하는지 여부

형법 제355조 제1항이 정한 횡령죄의 주체는 타인의 재물을 보관하는 자이고, 타인의 재물인지 아닌지는 민법, 상법, 기타의 실체법에 따라 결정하여야 한다. 횡령죄에서 보관이란 위탁관계에 의하여 재물을 점유하는 것을 뜻하므로 횡령죄가 성립

인이 그 양도소득에 대한 법인세 및 특별부가세의 납세의무자라고 판단한 원심판결을 수긍하였다.

18) 대법원 2016.10.27. 선고 2016두43091 판결[양도소득세부과처분취소]

19) 대법원 2010.01.28. 선고 2009도1884 판결, 대법원 2010.05.13. 선고 2009도1373 판결(공2010상, 1177), 대법원 2010.06.24. 선고 2009도9242 판결(공2010하, 1521), 대법원 2010.09.30. 선고 2010도8556 판결 등 다수. 그러나 모두 최근 판결에 의하여 폐기되었다.

하기 위하여는 재물의 보관자와 재물의 소유자(또는 기타의 본권자) 사이에 법률상 또는 사실상의 위탁신임관계가 존재하여야 한다. 이러한 위탁신임관계는 사용대차·임대차·위임 등의 계약에 의하여서뿐만 아니라 사무관리·관습·조리·신의칙 등에 의해서도 성립될 수 있으나, 횡령죄의 본질이 신임관계에 기초하여 위탁된 타인의 물건을 위법하게 영득하는 데 있음에 비추어 볼 때 위탁신임관계는 횡령죄로 보호할 만한 가치 있는 신임에 의한 것으로 한정함이 타당하다.

부동산을 매수한 명의신탁자가 자신의 명의로 소유권이전등기를 하지 아니하고 명의수탁자와 맺은 명의신탁약정에 따라 매도인에게서 바로 명의수탁자에게 중간생략의 소유권이전등기를 마친 경우, 부동산 실권리자명의 등기에 관한 법률(이하 '부동산실명법'이라 한다) 제4조 제2항 본문에 의하여 명의수탁자 명의의 소유권이전등기는 무효이고, 신탁부동산의 소유권은 매도인이 그대로 보유하게 된다. 따라서 **명의신탁자로서는 매도인에 대한 소유권이전등기청구권을 가질 뿐 신탁부동산의 소유권을 가지지 아니하고, 명의수탁자 역시 명의신탁자에 대하여 직접 신탁부동산의 소유권을 이전할 의무를 부담하지는 아니하므로, 신탁부동산의 소유자도 아닌 명의신탁자에 대한 관계에서 명의수탁자가 횡령죄에서 말하는 '타인의 재물을 보관하는 자'의 지위에 있다고 볼 수는 없다.** 명의신탁자가 매매계약의 당사자로서 매도인을 대위하여 신탁부동산을 이전받아 취득할 수 있는 권리 기타 법적 가능성을 가지고 있기는 하지만, 명의신탁자가 이러한 권리 등을 보유하였음을 이유로 명의신탁자를 사실상 또는 실질적 소유권자로 보아 민사상 소유권이론과 달리 횡령죄가 보호하는 신탁부동산의 소유자라고 평가할 수는 없다. **명의수탁자에 대한 관계에서 명의신탁자를 사실상 또는 실질적 소유권자라고 형법적으로 평가하는 것은 부동산실명법이 명의신탁약정을 무효로 하고 있음에도 불구하고 무효인 명의신탁약정에 따른 소유권의 상대적 귀속을 인정하는 것과 다름이 없어서 부동산실명법의 규정과 취지에 명백히 반하여 허용될 수 없다.**

2. 신탁자와 수탁자 간 신임관계의 존부

부동산에 관한 소유권과 그 밖의 물권을 실체적 권리관계와 일치하도록 실권리자 명의로 등기하게 함으로써 부동산등기제도를 악용한 투기·탈세·탈법행위 등 반사회적 행위를 방지하고 부동산 거래의 정상화와 부동산 가격의 안정을 도모하여 국민경제의 건전한 발전에 이바지함을 목적으로 하고 있는 부동산실명법의 입법 취지와 아울러, 명의신탁약정에 따른 명의수탁자 명의의 등기를 금지하고 이를 위반한 명의신탁자와 명의수탁자 쌍방을 형사처벌까지 하고 있는 부동산실명법의 명의신탁관계에 대한 규율 내용 및 태도 등에 비추어 볼 때, 명의신탁자와 명의수탁자 사이에 위탁신임관계를 근거 지우는 계약인 명의신탁약정 또는 이에 부수한 위임약정이 무효임에도 불구하고 횡령죄 성립을 위한 사무관리·관습·조리·신의칙에 기초한 위탁신임관계가 있다고 할 수는 없다. 또한 명의신탁자와 명의수탁자 사이에 존재한다고 주장될 수 있는 사실상의 위탁관계라는 것도 부동산실명법에 반하여 범죄를 구성하는 불법적인 관계에 지나지 아니할 뿐 이를 형법상 보호할 만한 가치 있는 신임에 의한 것이라고 할 수 없다.

그러므로 명의신탁자가 매수한 부동산에 관하여 부동산실명법을 위반하여 명의수탁자와 맺은 명의신탁약정에 따라 매도인에게서 바로 명의수탁자 명의로 소유권이전등기를 마친 이른바 중간생략등기형 명의신탁을 한 경우, 명의신탁자는 신탁부동산의 소유권을 가지지 아니하고, 명의신탁자와 명의수탁자 사이에 위탁신임관계를 인정할 수도 없다. 따라서 명의수탁자가 명의신탁자의 재물을 보관하는 자라고 할 수 없으므로, 명의수탁자가 신탁받은 부동산을 임의로 처분하여도 명의신탁자에 대한 관계에서 횡령죄가 성립하지 아니한다.[20]

Ⅷ. 부당이득 반환의 문제

1. 부동산실명법 시행 전

본 법이 시행되기 전에 계약명의신탁이 이루어지고 본 법 제11조에서 정한 유예기간 내에 실명등기가 이루어질 수 있었으나 기간이 경과한 경우에는 판례는 명의수탁자가 부동산 자체를 부당이득하였다고 본다. 즉 부동산 실권리자명의 등기에 관한 법률 시행 전에 명의수탁자가 명의신탁약정에 따라 부동산에 관한 소유명의를 취득한 경우 위 법률의 시행 후 같은 법 제11조의 유예기간이 경과하기 전까지 명의신탁자는 언제라도 명의신탁약정을 해지하고 당해 부동산에 관한 소유권을 취득

---

20) 대법원 2016.05.19. 선고 2014도6992 전원합의체 판결[횡령][공2016상,817]

할 수 있었던 것으로, 실명화 등의 조치 없이 위 유예기간이 경과함으로써 같은 법 제 12조 제1항, 제4조에 의해 명의신탁약정은 무효로 되는 한편, 명의수탁자가 당해 부동산에 관한 완전한 소유권을 취득하게 된다 할 것인데, 같은 법 제3조 및 제4조가 명의신탁자에게 소유권이 귀속되는 것을 막는 취지의 규정은 아니므로 명의수탁자는 명의신탁자에게 자신이 취득한 당해 부동산을 부당이득으로 반환할 의무가 있다.21)

2. 부동산실명법 시행 후22)

부동산 실권리자명의 등기에 관한 법률 시행 전에 명의신탁자와 명의수탁자가 이른바 계약명의신탁약정을 맺고 명의수탁자가 당사자가 되어 명의신탁약정이 있다 는 사실을 알지 못하는 소유자와 부동산에 관한 매매계약을 체결한 후 그 매매계약 에 따라 당해 부동산의 소유권이전등기를 수탁자 명의로 마쳤으나 위 법률 제11조 에서 정한 유예기간이 경과하기까지 명의신탁자가 그 명의로 당해 부동산을 등기이 전하는 데 법률상 장애가 있었던 경우에는, 명의신탁자는 당해 부동산의 소유권을 취득할 수 없었으므로, 위 명의신탁약정의 무효로 인하여 명의신탁자가 입은 손해는 당해 부동산 자체가 아니라 명의수탁자에게 제공한 매수자금이고, 따라서 명의수탁 자는 당해 부동산 자체가 아니라 명의신탁자로부터 제공받은 매수자금을 부당이득 하였다고 할 것이다.23)

> **➡ 쟁점사례 I - 명의신탁의 적용범위**24)   9
>
> 갑이 을, 병의 동의를 얻어 2010.5.1.을 소유 주택을 병 명의로 임차하고 점유의 취득과 주 민등록은 갑의 명의로 하였는데, 이 사실을 잘 아는 병의 채권자 정이 임차보증금반환채권을 압류하였다.
>
> **문 1**
> 정은 부동산실권리자명의 등기에 관한 법률을 원용하여 갑과 을에게 대항할 수 있는가?25)

---

21) 대법원 2009.07.09. 선고 2009다23313 판결 소유권이전등기[공2009하,1430]
22) 부동산실명법 시행 전이라 하더라도 법률상 장애가 있는 경우 포함.
23) 대법원 2008.05.15. 선고 2007다74690 판결 전부금[공2008상,852]
24) 부동산실명법 제2조 제1호 참조.
25) 부동산실명법의 적용범위와 관련된 문제이다. 본 법의 적용대상 권리는 소유권과 그 외의 부동산

➡ 쟁점사례 II - 등기명의신탁[26]   `10`

매도인인 갑은 을에게 자신의 부동산을 매도하였다. 을은 병과의 사이에 명의신탁약정을 맺고 갑으로부터 매수한 부동산의 등기는 병의 명의로 경료하고자 한다. 갑은 을로부터 이러한 사실을 듣고 매매대금을 을로부터 수령한 후에 등기는 병에게 이전 완료하였다.

문 1
위 사례에서 을은 소유권을 취득하는가?

문 2
위 사례의 명의신탁은 어느 유형에 해당하는가?

문 3
위 사례에서 과세관청이 양도소득세를 부과하고자 한다면 누구를 납세의무자로 하여 과세하여야 하는가?[27]

➡ 쟁점사례 - 계약명의신탁   `11`

매도인인 갑은 을에게 자신의 부동산을 매도하였다. 을은 병과의 사이에 명의신탁약정을 맺고 갑으로부터 매수한 부동산의 등기를 을 자신의 명의로 이전완료하였다. 이때 을이 갑에게 지급한 대금은 병이 을에게 제공한 것으로 갑은 매수인이 을인줄만 믿었고, 을과 병 사이에 명의신탁약정이 있음은 알지 못하였다.

문 1
위 사례에서 을은 소유권을 취득하는가?

문 2
위 사례의 명의신탁은 어느 유형에 해당하는가?

물권(용익물권이나 저당권 등 담보물권)이다. 따라서 채권에 불과한 주택임차권의 경우에는 본 법이 적용되지 아니한다(2013 사법시험 기출문제).

26) 대법원 2016.10.27. 선고 2016두43091 판결[양도소득세부과처분취소]
27) 대전고등법원 2016.11.24. 2016누11191.

제2절   판례법상 명의신탁

Ⅰ. 서설

가. 앞서 살펴 본 부동산실명법이 적용되지 않는 경우에 명의신탁의 효력은 어떠할 것인지가 문제된다. 이에 대하여 대법원은 종래 유효성을 널리 인정해 왔고, 부동산실명법이 적용되지 않는 그 밖의 명의신탁의 경우에는 여전히 판례이론이 적용된다.

나. 등기나 등록에 의하여 공시되는 재화에 한하여 명의신탁의 대상이 된다.[28] 그러나 동산에 관하여는 공부상 그 소유관계가 공시될 수 없는 것이기 때문에 명의신탁이 성립할 여지가 없고, 다만 동산을 점유하고 있다는 외관을 신뢰하고 그 점유자로부터 이를 매수하여 점유한 경우에는 동산의 선의취득이 문제될 뿐이다.[29]

Ⅱ. 대내적 관계

명의신탁자와 명의수탁자 사이에서는 명의신탁자가 명의신탁재산에 대한 소유권을 그대로 보유하면서 그것을 관리·수익한다. 따라서 명의신탁자는 등기 없이도 명의수탁자에 대하여 소유권을 주장할 수 있지만, 명의수탁자는 자기 앞으로 등기가되어 있다고 하여 명의신탁자에 대하여 소유권을 주장할 수 없다.[30]

---

28) 부동산, 주식, 선박, 자동차, 중기나 건설기계 등이 있다.
29) 대법원 1994.10.11. 선고 94다16175 판결.
30) 대법원 1993.11.09. 선고 92다31699 판결 − 부동산의 명의신탁이라 함은 당사자간의 신탁에 관한 채권계약에 의하여 신탁자가 실질적으로는 그의 소유에 속하는 부동산의 등기명의를 실체적인 거래관계가 없는 수탁자에게 매매 등의 형식으로 이전하여 두는 것을 일컫는 것이니 만큼, 신탁자는 수탁자에 대한 관계에 있어서 등기 없이 그 부동산에 대한 실질적인 소유권을 내세울 수 있는 것이며, 그 부동산이 공유물인 경우 공유자가 다수의 수탁자에게 하나의 명의신탁계약에 의하여 소유명의를 신탁하였다면 그 신탁자와 수탁자 상호관계에서 수탁자는 신탁자에 대하여는 물론 그들 상호간에 있어서도 그 부동산의 소유권 또는 지분권이 자기에게 있음을 주장할 수 없고, 신탁자는 사정 내지 재결명의나 소유권이전등기명의에 관계없이 그 부동산이 자신의 소유임을 주장할수 있다.

Ⅲ. 대외적 관계

가. 부동산소유권을 명의신탁한 경우에 비록 그 명의신탁을 해지하더라도 수탁자로부터 신탁자로의 소유권이전등기를 하지 않고 있는 한 그 소유권이 법률상 당연히 신탁자에게 복귀되는 것은 아니고 외부관계에 있어서의 수탁자의 지위에는 아무런 변동도 생기지 아니하는 것이고 같은 이치에서 수탁자가 사망한 경우에도 수탁자의 상속인은 외부관계에 있어서 그 소유권을 적법하게 상속취득하여 이를 제3자에게 유효하게 처분할 수 있다.[31]

나. 명의수탁자만이 소유권에 기한 물권적 청구권을 가지며, 명의수탁자의 일반채권자는 명의수탁자 명의의 재산에 대하여 강제집행할 수 있고, 등기명의인이 아닌 명의신탁자는 명의신탁을 이유로 명의수탁자의 일반채권자에 대하여 자기 소유권을 주장할 수 없다.[32]

다. 명의신탁부동산을 양수한 제3자는 명의신탁관계에 대한 선·악의를 불문하고 그 소유권을 유효하게 취득한다. 다만 명의수탁자로부터 신탁재산을 매수한 제3자가 명의수탁자의 명의신탁자에 대한 배신행위에 적극 가담한 경우에는 명의수탁자와 제3자 사이의 계약은 반사회적인 법률행위로서 무효라고 할 것이고, 따라서 명의수탁받은 부동산에 관한 명의수탁자와 제3자 사이의 매매계약은 무효로 보아야 할 것이다.[33]

라. 재산을 타인에게 신탁한 경우 대외적인 관계에 있어서는 수탁자만이 소유권자로서 그 재산에 대한 제3자의 침해에 대하여 배제를 구할 수 있으며, 신탁자는 수탁자를 대위하여 수탁자의 권리를 행사할 수 있을 뿐 직접 제3자에게 신탁재산에 대한 침해의 배제를 구할 수 없다.[34]

---

31) 대법원 1982.11.23. 선고 81다372 판결.
32) 대법원 1974.06.25. 선고 74다423 판결.
33) 대법원 1992.06.09. 선고 91다29842 판결.
34) 대법원 1979.09.25. 선고 77다1079 전원합의체 판결.

Ⅳ. 신탁법상 신탁과의 비교

가. 신탁법상의 신탁재산은 위탁자의 재산권으로부터 분리될 뿐만 아니라 수탁자의 고유재산으로부터 구별되어 관리되는 독립성을 갖게 되는 것이며, 그 독립성에 의하여 수탁자 고유의 이해관계로부터 분리되므로 수탁자의 일반채권자의 공동담보로 되는 것은 아니고, 따라서 경매목적물이 정리회사의 고유재산이 아니라 신탁재산이라면 회사정리법 제67조에 따른 경매절차의 금지 내지 중지조항이 적용될 것이 아니다.[35]

나. 신탁법에 따라 부동산에 관하여 신탁이 이루어진 경우, 수탁자 앞으로 소유권이전등기를 마치게 되면 대내외적으로 소유권이 수탁자에게 완전히 이전되고, 위탁자와의 내부관계에 있어서 소유권이 위탁자에게 유보되어 있는 것은 아니라 할 것이며, 이와 같이 신탁의 효력으로서 신탁재산의 소유권이 수탁자에게 이전되는 결과 수탁자는 대내외적으로 신탁재산에 대한 관리권을 갖는 것이고, 다만 수탁자는 신탁의 목적 범위 내에서 신탁계약에 정하여진 바에 따라 신탁재산을 관리하여야 하는 제한을 부담함에 불과하다.[36]

다. 신탁사무의 처리상 발생한 채권을 가지고 있는 채권자는 수탁자의 일반채권자와 달리 신탁재산에 대하여도 강제집행을 할 수 있는데(신탁법 제21조 제1항), 한편 수탁자의 이행책임이 신탁재산의 한도 내로 제한되는 것은 신탁행위로 인하여 수익자에 대하여 부담하는 채무에 한정되는 것이므로(신탁법 제32조), 수탁자가 수익자 이외의 제3자 중 신탁재산에 대하여 강제집행을 할 수 있는 채권자(신탁법 제21조 제1항)에 대하여 부담하는 채무에 관한 이행책임은 신탁재산의 한도 내로 제한되는 것이 아니라 수탁자의 고유재산에 대하여도 미치는 것으로 보아야 한다. 그리고 수탁자가

---

35) 대법원 2002.12.06. 자 2002마2754 결정.

36) 대법원 2002.04.12. 선고 2000다70460 판결 – 신탁법상의 신탁은 위탁자가 수탁자에게 특정의 재산권을 이전하거나 기타의 처분을 하여 수탁자로 하여금 신탁 목적을 위하여 그 재산권을 관리·처분하게 하는 것이므로(신탁법 제1조 제2항), 부동산의 신탁에 있어서 수탁자 앞으로 소유권이전등기를 마치게 되면 대내외적으로 소유권이 수탁자에게 완전히 이전되고, 위탁자와의 내부관계에 있어서 소유권이 위탁자에게 유보되어 있는 것은 아니라 할 것이며, 이와 같이 신탁의 효력으로서 신탁재산의 소유권이 수탁자에게 이전되는 결과 수탁자는 대내외적으로 신탁재산에 대한 관리권을 갖는 것이고, 다만, 수탁자는 신탁의 목적 범위 내에서 신탁계약에 정하여진 바에 따라 신탁재산을 관리하여야 하는 제한을 부담함에 불과하다.

파산한 경우에 신탁재산은 수탁자의 고유재산이 된 것을 제외하고는 파산재단을 구성하지 않는 것이지만(신탁법 제22조), 신탁사무의 처리상 발생한 채권을 가진 채권자는 파산선고 당시의 채권 전액에 관하여 파산재단에 대하여 파산채권자로서 권리를 행사할 수 있는 것이다.[37]

라. 신탁은 위탁자가 수탁자에게 재산권을 이전하거나 기타의 처분을 하여 수탁자로 하여금 신탁의 목적을 위하여 재산의 관리 또는 처분을 하도록 하는 것이어서 부동산의 신탁에 있어서 신탁자의 위탁에 의하여 수탁자 앞으로 그 소유권이전등기를 마치게 되면 대내외적으로 소유권이 수탁자에게 완전히 이전되고, 위탁자와의 내부관계에 있어서 소유권이 위탁자에게 유보되어 있는 것은 아니므로 신탁의 해지 등 신탁종료의 사유가 발생하더라도 수탁자가 신탁재산의 귀속권리자인 수익자나 위탁자 등에게 새로이 목적부동산의 소유권 등 신탁재산을 이전할 의무를 부담하게 될 뿐, 신탁재산이 수익자나 위탁자 등에게 당연히 복귀되거나 승계된다고 할 수 없다.[38]

---

37) 대법원 2004.10.15. 선고 2004다31883,31890 판결.
38) 대법원 1994.10.14. 선고 93다62119 판결.

용익물권과 임대차

03

Ⅰ. 지상권(용익물권)과 토지임대차(채권)

1. 용익물권

(1) 개념

(2) 설정계약

(3) 물권적 효력

2. 용익물권의 종류

(1) 지상권

(2) 지역권

(3) 전세권

3. 용익물권의 특성

4. 용익물권과 임차권의 구별

(1) 대외적 효력

용익물권에서는 설정자와 용익물권자 사이에 체결된 설정계약의 효력이 제3자에 대한 관계에서도 효력을 가지는 반면, 대항력이 없는 임대차에서는 계약의 효력이 당사자 사이에서만 발생한다.

(2) 목적물의 처분 등

용익물권은 채권과 비교하여 재산권으로서의 성격이 더욱 강하므로 용익물권자의 처분권한이 법률로서 보장된다. 즉 설정자가 목적물의 소유권을 양도하더라도 그 양수인은 당연히 용익물권의 부담을 지게 되고 설정계약상의 지위를 인수하게 되고, 지상권이나 전세권에 대하여는 이를 담보로 제공하여 저당권을 설정할 수 있다(법 제371조). 이와 달리 임대차의 경우에는 목적물의 양도로 임차인은 목적물에 대한 사용·수익권을 상실하게 되고, 양수인의 목적물인도청구가 있으면 그 물건을 그에게 인도해야 한다. 임차인은 임대인의 동의 없이 그 임차권을 양도하거나 목적물을 전대하지 못하는데(법 제629조 제1항), 이를 위반하여 임차권을 양도하거나 전대한 경우에 임대인은 계약을 해지할 수 있다(법 제629조 제2항). 또한 임차권은 지상권 및 전세권과 달리 저당권의 목적이 되지 못한다.

(3) 물권적 청구권

용익물권자는 물권적 청구권을 행사할 수 있지만, 임차권의 경우에는 채권에 불과하므로 임차인이 직접 제3자의 방해를 배제할 수 없다. 임차인은 임대인의 방해배제청구권을 대위행사함으로써 방해를 배제할 수 있다.

(4) 존속기간의 보장

용익물권 중 지상권은 최단기간의 제한을 두어 장기의 존속기간을 보장받는 반면에 임차권은 최장기간 제한을 두고 있다.[1] 그러나 민법 제651조가 헌법재판소 위

---

1) 임차권 존속기간을 20년으로 제한한 민법 제651조 규정에 대하여 헌법재판소의 위헌 판결이 있었다. 이에 따라 민법규정이 다음과 같이 개정되었다.

헌판결로 삭제되었기 때문에 더 이상 현재로서는 최장기간의 제한은 없다. 임차권의 최단기간 보장에 관한 규정은 민법에는 없지만, 주택임차인의 경우에는 2년의 최단기간 보장을 받게 된다.

(5) 지상물의 매수청구권

계약의 종료로 용익권이 소멸될 때, 용익권자는 토지소유자에게 그 용익권에 기해 건축한 지상물의 매수를 청구할 수 있다(법 제283조, 제285조). 이 매수청구권은 용익물권인 지상권의 경우뿐만 아니라 채권인 임차권의 경우에도 인정된다(법 제643조). 지상권자와 임차인은 지상물의 매수청구를 통해 투하자본의 회수를 할 수 있게 된다.

Ⅱ. 전세권과 채권적 전세의 관계

1. 채권적 전세

채권적 전세는 소비대차와 임대차가 결합된 계약으로서 전세금을 지급하고 그 이자를 차임으로써 충당하는 관행적 제도이다. 채권적 전세는 임대차의 일종으로서 파악된다. 판례는 현행민법 제정 전부터 이를 인정해왔고,[2] 이에 의하면 전세계약은 전세권자가 상대방에 대하여 전세금을 교부하고 소정기간 상대방소유의 가옥을 점유사용하고 그 차임과 전세금의 이자를 상계시킬 것을 내용으로 하는 쌍무계약으로서 전세권자가 월세를 지급하지 않음이 관습이다.[3]

주택에 설정된 채권적 전세는 주택임대차보호법(1981년 제정)에 의하여 물권에 못지 않은 효력을 인정받는다(채권의 물권화). 주택임대차보호법에 의할 경우에 ① 제3자에 대한 대항요건을 갖추는 것이 전세권의 등기보다 쉽고, ② 일정액에 대하여는 어떤 담보물권자보다 우선하여 변제받을 수 있는 우선특권이 인정된다는 점 등 민법의 전세권규정보다 더욱 강하게 보호를 받게 된다.

제651조 삭제 <2016.1.6.>

[2016.1.6. 법률 제13710호에 의하여 2013.12.26. 헌법재판소에서 위헌결정 된 이 조를 삭제함.]

2) 이은영, 앞의 책, 353쪽.

3) 대법원 1958.04.24. 선고 4290민상867 판결.

참고로 주택임대차보호법은 "주택의 등기를 하지 아니한 전세계약에 관하여는 이 법을 준용한다. 이 경우 '전세금'은 '임대차의 보증금'으로 본다"라는 규정을 두고 있다(법 제12조).

2. 전세권과 주택임차권의 주장

전세권이 주택에 대하여 설정된 경우에 전세권자는 주택임차인으로서의 보호도 받을 수 있다. 판례는 등기된 전세권에 관해서도 주택임대차보호법을 준용하여, 전세계약 당시에 채권적 전세로 있으면서 대항요건을 갖추었으나 이에 덧붙여 물권적 전세로서 등기한 경우에 주택임대차보호법에 따라 우선변제권이 인정된다.

전세권자는 담보물권으로서의 전세권을 주장하거나 또는 주택임차권으로서의 우선변제권을 주장할 수 있다. 주택임차인으로서의 우선변제를 받을 수 있는 권리와 전세권자로서 우선변제를 받을 수 있는 권리는 근거규정 및 성립요건을 달리하는 별개의 것이므로, 주택임대차보호법상 대항력을 갖춘 임차인이 임차주택에 관하여 전세권설정등기를 경료하였다거나 전세권자로서 배당절차에 참가하여 전세금의 일부에 대하여 우선변제를 받았더라도 변제받지 못한 나머지 보증금에 기한 대항력행사에 장애는 없다.[4]

3. 사안의 검토

갑은 담보물권으로서의 전세권을 주장하거나 또는 주택임차권으로서의 우선변제권을 주장할 수 있다. 다만 사안에서 전세권이 설정된 시기가 저당권보다 후순위이므로 전세권을 주장하는 것이 오히려 불리할 수 있다. 즉 전세권을 주장하는 경우에는 저당권자가 경매대금에서 변제를 받고 난 후에 남은 금액이 있어야 변제받을 수 있게 된다.

---

4) 대법원 1993.11.23. 선고 93다10552 판결.

➡ **쟁점사례 Ⅰ - 토지임대차와 지상권** [12]

토지소유자 갑은 을과 사이에서 계약을 체결(2018년 5월 2일)하였는데 그 내용은 다음과 같다.

문 1
동년 6월 1일 갑이 을에게 토지를 인도해주고, 을은 토지를 인도받아 석조건물을 건축하여 그 토지를 20년간 사용하기로 한다. 그리고 을은 매월 말경에 약정한 임대료를 갑에게 지급하기로 한다. 을이 가지는 권리는 무엇인가?

문 2
동년 6월 1일 갑이 을에게 토지를 인도해주고, 을은 토지를 인도받아 석조건물을 건축하여 그 토지를 20년간 사용하기로 한다. 그리고 을은 매월 말경에 약정한 지료를 갑에게 지급하기로 한다. 이와 같은 계약에 따라 을은 토지를 인도받아 건물을 건축하였고, 그 건물의 보존등기를 하기 직전에 토지에 대한 지상권등기를 경료하였다. 을이 가지는 권리는 무엇인가?

문 3
처음에는 갑과 을 사이에 임대차계약을 체결하여 사용하다가 약정한 기간이 만료한 다음에 지상권을 설정하면서 기간을 영구무한으로 정하였다면 이는 유효한가?

문 4
영구무한 지상권을 설정하고 지료는 무상으로 정한 경우에 과세관청은 조세포털에 해당한다고 주장하면서 실질과세에 따라 임대료 상당에 관하여 소득세를 부과해야한다고 주장한다. 이의 주장은 타당한가?

➡ **쟁점사례 Ⅱ - 주거목적 오피스텔 임대의 경우** [13]

갑은 을로부터 X 오피스텔 201호를 임차하기로 하였다. 그런데 갑은 주거목적으로 임차하는 것이어서 전입신고를 하려고 하였으나 을은 전입신고를 원하지 않는다면서 임대차계약조건에 전입신고 불가조항을 포함하도록 요구하였다. 갑이 자신의 임대보증금을 확보하기 위하여 취할 수 있는 방안은?

> **➡ 쟁점사례Ⅲ - 채권적 전세와 전세권등기**   14
>
> 갑은 을이 소유하고 있는 주택의 방 한 칸을 전세금 5천만 원을 지급하고 빌리고자 한다. 전세금을 지급한 후에 이삿짐을 옮기고 주민등록 및 임대차계약서에 확정일자도 받았다. 그러나 몇 개월이 지난 후 X건물이 이미 저당권이 설정되어 있다는 사실을 알게 되었다. 갑은 혹시라도 전세금을 돌려받지 못하게 될까 불안하여 집주인에게 요구하여 전세권설정등기까지 경료하였다. 갑이 행사할 수 있는 권리는 무엇인가?[5]

---

5) 이은영, 리갈마인드 물권법, 박영사, 2016, 298－299쪽 참조.

주택임대차보호법

04

Ⅰ. 서설

이 법은 주거용 건물의 임대차(賃貸借)에 관하여 '민법'에 대한 특례를 규정함으로써 국민 주거생활의 안정을 보장함을 목적으로 한다(법 제1조).

Ⅱ. 적용범위

1. 법조문

이 법은 주거용 건물(이하 "주택"이라 한다)의 전부 또는 일부의 임대차에 관하여 적용한다. 그 임차주택(賃借住宅)의 일부가 주거 외의 목적으로 사용되는 경우에도 또한 같다(법 제2조).

2. 주거용 건물의 판단기준

(1) 실지용도

주택임대차보호법 제2조 소정의 주거용 건물에 해당하는지 여부는 임대차목적물의 공부상의 표시만을 기준으로 할 것이 아니라 그 실지용도에 따라서 정하여야 하고 건물의 일부가 임대차의 목적이 되어 주거용과 비주거용으로 겸용되는 경우에는 구체적인 경우에 따라 그 임대차의 목적, 전체 건물과 임대차목적물의 구조와 형태 및 임차인의 임대차목적물의 이용관계 그리고 임차인이 그곳에서 일상생활을 영위하는지 여부 등을 아울러 고려하여 합목적적으로 결정하여야 한다.[1] 예컨대 방 2개와 주방이 딸린 다방이 영업용으로서 비주거용 건물이라고 보여 지고, 설사 그 중 방 및 다방의 주방을 주거목적에 사용한다고 하더라도 이는 어디까지나 다방의 영업에 부수적인 것으로서 그러한 주거목적 사용은 비주거용 건물의 일부가 주거목적으로 사용되는 것일 뿐, 주택임대차보호법 제2조 후문에서 말하는 '주거용 건물의 일부가 주거 외의 목적으로 사용되는 경우'에 해당한다고 볼 수 없다.

(2) 단순 채권회수의 목적

주택임대차보호법은 실제 주택을 사용·수익하는 임차인을 보호하기 위한 것이므로, 채권자가 채무자 소유의 주택에 관하여 채무자와 임대차계약을 체결하고 전입신고를 마친 다음 그곳에 거주하였다고 하더라도 실제 임대차계약의 주된 목적이 주택을 사용·수익하려는 것에 있는 것이 아니고, 실제적으로는 소액임차인으로 보호받아 선순위 담보권자에 우선하여 채권을 회수하려는 것에 주된 목적이 있었던 경우에는 그러한 임차인을 주택임대차보호법상 소액임차인으로 보호할 수 없다.[2]

3. 주거용 건물의 판단시점

주거용 건물인지 여부를 판단하는 기준시점은 원칙적으로 임대차계약의 체결시이다. 따라서 비주거용 건물을 임차하여 임차인이 임의로 주거용으로 개조하여 사용한다거나 비주거용 건물에 주거용 건물을 증축하여 사용하는 경우에는 임대인이 이를 승낙하였다는 등의 특별한 사정이 없는 한 주거용 건물이라고 할 수 없으나, 점포 및 사무실로 사용되던 건물에 근저당권이 설정된 후 그 건물이 주거용 건물로 용도 변경되어 이를 임차한 경우라도 주택임대차보호법의 적용대상이 된다.

---

1) 대법원 1996.03.12. 선고 95다51953 판결.
2) 대법원 2001.05.08. 선고 2001다14733 판결.

Ⅲ. 보호범위

1. 임대인

주택임대차보호법이 적용되는 임대차가 임차인과 주택의 소유자인 임대인 사이에 임대차계약이 체결된 경우로 한정되는 것은 아니나, 적어도 그 주택에 관하여 적법하게 임대차계약을 체결할 수 있는 권한을 가진 임대인이 임대차계약을 체결할 것이 요구된다.[3]

2. 임차인

주택임대차보호법 제3조 제1항에 의한 대항력 취득의 요건인 주민등록은 임차인 본인뿐 아니라 배우자나 자녀 등 가족의 주민등록도 포함되고, 이러한 법리는 구 재외동포의 출입국과 법적 지위에 관한 법률(2008.3.14. 법률 제8896호로 개정되기 전의 것)에 의한 재외국민이 임차인인 경우에도 마찬가지로 적용된다.[4]

Ⅳ. 제3자에 대한 대항력

1. 개관

종래 임대차 관계에서는 임차인의 보호에 미흡한 점이 있어, 일정한 요건아래 임차인을 보호하여 주거안정을 도모하고자 주택임대차보호법을 만들게 되었다.

> **법 제3조(대항력 등)** ① 임대차는 그 등기(登記)가 없는 경우에도 임차인(賃借人)이 주택의 인도(引渡)와 주민등록을 마친 때에는 그 다음 날부터 제삼자에 대하여 효력이 생긴다. 이 경우 전입신고를 한 때에 주민등록이 된 것으로 본다.

---

3) 대법원 2014.02.27. 선고 2012다93794 판결 배당이의[공2014상,696]
4) 대법원 2016.10.13. 선고 2014다218030,218047 판결 건물인도등청구의소·임대차보증금[공2016하,1658]

법 제3조 제1항 전문에서 말하는 '제삼자에의 대항력'이라는 말은 임차인이 임차주택의 양수인, 임대할 권리를 승계한 자, 기타 임차주택에 관하여 이해관계를 가진 자에 대하여 임대차의 내용을 주장할 수 있는 법률상의 권능을 말한다.

2. 요건

(1) 주택의 인도

주택의 인도는 주택에 대한 점유, 즉 주택에 대한 사실상의 지배력을 이전하는 것을 말한다. 여기에서의 인도에는 현실인도뿐만 아니라, 간이인도, 반환청구권의 양도 및 점유개정에 의한 인도도 포함된다. 주택임차인이 임차주택을 직접점유하여 거주하지 않고 간접점유하여 자신의 주민등록을 이전하지 않은 경우라 하더라도, 임대인의 승낙을 받아 임차주택을 전대하고 그 전차인이 주택을 인도받아 자신의 주민등록을 마친 때에는 그때로부터(익일 오전 0시) 임차인은 제3자에 대하여 대항력을 취득한다.[5]

(2) 주민등록

가. 개요

대항력의 요건으로서 주민등록은 원칙적으로 적법한 것이어야 한다. 적법한 주민등록이라는 의미는 ① 주민등록이 주민등록법상의 절차에 따른 유효한 주민등록이어야 하고, ② 주민등록은 실제의 거주를 표상하는 것이어야 한다는 것을 의미한다. 주민등록이 어떤 임대차를 공시하는 효력이 있는가의 여부는 그 주민등록으로 제3자가 임차권의 존재를 인식할 수 있는가에 따라 결정된다고 할 것이므로, 주민등록이 대항력의 요건을 충족시킬 수 있는 공시방법이 되려면 단순히 형식적으로 주민등록이 되어 있다는 것만으로는 부족하고, 주민등록에 의하여 표상되는 점유관계가 임차권을 매개로 하는 점유임을 제3자가 인식할 수 있는 정도가 되어야 한다.[6]

---

5) 대법원 1994.06.24. 선고 94다3155 판결.
6) 대법원 2002.11.08. 선고 2002다38361,38378 판결.

나. 판례의 태도

참조판례　**대법원 1996.1.26. 선고 95다30338 판결(가족의 주민등록)**

원심판결 이유에 의하면 원심은, 그 내세운 증거에 의하여, 이 사건 임차주택 등에 대한 근저당권자인 원고의 임의경매 개시신청에 따라 서울민사지방법원은 1993.1.8. 임의경매 개시결정을 하였고, 같은 달 12. 그 기입등기가 이루어진 사실, 피고는 1992.2.17. 소외 안병철로부터 이 사건 임차주택의 1층 중 방 1칸을 임차하여 그 무렵 이를 인도받아 입주하였으나, 위 임의경매 개시결정의 **기입등기가 이루어진 이후인 1993.10.25.에야 비로소 이에 대한 주민등록 전입신고를 마친** 사실을 인정한 다음, 피고는 이 사건 경매개시결정의 기입등기가 이루어지기 이전에 이 사건 임차주택의 주소지에 주민등록을 마쳐 두지 아니하였으므로 주택임대차보호법 제8조 소정의 소액임차인에 해당한다고 볼 수 없어 근저당권자인 원고보다 우선하여 소액보증금을 받을 수 없다고 판단하였다.

그러나 주택임대차보호법 제3조 제1항에서 규정하고 있는 **주민등록이라는 대항요건은 임차인 본인뿐만 아니라 그 배우자나 자녀 등 가족의 주민등록을 포함한다**고 할 것이고(대법원 1995.6.5. 94마2134 결정 참조), 또한 임차인이 그 가족과 함께 그 주택에 대한 점유를 계속하고 있으면서 그 가족의 주민등록을 그대로 둔 채 임차인만 주민등록을 일시 다른 곳으로 옮긴 경우라면 전체적으로나 종국적으로 주민등록의 이탈이라고 볼 수 없는 만큼 임대차의 제3자에 대한 대항력을 상실하지 아니한다고 할 것이다(대법원 1989.1.17. 88다카143 결정 참조).

참조판례　**대법원 2001.1.19. 선고 2000다55645 판결(간접점유)**

주택임대차보호법 제3조 제1항 소정의 대항력은 임차인이 당해 주택에 거주하면서 이를 직접 점유하는 경우뿐만 아니라 타인의 점유를 매개로 하여 이를 간접점유하는 경우에도 인정될 수 있을 것이나, 그 경우 당해 주택에 실제로 거주하지 아니하는 간접점유자인 임차인은 주민등록의 대상이 되는 '당해 주택에 주소 또는 거소를 가진 자'(주민등록법 제6조 제1항)가 아니어서 그 자의 주민등록은 주민등록법 소정의 적법한 주민등록이라고 할 수 없고, 따라서 간접점유자에 불과한 임차인 자신의 주민등록으로는 대항력의 요건을 적법하게 갖추었다고 할 수 없으며, 임차인과의 점유매개관계에 기하여 당해 주택에 실제로 거주하는 직접점유자가 자신의 주민등록을 마친 경우에 한하여 비로소 그 임차인의 임대차가 제3자에 대하여 적법하게 대항력을 취득할 수 있다.

참조판례 **대법원 1997.11.14. 선고 97다29530 판결(다가구주택)**

이른바 **다가구용 단독주택의 경우** 건축법이나 주택건설촉진법상 이를 공동주택으로 볼 근거가 없어 단독주택으로 보는 이상 주민등록법 시행령 제5조 제5항에 따라 임차인이 위 건물의 일부나 전부를 임차하고, 전입신고를 하는 경우 지번만 기재하는 것으로 충분하고, 나아가 위 건물 거주자의 편의상 구분하여 놓은 호수까지 기재할 의무나 필요가 있다고 할 수 없고, 등기부의 갑구란의 각 지분 표시 뒤에 각 그 호수가 기재되어 있으나 이는 법령상의 근거가 없이 소유자들의 편의를 위하여 등기공무원이 임의적으로 기재하는 것에 불과하며, 임차인이 실제로 위 건물의 어느 부분을 임차하여 거주하고 있는지 여부의 조사는 단독주택의 경우와 마찬가지로 위 건물에 담보권 등을 설정하려는 이해관계인의 책임하에 이루어져야 할 것이므로 **임차인이 전입신고로 지번을 정확히 기재하여 전입신고를 한 이상 일반 사회통념상 그 주민등록으로 위 건물에 임차인이 주소 또는 거소를 가진 자로 등록되어 있는지를 인식할 수 있어 임대차의 공시방법으로 유효하다고** 할 것이고, 설사 위 임차인이 위 건물의 소유자나 거주자 등이 부르는 대로 지층 1호를 1층 1호로 잘못 알고, 이에 따라 전입신고를 '연립-101'로 하였다고 하더라도 달리 볼 것은 아니다.

참조판례 **대법원 1996.2.23. 선고 95다48421 판결(다세대주택)**

원심이 확정한 바와 같이, 피고 송춘옥이 소외 주식회사 영성건설(이하 소외 회사라고 한다)로부터 임차한 주택은 경기 포천군 관인면 탄동리 605의 16 및 같은 번지의 23 지상의 다세대주택 3동 19세대 중 시동 1층 101호이고, 피고 최낙철이 임차한 주택은 같은 시동 2층 201호임에 비하여, 주민등록은 피고 송춘옥의 경우 위 같은 리 '605의 23'(원심의 '605의 13'은 오기임이 분명하다)으로, **피고 최낙철의 경우 같은 리 '605의 22'으로만 등재되어 있을 뿐이라면, 위 주민등록으로써는 일반의 사회통념상 피고들이 위 다세대주택의 시동 1층 101호 또는 시동 2층 201호에 주소를 가진 것으로 제3자가 인식할 수는 없는 것이므로, 피고들은 위 임차한 주택에 관한 임대차의 유효한 공시방법을 갖추었다고 볼 수 없다** 할 것이다(대법원 1994.11.22. 선고 94다13176 판결, 1995.4.28. 선고 94다 27427 판결 등 참조). 이와 같은 취지의 원심판단은 정당하고, 거기에 소론이 지적하는 바와 같은 위법이 있다고 할 수 없다.

참조판례 **대법원 1999.4.23. 선고 98다32939 판결**

[1] 주택임대차보호법 제3조 제1항에서 주택의 인도와 더불어 대항력의 요건으로 규정하고 있는 주민등록은 거래의 안전을 위하여 임차권의 존재를 제3자가 명백히 인식할 수

있게 하는 공시방법으로 마련된 것으로서, 주민등록이 어떤 임대차를 공시하는 효력이 있는가의 여부는 그 주민등록으로 제3자가 임차권의 존재를 인식할 수 있는가에 따라 결정된다고 할 것이므로, 주민등록이 대항력의 요건을 충족시킬 수 있는 공시방법이 되려면 단순히 형식적으로 주민등록이 되어 있다는 것만으로는 부족하고, 주민등록에 의하여 표상되는 점유관계가 임차권을 매개로 하는 점유임을 제3자가 인식할 수 있는 정도는 되어야 한다.

[2] 갑이 1988.8.30. 당해 주택에 관하여 자기 명의로 소유권이전등기를 경료하고 같은 해 10.1. 그 주민등록 전입신고까지 마친 후 이에 거주하다가 1993.10.23. 을과의 사이에 그 주택을 을에게 매도함과 동시에 그로부터 이를 다시 임차하되 매매잔금 지급기일인 1993.12.23.부터는 주택의 거주관계를 바꾸어 갑이 임차인의 자격으로 이에 거주하는 것으로 하기로 약정하고 계속하여 거주해 왔으나, 위 매매에 따른 을 명의의 소유권이전등기는 1994.3.9.에야 비로소 경료된 경우, 제3자로서는 그 주택에 관하여 갑으로부터 을 앞으로 소유권이전등기가 경료되기 전에는 갑의 주민등록이 소유권 아닌 임차권을 매개로 하는 점유라는 것을 인식하기 어려웠다 할 것이므로, 갑의 주민등록은 그 주택에 관하여 을 명의의 소유권이전등기가 경료된 1994.3.9. 이전에는 주택임대차의 대항력 인정의 요건이 되는 적법한 공시방법으로서의 효력이 없고, 그 이후에야 비로소 갑과 을 사이의 임대차를 공시하는 유효한 공시방법이 된다고 본 사례.

[3] 민사소송법 제608조 제2항이 존속기간의 정함이 없거나 같은 법 제611조의 등기 후 6월 이내에 그 기간이 만료되는 전세권을 저당권과 함께 소멸하는 것으로 규정하고 있는 것은 전세권의 우선변제적 효력에 근거하여 담보물권처럼 취급한 결과이므로, 이는 선행하는 저당권이 없는 상태에서 존재하는 전세권에 관하여 규정한 것으로 보아야지, 선행하는 저당권이 있고 그것이 경매로 인하여 소멸하는 경우에도 당연히 적용된다고 볼 것은 아니고, 또한 위 조항은 경락으로 인하여 용익물권이나 대항력을 갖춘 임차권이 소멸하는지 여부에 대하여 규정한 것도 아니므로, 경락으로 인한 용익물권이나 대항력을 갖춘 임차권의 소멸 여부는 민사소송법에 명문의 규정이 없다고 할 것이니 이는 결국 해석에 의하여 결정될 수밖에 없는데, 후순위 저당권의 실행으로 목적부동산이 경락된 경우에는 민사소송법 제728조, 제608조 제2항의 규정에 의하여 선순위 저당권까지도 당연히 소멸하는 것이므로, 이 경우 비록 후순위 저당권자에게는 대항할 수 있는 임차권이라 하더라도 소멸된 선순위 저당권보다 뒤에 등기되었거나 대항력을 갖춘 임차권은 함께 소멸하는 것이고, 따라서 그 경락인은 주택임대차보호법 제3조에서 말하는 임차주택의 양수인 중에 포함된다고 할 수 없을 것이므로 경락인에 대하여 그 임차권의 효력을 주장할 수 없다.

(3) 유효한 임대차 계약

임대차계약 당사자가 기존채권을 임대차보증금으로 전환하여 임대차계약을 체결하였다는 사정만으로 임차인이 주택임대차보호법 제3조 제1항 소정의 대항력을 갖지 못한다고 볼 수는 없으나(대법원 2002.1.8. 선고 2001다47535 판결), 기존 채권을 임대차보증금으로 하기로 하고 주택의 인도와 주민등록을 마침으로써 주택임대차로서의 대항력을 취득한 것처럼 외관을 만들었을 뿐 실제 주택을 주거용으로 사용·수익할 목적을 갖지 않은 계약은 주택임대차계약으로서는 통정허위표시에 해당되어 무효이므로 이에 주택임대차보호법이 정하고 있는 대항력을 부여할 수는 없다.[7]

3. 대항력의 발생시기 및 존속요건

(1) 대항력의 발생시기

주택인도와 주민등록을 마친 '다음날'에 발생한다. '다음날'부터 대항력이 생긴다고 함은 다음날 오전 영시부터 대항력이 생긴다는 취지이므로 다음날 주간에 등기가 경료된 저당권에 기한 매수인에게 대항할 수 있다.[8]

(2) 대항력의 존속요건

가. 의의

주택의 인도와 주민등록은 임차권의 대항력의 취득요건일 뿐만 아니라 주택의 점유와 주민등록의 계속은 대항력의 존속요건이다. 판례도 공시방법이 없는 주택임대차에 있어서 주택의 인도와 주민등록이라는 우선변제의 요건은 그 우선변제권 취득시에만 구비하면 족한 것이 아니고, 배당요구의 종기까지 계속 존속하고 있어야 한다고 한다.[9]

나. 점유의 계속

주택을 인도받아 주택의 점유를 계속하여야 한다. 그러나 일단 주택을 인도받은

---

7) 대법원 2002.03.12. 선고 2000다24184,24191 판결.
8) 대법원 1999.05.25. 선고 99다9981 판결.
9) 대법원 1998.12.11. 선고 98다34584 판결.

후에 제3자에 의하여 위법하게 침탈되었다 하더라도 점유회복의 소 등을 제기하여 점유를 회복하게 되면 점유는 계속한 것으로 해석된다.

다. 주민등록의 존속

① 주민등록 이탈의 경우

주민등록이라는 대항요건은 임차인 본인뿐만 아니라 그 배우자나 자녀 등 가족의 주민등록을 포함하는 것이므로 임차인이 그 가족과 함께 그 주택에 대한 점유를 계속하고 있으면서 그 가족의 주민등록은 그대로 둔 채 임차인만 주민등록을 일시 다른 곳으로 옮긴 일이 있다 하더라도 전체적으로나 종국적으로 주민등록의 이탈이라고 볼 수 없는 이상 임대차의 제3자에 대한 대항력을 상실하지 아니한다.[10]

② 주민등록 존속 여부에 대한 판례의 검토

참조판례　대법원 1998.1.23. 선고 97다43468 판결

주택임대차보호법이 제3조 제1항에서 주택임차인에게 주택의 인도와 주민등록을 요건으로 명시하여 등기된 물권에 버금가는 강력한 대항력을 부여하고 있는 취지에 비추어 볼 때, 달리 공시방법이 없는 주택임대차에 있어서 주택의 인도 및 주민등록이라는 대항요건은 그 대항력 취득시에만 구비하면 족한 것이 아니고, 그 대항력을 유지하기 위하여서도 계속 존속하고 있어야 한다고 해석함이 상당하다(대법원 1987.2.24. 선고 86다카1695 판결, 1989.1.17. 선고 88다카143 판결 등 참조).

따라서 주택의 임차인이 그 주택의 소재지로 전입신고를 마치고 그 주택에 입주함으로써 일단 임차권의 대항력을 취득한 후 어떤 이유에서든지 그 가족과 함께 일시적이나마 다른 곳으로 주민등록을 이전하였다면 이는 전체적으로나 종국적으로 주민등록의 이탈이라고 볼 수 있으므로 그 **대항력은 그 전출 당시 이미 대항요건의 상실로 소멸**되는 것이고, 그 후 그 임차인이 얼마 있지 않아 다시 원래의 주소지로 **주민등록을 재전입하였다 하더라도 이로써 소멸되었던 대항력이 당초에 소급하여 회복되는 것이 아니라 그 재전입한 때부터 그와는 동일성이 없는 새로운 대항력이 재차 발생하는 것**이라 하겠다.

참조판례　대법원 1996.1.26. 선고 95다30338 판결

주택임대차보호법 제3조 제1항에서 규정하고 있는 **주민등록이라는 대항요건은 임차인 본인뿐만 아니라 그 배우자나 자녀 등 가족의 주민등록을 포함**한다고 할 것이고(대법원 1995.6.5. 94마2134 결정 참조), 또한 임차인이 그 가족과 함께 그 주택에 대한 점유를

---

10) 대법원 1996.01.26. 선고 95다30338 판결.

계속하고 있으면서 그 가족의 주민등록을 그대로 둔 채 임차인만 주민등록을 일시 다른 곳으로 옮긴 경우라면 전체적으로나 종국적으로 주민등록의 이탈이라고 볼 수 없는 만큼 임대차의 제3자에 대한 대항력을 상실하지 아니한다고 할 것이다(대법원 1989.1.17. 88 다카143 결정 참조).

참조판례 **대법원 2000.9.29. 선고 2000다37012 판결**

1. 원심판결 이유에 의하면, 원심은, 피고는 1992.9.30. 소외 1로부터 그 소유인 이 사건 건물 일부를 보증금 20,000,000원, 기간 1992.10.30.부터 36개월간으로 정하여 임차하면서 같은 날 소외 1에게 위 보증금을 지급하고 위 건물에 입주하였으며, 1992.11.23. 이 사건 건물 소재지인 '서울 은평구 응암동 242의 108 14통 5반'으로 전입신고를 마쳤고, 위 임대차 계약은 기간 만료 후 묵시적으로 갱신되어 온 사실, 원고는 1995.6.24. 이 사건 건물에 관하여 1995.6.23. 근저당권설정계약을 원인으로 한 채권최고액 180,000,000원, 채무자 소외 최재수로 된 제1번 근저당권설정등기를 경료한 사실, 그런데 소외 1은 임차인인 피고의 대항력을 상실시켜 원고로부터 추가로 융자금을 대출받기 위하여 피고의 동의를 받지 아니한 채 임의로 1995.7.18. 서울 은평구 응암2동 사무소에 피고가 '서울 은평구 응암동 242의 98'로 전입하고 이 사건 건물 소재지에서 퇴거한다는 취지의 전입신고를 함으로써 주민등록표에 피고가 위 응암동 242의 98로 전입한 것으로 등재된 사실, 원고는 1995.7.22. 이 사건 건물에 관하여 1995.7.22. 근저당권설정계약을 원인으로 한 채권최고액 120,000,000원, 채무자 소외 1로 된 제2번 근저당권설정등기를 경료한 사실, 소외 1은 원고로부터 대출절차가 완료된 후인 1995.8.21. 피고가 이 사건 건물 소재지로 전입한다는 취지의 전입신고를 하여, 같은 날 주민등록표에 피고가 이 사건 건물 소재지로 재전입한 것으로 등재된 사실, 이후 이 사건 건물에 관하여 원고의 신청에 따라 서울지방법원 서부지원 96타경29447호로 담보권실행을 위한 경매절차가 진행되었는데, 위 경매절차에서 원고가 1997.11.28. 낙찰허가결정을 선고받고 낙찰대금을 완납하여 1997.12.12. 소유권이전등기를 경료한 사실 등을 인정한 다음, 주민등록의 이전으로 주택임차인이 대항력을 상실하는 것은 주민등록의 이전이 유효함을 전제로 하는 것이고, 기존의 주민등록이 원인 없이 다른 주소지로 이전된 경우에는 당초의 주택의 소재지로의 주민등록의 효력에는 아무런 영향이 없으므로, 이 사건과 같이 주택임차인의 자의에 의하지 않고 제3자에 의하여 원인 없이 주민등록이 이전된 경우에는 주택임차인이 이미 취득한 대항력은 그 동일성을 유지한 채 계속되고, 따라서 피고는 원인 없이 주민등록이 이전된 이후에 이 사건 건물을 취득한 원고에게 이를 대항할 수 있다고 판단하고 있다.

2. (생략) 위와 같이 주민등록이 대항력의 존속요건이라 하더라도 원심이 확정한 바와 같

이 주민등록이 주택임차인의 의사에 의하지 않고 제3자에 의하여 임의로 이전되었고, 또 기록에 의하면 그와 같이 주민등록이 잘못 이전된 데 대하여 주택임차인에게 책임을 물을 만한 사유도 없다고 인정되므로, 사실관계가 이와 같다면 주택임차인이 **이미 취득한 대항력은 주민등록의 이전에도** 불구하고 그대로 유지된다고 해석함이 상당하다.

4. 대항력의 내용

제3조(대항력 등) ④ 임차주택의 양수인(讓受人)(그 밖에 임대할 권리를 승계한 자를 포함한다)은 임대인(賃貸人)의 지위를 승계한 것으로 본다.

대항력이란 자기보다 후순위 권리자에 대하여 임차목적물을 계속 사용·수익하며 인도를 거절할 수 있다는 의미이다. 한편 법 제3조 제4항은 임차주택의 양수인 기타 임대할 권리를 승계한 자는 임대인의 지위를 승계한 것으로 본다고 규정한다.

참조판례 대법원 2013.1.17. 선고 2011다49523 전원합의체 판결

[다수의견]
주택임대차보호법 제3조 제3항은 같은 조 제1항이 정한 대항요건을 갖춘 임대차의 목적이 된 임대주택(이하 '임대주택'은 주택임대차보호법의 적용대상인 임대주택을 가리킨다)의 양수인은 임대인의 지위를 승계한 것으로 본다고 규정하고 있는바, 이는 법률상의 당연승계 규정으로 보아야 하므로, 임대주택이 양도된 경우에 양수인은 주택의 소유권과 결합하여 임대인의 임대차 계약상의 권리·의무 일체를 그대로 승계하며, 그 결과 양수인이 임대차보증금반환채무를 면책적으로 인수하고, 양도인은 임대차관계에서 탈퇴하여 임차인에 대한 임대차보증금반환채무를 면하게 된다. 나아가 임차인에 대하여 임대차보증금반환채무를 부담하는 임대인임을 당연한 전제로 하여 임대차보증금반환채무의 지급금지를 명령받은 제3채무자의 지위는 임대인의 지위와 분리될 수 있는 것이 아니므로, 임대주택의 양도로 임대인의 지위가 일체로 양수인에게 이전된다면 채권가압류의 제3채무자의 지위도 임대인의 지위와 함께 이전된다고 볼 수밖에 없다. 한편 주택임대차보호법상 임대주택의 양도에 양수인의 임대차보증금반환채무의 면책적 인수를 인정하는 이유는 임대주택에 관한 임대인의 의무 대부분이 그 주택의 소유자이기만 하면 이행가능하고 임차인이 같은 법에서 규정하는 대항요건을 구비하면 임대주택의 매각대금에서 임대차보증

금을 우선변제받을 수 있기 때문인데, 임대주택이 양도되었음에도 양수인이 채권가압류의 제3채무자의 지위를 승계하지 않는다면 가압류권자는 장차 본집행절차에서 주택의 매각대금으로부터 우선변제를 받을 수 있는 권리를 상실하는 중대한 불이익을 입게 된다. 이러한 사정들을 고려하면, 임차인의 임대차보증금반환채권이 가압류된 상태에서 임대주택이 양도되면 양수인이 채권가압류의 제3채무자의 지위도 승계하고, 가압류권자 또한 임대주택의 양도인이 아니라 양수인에 대하여만 위 가압류의 효력을 주장할 수 있다고 보아야 한다.

[대법관 신영철, 대법관 이인복, 대법관 이상훈, 대법관 박보영, 대법관 김신의 반대의견]
임대주택의 양도에 따른 임대차관계의 이전이 발생하기 전에 임차인의 채권자가 신청하여 임대차보증금반환채권이 압류 또는 가압류된 경우에는 주택임대차보호법 제3조 제3항에 기초한 실체법상 권리변동에도 불구하고 압류 또는 가압류에 본질적으로 내재한 처분금지 및 현상보전 효력 때문에 당사자인 집행채권자, 집행채무자, 제3채무자의 집행법상 지위는 달라지지 않는다. 우리의 민사집행법은 금전채권에 대한 집행에서 당사자의 처분행위에 의한 제3채무자 지위의 승계라는 관념을 알지 못하며 오로지 압류 또는 가압류의 처분금지효력을 통하여 집행채권자로 하여금 당사자의 처분행위에 구애받지 않고 당초 개시하거나 보전한 집행의 목적을 달성할 수 있게 할 뿐이다. 비록 임대주택의 양도에 따른 임대인 지위의 승계가 주택임대차보호법 제3조 제3항에 기초한 법률상 당연승계라고는 하나 이는 명백히 임대주택에 관한 양도계약 당사자의 처분의사에 기초한 것으로서, 다수의견은 결국 당사자의 처분행위로 인하여 집행법원이 이미 발령한 가압류명령 또는 압류명령의 수범자와 효력이 달라질 수 있다고 보는 셈인데, 우리 민사집행법이 이를 용인하고 있다고 볼 어떠한 근거도 없다. 다수의견에는 여러 가지 문제점이 있어 이에 동의할 수 없고, 상속이나 합병과 같은 당사자 지위의 포괄승계가 아닌 주택양수도로 인한 임대차보증금반환채무의 이전의 경우 이미 집행된 가압류의 제3채무자 지위는 승계되지 아니한다고 해석함이 타당하다.

참조판례 **대법원 2002.9.4. 선고 2001다64615 판결**

[1] 대항력 있는 주택임대차에 있어 기간만료나 당사자의 합의 등으로 임대차가 종료된 경우에도 주택임대차보호법 제4조 제2항에 의하여 임차인은 보증금을 반환받을 때까지 임대차관계가 존속하는 것으로 의제되므로 그러한 상태에서 임차목적물인 부동산이 양도되는 경우에는 같은 법 제3조 제2항에 의하여 양수인에게 임대차가 종료된 상태에서의 임대인으로서의 지위가 당연히 승계되고, 양수인이 임대인의 지위를 승계하는 경우에는 임대차보증금 반환채무도 부동산의 소유권과 결합하여 일체로서 이전하는 것이므로 양도

인의 임대인으로서의 지위나 보증금 반환채무는 소멸하는 것이지만, 임차인의 보호를 위한 임대차보호법의 입법 취지에 비추어 임차인이 임대인의 지위승계를 원하지 않는 경우에는 임차인이 임차주택의 양도사실을 안 때로부터 상당한 기간 내에 이의를 제기함으로써 승계되는 임대차관계의 구속으로부터 벗어날 수 있다고 봄이 상당하고, 그와 같은 경우에는 양도인의 임차인에 대한 보증금 반환채무는 소멸하지 않는다.

[2] 제반 사정에 비추어 임차인이 주택임대차보호법에 의하여 임차주택의 양수인이 임대인의 지위를 승계하는 것을 전제로 행동하였다고 봄이 상당하고 임대인의 지위승계에 대하여 이의를 제기한 것으로 단정하기는 어렵다고 한 사례.

V. 우선변제권 및 최우선변제권

1. 우선변제권

(1) 내용

> **제3조의2(보증금의 회수)** ② 제3조 제1항·제2항 또는 제3항의 대항요건(對抗要件)과 임대차계약증서(제3조 제2항 및 제3항의 경우에는 법인과 임대인 사이의 임대차계약증서를 말한다)상의 확정일자(確定日字)를 갖춘 임차인은 민사집행법에 따른 경매 또는 국세징수법에 따른 공매(公賣)를 할 때에 임차주택(대지를 포함한다)의 환가대금(換價代金)에서 후순위권리자(後順位權利者)나 그 밖의 채권자보다 우선하여 보증금을 변제(辨濟)받을 권리가 있다.

임대인의 채권자에 의한 강제집행이나 담보권의 실행 또는 임대인의 국세체납으로 인하여 임차주택이 경매 또는 공매되는 경우에, 대항요건 외에 임대차계약서상에 확정일자를 갖춘 주택임차인은 후순위 권리자나 일반채권자보다 우선하여 임차주택의 환가대금으로부터 그의 보증금을 변제받을 수 있다.

가. 발생요건

① 법 제3조 제1항의 대항요건(주택의 인도＋주민등록)＋임대차계약증서상의 확정일자

② 임차주택이 경매 또는 체납처분에 의하여 매각되었을 것

③ 배당요구 또는 우선권행사의 신고를 하였을 것

나. 발생시기

선순위인지 여부는 대항요건 및 확정일자를 모두 갖춘 날을 기준으로 판단한다. 주택의 임차인이 주택의 인도와 주민등록을 마친 당일 또는 그 이전에 임대차계약 증서상에 확정일자를 갖춘 경우에, 법 제3조의2 제2항에 의한 우선변제권은 법 제3조 제1항에의 한 대항력과 마찬가지로 주택의 인도와 주민등록을 마친 다음날을 기준으로 발생한다(대법원 1999.3.23. 선고 98다46938 판결). 반면 대항요건을 구비한 날 다음날 이후에 확정일자를 갖춘 경우에, 확정일자를 갖춘 날 경료된 저당권등기와의 선후가 밝혀지지 않는다면 동순위로 된다고 하여야 한다.

다. 우선변제권의 한계

주택임대차보호법상의 대항력과 우선변제권 두 가지 권리를 함께 가지고 있는 임차인이 우선변제권을 선택하여 제1경매절차에서 보증금 전액에 대하여 배당요구를 하였으나 보증금 전액을 배당받을 수 없었던 경우에, 경락인에게 대항하여 이를 반환받을 때까지 임대차관계의 존속을 주장할 수 있을 뿐이고, 임차인의 우선변제권은 경락으로 인하여 소멸하는 것이므로 제2경매절차에서 우선변제권에 의한 배당을 받을 수 없다.[11]

(2) 절차법적 검토

가. 배당요구채권

전세권이나 법정담보물권에서와 달리 주택임차인의 우선변제권은 실체법상의 그 것이어서, 자신의 권리를 증명하여 배당요구를 하여야 보증금의 우선변제를 받을 수 있다.

[참조판례] 대법원 2013.11.14. 선고 2013다27831 판결

주택임대차보호법상의 대항력과 우선변제권을 모두 가지고 있는 임차인이 보증금을 반환받기 위하여 **보증금반환청구 소송의 확정판결 등 집행권원을 얻어 임차주택에 대하여 스스로 강제경매를 신청**하였다면 특별한 사정이 없는 한 대항력과 우선변제권 중 우선변제권을 선택하여 행사한 것으로 보아야 하고, 이 경우 우선변제권을 인정받기 위하여 **배당요구의 종기까지 별도로 배당요구를 하여야 하는 것은 아니다.** 그리고 이와 같이 우선변

---

11) 대법원 2006.02.10. 선고 2005다21166 판결.

제권이 있는 임차인이 집행권원을 얻어 스스로 강제경매를 신청하는 방법으로 우선변제권을 행사하고, 그 경매절차에서 집행관의 현황조사 등을 통하여 경매신청채권자인 임차인의 우선변제권이 확인되고 그러한 내용이 현황조사보고서, 매각물건명세서 등에 기재된 상태에서 경매절차가 진행되어 매각이 이루어졌다면, 특별한 사정이 없는 한 경매신청채권자인 임차인은 배당절차에서 후순위권리자나 일반채권자보다 우선하여 배당받을 수 있다고 보아야 한다.

나. 우선변제권을 행사하기 위해서는 그 전제인 대항요건이 배당요구의 종기까지 존속하여야 한다.

다. 경매신청의 특칙

> **제3조의2(보증금의 회수)** ① 임차인(제3조 제2항 및 제3항의 법인을 포함한다. 이하 같다)이 임차주택에 대하여 보증금반환청구소송의 확정판결이나 그 밖에 이에 준하는 집행권원(執行權原)에 따라서 경매를 신청하는 경우에는 집행개시(執行開始)요건에 관한 「민사집행법」 제41조에도 불구하고 반대의무(反對義務)의 이행이나 이행의 제공을 집행개시의 요건으로 하지 아니한다.

임차인이 임차주택에 대하여 보증금반환청구소송의 확정판결 기타 이에 준하는 집행권원에 의한 경매를 신청하는 경우에, 민사집행법 제41조에 불구하고 반대채무의 이행 또는 그 제공을 집행개시의 요건으로 하지 않는다. 그러나 임차인은 임차주택을 양수인에게 인도하지 않으면 보증금을 수령할 수 없다(동조 제3항).

2. 최우선변제권

(1) 의의

경매신청등기 전에 법 제3조 제1항의 대항요건을 갖춘 주택임차인은 소액의 보증금에 관하여 다른 담보물권자보다 우선하여 자기채권의 변제를 받을 수 있다.

(2) 요건

가. 경매신청 등기 전에 제3조 제1항의 요건을 갖추고 있을 것(주택의 인도+주민등록)

나. 임차주택이 경매 또는 체납처분에 의하여 매각되었을 것

다. 배당요구 또는 우선변제권행사의 신고를 하였을 것

(3) 판례

가. 대항요건 및 확정일자를 갖춘 임차인과 소액임차인에게 우선변제권을 인정한 주택임대차보호법 제3조의2 및 제8조가 미등기 주택을 달리 취급하는 특별한 규정을 두고 있지 아니하므로, 대항요건 및 확정일자를 갖춘 임차인과 소액임차인의 임차주택 대지에 대한 우선변제권에 관한 법리는 임차주택이 미등기인 경우에도 그대로 적용된다. 이와 달리 임차주택의 등기 여부에 따라 그 우선변제권의 인정 여부를 달리 해석하는 것은 합리적 이유나 근거 없이 그 적용대상을 축소하거나 제한하는 것이 되어 부당하고, 민법과 달리 임차권의 등기 없이도 대항력과 우선변제권을 인정하는 같은 법의 취지에 비추어 타당하지 아니하다. 다만, 소액임차인의 우선변제권에 관한 같은 법 제8조 제1항이 그 후문에서 '이 경우 임차인은 주택에 대한 경매신청의 등기 전에' 대항요건을 갖추어야 한다고 규정하고 있으나, 이는 소액보증금을 배당받을 목적으로 배당절차에 임박하여 가장 임차인을 급조하는 등의 폐단을 방지하기 위하여 소액임차인의 대항요건의 구비시기를 제한하는 취지이지, 반드시 임차주택과 대지를 함께 경매하여 임차주택 자체에 경매신청의 등기가 되어야 한다거나 임차주택에 경매신청의 등기가 가능한 경우로 제한하는 취지는 아니라 할 것이다. 대지에 대한 경매신청의 등기 전에 위 대항요건을 갖추도록 하면 입법 취지를 충분히 달성할 수 있으므로, 위 규정이 미등기 주택의 경우에 소액임차인의 대지에 관한 우선변제권을 배제하는 규정에 해당한다고 볼 수 없다.[12]

나. 임차주택의 환가대금 및 주택가액에 건물뿐만 아니라 대지의 환가대금 및 가액도 포함된다고 규정하고 있는 주택임대차보호법(1999.1.21. 법률 제5641호로 개정되기 전의 것) 제3조의2 제1항 및 제8조 제3항의 각 규정과 같은 법의 입법 취지 및 통상적으로 건물의 임대차에는 당연히 그 부지 부분의 이용을 수반하는 것인 점 등을 종합하여 보면, 대지에 관한 저당권의 실행으로 경매가 진행된 경우에도 그 지상 건물의 소액임차인은 대지의 환가대금 중에서 소액보증금을 우선변제받을 수 있다고 할 것이나, 이와 같은 법리는 대지에 관한 저당권 설정 당시에 이미 그 지상 건물이 존재하는 경우에만 적용될 수 있는 것이고, 저당권 설정 후에 비로소 건물이 신축된

---

12) 대법원 2007.06.21. 2004다26133 판결.

경우에까지 공시방법이 불완전한 소액임차인에게 우선변제권을 인정한다면 저당권
자가 예측할 수 없는 손해를 입게 되는 범위가 지나치게 확대되어 부당하므로, 이러
한 경우에는 소액임차인은 대지의 환가대금에 대하여 우선변제를 받을 수 없다고
보아야 한다.[13]

(4) 소액보증금 최우선변제의 범위

법 제8조(보증금 중 일정액의 보호)
① 임차인은 보증금 중 일정액을 다른 담보물권자(擔保物權者)보다 우선하여 변제받을 권리가 있
다. 이 경우 임차인은 주택에 대한 경매신청의 등기 전에 제3조 제1항의 요건을 갖추어야 한다.
② 제1항의 경우에는 제3조의2 제4항부터 제6항까지의 규정을 준용한다.
③ 제1항에 따라 우선변제를 받을 임차인 및 보증금 중 일정액의 범위와 기준은 제8조의2에 따른
주택임대차위원회의 심의를 거쳐 대통령령으로 정한다. 다만, 보증금 중 일정액의 범위와 기준은
주택가액(대지의 가액을 포함한다)의 2분의 1을 넘지 못한다.

시행령 제11조(우선변제를 받을 임차인의 범위)
법 제8조에 따라 우선변제를 받을 임차인은 보증금이 다음 각 호의 구분에 의한 금액 이하인 임
차인으로 한다.
1. 서울특별시: 1억원
2. 「수도권정비계획법」에 따른 과밀억제권역(서울특별시는 제외한다): 8천만원
3. 광역시(「수도권정비계획법」에 따른 과밀억제권역에 포함된 지역과 군지역은 제외한다), 세종특
별자치시, 안산시, 용인시, 김포시 및 광주시: 6천만원
4. 그 밖의 지역: 5천만원

시행령 제10조(보증금 중 일정액의 범위 등)
① 법 제8조에 따라 우선변제를 받을 보증금 중 일정액의 범위는 다음 각 호의 구분에 의한 금액
이하로 한다.
1. 서울특별시: 3천400만원
2. 「수도권정비계획법」에 따른 과밀억제권역(서울특별시는 제외한다): 2천700만원
3. 광역시(「수도권정비계획법」에 따른 과밀억제권역에 포함된 지역과 군지역은 제외한다), 세종특
별자치시, 안산시, 용인시, 김포시 및 광주시: 2천만원
4. 그 밖의 지역: 1천700만원
② 임차인의 보증금 중 일정액이 주택가액의 2분의 1을 초과하는 경우에는 주택가액의 2분의 1에
해당하는 금액까지만 우선변제권이 있다.
③ 하나의 주택에 임차인이 2명 이상이고, 그 각 보증금 중 일정액을 모두 합한 금액이 주택가액
의 2분의 1을 초과하는 경우에는 그 각 보증금 중 일정액을 모두 합한 금액에 대한 각 임차인의
보증금 중 일정액의 비율로 그 주택가액의 2분의 1에 해당하는 금액을 분할한 금액을 각 임차인

---

13) 대법원 1999.07.23. 선고 99다25532 판결.

의 보증금 중 일정액으로 본다.
④ 하나의 주택에 임차인이 2명 이상이고 이들이 그 주택에서 가정공동생활을 하는 경우에는 이들을 1명의 임차인으로 보아 이들의 각 보증금을 합산한다.

(5) 배당요구채권

소액임차인의 우선변제권도 배당요구가 필요한 배당요구채권이다. 그리고 이 경우에도 주택의 인도 및 주민등록이라는 대항요건은 배당요구의 종기까지 유지되어야 우선변제를 받을 수 있다. 공시방법이 없는 주택임대차에서 우선변제의 요건은 그 우선변제권 취득시에만 구비하면 족한 것이 아니고, 민사집행법상 배당요구의 종기까지 계속 존속하여야 한다.[14]

> **▶ 쟁점사례 – 주택임대차보호법**   15
>
> 2018년 5월 2일 병은 주거용으로 집을 구하고자 공인중개업자인 정을 찾아서 서울시 기준 보증금 1억 원 이하의 집이 있는지 문의를 하였고, 정은 자신이 보유하고 있는 부동산 정보 가운데 적합한 몇몇 건물을 병에게 보여주었다. 그 중 ×건물(갑 소유)을 병이 마음에 들어 하자 정은 ×건물과 그 토지 부분에 관한 등기부등본을 열람하여 현재 설정된 채무가 아무것도 없는 깨끗한 집임을 확인시켜 주었다. 이에 만족감을 표시한 병은 동년 6월 7일 이사 올 것으로 하여 ×건물에 관하여 임대차 계약을 체결하고 계약금 100만 원을 바로 지급하고, 나머지 9,900만 원은 이사 들어오는 당일에 지급하기로 하였다.
> 병이 이사준비를 진행해 오던 중에 갑은 자금이 필요하게 되었고, A은행으로부터 금 1억 원을 대출받게 되었다. 은행은 담보물을 요구하였고, 갑은 자신 소유의 ×건물에 대하여 A은행을 근저당권자로 하여 근저당권 설정을 완료하였다(2018년 6월 7일 근저당권이 을구란에 경료되었음). 이 사실을 모르고 있던 병은 예정대로 동년 6월 7일에 ×건물로 이사를 왔고, 당일에 주민센터에 들러 전입신고와 확정일자를 받았다.
>
> **문 1**
> 갑이 은행에 대한 대출금을 만기에 변제하지 못하자 은행은 부동산임의경매를 신청하였고, 을이 1억 원에 경락받았다. 은행과 병은 각각 얼마를 배당받을 수 있는가? (병은 배당요구를 한 것으로 가정함)

---

14) 대법원 2007.06.14. 선고 2007다17475 판결.

문 2

만약 위 사안에서 근저당권이 설정된 일자가 동년 6월 8일이라면 은행과 병 사이의 배당순위는 어떻게 되는가?

세법 속 민법의 이해

채권법

IV

계약의 해소

01

I. 서설

1. 해제의 의의 및 법적성질

유효하게 성립하고 있는 계약의 효력을 당사자 일방의 의사표시에 의하여 처음부터 없었던 것과 같은 상태로 되돌아가게 하는 것을 말한다.[1] 해제는 상대방 있는 단독행위이며, 해제는 법률행위이기는 하지만 타인의 권리·의무에 영향을 미치게 되는 단독행위이므로, 그것을 행할 권리 즉 해제권이 있을 때에만 행하여질 수 있다.

2. 발생원인 및 입증책임

우리 민법상 해제권은 당사자 사이의 계약이나 법률규정에 의하여 발생한다(법 제543조 제1항). 당사자 사이의 계약에 의하여 발생하는 해제권을 **약정해제권**이라고 하고, 법률규정에 의하여 발생하는 해제권을 **법정해제권**이라고 한다.

계약이 일단 성립한 후 그 해제원인의 존부에 대한 다툼이 있는 경우에는 그 계약해제권을 주장하는 자가 이를 증명하여야 하나,[2] 이미 발생한 계약해제권이 다른

---

1) 송덕수, 채권법각론, 박영사, 2016, 107-108쪽 참조.
2) 대법원 1977.03.08. 선고 76다2461 판결.

사유로 소멸되었거나 그 행사가 저지되는지 여부에 대해 다툼이 있는 경우에는 이를 주장하는 상대방이 이를 증명하여야 한다.[3]

Ⅱ. 해제와 구별되는 제도

1. 합의해제(해제계약)

합의해제는 계약의 당사자가 이전에 체결한 계약을 체결하지 않았던 것과 같은 상태로 되돌리려는 내용의 새로운 계약을 말한다. 이러한 합의해제는 계약자유의 원칙상 유효성이 인정된다. 합의해제는 계약을 소급하여 무효로 하는 점에서 해제와 같으나, 하나의 계약이라는 점에서 단독행위인 해제와 본질적으로 다르다. 따라서 합의해제의 효력은 그 내용에 의해 결정되고 해제에 관한 민법 제543조 이하의 규정은 적용되지 않는다.[4]

2. 합의해제에 관한 판례

(1) 성립요건

계약의 합의해제 또는 해제계약은 해제권의 유무를 불문하고 계약당사자 쌍방이 합의에 의하여 기존 계약의 효력을 소멸시켜 당초부터 계약이 체결되지 않았던 것과 같은 상태로 복귀시킬 것을 내용으로 하는 새로운 계약으로서, 계약이 합의해제되기 위하여는 계약의 성립과 마찬가지로 계약의 청약과 승낙이라는 서로 대립하는 의사표시가 합치될 것(합의)을 요건으로 하는바, 이와 같은 합의가 성립하기 위하여는 쌍방당사자의 표시행위에 나타난 의사의 내용이 객관적으로 일치하여야 한다.[5]

---

3) 대법원 2009.07.09. 선고 2006다67602 판결.
4) 대법원 1997.11.14. 선고 97다6193 판결 — 합의해제·해지의 요건과 효력은 그 합의의 내용에 의하여 결정되고 이에는 해제·해지에 관한 민법 제543조 이하의 규정은 적용되지 않는 것이므로, 리스회사가 약정해제·해지 사유를 규정한 당해 발주계약의 계약서에 의하여 발주계약을 해제 또는 해지할 수 있는지 여부 및 그 효력은 공급자와 리스회사 사이의 발주계약에서 정하여진 바에 따라야 한다.
5) 대법원 2011.02.10. 선고 2010다77385 판결.

따라서 계약당사자의 일방이 계약해제에 따른 원상회복 및 손해배상의 범위에 관한 조건을 제시한 경우 그 조건에 관한 합의까지 이루어져야 합의해제가 성립된다.[6]

(2) 묵시적인 합의

계약의 합의해제는 명시적으로뿐만 아니라 당사자 쌍방의 묵시적인 합의에 의하여도 할 수 있으나, 묵시적인 합의해제를 한 것으로 인정되려면 계약이 체결되어 그 일부가 이행된 상태에서 당사자 쌍방이 장기간에 걸쳐 나머지 의무를 이행하지 아니함으로써 이를 방치한 것만으로는 부족하고, 당사자 쌍방에게 계약을 실현할 의사가 없거나 계약을 포기할 의사가 있다고 볼 수 있을 정도에 이르러야 한다. 이 경우에 당사자 쌍방이 계약을 실현할 의사가 없거나 포기할 의사가 있었는지 여부는 계약이 체결된 후의 여러 가지 사정을 종합적으로 고려하여 판단하여야 한다.[7]

(3) 기타 판례

가. 부동산 매수인이 매도인으로부터 계약해제에 따른 기지급 매매대금의 정산금을 반환받음에 있어서 매도인에 대하여 이의를 유보하는 의사표시는 반드시 명시적으로 하여야 하는 것은 아니고 묵시적으로도 이의를 유보할 수 있으나, 매수인이 명시적인 이의유보 없이 매도인이 제공하는 계약해제에 따른 정산금을 수령하였다면, 당시 매수인이 계약해제의 효력을 인정하지 아니하고 이를 다투고 있었다고 볼 수 있는 객관적인 사정이 있었다거나, 그 외에 상당한 이유가 있는 상황에서 위 정산금을 수령하였다는 등의 특별한 사정이 없는 한, 이는 매도인이 주장한 계약해제 사유 및 그 매매대금 정산액을 인정한 것으로 보아야 한다.[8]

나. 채권에 대한 가압류는 제3채무자에 대하여 채무자에게의 지급 금지를 명하는 것이므로 채권을 소멸 또는 감소시키는 등의 행위는 할 수 없고 그와 같은 행위로 채권자에게 대항할 수 없는 것이지만, 채권의 발생원인인 법률관계에 대한 채무자의 처분까지도 구속하는 효력은 없다 할 것이므로 채무자와 제3채무자가 아무런 합리적 이유 없이 채권의 소멸만을 목적으로 계약관계를 합의해제한다는 등의 특별한 경우를 제외하고는, 제3채무자는 채권에 대한 가압류가 있은 후라고 하더라도 채권

6) 대법원 1996.02.27. 선고 95다43044 판결.
7) 대법원 2011.02.10. 선고 2010다77385 판결.
8) 대법원 2002.01.25. 선고 2001다63575 판결.

의 발생원인인 법률관계를 합의해제하고 이로 인하여 가압류채권이 소멸되었다는 사유를 들어 가압류채권자에 대항할 수 있다.[9]

다. 토지의 매매계약을 체결하였다가 매수인의 사정으로 매도인이 위 토지를 다시 매수하고 원계약을 해제하기로 약정한 경우에 있어 위 재계약상의 해제합의는 위 원계약을 소멸(해제)시키는 것으로서 위 원계약의 소멸(해제)로써 그 효과는 완결되고 합의해제 자체의 이행의 문제는 발생할 여지가 없으므로, 원계약의 매도인이 위 재계약상의 매매대금 지급의무를 불이행하였다고 하더라도 이를 이유로 위 원계약에 대한 해제합의를 해제할 수는 없다.[10]

라. 경매신청기입등기로 인한 압류의 효력은 부동산 소유자에 대하여 압류채권자에 대한 관계에 있어서 부동산의 처분을 제한하는 데 그치는 것일 뿐 그밖의 다른 제3자에 대한 관계에 있어서까지 부동산의 처분을 금지하는 것이 아니므로, 부동산 소유자는 경매절차 진행중에도 경락인이 경락대금을 완납하여 목적부동산의 소유권을 취득하기 전까지는 목적부동산을 취득한 원인이 되는 계약을 그 거래상대방과 사이에 합의해제할 수 있는 것이고, 그 합의해제로 인하여 그 부동산의 소유권은 등기에 관계없이 당연히 그 거래상대방에게 복귀한다.[11]

마. 계약의 합의해제에 있어서도 민법 제548조의 계약해제의 경우와 같이 이로써 제3자의 권리를 해할 수 없다. 계약해제시 계약은 소급하여 소멸하게 되어 해약당사자는 각 원상회복의 의무를 부담하게 되나 이 경우 계약해제로 인한 원상회복등기 등이 이루어지기 이전에 해약당사자와 양립되지 아니하는 법률관계를 가지게 되었고 계약해제 사실을 몰랐던 제3자에 대하여는 계약해제를 주장할 수 없고, 이 경우 제3자가 악의라는 사실의 주장·입증책임은 계약해제를 주장하는 자에게 있다.[12]

바. 상속재산 분할협의는 공동상속인들 사이에 이루어지는 일종의 계약으로서, 공동상속인들은 이미 이루어진 상속재산 분할협의의 전부 또는 일부를 전원의 합의에 의하여 해제한 다음 다시 새로운 분할협의를 할 수 있다. 상속재산 분할협의가 합의해제되면 그 협의에 따른 이행으로 변동이 생겼던 물권은 당연히 그 분할협의가 없었던 원상태로 복귀하지만, 민법 제548조 제1항 단서의 규정상 이러한 합의해제를 가지고서는, 그 해제 전의 분할협의로부터 생긴 법률효과를 기초로 하여 새로

---

9) 대법원 2001.06.01. 선고 98다17930 판결.
10) 대법원 1992.08.18. 선고 92다6266 판결.
11) 대법원 1995.01.12. 선고 94누1234 판결.
12) 대법원 2005.06.09. 선고 2005다6341 판결.

운 이해관계를 가지게 되고 등기·인도 등으로 완전한 권리를 취득한 제3자의 권리를 해하지 못한다.13)

　사. 계약이 합의해제된 경우에는 그 해제시에 당사자 일방이 상대방에게 손해배상을 하기로 특약하거나 손해배상청구를 유보하는 의사표시를 하는 등 다른 사정이 없는 한 채무불이행으로 인한 손해배상을 청구할 수 없다.14)

(4) 합의해지에 관한 판례

　가. 계약의 합의해지는 계속적 채권채무관계에 있어서 당사자가 이미 체결한 계약의 효력을 장래에 향하여 소멸시킬 것을 내용으로 하는 새로운 계약으로서 이를 인정하기 위하여는 계약이 성립하는 경우와 마찬가지로 기존 계약의 효력을 장래에 향하여 소멸시키기로 하는 내용의 청약과 승낙이라는 서로 대립하는 의사표시가 합치될 것을 그 요건으로 하는 것이고, 이러한 합의가 성립하기 위하여는 쌍방당사자의 표시행위에 나타난 의사의 내용이 서로 객관적으로 일치하여야 하고, 또 계약의 합의해지는 묵시적으로 이루어질 수도 있으나, 이와 같은 묵시적 합의해지는 계약에 따른 채무의 이행이 시작된 후에 당사자 쌍방의 계약실현 의사의 결여 또는 포기로 인하여 계약을 실현하지 아니할 의사가 일치되어야만 한다.15)

　나. 합의해지의 효력은 그 합의의 내용에 의하여 결정되고 여기에는 해제, 해지에 관한 민법 제548조 제2항의 규정은 적용되지 아니하므로, 당사자 사이에 약정이 없는 이상 합의해지로 인하여 반환할 금전에 그 받은 날로부터의 이자를 가하여야 할 의무가 있는 것은 아니다.16)

---

13) 대법원 2004.07.08. 선고 2002다73203 판결.
14) 대법원 1989.04.25. 선고 86다카1147,86다카1148 판결.
15) 대법원 2000.03.10. 선고 99다70884 판결.
16) 대법원 2003.01.24. 선고 2000다5336,5343 판결.

Ⅲ. 해제·해지의 효과

1. 해제권 행사의 효과

(1) 해제의 소급효(해방효)

가. 직접적 효과설 중 물권적 효과설이 판례의 입장

나. 계약은 소급하여 무효로 되고, 따라서 계약에 의한 법률효과도 생기지 않았던 것이 된다. 이에 채무자는 계약이 해제로 소멸하였음을 들어 그 계약에 기한 채무의 이행을 거절할 수 있다.[17)

다. 제3자의 보호

(2) 원상회복(법 제548조 제1항)

(3) 손해배상(법 제551조)

2. 합의해제의 효과

(1) 해제의 소급효(해방효)

(2) 원상회복

가. 법 제548조 제2항이 당연히 적용되는 것은 아님. 특약 없는 한 이자가산의무 없음

나. 법 제548조 제1항 단서의 적용은 있음

(3) 손해배상: 특약 없는 한 제551조가 당연히 적용되는 것은 아님

3. 해지의 효과

당사자 일방이 계약을 해지한 때에는 계약은 장래에 대하여 그 효력을 잃는다 (민법 제550조).

---

17) 대법원 2001.06.29. 선고 2001다21441 판결.

Ⅳ. 법인세법상 계약해제에 따른 손익의 귀속시기

별도 쟁점(국세기본법 / 법인세법)

Ⅴ. 소득세법상 관련 쟁점(소득의 구분에 관한 판례의 입장)

가. 계약해제로 인한 법정이자는 이자소득인가 기타소득인가?[18]

나. 매매계약 해제로 받은 위약금은 기타소득인가?[19]

다. 투자계약을 무효화하고 돈을 지급하기로 한 것은 기타소득인가?[20]

---

18) 서울행정법원 2016.07.15. 2016구합51634.

19) 서울행정법원 2016.07.15. 2016구합486.

20) 인천지법 2016.01.28. 2015구합50843.

계약해제와 양도소득세[1]

02

1. 납세의무 성립하기 전[2]

계약금 지급상태에서 합의해제된 매매목적물에 대한 양도소득세부과처분이 적법한지와 관련하여 판례는 "등기부상 대지와 건물을 취득하였다가 양도한 것으로 기재되어 있다 하더라도 실제로는 매매계약이 계약금만 지급한 상태에서 합의해제 된 것이라면 위 대지와 건물을 취득하여 **양도한 것으로 볼 수 없으므로** 이에 대한 양도소득세 부과처분은 **위법**하다"고 판시하였다.[3]

2. 납세의무 성립 후부터 확정 전[4]

계약의 모든 이행이 다 끝난 후(납세의무 성립 후)의 합의해제는 그 실질이 재매매와 다름 없고(새로운 반대계약), 조세회피의 우려가 있는 합의해제는 이미 성립한 조세채권에 아무런 영향을 미치지 못한다(소급효 없음). 따라서 매매대금의 청산이 완료된 후 합의해제로 인한 소유권이 원소유자에게 환원되는 경우에는 당초 소유권의 이전 및 합의해제로 인한 소유권이전은 각각 별개의 거래로서 양도소득세 과세대상이다

---

1) 국세청, 양도소득세실무해설, 2016, 91쪽 참조.
2) 양도소득세 납세의무성립일: 양도일이 속하는 달의 말일.
3) 대법원 1983.04.26. 선고 83누91 판결 양도소득세부과처분취소.
4) 양도소득세 납세의무확정일: 신고하는 때(무신고: 결정하는 때).

(서면4팀 – 2020, 2005.10.31.). **그러나 이러한 해석은 판례의 입장과 달라서 주의를 요한다.**

3. 납세의무 확정 후

　대부분 이행완료 전, 즉 납세의무 성립 전에만 가능한 것이므로 납세의무 성립 후에 법정해제 등이 되는 경우는 현실적으로 거의 없다는 입장도 있으나,[5] 이와 관련하여 합의해제에 따른 원상회복의 방법으로서 매도인 앞으로 다시 소유권이전등기를 경료한 것이 양도소득세부과대상인 자산의 양도에 해당하는지 여부가 문제된 사안에서 판례는 "매도인과 매수인 사이의 매매계약이 합의해제 되었다면 매도인이 매수인 앞으로 소유권이전등기를 마쳤다가 합의해제로 인한 원상회복의 방법으로 위 소유권이전등기를 말소하지 아니하고 매도인 앞으로 다시 소유권이전등기를 마쳤다 하더라도 위 매매를 가지고 양도소득세 과세요건이 되는 자산의 양도라고는 할 수 없다"라고 하여 양도소득세 부과는 위법하다는 입장이다.[6]

4. 판례의 입장

　가. 부동산에 대한 매매계약이 합의해제 되거나 중도금 및 잔금을 지급하지 아니함으로써 그 매매계약의 부대조건에 따라 자동해제된 경우, 매매계약의 효력은 상실되어 원상회복의 문제만이 남게 되므로 매도인에게 그 부동산의 양도로 인한 소득이 있었음을 전제로 한 양도소득세부과처분은 위법하다.[7]

　나. 매수인과 매수인 사이에 복잡하게 얽힌 민·형사 간의 분쟁을 근원적으로 해결하기 위하여 매도인과 매수인 간에 매매계약을 합의해제하고 매수인 앞으로 마쳐진 소유권이전등기를 말소하여 서로 원상회복하기로 약정하는 취지의 법정화해가 이루어졌다면 양도소득세 과세대상인 양도차익이 있었다고 볼 수 없다.[8]

　다. 부동산에 대한 매매계약을 체결하고 양도대금을 모두 지급받았다고 하더라도

---

5) 국세청, 양도소득세실무해설, 2016, 91쪽 참조.
6) 대법원 1987.02.24. 선고 86누427 판결 양도소득세등부과처분취소.
7) 대법원 1986.07.08. 선고 85누709 판결 양도소득세부과처분취소.
8) 대법원 1984.02.14. 선고 82누286 판결 양도소득세부과처분취소.

매매계약의 이행과 관련한 분쟁으로 인하여 매매계약이 합의해제되었다면, 위 매매계약은 그 효력이 소급하여 상실되었다고 할 것이므로 매도인에게 양도로 인한 소득이 있었음을 전제로 한 양도소득세부과처분은 위법하며, 과세관청의 부과처분이 있은 후에 계약해제 등 후발적 사유가 발생한 경우 이를 원인으로 한 경정청구 제도가 있다 하더라도 이와는 별도로 그 처분 자체에 관하여 다툴 수 있다고 할 것이다.9)

---

9) 대법원 2015.02.26. 선고 2014두44076 판결 양도소득세부과처분취소.

계약해제와 부가가치세

03

1. 부가가치세 부과처분이 있기 전

과세관청이 과세표준과 세액을 결정한 후 그 과세표준과 세액에 탈루 또는 오류가 있는 것이 발견되어 이를 증액하는 경정처분이 있는 경우, 그 증액경정처분은 당초 처분을 그대로 둔 채 당초 처분에서의 과세표준과 세액을 초과하는 부분만을 추가확정하는 처분이 아니고, 재조사에 의하여 판명된 결과에 따라서 당초 처분에서의 과세표준과 세액을 포함시켜 전체로서의 과세표준과 세액을 결정하는 것이어서 증액경정처분이 되면 당초 처분은 증액경정처분에 흡수되어 소멸하므로, 그 증액경정처분만이 존재한다고 할 것이고(대법원 1992.5.26. 선고 91누9596 판결, 1995.11.10. 선고 95누7758 판결 등 참조), 한편 조세소송에 있어서 부과처분의 위법성 여부에 대한 판단의 기준시기는 그 처분 당시라 할 것인바, 재화의 공급이 있었으나 납세의무자가 그에 대한 부가가치세 신고를 하지 아니한 경우, 과세관청이 부가가치세의 부과처분을 하기 전에 재화공급계약이 합의해제 되고, 그 공급대가까지 모두 반환되었다면 재화공급계약의 효력은 **소급적으로 소멸**하여 **재화의 공급은 처음부터 없었던 것으**로 보아야 하므로, 이를 과세원인으로 하는 부가가치세의 부과처분은 할 수 없다 할 것이다.[1]

---

1) 대법원 1998.03.10. 선고 96누13941 판결 부가가치세부과처분취소.

2. 부가가치세 부과처분이 있은 후

건물에 대한 매매계약의 해제 전에 부가가치세부과처분이 이루어졌다 하더라도 해제의 소급효로 인하여 매매계약의 효력이 소급하여 상실되는 이상 부가가치세의 부과 대상이 되는 **건물의 공급은 처음부터 없었던 셈이 되므로**, 위 부가가치세부과처분은 위법하다 할 것이며, 납세자가 과세표준신고를 하지 아니하여 과세관청이 부과처분을 한 경우 그 후에 발생한 계약의 해제 등 후발적 사유를 원인으로 한 경정청구 제도가 있다 하여 그 처분 자체에 대한 쟁송의 제기를 방해하는 것은 아니므로 경정청구와 별도로 위 부가가치세부과처분을 다툴 수 있다.[2]

---

2) 대법원 2002.09.27. 선고 2001두5989 판결 부가가치세부과처분취소.

세법 속 민법의 이해

친족법

V

민법총칙 규정의 친족상속법 적용여부

01

I. 서설

민법총칙은 형식적으로는 민법 전체를 통한 통칙이고, 친족법에도 적용된다. 그러나 민법총칙 규정 중에는 친족법에 그대로 적용하기 어려운 것들이 있는데, 대표적으로 민법 제2조의 신의칙은 친족법에도 적용되나 친족법의 특수성에 따른 제한이 있다.[1] 이는 법적안정성과 구체적 타당성이라는 양자의 측면에서 친족법은 재산법과 동일하게 적용하기 어렵다는 점에서 그 이유를 찾을 수 있다.

II. 구체적 검토

1. 행위능력 관련 규정

가. 혼인적령(법 제807조)

나. 피성년후견인의 친족법상 법률행위능력(법 제802조, 제808조 제2항, 제835조)

---

1) 윤진수, 앞의 책, 11쪽.

2. 의사표시의 무효와 취소에 관한 규정

하자 있는 의사표시의 효력에 관하여 민법총칙은 비진의표시(법 제107조), 통정허위표시(법 제108조) 등에 대하여 규정을 두어 비진의표시의 경우에는 원칙적으로 유효, 통정허위표시의 경우에는 예외적으로 유효로 하여 그 효력을 인정하고 있지만, 친족법에서는 당사자의 의사를 절대적으로 존중하여야 하므로 진의가 아닌 친족법상 법률행위는 언제나 무효이고, 제3자에 대하여도 무효로 대항할 수 있다고 본다.[2]

3. 반사회질서행위로 인한 무효 규정

혼인, 이혼, 입양 등 친족법상 법률행위에 관하여는 무효사유를 별도로 정하고 있으므로 원칙적으로 민법 제103조가 적용될 여지는 없다. 다만, 축첩계약, 대리모 계약 등과 같은 경우에는 적용될 수 있다.[3]

4. 대리에 관한 규정

친족법상 법률행위는 당사자 진의에 따른 결정이어야 하는 일신전속적인 경우가 원칙이므로 임의대리는 인정되지 아니한다. 다만, 본인의 능력이 제한된 경우에 본인의 이익을 위하여 법률행위가 필요한 경우에는 인정할 여지가 있다.[4]

5. 무효행위에 관한 추인 규정

무효행위 추인에 관한 민법 제139조가 친족법에도 적용되는지에 관하여 학설상 논란이 있으나, 판례는 이의 적용을 부정하는 입장이다. 판례는 ① 사실혼관계에 있는 당사자의 일방이 모르는 사이에 혼인 신고가 이루어진 후 쌍방당사자가 그 혼인에 만족하고 부부생활을 계속한 경우에 그 혼인의 효력이 문제된 사안에서 본법 제139조는 재산법에 관한 총칙규정이고 신분법에 관하여는 그대로 통용될 수 없으므

---

2) 윤진수, 앞의 책, 12쪽.
3) 윤진수, 앞의 책, 12쪽.
4) 윤진수, 앞의 책, 12쪽.

로 혼인신고가 한쪽 당사자의 모르는 사이에 이루어져 무효인 경우에도 그 후 우쪽 당사자가 그 혼인에 만족하고 그대로 부부생활을 계속한 경우에는 그 혼인을 무효로 할 것은 아니라고 하거나,5) ② 혼인, 입양 등의 신분행위에 관하여 민법 제139조 본문을 적용하지 않고 추인에 의하여 소급적 효력을 인정하는 것은 무효인 신분행위 후 그 내용에 맞는 신분관계가 실질적으로 형성되어 쌍방당사자가 이의 없이 그 신분관계를 계속하여 왔다면, 그 신고가 부적법하다는 이유로 이미 형성되어 있는 신분관계의 효력을 부인하는 것은 당사자의 의사에 반하고 그 이익을 해칠 뿐 아니라 그 실질적 신분관계의 외형과 호적의 기재를 믿은 제3자의 이익도 침해할 우려가 있기 때문에 추인에 의하여 소급적으로 신분행위의 효력을 인정함으로써 신분관계의 형성이라는 신분관계의 본질적 요소를 보호하는 것이 타당하다는 데에 그 근거가 있다고 본다.6)

6. 조건과 기한

조건을 붙이는 것이 강행법규 또는 사회질서에 반하는 결과가 되는 경우, 즉 행위의 성질상 그 효과가 곧 확정적으로 발생하는 것이 요구되는 경우에는 조건을 붙이는 것이 절대로 허용되지 않는다. 특히, 혼인·인지·이혼·입양·파양·상속의 포기와 승인 등 가족법·상속법상의 행위와 어음·수표행위 등에 조건을 붙이는 것은 허용되지 않는다.7) 기한을 붙이는 것이 허용되지 않는 법률행위의 범위도 대체로 조건에 친하지 않는 법률행위와 유사하다. 다만, 어음·수표행위는 조건과는 친하지 않으나 시기를 붙이는 것은 법률관계를 불확실하게 하지 않으므로 허용된다.8)

5) 대법원 1965.12.28. 선고 65므61 판결 혼인무효확인[집13(2)민,306]
6) 대법원 1991.12.27. 선고 91므30 판결 입양무효[공1992.3.1.(915),782]
7) 곽윤직·김재형, 민법총칙, 박영사, 2015, 403쪽.
8) 곽윤직·김재형, 앞의 책, 408쪽.

혼인의 성립과 해소

02

Ⅰ. 혼인

1. 의의

혼인은 일반적으로 법률적인 승인아래 남녀 사이의 생활공동체적 결합관계를 의미한다.[1]

2. 성립

3. 무효와 취소

4. 효과

---

[1] 윤진수, 친족상속법강의, 박영사, 2016, 18쪽.

Ⅱ. 혼인의 해소

1. 개관

혼인은 배우자의 사망이나 이혼에 의해서 해소된다. 혼인의 해소란 완전 유효하게 성립한 혼인이 그 후의 사유로 말미암아 소멸하는 것을 말한다.[2] 이는 성립당시에는 유효하였다는 점에서 혼인의 성립에 하자가 존재하였음을 이유로 하는 혼인의 취소와 구별된다. 이혼과 사망은 공통적으로 혼인해소의 사유로서 혼인관계를 종료시키지만, 이혼은 인척관계까지 소멸시키는 데 반하여, 배우자 사망의 경우에는 인척관계는 당연히 소멸하지 않고, 생존배우자가 재혼한 때에 소멸한다는 차이가 있다(법 제775조).[3]

2. 유형

(1) 협의상 이혼

부부는 협의에 의해 이혼할 수 있다(법 제834조). 이혼하려는 이유는 문제되지 아니하나, 협의이혼이 유효하게 성립하기 위해서는 실질적 요건과 형식적 요건이 갖추어져야 한다.

가. 실질적 요건

① **당사자 사이에 이혼의사의 합치가 있을 것**,[4] ② 피성년후견인은 부모 또는 성년후견인의 동의를 얻을 것, ③ 이혼에 관한 안내를 받을 것, ④ 안내를 받은 날로부터 일정한 기간(숙려기간)이 경과한 후에 이혼의사의 확인을 받을 것, ⑤ 양육사항 및 친권자 결정에 관한 협의서 등을 제출할 것, ⑥ 양육비부담조서를 작성할 것이라는 요건을 갖추어야 한다.

나. 형식적 요건

협의이혼도 혼인과 마찬가지로 신고에 의하여 성립한다. 다만, 혼인신고와 달리 가정법원의 확인을 받아야 한다.

---

2) 김주수·김상용, 앞의 책, 157쪽 이하; 송덕수, 신민법강의, 1481쪽 이하.
3) 김주수·김상용, 앞의 책, 157쪽.
4) 대법원 1993.06.11. 선고 93므171 판결 이혼무효등[공1993.8.15.(950),2021] – 쟁점사례를 참고할 것.

(2) 재판상 이혼

3. 효과

(1) 일반적 효과

(2) 재산상 효과 – 재산분할청구권

대법원 1999.5.14. 선고 99두35 판결 【과징금부과처분취소】

[공1999.6.15.(84),1185]

【판시사항】

[1] 부동산실권리자명의등기에관한법률 제8조 제2호 소정의 '배우자'에 사실혼 관계의 배우자가 포함되는지 여부(소극)

[2] 부동산실권리자명의등기에관한법률 제5조에 의하여 부과되는 과징금의 상속 여부(적극)

【판결요지】

[1] 부동산실권리자명의등기에관한법률 제5조에 의하여 부과되는 과징금에 대한 특례를 규정한 같은 법 제8조 제2호 소정의 '배우자'에는 사실혼 관계에 있는 배우자는 포함되지 아니한다.

[2] 부동산실권리자명의등기에관한법률 제5조에 의하여 부과된 과징금 채무는 대체적 급부가 가능한 의무이므로 위 과징금을 부과받은 자가 사망한 경우 그 상속인에게 포괄승계된다.

【참조조문】

[1] 부동산실권리자명의등기에관한법률 제5조, 제8조 제2호 / [2] 부동산실권리자명의등기에관한법률 제5조

【원심판결】

대전고법 1998.11.20. 선고 97구3116 판결

【주문】

상고를 모두 기각한다. 상고비용은 원고들의 부담으로 한다.

【이유】

원고들의 상고이유를 본다.

원심판결 이유에 의하면, 원심은 그 판시와 같은 각 사실을 인정한 다음, 부동산실권리자명의등기에관한법률 제5조에 의하여 부과되는 과징금에 대한 특례를 규정한 같은 법 제8조 제2호 소정의 '배우자'에는 사실혼 관계에 있는 배우자는 포함되지 아니하며, 또한 같은 법 제5조에 의하여 부과된 과징금은 행정상의 의무위반자에게 부과되는 것으로서 행정벌의 성격을 갖고 있지만 그 채무는 대체적 급부가 가능한 의무이므로 위 과징금을 부과받

은 자가 사망한 경우 그 상속인에게 포괄승계된다고 판단하였는바, 위 과징금이 행정벌의 성격을 갖는다고 설시한 부분은 적절하지 아니하나 위 과징금이 상속된다고 한 판단은 정당하므로, 원심의 판단에 상고이유에서 주장하는 바와 같이 부동산실권리자명의등기에관한법률 제8조 제2호의 '배우자'의 범위에 관한 법리를 오해한 위법이나 같은 법 제5조의 과징금의 성질에 관한 법리를 오해한 위법이 있다고 할 수 없다.

Ⅲ. 사실혼

1. 사실혼의 의미와 보호받을 수 있는 사실혼의 범위

사실혼은 당사자 사이에 주관적으로 혼인의 의사가 있고, 객관적으로도 사회관념상 가족질서적인 면에서 부부공동생활을 인정할 만한 혼인생활의 실체가 있으면 일단 성립하는 것이고, 비록 우리 법제가 일부일처주의를 채택하여 중혼을 금지하는 규정을 두고 있다 하더라도 이를 위반한 때를 혼인 무효의 사유로 규정하지 않고 단지 혼인 취소의 사유로만 규정하고 있는 까닭(민법 제816조)에 중혼에 해당하는 혼인이라도 취소되기 전까지는 유효하게 존속하는 것이고, 이는 중혼적 사실혼이라 하여 달리 볼 것이 아니다. 또한 비록 중혼적 사실혼관계일지라도 법률혼인 전 혼인이 사실상 이혼상태에 있다는 등의 특별한 사정이 있다면 법률혼에 준하는 보호를 할 필요가 있을 수 있다.[5]

2. 참조판례

(1) 무효인 사실혼에 근거한 유족연금지급의 가부[6]

[1] 공무원연금제도는 정부가 관장하는 공적연금제도이고(공무원연금법 제2조), 공무원의 의사와 관계없이 강제적으로 징수되는 기여금과 국가 또는 지방자치단체가 부담하는 재원에 의하여 조달된다는 점(같은 법 제65조, 제66조) 등 공익적 요청을 무시할 수 없는 점을 종합하면, 민법이 정하는 혼인법질서에 본질적으로 반하는 사실혼관계에 있는 사람은 유

---

5) 대법원 2009.12.24. 선고 2009다64161 판결 구상금[공2010상,237]
6) 대법원 2010.11.25. 선고 2010두14091 판결 유족연금승계불승인결정취소[공2011상,44]

족연금 수급권자인 배우자에 해당한다고 할 수 없다. 그리고 혼인할 경우 그 혼인이 무효로 되는 근친자 사이의 사실혼관계라면 원칙적으로 혼인법질서에 본질적으로 반하는 사실혼관계라고 추단할 수 있다. 그러나 비록 민법에 의하여 혼인이 무효로 되는 근친자 사이의 사실혼관계라고 하더라도, 그 근친자 사이의 혼인이 금지된 역사적·사회적 배경, 그 사실혼관계가 형성된 경위, 당사자의 가족과 친인척을 포함한 주변 사회의 수용 여부, 공동생활의 기간, 자녀의 유무, 부부생활의 안정성과 신뢰성 등을 종합하여 그 반윤리성·반공익성이 혼인법질서 유지 등의 관점에서 현저하게 낮다고 인정되는 경우에는 근친자 사이의 혼인을 금지하는 공익적 요청보다는 유족의 생활안정과 복리향상이라는 유족연금제도의 목적을 우선할 특별한 사정이 있고, 이와 같은 특별한 사정이 인정되는 경우에는 그 사실혼관계가 혼인무효인 근친자 사이의 관계라는 사정만으로 유족연금의 지급을 거부할 수 없다.

[2] 2005.3.31. 법률 제7427호로 개정된 민법은 부칙 제4조에서 혼인의 무효·취소에 관한 경과조치로 "이 법 시행 전의 혼인에 종전의 규정에 의하여 혼인의 무효 또는 취소의 원인이 되는 사유가 있는 경우에도 이 법의 규정에 의하여 혼인의 무효 또는 취소의 원인이 되지 아니하는 경우에는 이 법 시행 후에는 혼인의 무효를 주장하거나 취소를 청구하지 못한다"고 정하고 있고, 이 경과규정의 취지는 특별한 사정이 없는 한 사실혼관계에 대하여도 미친다. 따라서 2005년 개정된 민법 시행 이후에는 1990년 1.13. 법률 제4199호로 개정된 민법이 시행되던 당시의 형부와 처제 사이의 사실혼관계에 대하여 이를 무효사유 있는 사실혼관계라고 주장할 수 없다.

[3] 1990.1.13. 법률 제4199호로 개정된 민법이 시행되던 당시 국립대학교 교수인 형부와 사실혼관계에 있던 처제가 2005.3.31. 법률 제7427호로 개정된 민법 시행 후 형부가 사망하자 유족연금을 신청한 데 대하여, 공무원연금공단이 1990년 개정된 민법의 규정상 형부와 처제 사이의 혼인은 무효이고 혼인무효에 해당하는 사실혼관계는 구 공무원연금법(2009.12.31. 법률 제9905호로 개정되기 전의 것) 제3조 제1항 제2호 (가)목의 사실상 혼인관계로 인정할 수 없다는 이유로 위 신청을 거부하는 처분을 한 사안에서, 형부와 처제 사이의 혼인에 관한 구관습법의 태도, 민법의 개정 경과 및 그 내용, 위 형부와 처제 사이의 사실혼관계의 형성경위, 그 사실혼관계가 가족과 친인척을 포함한 주변 사회에서 받아들여진 점, 약 15년간의 공동생활로 부부생활의 안정성과 신뢰성이 형성되었다고 보이는 점 등을 종합하면, 비록 형부가 공무원으로 재직할 당시 시행되던 1990년 개정된 민법상 형부와 처제 사이의 혼인이 무효이었다고 하더라도 위 사실혼관계는 그 반윤리성·반공익성이 혼인법질서에 본질적으로 반할 정도라고 할 수 없고, 2005년 개정된 민법 부칙 제4조에 비추어 공무원연금공단은 2005년 개정된 민법이 시행된 이후에는 위 사실혼관계가 무효사유 있는 사실혼관계에 해당한다는 주장을 할 수도 없으므로, 위 사실혼관계는 구 공무원연금법 제3조 제1항 제2호 (가)목의 '사실혼관계'에 해당하고 위 신청인은 공무원연금법에 의한 유족연금의 수급권자인 배우자라고 본 원심판단을 수긍한 사례

(2) 사실혼과 재산분할청구권

가. 사실혼관계의 해소

사실혼이란 당사자 사이에 혼인의 의사가 있고, 객관적으로 사회관념상으로 가족질서적인 면에서 부부공동생활을 인정할 만한 혼인생활의 실체가 있는 경우이므로, 법률혼에 대한 민법의 규정 중 혼인신고를 전제로 하는 규정은 유추적용할 수 없으나, 부부재산의 청산의 의미를 갖는 재산분할에 관한 규정은 부부의 생활공동체라는 실질에 비추어 인정되는 것이므로, 사실혼관계에도 준용 또는 유추적용할 수 있다.[7]

나. 사실혼관계의 일방당사자 사망

사실혼관계에 있었던 당사자들이 생전에 사실혼관계를 해소한 경우 재산분할청구권을 인정할 수 있으나, 법률상 혼인관계가 일방당사자의 사망으로 인하여 종료된 경우에도 생존 배우자에게 재산분할청구권이 인정되지 아니하고 단지 상속에 관한 법률 규정에 따라서 망인의 재산에 대한 상속권만이 인정된다는 점 등에 비추어 보면, 사실혼관계가 일방당사자의 사망으로 인하여 종료된 경우에는 그 상대방에게 재산분할청구권이 인정된다고 할 수 없다.[8]

> **쟁점사례 – 가장이혼의 유효성** [16]
>
> 남편 갑은 채권자에 의한 강제집행을 피하기 위하여 재산의 일부에 대하여 재산분할을 하여 아내인 을의 명의로 소유권을 이전하고, 협의이혼신고를 하였다. 그러나 이와 같은 신고는 가장신고였으며, 갑과 을 모두 신고당시에는 이혼을 진정으로 할 의사가 없었을 뿐만 아니라 별거도 하지 않았다. 얼마 후에 갑이 다시 을에게 혼인신고를 하자고 하자 을은 이를 거절하였다. 갑은 을에 대하여 이혼무효확인의 소를 제기하고자 하는데 이는 받아들여질 수 있는가?[9][10]

7) 대법원 1995.03.28. 선고 94므1584 판결 사실혼관계해소에따른위자료등[공1995.5.1.(991),1752]
8) 대법원 2006.03.24. 선고 2005두15595 판결 증여세부과처분취소[집54(1)특,642;공2006.5.1.(249),745]
9) 본 사례는 김주수·김상용, 앞의 책, 174쪽의 설례를 인용함.
10) 대법원 1993.06.11. 선고 93므171 판결 이혼무효등[공1993.8.15(950),2021]

<table>
<tr><td>관련판례</td><td>대법원 1993.6.11. 선고 93므171 판결 【이혼무효등】
[공1993.8.15(950),2021]</td></tr>
</table>

【판시사항】

일시적으로 법률상 부부관계를 해소할 의사로써 한 협의이혼신고의 효력 유무(적극)

【판결요지】

협의이혼에 있어서 이혼의사는 법률상 부부관계를 해소하려는 의사를 말하므로 일시적으로나마 법률상 부부관계를 해소하려는 당사자 간의 합의하에 협의이혼신고가 된 이상 협의이혼에 다른 목적이 있더라도 양자 간에 이혼의사가 없다고는 말할 수 없고 따라서 이와 같은 협의이혼은 무효로 되지 아니한다.

【참조조문】

민법 제834조, 제836조

【참조판례】

대법원 1975.8.19. 선고 75도1712 판결(공1975,8664), 1976.9.14. 선고 76도107 판결(공1976,9356), 1981.7.28. 선고 80므77 판결(공1981,14264)

【전 문】

【원고, 피상고인】 원고 1 외 1인

【피고, 상고인】 피고

【원심판결】

대구고등법원 1992.12.16. 선고 92르427 판결

【주 문】

원심판결 중 이혼무효확인에 관한 부분을 파기하고 이 부분 사건을 대구고등법원에 환송한다.

피고의 나머지 상고를 기각한다.

상고기각 부분의 상고비용은 피고의 부담으로 한다.

【이 유】

피고의 상고이유에 대하여

원심이 인용한 제1심판결 이유에 의하면, 망 소외 1과 피고는 1962.6.26. 혼인신고를 마친 법률상 부부로서, 망 소외 1이 처가집에 들어가 농사일에 종사하던 중 1980.5.경부터 장인인 망 소외 2 및 장모인 원고 1과 불화하여 장인이 망 소외 1에게 나갈 것을 요구하자 사위의 신분으로는 그동안의 농사일을 한 것에 대한 노임을 청구할 수 없는 것으로 오인하고, 노임청구를 하기 위한 방편으로 피고와 합의하에 1981.1.16. 협의이혼신고를 한 사실 및 그 후에도 피고와 망 소외 1이 계속적으로 부부관계를 유지한 사실을 인정한 다음, 피고와 망 소외 1 사이의 협의이혼신고는 동인들 사이에 혼인생활을 실질상 폐기하려는 의사가 없었고 단지 망 소외 1이 피고의 부모를 상대로 노임청구를 하기 위

한 방편으로 일시적으로 이혼신고하기로 피고와 합의하에 한 것이고, 그 후에도 망 소외 1의 사망시까지 종전과 동일한 방법으로 부부생활의 실체를 영위하였으므로 특별한 사정이 없는 한 위 이혼신고는 이혼의사가 결여된 것으로서 무효라고 판시하였다.

그러나 이혼의 효력발생 여부에 관한 형식주의 아래에서의 이혼신고의 법률상 중대성에 비추어, 협의이혼에 있어서의 이혼의 의사는 법률상의 부부관계를 해소하려는 의사를 말한다 할 것이므로, 일시적으로나마 그 법률상의 부부관계를 해소하려는 당사자간의 합의하에 협의이혼신고가 된 이상, 그 협의이혼에 다른 목적이 있다 하더라도 양자간에 이혼의 의사가 없다고는 말할 수 없고 따라서 그 협의이혼은 무효로 되지 아니한다 할 것이다(당원 1976.9.14. 선고 76도107 판결; 1981.7.28. 선고 80므77 판결 참조).

따라서 피고와 망 소외 1이 일시적으로나마 이혼신고를 하기로 하는 합의하에 협의이혼신고를 한 사실이 인정되는 이상, 그 이혼신고를 함에 있어 사실상의 부부관계까지 해소할 의사는 없었고 망 소외 1이 그 장인, 장모를 상대로 노임청구를 하기 위한 목적이 있었다 하더라도 이혼의사가 결여되어 무효라고는 할 수 없는 것이다.

원심판결은 협의이혼에 있어서의 이혼의사에 관한 법리를 오해하였다 할 것이다. 논지는 이유 있다.

피고는 원심판결에 대하여 전부 불복하였으나 그 밖의 점에 관하여서는 상고이유서를 제출한 바 없다.

이상의 이유로 원심판결 중 이혼무효확인에 관한 부분을 파기하고 이 부분 사건을 원심법원에 환송하며 피고의 나머지 상고를 기각하고 이 부분의 상고비용은 패소자의 부담으로 하여 관여 법관의 일치된 의견으로 주문과 같이 판결한다.

▶ 쟁점사례 - 가장이혼과 증여세[11] |17|

갑은 을과 혼인신고를 한 후 약 30년간 혼인생활을 하여 왔다. 혼인 당시 을에게는 전처와 사이에서 낳은 병 등 5명의 자녀가 있었고, 갑과 을 사이에는 자녀가 없었다.

갑은 2011.3.2. 전처의 자녀들인 병 등과의 상속재산분쟁을 회피하기 위하여 당시 만 82세인 을을 상대로 이혼 및 재산분할청구소송을 제기하였다. 위 소송절차가 진행되던 중 2011.4.15. 갑과 을 사이에 '갑과 을은 이혼하되, 을이 갑에게 재산분할로 현금 10억 원을 지급하고 액면금 40억 원의 약속어음금 청구채권을 양도한다'는 등의 내용으로 조정이 성립되어 그에 따라 을은 갑에게 현금을 지급하고, 약속어음금 채무자에게는 양도통지를 하였다.

갑은 이혼 후에도 을의 사망 시까지 을의 수발을 들고 재산을 관리하면서 을과 함께 종전과 같은 주소지에서 동거하였다. 을은 이혼 후 약 7개월이 경과 한 2011.12.1. 위암으로 사망하였다. 이에 을의 상속인들은 2012.6.30. 갑과 위 재산분할재산을 상속인 및 상속재산에서

11) 대법원 2017.09.12. 선고 2016두58901 판결 증여세부과처분취소[공2017하,1997]

제외하여 상속세 신고를 하였다.

과세관청은 을의 상속세에 대하여 세무조사를 실시하였고(조사기간 2013.3.18.부터 2013.8.17.까지, 재조사기간: 2013.12.16.부터 2014.2.14까지), A세무서장은 위 세무조사결과에 따라 갑이 을의 사망 직전 가장이혼을 하고 재산분할 명목으로 재산을 증여받은 것으로 보고 2014.2.18. 갑에 대하여 2011년 귀속 증여세 3,679,180,360원(가산세 포함)을 부과하였다.

문 1

갑과 을의 이혼은 유효한가?

문 2

이혼이 유효함을 전제로 이루어진 재산분할은 유효한가? A세무서장이 갑과 을의 재산분할을 대상으로 한 증여세부과처분은 적법한가?

관련판례 대법원 2017.9.12. 선고 2016두58901 판결 【증여세부과처분취소】
[공2017하,1997]

【판시사항】

이혼이 가장이혼으로서 무효가 되기 위한 요건 / 이혼이 가장이혼으로서 무효가 아닌 이상 이혼에 따른 재산분할은 원칙적으로 증여세 과세대상이 아닌지 여부(적극) 및 재산분할의 실질이 증여라고 평가할 만한 특별한 사정이 있는 경우 상당한 부분을 초과하는 부분에 한하여 증여세 과세대상이 될 수 있는지 여부(적극)

【판결요지】

법률상의 부부관계를 해소하려는 당사자 간의 합의에 따라 이혼이 성립한 경우 그 이혼에 다른 목적이 있다 하더라도 당사자 간에 이혼의 의사가 없다고 말할 수 없고, 이혼이 가장이혼으로서 무효가 되려면 누구나 납득할 만한 특별한 사정이 인정되어야 한다. 그리고 이혼에 따른 재산분할은 부부가 혼인 중에 취득한 실질적인 공동재산을 청산·분배하는 것을 주된 목적으로 하는 제도로서 재산의 무상이전으로 볼 수 없으므로 이혼이 가장이혼으로서 무효가 아닌 이상 원칙적으로 증여세 과세대상이 되지 않는다. 다만 민법 제839조의2 제2항의 규정 취지에 반하여 상당하다고 할 수 없을 정도로 과대하고 상속세나 증여세 등 조세를 회피하기 위한 수단에 불과하여 그 실질이 증여라고 평가할 만한 특별한 사정이 있는 경우에는 상당한 부분을 초과하는 부분에 한하여 증여세 과세대상이 될 수 있다.

【참조조문】

민법 제839조의2 제2항, 상속세 및 증여세법 제4조의2 제1항

【원심판결】

서울고법 2016.10.20. 선고 2016누38183 판결

【주 문】

원심판결을 파기하고, 사건을 서울고등법원에 환송한다.

【이 유】

상고이유(상고이유서 제출기간이 경과한 후에 제출된 상고이유보충서의 기재는 상고이유를 보충하는 범위 내에서)를 판단한다.

1. 법률상의 부부관계를 해소하려는 당사자 간의 합의에 따라 이혼이 성립한 경우 그 이혼에 다른 목적이 있다 하더라도 당사자 간에 이혼의 의사가 없다고 말할 수 없고, 이혼이 가장이혼으로서 무효가 되려면 누구나 납득할 만한 특별한 사정이 인정되어야 한다. 그리고 이혼에 따른 재산분할은 부부가 혼인 중에 취득한 실질적인 공동재산을 청산·분배하는 것을 주된 목적으로 하는 제도로서 재산의 무상이전으로 볼 수 없으므로 그 이혼이 가장이혼으로서 무효가 아닌 이상 원칙적으로 증여세 과세대상이 되지 않는다. 다만 민법 제839조의2 제2항의 규정 취지에 반하여 상당하다고 할 수 없을 정도로 과대하고 상속세나 증여세 등 조세를 회피하기 위한 수단에 불과하여 그 실질이 증여라고 평가할 만한 특별한 사정이 있는 경우에는 그 상당한 부분을 초과하는 부분에 한하여 증여세 과세대상이 될 수 있다.

2. 원심판결 이유와 원심이 적법하게 채택한 증거에 의하면, 다음과 같은 사실을 알 수 있다.

가. 원고는 1982.5.24. 망 소외 1(이하 '망인'이라고 한다)과 혼인신고를 한 후 약 30년간 혼인생활을 하여 왔다. 혼인 당시 망인에게는 전처와 사이에서 낳은 소외 2 등 5명의 자녀가 있었고, 원고와 망인 사이에는 자녀가 없었다.

나. 원고는 2011.3.2. 전처의 자녀들인 소외 2 등과의 상속재산분쟁을 회피하기 위하여 당시 만 82세인 망인을 상대로 이혼 및 재산분할 청구소송을 제기하였다. 위 소송절차가 진행되던 중 2011.4.15. 원고와 망인 사이에 '원고와 망인은 이혼하되, 망인이 원고에게 재산분할로 현금 10억 원을 지급하고 액면금 40억 원의 약속어음금 청구채권을 양도한다'는 등의 내용으로 조정이 성립되어 그에 따라 현금지급 등이 모두 이행되었다.

다. 원고는 이혼 후에도 망인의 사망 시까지 망인의 수발을 들고 재산을 관리하면서 망인과 함께 종전과 같은 주소지에서 동거하였다. 망인은 이혼 후 약 7개월이 경과한 2011. 12.1. 위암으로 사망하였다.

라. 피고는 원고가 망인의 사망 직전 가장이혼을 하고 재산분할 명목으로 재산을 증여받은 것으로 보아 2014.2.18. 원고에 대하여 증여세를 부과하는 이 사건 처분을 하였다.

3. 위와 같은 사실관계를 앞서 본 법리에 비추어 살펴보면, 이 사건 이혼은 법률상의 부부관계를 해소하려는 원고와 망인 간의 합의에 따라 성립된 것으로 보인다. 설령 그 이

혼에 다른 목적이 있다 하더라도 원고와 망인에게 이혼의 의사가 없다고 할 수 없으며, 장차 망인이 사망했을 때 발생할 수 있는 소외 2 등과의 상속재산분쟁을 회피하기 위하여 원고와 망인이 미리 의견을 조율하여 망인의 사망이 임박한 시점에 이혼을 한 것으로 의심되는 사정이나, 이혼 후에도 원고가 망인과 동거하면서 사실혼 관계를 유지한 사정만으로는 이 사건 이혼을 가장이혼으로 인정하기 어렵다. 따라서 이 사건 재산분할은 원칙적으로 증여세 과세대상이 될 수 없고, 다만 그 재산분할이 민법 제839조의2 제2항의 규정 취지에 반하여 상당하다고 할 수 없을 정도로 과대하고 상속세나 증여세 등 조세를 회피하기 위한 수단에 불과하여 그 실질이 증여라고 평가할 수 있는 경우에 해당한다면, 그 상당한 부분을 초과하는 부분에 한하여 증여세 과세대상이 될 수 있을 뿐이다.

4. 그럼에도 원심은 이와 달리 이 사건 이혼이 법률상 이혼이라는 외형만을 갖춘 가장이혼에 해당한다고 잘못 전제한 후, 이 사건 재산분할이 상당한 정도를 넘는 과대한 것으로서 상속세나 증여세 등 조세를 회피하기 위한 수단에 불과한지에 관하여 심리하지 아니한 채 이 사건 처분이 적법하다고 판단하였다. 이러한 원심의 판단에는 가장이혼에 관한 법리를 오해하여 필요한 심리를 다하지 아니함으로써 판결에 영향을 미친 잘못이 있다. 이를 지적하는 상고이유 주장은 정당하다.

5. 그러므로 원심판결을 파기하고, 사건을 다시 심리·판단하게 하기 위하여 원심법원에 환송하기로 하여, 관여 대법관의 일치된 의견으로 주문과 같이 판결한다.

친양자

03

Ⅰ. 서설

　양자제도는 자연혈연적 친자관계가 없는 사람들 사이에 인위적으로 법률상 친자관계를 창설하는 제도이다. 역사적으로 양자제도를 보면 '가(家)를 위한 양자'로부터 '양친을 위한 양자'를 거쳐 오늘날에는 '양자를 위한 양자'의 단계로 발전하였다. 그리고 현대의 양자법은 입양의 성립과정에 있어서 양친자관계의 창설을 단순한 사적 계약으로 보는 '계약형 양자'의 단계에서 국가기관이 자의 복리를 위하여 입양의 성립에 적극적으로 관여하는 '복지형 양자'제도로 변천하고 있으며, 입양의 효과 면에서 친생부모의 친족관계를 존속시키는 '불완전양자'에서 양자와 친생부모와의 친족관계를 단절시키는 '완전양자'제도로 발전하고 있다.[1]

Ⅱ. 입양의 성립

1. 의의

　입양이란 양친자관계를 창설할 것을 목적으로 하는 양자와 양친 사이의 합의이

---

[1] 송덕수, 신민법강의, 박영사, 2018, 1533쪽.

다. 입양은 넓은 의미의 계약이나 친족법상의 제도여서 채권계약과는 다른 특수성이 인정된다.

2. 성립요건

입양이 유효하게 성립하기 위해서는 입양당사자[2]의 합의와 입양신고(법 제878조)가 필요하다.

Ⅲ. 입양의 효력

1. 법정혈족관계의 창설

양자는 입양된 때, 즉 입양신고일로부터 양부모의 친생자와 동일한 지위를 가지며(법 제882조의2 제1항), 양부모의 혈족·인척과의 사이에도 친족관계가 발생한다(법 제772조). 즉 일반양자의 경우 친생자와 비교하여 차별을 받지 않고, 다만 파양에 의해서 해소될 수 있다는 점이 친생자관계와 다르다.[3]

민법 제776조는 "입양으로 인한 친족관계는 입양의 취소 또는 파양으로 인하여 종료한다"라고 규정하고 있을 뿐 '양부모의 이혼'을 입양으로 인한 친족관계의 종료 사유로 들고 있지 않고, 구관습시대에는 오로지 가계계승을 위하여만 양자가 인정되었기 때문에 입양을 할 때 처는 전혀 입양당사자가 되지 못하였으므로 양부모가 이혼하여 양모가 부(夫)의 가(家)를 떠났을 때에는 입양당사자가 아니었던 양모와 양자의 친족관계가 소멸하는 것은 논리상 가능하였으나, 처를 부와 함께 입양당사자로 하는 현행 민법 아래에서는(1990.1.13. 개정 전 민법 제874조 제1항은 "처가 있는 자는 공동으로 함이 아니면 양자를 할 수 없고 양자가 되지 못한다"고 규정하였고, 개정 후 현행 민법 제874조 제1항은 "배우자 있는 자가 양자를 할 때에는 배우자와 공동으로 하여야 한다"고 규정하고 있다) 부부공동입양제가 되어 처도 부와 마찬가지로 입양당사자가 되기 때문에 양부모가

---

2) 대법원 1988.03.22. 선고 87므105 판결 입양무효[공1988.5.1.(823),686] — 민법상 아무런 근거가 없는 양손입양은 강행법규인 신분법규정에 위반되어 무효다.
3) 김주수·김상용, 앞의 책, 372쪽.

이혼하였다고 하여 양모를 양부와 다르게 취급하여 양모자관계만 소멸한다고 볼 수는 없는 것이다.[4]

2. 양자의 생가친족과의 관계

친양자와 달리 양자의 입양 전의 친족관계는 존속한다(법 제882조의2 제2항). 즉 양자의 친생부모 및 그 혈족, 인척사이의 친족관계는 입양에 의하여 영향을 받지 않는다. 따라서 친생부모·양부모 모두의 상속인이 될 수 있고, 양자가 직계비속·배우자 없이 사망하면 친생부모·양부모가 공동상속인이 된다.[5]

3. 양자의 성(姓)

일반양자의 경우 입양 후에도 양자의 성은 변경되지 않는다. 즉 양친의 성과 본을 따를 수 없다(통설).[6] 그 이유는 친양자와 달리 일반양자의 경우에는 입양 후에도 친생부모와의 친족관계가 존속하므로, 양부모의 성과 본을 따르는 것을 원칙으로 하는 것은 타당하지 않기 때문이다.[7] 다만, 자의 복리를 위해 필요한 때에는 가정법원의 허가를 받아 자의 성과 본을 변경할 수 있다(법 제781조 제6항).

Ⅳ. 친양자제도

1. 친양자제도의 특징

(1) 효과상의 특징: 완전양자

친양자제도는 그 효과면에서 입양아동이 법적으로 뿐만 아니라 실제생활에 있어서도 마치 '양친의 친생자와 같이' 입양가족의 구성원으로 완전히 편입, 동화되는 제

---

4) 대법원 2001.05.24. 선고 2000므1493 전원합의체 판결 친생자관계존부확인[집49(1)민,407;공2001.7.1.(133),1392]
5) 김주수·김상용, 앞의 책, 372쪽; 송덕수, 신민법강의, 박영사, 2018, 1542쪽.
6) 송덕수, 앞의 책, 1542쪽.
7) 김주수·김상용, 앞의 책, 373쪽.

도로 이해된다.[8]

(2) 절차상의 특징: 선고(허가)형 양자제도

친양자는 법원의 선고(허가)에 의해 성립한다. 입양의 목적이 보호가 필요한 아동에게 입양가정에서 건강하게 성장·발달할 수 있는 기회를 제공하는 데 있다면, 입양이 성립하기 전에 국가(법원)가 양부모가 될 사람의 양육능력, 자질, 양육환경 등을 검증하는 절차를 거치는 것은 필수적이다. 2005년 민법개정에 의하여 친양자제도가 도입되었고 2008년 1월 1일부터 시행된 동 제도가 도입되기 전까지 민법상의 양자제도는 입양을 양친과 양자 사이의 사적인 신분계약으로 규정하고 있었다. 따라서 당사자 사이에 입양의사가 합치되고, 그 밖의 입양요건이 구비된 경우에는 입양신고만으로 입양이 성립하였다(2013년 7월 1일부터 시행되는 개정 양자법에 의하면 일반양자의 경우에도 미성년자가 입양되는 때에는 반드시 가정법원의 허가를 받아야 한다). 이와 같은 제도하에서는 개별적인 입양이 실제로 입양아동의 복리실현에 기여할 수 있는지의 여부를 사전에 심사·평가하는 절차를 거치지 않고 입양이 이루어졌으므로, 양자의 복리가 침해되는 사례가 발생하는 것을 막을 수 없었다. 이러한 사태를 막기 위해 2005년 개정법은 친양자 입양을 당사자의 사적인 계약으로 하지 않고, 자녀의 복리를 위하여 반드시 법원의 선고(허가)에 의하여 성립하도록 하였다(법 제908조의2). 이는 국가가 당연히 부담하는 아동보호의무를 구체화시킨 것으로 볼 수 있다. 이로써 청구된 친양자 입양이 실제로 입양아동의 복리에 기여할 수 있는지의 여부가 사전에 법원에 의하여 심사될 수 있는 제도적 장치가 마련되었다.[9]

2. 친양자 입양의 요건

개별요건은 별도로 살펴보지 아니한다.

---

8) 김주수·김상용, 앞의 책, 370쪽 — 외국에서는 '완전양자'라는 표현이 보편화되어 있고, 양자는 양부모의 자녀로 출생한 것으로 인지되므로 친양자는 이와 구별하기 위한 완전양자의 우리식 표현이라고 한다.
9) 김주수·김상용, 앞의 책, 371쪽.

3. 친양자 입양의 효력

(1) 혼인 중 출생자로 의제

친양자는 부부의 혼인 중 출생자로 본다(법 제908조의3 제1항). 일반양자의 경우와 달리 친양자는 양친의 성과 본을 따른다(법 제781조 제1항). 또 친양자와 양부모의 친족 사이에도 친족관계가 발생하므로, 부양·상속관계도 발생한다. 친양자의 경우 가족관계등록부에도 양친의 친생자로 기록되어 입양사실이 나타나지 않는다.[10]

(2) 입양 전 친족관계와의 단절

친양자로 입양되면 친양자의 입양 전의 친족관계는 친양자 입양의 청구에 의한 친양자 입양이 확정된 때에 종료한다(법 제908조의3 제2항 본문). 친족관계 종료의 효력은 출생시에 소급하지 않기 때문에 친양자 입양 전의 상속이나 부양관계에는 영향을 미치지 않는다.[11] 단, 부부의 일방이 그 배우자의 친생자를 단독으로 입양한 경우에 있어서의 배우자 및 그 친족과 친생자 간의 친족관계는 종료되지 않는다(법 제908조의3 제2항 단서).

▶ **쟁점사례 – 친양자** ⏢18

A녀는 B남의 자 C를 2010.5.5. 출산하였는데, 그 당시 A와 B는 혼인하지 않은 상태였다. A는 C를 혼자 키우다가 D남과 2013.4.5. 혼인하였는데, 자의 성에 대한 협의는 없었다. A는 2014.11.30. 현재 D와 함께 C를 양육하고 있다. 이에 D는 2015.1.20. 가정법원 C에 대한 친양자 입양을 청구하였다. 이에 관한 다음 설명이 타당한가? (다툼이 있는 경우에는 판례에 의함)

문 1
D가 가정법원의 재판에 따라 C를 친양자로 입양할 경우에 일반양자의 경우와 달라지는 점은 무엇이 있는가?

---

10) 송덕수, 신민법강의, 박영사, 2018, 1542쪽.
11) 송덕수, 신민법강의, 박영사, 2018, 1547쪽.

쟁점해설

(1) D가 가정법원의 재판에 따라 C를 친양자로 입양하면, C는 A와 D의 혼인중의 출생자로 본다(법 제908조의3).

(2) D가 가정법원의 재판에 따라 C를 친양자로 입양하면, C는 D의 성을 따르게 되며 A와 D가 C의 친권자가 된다(법 제781조 제1항, 제909조 제1항).

(3) 친양자는 그 입양이 확정된 때부터 종전의 친족관계가 종료할 뿐 출생시에 소급하여 종료되지는 않으므로 입양 전의 상속이나 부양관계에는 영향을 미치지 않는다. 따라서 만약 위의 사실관계에서 가정법원이 친양자 입양을 확정하기 전에 B남이 사망한 경우에는 C가 여전히 상속권을 가지게 되지만, 친양자 입양이 확정된 후에 B가 사망한 경우에는 C가 상속권을 가지지 못한다. 이때에는 A와 D로부터만 상속을 받을 수 있게 된다.

세법 속 민법의 이해

상속법

VI

상속의 개시

01

Ⅰ. 서설

상속개시의 시기는 ① 상속인의 자격·범위·순위·능력을 정하는 기준이 되고, ② 상속에 관한 권리의 제척기간 또는 소멸시효의 기산점이 되며(법 제1045조, 제1117조 등 참조), ③ 상속의 효력발생, 상속재산 또는 유류분의 산정기준이 된다. ④ 상속세 과세에 있어서도 납세의무 성립, 상속세과세표준 신고기한 및 부과제척기간의 기산일, 상속재산의 평가, 합산대상 증여재산의 범위 결정에 있어서 중요한 기준이 된다.

Ⅱ. 상속의 개시원인

1. 자연사

상속은 사망으로 인하여 개시된다. 즉, 피상속인이 사망한 순간에 상속이 개시되는 것이다. 상속은 피상속인의 사망과 동시에 당연히 개시되기 때문에 상속인이 피상속인의 사망사실을 알았는지 여부를 묻지 아니한다. 이때 사망한 순간은 실제로 사망한 때를 말하고, 사망신고가 행하여지는 시점이 아니다. 일반적으로 사망선고는 의사의 진단으로 이루어지는데,[1] 호흡과 심장의 박동이 종지되는 시점이 사망시기이다. 가족관계등록부 기재는 추정적 효력을 가질 뿐이므로 반증으로 번복할 수 있다.[2]

2. 실종선고

(1) 실종기간과 기산점

가. 실종기간

보통실종에 있어서 실종기간은 5년이며, 기산일은 부재자의 생존을 증명할 수 있는 최후의 기간 다음날이다. 이와 달리 특별실종의 실종기간은 1년이며, 기산일은 전쟁실종의 경우 전쟁이 종지한 때·선박실종의 경우에는 선박이 침몰한 때·항공기실종의 경우에는 항공기가 추락한 때가 된다. 그 밖의 위난으로 인한 실종의 경우에는 위난이 종료한 때가 된다.

나. 사망으로 간주되는 시기

실종선고에 의하여 사망한 것으로 간주되는 시점은 실종기간이 만료시이다(법 제28조).

다. 신청권자

실종선고를 신청할 수 있는 직접적인 이해관계인만이 신청권자에 해당한다. 이에 대하여 판례는 "부재자에 대하여 실종선고를 청구할 수 있는 이해관계인은 그 실종선고로 인하여 일정한 권리를 얻고 의무를 면하는 등의 신분상 또는 재산상의 이해관계를 갖는 자에 한한다"고 설시하면서, "부재자가 사망할 경우 제1순위의 상속인이 따로 있어 제2순위의 상속인에 불과한 청구인은 특별한 사정이 없는 한 위 부재자에 대하여 실종선고를 청구할 수 있는 신분상 또는 경제상의 이해관계를 가진 자라고 할 수 없다"고 판시하였다.[3]

---

1) 가족관계등록법 제84조.
2) 대법원 1994.06.10. 선고 94다1883 판결 소유권이전등기말소등[공1994.7.15.(972),1928]−호적에 기재된 사항은 일응 진실에 부합하는 것이라는 추정을 받는다 할 것이나, 그 기재에 반하는 증거가 있거나, 그 기재가 진실이 아니라고 볼만한 특별한 사정이 있는 때에는 그 추정을 번복할 수 있다.
3) 대법원 1992.04.14.자 92스4,92스5,92스6 결정 실종선고[공1992.8.1.(925),2146]

(2) 상속세 및 증여세법상 특례

실종기간이 만료되고 상속세 과세표준신고기한 경과한 다음날부터 10년 또는 15년이 경과한 후에 실종선고를 청구하여 법원의 실종선고가 있는 경우 민법 규정에 따를 경우에는 국세부과의 제척기간(10년 또는 15년)이 경과되어 상속세 과세가 불가능한 사례가 발생하기 때문에 민법의 규정과 달리 상속세 및 증여세법에서는 실종선고일을 사망일로 간주하도록 하는 특례규정(법 제1조 제1항)을 두고 있다.

3. 인정사망

시신이 발견되지 않을 때에는 진단서 등 관계서류를 첨부할 수 없다. 이 경우 비록 시체의 확인은 없지만 고도의 사망확률이 있어 실종선고의 절차를 밟게 하는 것은 번잡하고 부적절하기 때문에 사망보고서[4]에 의하여 가족관계등록부에 기재된 사망의 연·월·일·시에 사망한 것으로 인정하는 제도를 두고 있는데 이를 인정사망이라고 한다.[5] 이때 가족관계등록부의 기재는 자연사와 같이 추정적 효력을 갖는다.[6]

[참조판례] **대법원 1989.01.31. 선고 87다카2954 판결**
인정사망, 실종선고에 의하지 않고도 법원이 사망사실을 인정할 수 있는지 여부

갑판원이 시속 30노트 정도의 강풍이 불고 파도가 5-6미터 가량 높게 일고 있는 등 기상조건이 아주 험한 북태평양의 해상에서 어로작업 중 갑판위로 덮친 파도에 휩쓸려 찬 바다에 추락하여 행방불명이 되었다면 비록 시신이 확인되지 않았다 하더라도 그 사람은 그 무렵 사망한 것으로 확정함이 우리의 경험칙과 논리칙에 비추어 당연하다.

수난, 전란, 화재 기타 사변에 편승하여 타인의 불법행위로 사망한 경우에 있어서는 확정적인 증거의 포착이 손쉽지 않음을 예상하여 법은 인정사망, 위난실종선고 등의 제도와 그밖에도 보통실종선고제도도 마련해 놓고 있으나 그렇다고 하여 위와 같은 자료나 제도에 의함이 없는 사망사실의 인정을 수소법원이 절대로 할 수 없다는 법리는 없다.

---

4) 사망보고서란 화재·기타 사변으로 인해 사망한 것이 확실하지만 시체가 발견되지 아니한 경우로 이 같은 사실을 조사·담당하는 관청이 작성한 보고서로서 시·읍·면장에게 통보한다.
5) 가족관계의 등록 등에 관한 법률 제87조.
6) 김주수·김상용, 친족·상속법(제12판), 법문사, 2015, 573쪽 참조－반증이 없는 한 등록부에 기록된 사망일에 사망한 것으로 인정된다.

4. 동시사망

지진·홍수 등과 같이 동일한 사고로 여러 사람이 사망한 경우에는 그들 사이의 사망시점이 불분명하여 상속개시의 시점을 언제로 볼 것인지 문제가 된다. 즉 2인 이상이 동일한 위난을 당하여 사망한 경우에는 누가 먼저 사망하였는지 사망의 선후를 증명하는 것이 거의 불가능에 가까운데다가 사망의 선후에 따라 상속인의 범위가 달라지기 때문에 이를 확정하는 것은 매우 중요하다. 이와 관련하여 민법은 "2인 이상이 동일한 위난으로 사망한 경우 그들은 동시에 사망한 것으로 추정한다"고 규정(법 제30조)하고 있다. 다만 본 규정은 추정 규정이므로 사망일시가 명백하면 번복될 수 있다.[7)]

동시사망의 경우에 해당하는 경우에 사망자 상호 간에는 상속이 개시되지 않으므로 동시사망자들이 친자 간이라도 서로의 상속인이 되지 못한다. 예를 들면 부부 甲과 乙이 동일한 위난을 당하여 甲이 乙보다 먼저 사망한 경우에는 甲의 재산은 乙과 나머지의 상속인에게 상속된다. 한편, 甲과 乙이 동시에 사망한 경우에는 서로 간에는 상속권이 생기지 않고 甲과 乙의 재산은 모두 이들의 상속인에게 상속된다.[8)]

---

7) 대법원 1998.08.21. 선고 98다8974 판결-민법 제30조에 의하면, 2인 이상이 동일한 위난으로 사망한 경우에는 동시에 사망한 것으로 추정하도록 규정하고 있는바, 이 추정은 법률상 추정으로서 이를 번복하기 위하여는 동일한 위난으로 사망하였다는 전제사실에 대하여 법원의 확신을 흔들리게 하는 반증을 제출하거나 또는 각자 다른 시각에 사망하였다는 점에 대하여 법원에 확신을 줄 수 있는 본증을 제출하여야 하는데, 이 경우 사망의 선후에 의하여 관계인들의 법적 지위에 중대한 영향을 미치는 점을 감안할 때 충분하고도 명백한 입증이 없는 한 위 추정은 깨어지지 아니한다고 보아야 한다.
8) 대법원 2001.03.09. 선고 99다13157 판결-동시사망으로 추정되는 경우에 동시사망자 사이에 상속은 개시되지 않지만, 이때에도 대습상속의 가능성은 여전히 존재한다. 자세한 것은 대습상속 부분 참조.

➡ 쟁점사례 – 실종선고와 부과제척기간 `19`

갑은 1998.5.1. 행방불명되었다. 아들의 실종 소식에 충격을 받은 갑의 아버지 을은 꼭 살아서 돌아올 것으로 믿고 하염없이 기다리면서 슬픔에 빠져 생활하고 있다. 이에 을의 동생 병이 '하루라도 빨리 정리하는 것이 살아있는 사람에겐 좋지 않겠냐'라며 2014.9.1. 실종선고 신청을 하였다.

문 1

병이 신청한 실종선고에 대한 법원의 판단은?

문 2

만약 갑의 실종선고 신청이 위의 날짜에 이루어졌고, 이에 법원은 심사를 거쳐 2015.3.1. 실종선고가 내려졌을 경우에 실종선고에 따른 민법상 피상속인 갑의 사망일은 언제인가?[9]

문 3

만약 갑의 실종선고 신청이 위의 날짜에 이루어졌고, 이에 법원은 심사를 거쳐 2015.3.1. 실종선고가 내려졌을 경우에 실종선고로 갑의 사망이 의제됨에 따라 과세관청은 상속인들에 상속세를 부과할 수 있는가?[10]

문 4

만약 갑의 실종선고 신청이 위의 날짜에 이루어졌고, 이에 법원은 심사를 거쳐 2015.3.1. 실종선고가 내려졌을 경우에 갑에게 내려진 법원의 실종선고를 번복하기 위한 절차와 요건은?

➡ 쟁점사례 – 동시사망 `20`

甲은 자신의 아들 乙과 아내 丙 그리고 아버지 丁과 함께 살고 있다. 그런데 甲은 乙과 둘이서 제주도 여행을 계획하고 선박에 승선하였으나, 선박이 침몰하였다.

문 1

위 사실관계에서 甲이 乙보다 먼저 사망한 경우 상속인은?

---

9) 민법상 상속개시일: 2003.5.1.(실종기간 만료일이 상속개시일이므로 행방불명일인 1998.5.1. 로부터 5년이 되는 날)

10) 상속세 및 증여세법상 상속개시일: 2015.3.1.(실종선고일이 상속개시일임)

문 2

위 사실관계에서 乙이 甲보다 먼저 사망한 경우 상속인은?

문 3

위 사실관계에서 甲과 乙의 사망에 관하여 그 선후를 밝힐 수 없는 경우에 상속인은?[11]

---

11) 동시사망이 추정되는 A와 B 사이에는 상속이 개시되지 아니하여, B는 A의 상속인이 되지 못하므로 A의 아버지 D와 A의 아내 C가 A의 공동상속인이 된다. 다만, B에게 아내나 자녀가 있을 경우에는 그 아내나 자녀가 대습상속을 하게 되므로(법 제1001조·제1003조 제2항), A의 아버지 D는 상속권이 없다(김주수·김상용, 친족상속법, 박영사, 2017, 610쪽 참조).

상속인

02

Ⅰ. 상속능력

상속인이 될 수 있는 능력을 상속능력이라고 하고, 이는 자연인에게만 인정된다. 즉 법인은 상속능력이 없다. 다만 법인의 경우에는 포괄유증을 통해서 상속과 동일한 결과를 가져올 수 있다. 나아가 외국인 역시 상속능력이 인정된다.

상속인은 상속개시의 순간에 생존하고 있어야 하는데 이를 동시존재의 원칙이라고 한다.[1] 따라서 부 또는 모와 자녀가 동시에 사망한 경우에는 누구도 서로의 상속인이 될 수 없다.[2]

Ⅱ. 상속순위

1. 개관

상속이 개시된 시기에 상속인의 자격을 가진 사람이 여럿 있다면 이들 간에 순위

---

1) 김주수·김상용, 친족상속법, 법문사, 2017, 604쪽 참조; 윤진수, 친족상속법강의, 박영사, 2016, 283-284쪽 참조.
2) 자세한 내용은 동시사망추정 부분 참조.

를 정해둘 필요가 있다.[3] 민법은 상속의 순위를 미리 정하여 이를 변경할 수 없도록 하고 있으며, 이와 다르게 상속인을 지정하는 것 또한 허용하지 아니한다(민법 제1000조).[4] 이를 인정하게 되면 상속인의 자격을 가진 자 사이에 불공평한 결과를 가져올 우려가 있으며, 후일에 상속에 관한 분쟁이 발생할 염려가 있어 공익에 미치는 영향이 크기 때문이다.

2. 제1순위: 피상속인의 직계비속(태아 포함)

직계비속이 두 사람 이상인 경우에는 촌수가 같으면 그 직계비속들은 공동상속인이 되고(법 제1000조 제2항), 촌수가 다르면 촌수가 가장 가까운 직계비속이 먼저 상속인이 된다.[5] 예를 들면, 피상속인의 자가 수인인 경우에 이들은 같은 순위로 상속인이 되며 직계비속으로서 자와 손이 있을 때에는 자는 손보다 우선하여 상속인이 된다.

직계비속이라면 자연혈족·법정혈족, 혼생·혼외 출생자, 남자·여자, 기혼·미혼, 분가·입양 등에 의하여 다른 가족관계등록부에 있더라도 그 상속순위에는 차이가 없다. 또한 상속순위에 있어서 태아는 이미 출생한 것으로 보아 직계비속에 포함하고 있으나, 장차 살아서 출생하면 상속개시의 시기에 소급하여 상속능력을 취득(정지조건설)하게 되고, 이와 달리 사산한 경우에는 상속능력을 잃게 된다. 그러나, 2008.1.1 이후부터 민법 제908조의2 규정 등에 의한 친양자[6] 입양은 입양으로 인하여 친생부모와 친족관계가 종료되므로 친생부모로부터는 상속인으로서의 상속재산을 받을 수 없다.

계모자 사이와 적모서자 사이에도 종전에는 상속권이 인정되었지만, 1990년 민법개정으로 이들 사이에는 상속권이 인정되지 않는다.[7]

---

3) 김주수·김상용, 친족상속법, 법문사, 2017, 636쪽 참조.
4) 김주수·김상용, 앞의 책, 636쪽 참조.
5) 윤진수, 앞의 책, 285쪽 참조.
6) 친양자제도(민법 제908조의2 내지 제908조의8, 2008.1.1.부터 시행)의 특징
   • 양친과 양자를 친생자관계로 보아 친양자는 부부의 혼인 중의 출생자가 됨.
   • 종전의 친족관계는 근친혼 제한 규정을 제외하고 완전히 소멸하며 즉 친가와 법률관계가 단절되므로 양가에 대해서만 상속권을 갖게 되며 친양자 입양은 사적인 계약이 아니라 가정법원의 허가를 받아야 함.
7) 김주수·김상용, 앞의 책, 637쪽.

3. 제2순위: 피상속인의 직계존속

직계존속이 두 사람 이상인 경우에 그 직계존속들이 촌수가 같으면 같은 순위이며 촌수를 달리하면 최근친이 먼저 상속인이 된다. 예를 들면 부모와 조부모가 있으면 부모가 선순위가 된다. 이때 직계존속은 부계·모계 여부, 남자·여자 여부, 양부모측·친생부모 측인지 여부를 묻지 아니하므로 친생부모와 양부모가 있을 때에는 함께 같은 순위로 상속인이 된다.

직계존속에 대하여는 대습상속이 인정되지 않기 때문에 피상속인의 모가 이미 사망하고 부만 있을 때에는 부만이 상속하며, 모의 직계존속은 대습상속을 할 수 없다.[8]

4. 제3순위: 피상속인의 형제자매

형제자매가 두 사람 이상인 경우에는 같은 순위로 상속인이 되며 형제자매의 직계비속은 대습상속이 인정된다. 여기서 말하는 형제자매의 범위에 관하여 종전의 판례는 부계만을 의미한다고도 하였으나,[9] 남녀평등사상에 비추어 부계와 모계를 차별할 이유가 없으므로 아버지가 같고 어머니가 다른 형자자매 또는 어머니가 같고 아버지가 다른 형제자매 사이에서도 상속이 이루어진다.[10]

그리고 형제자매 사이에서의 상속에는 남녀의 성별, 기혼·미혼의 차별, 가족관계 등록부의 이동, 자연혈족·법정혈족의 차별은 있을 수 없다.

5. 제4순위: 피상속인의 3촌부터 4촌 이내의 방계혈족

이들은 직계비속·직계존속·배우자·형제자매가 없는 경우에만 상속인이 되고 촌수가 같으면 공동상속인이 된다.

3촌이 되는 방계혈족으로는 백부·숙부·고모·이모·이질·생질 등이 공동상속인이 되며, 4촌이 되는 방계혈족으로는 종형제자매·고종형제자매·외종형제자매·이종

---

8) 김주수·김상용, 앞의 책, 638쪽.
9) 대법원 1975.01.14. 선고 74다1503 판결.
10) 김주수·김상용, 앞의 책, 639쪽.

형제자매 등이 공동상속인이 된다.

6. 배우자(법 제1003조)

피상속인의 배우자는 직계비속과 직계존속의 상속인이 있는 경우에는 그 상속인
과 같은 순위로 공동상속인이 되고, 직계비속·직계존속이 없는 경우에는 단독상속
인이 된다. 여기서 배우자는 법률혼 배우자를 말하며 사실혼[11] 배우자[12]는 상속권
이 없다.

---

11) 자세한 내용은 혼인의 성립 부분 참조.
12) 사실혼 배우자를 포함하여 중혼적 사실혼의 경우에도 마찬가지이다. 그러나 중혼인 경우라도 후
혼이 취소사유인 경우에 해당하므로 후혼이 취소되기 전까지는 전혼과 후혼의 배우자는 모두 상
속권을 가짐에 주의.

대습상속

03

Ⅰ. 서설

1. 의의

대습상속이란 상속인이 될 직계비속 또는 형제자매[1]가 상속개시 전에 사망하거나 결격된 자가 된 경우에 그 직계비속이 있는 때에는 그 직계비속이 사망하거나 결격된 자의 순위에 대신 갈음하여 상속인이 되는 것을 말하는데 상속개시 전에 사망하거나 결격된 자의 배우자도 함께 동 순위로 공동상속인이 되고 그 상속인이 없는 때에는 단독상속인이 된다(법 제1001조·제1003조 제2항).

2. 입법취지

대습자의 상속에 대한 기대를 보호함으로써 공평을 꾀하고 생존 배우자의 생계를 보장하여 주려는 것이다.[2] 즉 본래의 상속인이 될 자가 상속을 받았다면 그가 사망한 때에는 다시 그의 상속인이 상속을 받을 것인데, 본래의 상속인이 사망 등의 상속을 받지 못하였다고 하여 그의 상속인이 될 자가 전혀 상속을 받지 못하는 것은

---

1) 직계존속은 빠져있음에 유의.
2) 대법원 2001.03.09. 선고 99다13157 판결 [소유권이전등기말소][집49(1)민,203;공2001.5.1.(129),831]

부당하다는 것이 그 이유이다.[3]

II. 대습상속의 요건

1. 피대습자에 관한 요건

(1) 상속인이 될 직계비속 또는 형제자매

피대습자는 피상속인의 직계비속이나 형제자매에게 사망 또는 상속결격의 사유가 인정되는 때에 한한다. 따라서 직계존속이나 4촌 이내의 방계혈족인 때에는 대습상속이 인정되지 않는다.[4]

(2) 상속개시 전 피대습자의 사망

피대습자가 상속개시 전에 사망하고 이어서 피상속인이 사망한 경우에 그 직계비속이나 형제자매가 대습상속을 하게 된다. 이때 '상속개시 전'이라는 문구에 동시사망을 포함할 수 있는지가 문제된다. 판례는 동시사망의 경우에도 대습상속을 인정한다.[5]

(3) 상속개시 전 피대습자의 결격

피대습자에게 상속결격사유가 있는 때에도 대습상속이 인정되고, 상속개시 전이라고 법문에 기술되어 있지만 다수의 견해는 상속개시 후에 결격사유가 발생한 경우에도 대습상속의 사유가 된다고 본다.[6]

---

3) 윤진수, 앞의 책, 289쪽.
4) 윤진수, 앞의 책, 289쪽.
5) 대법원 2001.03.09. 선고 99다13157 판결 [소유권이전등기말소][집49(1)민,203;공2001.5.1.(129),831]
6) 김주수·김상용, 앞의 책, 608쪽; 이경희, 가족법, 법원사, 2013, 403쪽.

2. 대습자에 관한 요건

(1) 피대습자의 직계비속이나 배우자

직계비속에 대하여 대습상속을 인정하는 것에는 의문이 없지만, 배우자에 대하여 대습상속을 인정하는 부분에 대하여는 의문을 제기하는 입장이 있다.[7] 배우자의 대습상속을 인정하게 된 과정을 보면 먼저 전통적으로 며느리에 대한 대습상속을 인정하여왔고, 이를 우리 민법 제정 시에 그대로 입법하였는데, 1990년 민법 개정 시에 남녀평등 관점에서 며느리뿐 아니라 사위에 대하여도 대습상속을 인정하였다.[8] 그러나 이처럼 배우자에 대하여 대습상속을 인정하는 입법례를 찾아보기 어렵다는 점에서 여전히 의문이라고 하겠다.

(2) 대습상속인은 상속개시 당시에 존재하고 있을 것

앞서 '상속개시 전'에 동시사망으로 추정되는 경우를 포함하는 것처럼, '상속개시 당시에 존재'라는 요건을 대습원인 발생 당시에는 아직 존재(태아 또는 입양)하지 않았으나, 그 후에 존재(태아의 출생 또는 입양)하게 된 경우를 포함한다고 본다.[9]

(3) 대습상속인은 결격자가 아닐 것

대습상속인에게 피상속인에 대한 상속결격 사유가 있을 때에는 그 대습상속인도 대습상속을 하지 못한다. 여기서 주의할 것은 대습상속인이 피대습자에 대한 관계에서 상속결격사유가 있더라도 이는 대습상속에는 영향을 주지 않는다는 점이다.[10] 그 이유는 상속결격은 피상속인에 대한 관계에서 상대적으로 판단해야 할 문제이기 때문이다.[11]

---

7) 윤진수, 앞의 책, 293-294쪽.
8) 대법원 2001.03.09. 선고 99다13157 판결 [소유권이전등기말소][집49(1)민,203;공2001.5.1.(129), 831]
9) 윤진수, 앞의 책, 294쪽.
10) 송덕수, 앞의 책, 295쪽.
11) 윤진수, 앞의 책, 294쪽.

Ⅲ. 대습상속의 효과

대습상속에 의하여 대습상속인은 피대습자에게 예정되어 있는 상속분을 상속한
다.[12) 구체적인 내용은 연습문제를 통해 살펴보도록 한다.

Ⅳ. 관련 문제

1. 피상속인의 자녀가 전부 상속개시 전에 사망하거나 결격자가 된 경우

앞서 살펴본 바와 같이 대습상속을 하게 되면 피대습자가 받았을 상속분을 상속
하기 때문에 본위상속하는 경우와 비교해볼 때 상속분에서 차이가 발생한다. 그렇다
면 경우에 따라서 본위상속과 대습상속 중 자신에게 유리한 것을 선택적으로 주장
할 가능성이 있음에도 불구하고 이 부분에 대해서 민법은 침묵을 지키고 있다. 학설
은 이 경우에도 대습상속을 하게 된다는 견해[13)와 본위상속을 하게 된다는 견해[14)
로 나뉘는데, 판례는 전자의 입장에 있다.[15)

2. 재대습상속

대습상속을 할 지위에 있는 자가 상속개시 전에 다시 사망하거나 상속결격이 된
때에는 그의 직계비속 또는 배우자가 다시 대습상속할 수 있는지가 문제된다. 그러
나 대법원은 '피상속인 갑이 사망시에 직계비속 을(갑의 딸)이 이미 사망하였고, 을의
사망에 앞서 을의 남편 병이 사망하자 병과 전처 정과의 사이에 태어난 A등 4인이
을과 병을 대신하여 갑의 재산을 대습상속한다고 주장한 사안'에서 "민법 제1000조
제1항, 제1001조, 제1003조의 각 규정에 의하면, 대습상속은 상속인이 될 피상속인

---

12) 윤진수, 앞의 책, 295쪽.
13) 윤진수, 앞의 책, 290쪽.
14) 김주수·김상용, 앞의 책, 611쪽.
15) 대법원 2001.03.09. 선고 99다13157 판결 [소유권이전등기말소][집49(1)민,203;공2001.5.1.(129),831]

의 직계비속 또는 형제자매가 상속개시 전에 사망하거나 결격자가 된 경우에 사망자 또는 결격자의 직계비속이나 배우자가 있는 때에는 그들이 사망자 또는 결격자의 순위에 갈음하여 상속인이 되는 것을 말하는 것으로, **대습상속이 인정되는 경우는 상속인이 될 자**(사망자 또는 결격자)**가 피상속인의 직계비속 또는 형제자매인 경우에 한한다 할 것이므로**, 상속인이 될 자(사망자 또는 결격자)의 배우자는 민법 제1003조에 의하여 대습상속인이 될 수는 있으나, 피대습자(사망자 또는 결격자)의 배우자가 대습상속의 상속개시 전에 사망하거나 결격자가 된 경우, 그 배우자에게 다시 피대습자로서의 지위가 인정될 수는 없다"고 판시하여 부정적인 입장이다.[16]

3. 피대습자의 상속포기

우리 민법은 상속포기를 대습상속의 요건으로 규정하고 있지 않다. 따라서 상속을 포기한 경우에는 대습상속이 이루어지지 않는다. 그러나 독일과 프랑스의 경우에는 상속포기를 대습상속 사유로 인정하고 있어 우리나라의 경우에도 대습상속 사유로 인정하여야 한다는 입법론이 주장되고 있다.[17]

> ▶ 쟁점사례 - 동시사망과 대습상속　　21
>
> 피상속인 A는 아내 B와의 사이에 딸 C, 아들 D를 두었고, 위 C는 G와 혼인하여 그 사이에 딸 E, 아들 F가 있었으며, 위 D는 아내 K와의 사이에 딸 M을 두고 있었다. 그런데 A·B 부부와 아들 D 가족 전부 및 C와 그 자녀들 등 G를 제외한 가족 전원이 1997.8.6. 미합중국의 자치령 괌(Guam)의 니미츠 언덕(Nimitz Hill)에서 함께 탑승 중이던 항공기의 추락 사고로 모두 사망하였고, 당시 A에게 다른 직계비속이나 직계존속은 없었다(이상의 사실관계에 의하면 A는 그의 아내는 물론 직계비속인 아들, 딸과 손자 손녀들 및 직계비속의 배우자인 며느리 등과 함께 동일한 위난으로 사망한 것으로서 민법 제30조에 의하여 모두 동시에 사망한 것으로 추정된다).
> A가 남긴 재산을 놓고, G와 H·I가 다투었고 이에 대한 협의가 되지 않은 상태에서 G는 A 소유이던 서울 양천구 목동 소재 대 470.4㎡에 관하여 1997.11.8. 상속을 원인으로 한 소유권이전등기를 경료하였다. 현재 A의 유가족으로는 H·I(A의 형제자매들이다)가 살아 있다.

---

16) 대법원 1999.07.09. 선고 98다64318,64325 판결 소유권이전등기[공1999.8.15.(88),1594]
17) 윤진수, 앞의 책, 293쪽.

문 1

위 사실관계에서 상속인은 누구인가?

문 2

H·I는 G를 상대로 소유권이전등기말소를 청구하였다. 법원의 판단은? [18]

➡ 쟁점사례 - 상속포기와 대습상속　　　　　　　　　　　　22

피상속인 갑이 사망하였는데 갑의 상속인으로는 배우자인 을과 자녀 병, 정이 있다. 이들 가운데 자녀 전부가 상속을 포기하기로 마음먹고 법원에 상속포기 신청을 하였고 곧 수리되었다.

문 1

위 사례에서 병과 정에게 각각 아들 A, 딸 B가 생존한다면 상속인은 누구인가?

➡ 쟁점사례 - 대습상속의 원인1　　　　　　　　　　　　23

(사실관계)
피상속인 A에게는 딸 B와 C가 있고, B는 D와 E, C는 F를 자녀로 두고 있다.

(쟁점)
1. B와 C가 전부 상속포기를 한 경우
   → 대습상속은 불가, 본위상속으로 각 1/3씩 상속받게 된다.

2. B와 C가 전부 A보다 먼저 사망한 경우
   → 대습상속 요건을 갖추어 D, E, F는 대습상속을 한다. 따라서 각각 1/4, 1/4, 1/2씩 상속받게 된다.

---

18) H·I와 G 가운데 누가 상속권자인지에 따라 소유권이전등기말소청구소송에 대한 결과가 달라진다. 만약 H·I가 상속권자라면 G 명의로 된 등기는 말소되어야 할 것으로 인용이 될 것이고, 반대로 G가 상속권자라면 H·I의 청구는 이유가 없으므로 기각될 것이다. 결국 본 사례의 쟁점은 상속권을 누가 가지는지에 있다(상속인 확정의 문제).

➡ **쟁점사례 - 대습상속의 원인2** ⟨24⟩

(사실관계)
피상속인 A에게는 딸 B와 C가 있고, C는 D, B는 F와 G를 자녀로 두고 있다.

(쟁점과 해설)
1. 상속개시 전에 사망
A가 사망하기 전에, B가 사망하게 되면 손자녀인 F와 G가 대습상속을 한다.

2. 상속개시 전과 후를 불문하고 상속결격
상속결격의 효과는 처음부터 상속인이 아닌 것이므로 상속개시 전과 후를 나누어 볼 필요가 없이 대습상속이 이루어진다.

3. 본위상속을 할 것인지 대습상속을 할 것인지가 문제되는 유형
(1) B와 C가 모두 상속포기를 한 경우
    : 상속포기는 대습상속의 원인이 아니므로 본위상속
(2) B와 C가 모두 A보다 먼저 사망한 경우
    : 대습상속
(3) B만 A보다 먼저 사망한 경우
    : F와 G는 대습상속을 하고, C가 상속을 한다.
(4) B만 상속포기를 한 경우
    : F와 G는 대습상속을 부정되고, C가 상속을 한다.

관련판례 괌 여객기 추락사고 판결문
대법원 2001.3.9. 선고 99다13157 판결 【소유권이전등기말소】
[집49(1)민,203;공2001.5.1.(129),831]

【판시사항】
[1] 피상속인의 사위가 피상속인의 형제자매보다 우선하여 단독으로 대습상속한다는 민법 제1003조 제2항이 위헌인지 여부(소극)
[2] 동시사망으로 추정되는 경우 대습상속의 가능 여부(적극)
[3] 피상속인의 자녀가 상속개시 전에 전부 사망한 경우 피상속인의 손자녀의 상속의 성격(대습상속)

【판결요지】
[1] ① 우리 나라에서는 전통적으로 오랫동안 며느리의 대습상속이 인정되어 왔고, 1958. 2.22. 제정된 민법에서도 며느리의 대습상속을 인정하였으며, 1990.1.13. 개정된

민법에서 며느리에게만 대습상속을 인정하는 것은 남녀평등·부부평등에 반한다는 것을 근거로 하여 사위에게도 대습상속을 인정하는 것으로 개정한 점, ② 헌법 제11조 제1항이 누구든지 성별에 의하여 정치적·경제적·사회적·문화적 생활의 모든 영역에 있어서 차별을 받지 아니한다고 규정하고 있고, 헌법 제36조 제1항이 혼인과 가족생활은 양성의 평등을 기초로 성립되고 유지되어야 하며 국가는 이를 보장한다고 규정하고 있는 점, ③ 현대 사회에서 딸이나 사위가 친정 부모 내지 장인장모를 봉양, 간호하거나 경제적으로 지원하는 경우가 드물지 아니한 점, ④ 배우자의 대습상속은 혈족상속과 배우자상속이 충돌하는 부분인데 이와 관련한 상속순위와 상속분은 입법자가 입법정책적으로 결정할 사항으로서 원칙적으로 입법자의 입법형성의 재량에 속한다고 할 것인 점, ⑤ 상속순위와 상속분은 그 나라 고유의 전통과 문화에 따라 결정될 사항이지 다른 나라의 입법례에 크게 좌우될 것은 아닌 점, ⑥ 피상속인의 방계혈족에 불과한 피상속인의 형제자매가 피상속인의 재산을 상속받을 것을 기대하는 지위는 피상속인의 직계혈족의 그러한 지위만큼 입법적으로 보호하여야 할 당위성이 강하지 않은 점 등을 종합하여 볼 때, 외국에서 사위의 대습상속권을 인정한 입법례를 찾기 어렵고, 피상속인의 사위가 피상속인의 형제자매보다 우선하여 단독으로 대습상속하는 것이 반드시 공평한 것인지 의문을 가져볼 수는 있다 하더라도, 이를 이유로 곧바로 피상속인의 사위가 피상속인의 형제자매보다 우선하여 단독으로 대습상속할 수 있음이 규정된 민법 제1003조 제2항이 입법형성의 재량의 범위를 일탈하여 행복추구권이나 재산권보장 등에 관한 헌법규정에 위배되는 것이라고 할 수 없다.

[2] 원래 대습상속제도는 대습자의 상속에 대한 기대를 보호함으로써 공평을 꾀하고 생존 배우자의 생계를 보장하여 주려는 것이고, 또한 동시사망 추정규정도 자연과학적으로 엄밀한 의미의 동시사망은 상상하기 어려운 것이나 사망의 선후를 입증할 수 없는 경우 동시에 사망한 것으로 다루는 것이 결과에 있어 가장 공평하고 합리적이라는 데에 그 입법 취지가 있는 것인바, 상속인이 될 직계비속이나 형제자매(피대습자)의 직계비속 또는 배우자(대습자)는 피대습자가 상속개시 전에 사망한 경우에는 대습상속을 하고, 피대습자가 상속개시 후에 사망한 경우에는 피대습자를 거쳐 피상속인의 재산을 본위상속을 하므로 두 경우 모두 상속을 하는데, 만일 피대습자가 피상속인의 사망, 즉 상속개시와 동시에 사망한 것으로 추정되는 경우에만 그 직계비속 또는 배우자가 본위상속과 대습상속의 어느 쪽도 하지 못하게 된다면 동시사망 추정 이외의 경우에 비하여 현저히 불공평하고 불합리한 것이라 할 것이고, 이는 앞서 본 대습상속제도 및 동시사망 추정규정의 입법 취지에도 반하는 것이므로, 민법 제1001조의 '상속인이 될 직계비속이 상속개시 전에 사망한 경우'에는 '상속인이 될 직계비속이 상속개시와 동시에 사망한 것으로 추정되는 경우'도 포함하는 것으로 합목적적으로 해석함이 상당하다.

[3] 피상속인의 자녀가 상속개시 전에 전부 사망한 경우 피상속인의 손자녀는 본위상속

이 아니라 대습상속을 한다.

【참조조문】

[1] 민법 제1001조, 제1003조 제2항, 헌법 제11조 제1항, 제36조 제1항 / [2] 민법 제30조, 제1001조, 제1003조 제2항 / [3] 민법 제1000조, 제1001조

【참조판례】

[3] 대법원 1995.4.7. 선고 94다11835 판결(공1995상, 1817), 대법원 1995.9.26. 선고 95다27769 판결(공1995, 3530)

【원심판결】

서울고법 1999.2.11. 선고 98나21825 판결

【주문】

상고를 모두 기각한다. 상고비용은 원고들의 부담으로 한다.

【이유】

상고이유(보충상고이유서의 기재는 상고이유를 보충하는 범위 내에서만)를 본다.

1. 원심이 적법하게 확정한 사실(다툼 없는 사실)은 다음과 같다.

가. 망 소외 1은 처인 망 소외 2과의 사이에 딸인 망 소외 3, 아들인 망 소외 4를 두었고, 위 소외 3은 피고와 혼인하여 그 사이에 딸인 망 소외 5, 아들인 망 소외 6가 있었으며, 위 망 소외 4는 처인 망 소외 7과 사이에 딸인 망 소외 8를 두고 있었다.

나. 그런데 망 소외 1 부부와 아들인 망 소외 4 가족 전부 및 딸인 망 소외 3과 그 자녀들 등 피고를 제외한 가족 전원이 1997.8.6. 미합중국의 자치령 괌(Guam)의 니미츠 언덕 (Nimitz Hill)에서 함께 탑승중이던 항공기의 추락 사고로 모두 사망하였고, 당시 망 소외 1에게 다른 직계비속이나 직계존속은 없었다(이상의 사실관계에 의하면 망 소외 1은 그의 처는 물론 직계비속인 아들, 딸과 손자 손녀들 및 직계비속의 배우자인 며느리 등과 함께 동일한 위난으로 사망한 것으로서 민법 제30조에 의하여 모두 동시에 사망한 것으로 추정된다).

다. 피고는 망 소외 1의 소유이던 서울 양천구 목동 소재 대 470.4㎡에 관하여 1997. 11.8. 상속을 원인으로 한 소유권이전등기를 경료하였다.

라. 원고들은 모두 망 소외 1의 형제자매들이다.

2. 상고이유 제1점에 관하여

① 우리나라에서는 전통적으로 오랫동안 며느리의 대습상속이 인정되어 왔고, 1958.2. 22. 제정된 민법에서도 며느리의 대습상속을 인정하였으며, 1990.1.13. 개정된 민법에서 며느리에게만 대습상속을 인정하는 것은 남녀평등·부부평등에 반한다는 것을 근거로 하여 사위에게도 대습상속을 인정하는 것으로 개정한 점, ② 헌법 제11조 제1항이 누구든지 성별에 의하여 정치적·경제적·사회적·문화적 생활의 모든 영역에 있어서 차별을 받지 아니한다고 규정하고 있고, 헌법 제36조 제1항이 혼인과 가족생활은 양성의 평등을

기초로 성립되고 유지되어야 하며 국가는 이를 보장한다고 규정하고 있는 점, ③ 현대 사회에서 딸이나 사위가 친정 부모 내지 장인장모를 봉양, 간호하거나 경제적으로 지원하는 경우가 드물지 아니한 점, ④ 배우자의 대습상속은 혈족상속과 배우자상속이 충돌하는 부분인데 이와 관련한 상속순위와 상속분은 입법자가 입법정책적으로 결정할 사항으로서 원칙적으로 입법자의 입법형성의 재량에 속한다고 할 것인 점, ⑤ 상속순위와 상속분은 그 나라 고유의 전통과 문화에 따라 결정될 사항이지 다른 나라의 입법례에 크게 좌우될 것은 아닌 점, ⑥ 피상속인의 방계혈족에 불과한 피상속인의 형제자매가 피상속인의 재산을 상속받을 것을 기대하는 지위는 피상속인의 직계혈족의 그러한 지위만큼 입법적으로 보호하여야 할 당위성이 강하지 않은 점 등을 종합하여 볼 때, 외국에서 사위의 대습상속권을 인정한 입법례를 찾기 어렵고, 피상속인의 사위가 피상속인의 형제자매보다 우선하여 단독으로 대습상속하는 것이 반드시 공평한 것인지 의문을 가져볼 수는 있다 하더라도, 이를 이유로 곧바로 피상속인의 사위가 피상속인의 형제자매보다 우선하여 단독으로 대습상속할 수 있음이 규정된 민법 제1003조 제2항이 입법형성의 재량의 범위를 일탈하여 행복추구권이나 재산권보장 등에 관한 헌법규정에 위배되는 것이라고 할 수 없다. 따라서 원심판결에 위헌법률을 적용한 위법이 있다고 할 수 없고, 이에 관한 상고이유의 주장은 받아들일 수 없다.

3. 상고이유 제2점에 관하여

원래 대습상속제도는 대습자의 상속에 대한 기대를 보호함으로써 공평을 꾀하고 생존배우자의 생계를 보장하여 주려는 것이고, 또한 동시사망 추정규정도 자연과학적으로 엄밀한 의미의 동시사망은 상상하기 어려운 것이나 사망의 선후를 입증할 수 없는 경우 동시에 사망한 것으로 다루는 것이 결과에 있어 가장 공평하고 합리적이라는 데에 그 입법 취지가 있는 것인바, 상속인이 될 직계비속이나 형제자매(피대습자)의 직계비속 또는 배우자(대습자)는 피대습자가 상속개시 전에 사망한 경우에는 대습상속을 하고, 피대습자가 상속개시 후에 사망한 경우에는 피대습자를 거쳐 피상속인의 재산을 본위상속을 하므로 두 경우 모두 상속을 하는데, 만일 피대습자가 피상속인의 사망, 즉 상속개시와 동시에 사망한 것으로 추정되는 경우에만 그 직계비속 또는 배우자가 본위상속과 대습상속의 어느 쪽도 하지 못하게 된다면 동시사망 추정 이외의 경우에 비하여 현저히 불공평하고 불합리한 것이라 할 것이고, 이는 앞서 본 대습상속제도 및 동시사망 추정규정의 입법 취지에도 반하는 것이므로, 민법 제1001조의 '상속인이 될 직계비속이 상속개시 전에 사망한 경우'에는 '상속인이 될 직계비속이 상속개시와 동시에 사망한 것으로 추정되는 경우'도 포함하는 것으로 합목적적으로 해석함이 상당하고, 따라서 피고의 처인 망 소외 3이 피상속인인 망 소외 1과 동시에 사망한 것으로 추정된다는 점이 피고가 망 소외 1의 재산을 대습상속함에 장애가 된다고 볼 수 없다. 같은 취지의 원심의 판단은 정당하고 거기에 민법 제1001조의 해석을 그르친 위법이 있다고 할 수 없다. 이에 관한 상고이유의 주장도 받아들일 수 없다.

4. 상고이유 제3점에 관하여

피상속인의 자녀가 상속개시 전에 전부 사망한 경우 피상속인의 손자녀는 본위상속이 아니라 대습상속을 한다고 봄이 상당하다(보충상고이유서가 들고 있는 대법원판결은 상속의 포기에 관한 것이고 상속의 포기는 사망과는 달리 우리 민법상 대습상속사유가 아니므로 피대습자의 사망이라고 하는 대습상속사유가 발생한 이 사건과 같은 경우에 원용할 수 없다). 따라서 피상속인의 자녀가 상속개시 전에 전부 사망한 경우 피상속인의 손자녀의 상속은 본위상속이라고 하는 독자적인 견해를 전제로 하여 대습상속은 단독상속으로는 불가능하고 피대습자와 같은 촌수의 다른 직계비속이 생존하여 공동상속인의 지위가 유지·보존된 경우에 한하여 공동상속으로만 가능하다고 하는 상고이유의 주장은 더 나아가 살필 필요 없이 채용할 수 없다. 원심판결은 그 이유를 달리하였으나 피고에게 대습상속권이 없다는 원고들의 주장을 배척한 결론에 있어서 정당하다.

5. 상고이유 제4점에 관하여

민법 제1003조 제2항이 혈족상속주의를 수정하여 피상속인의 직계비속의 배우자가 경우에 따라 단독으로 대습상속할 수 있음을 규정하고 있고 이 조항에 대한 원고들의 위헌 주장을 받아들이지 않는 이상, 피상속인의 직계비속의 배우자는 어떠한 경우에도 피상속인의 혈족과 공동상속함에 그쳐야 한다는 상고이유의 주장은 독자적인 견해에 불과하여 채용할 수 없다.

6. 상고이유 제5점에 관하여

설령 이 사건의 구체적 사정 아래에서 피고가 망 소외 1의 재산을 단독상속하는 것이 국민의 법감정에 배치되는 면이 없지 않다고 하더라도, 민법 제1003조 제2항이 유효한 이상, 피고의 대습상속권 자체를 부인할 수는 없다. 그리고 상속재산에 대한 기여분은 기여자가 상속순위 이내에 드는 경우에 한하여 고려하는 것이므로 피고만이 망 소외 1의 재산상속인이고 원고들은 그 재산상속인이 아닌 이 사건에 있어 원고들이 망 소외 1의 재산 형성 과정에서 기여하였는지의 여부는 더 나아가 살필 필요가 없다. 이에 관한 상고이유의 주장도 받아들일 수 없다.

관련판례　대법원 2015.5.14. 선고 2013다48852 판결【대여금】
[공2015상,794]

【판시사항】
피상속인의 배우자와 자녀 중 자녀 전부가 상속을 포기한 경우의 상속인

【판결요지】
상속을 포기한 자는 상속개시된 때부터 상속인이 아니었던 것과 같은 지위에 놓이게 되

므로, 피상속인의 배우자와 자녀 중 자녀 전부가 상속을 포기한 경우에는 배우자와 피상속인의 손자녀 또는 직계존속이 공동으로 상속인이 되고, 피상속인의 손자녀와 직계존속이 존재하지 아니하면 배우자가 단독으로 상속인이 된다.[19]

【참조조문】

민법 제1000조, 제1003조, 제1042조, 제1043조

【참조판례】

대법원 2006.7.4.자 2005마425 결정(공2006하, 1475)

【원심판결】

서울고법 2013.5.29. 선고 2012나75262 판결

【주 문】

상고를 모두 기각한다. 상고비용은 피고들이 부담한다.

【이 유】

상고이유에 대하여 판단한다.

상속을 포기한 자는 상속개시된 때부터 상속인이 아니었던 것과 같은 지위에 놓이게 되므로(대법원 2006.7.4.자 2005마425 결정 등 참조), 피상속인의 배우자와 자녀 중 자녀 전부가 상속을 포기한 경우에는 배우자와 피상속인의 손자녀 또는 직계존속이 공동으로 상속인이 되고, 피상속인의 손자녀와 직계존속이 존재하지 아니하면 배우자가 단독으로 상속인이 된다.

원심이 적법하게 확정한 사실에 의하면, ① 망 소외 1은 2010.8.6. 사망하였고, 사망 당시 유족으로 배우자인 소외 2와 자녀인 소외 3, 소외 4가 있었던 사실, ② 소외 3, 소외 4는 2010.9.27. 수원지방법원 안산지원 2010느단1107호로 상속포기신고를 하여 2010. 11.19. 그 신고가 수리된 사실, ③ 소외 3의 자녀로는 피고 1과 피고 2, 소외 4의 자녀로는 피고 3이 있는 사실을 알 수 있다.

이러한 사실관계를 위에서 본 법리에 비추어 보면 소외 3, 소외 4가 상속을 포기한 이상, 망 소외 1의 손자녀인 피고들은 소외 2와 공동으로 망 소외 1의 재산을 상속한다고 할 것이므로, 피고들이 망 소외 1의 상속인이라고 본 원심의 판단은 정당하고, 거기에 상속포기에 관한 법리를 오해한 잘못이 없다.

다만 상속인은 상속개시 있음을 안 날로부터 3월 내에 상속포기를 할 수 있고(민법 제1019조 제1항), 상속개시 있음을 안 날이란 상속개시의 원인이 되는 사실의 발생을 알

---

19) 본 판례의 결론과 달리 "어느 상속인이 상속을 포기한 때에는 그 상속분은 다른 상속인의 상속분의 비율로 그 상속인에게 귀속된다고 규정한 1043조에 의하여 배우자의 상속순위에 관한 1003조 1항의 적용은 배제되고, 상속을 포기한 자녀의 손자녀 또는 직계존속이 있더라도 배우자만이 단독상속인이 된다고 보아야 할 것"이라고 한다(윤진수, 앞의 책, 293쪽).

고 이로써 자기가 상속인이 되었음을 안 날을 의미하지만(대법원 1986.4.22.자 86스10 결정 참조), 종국적으로 상속인이 누구인지를 가리는 과정에서 법률상 어려운 문제가 있어 상속개시의 원인사실을 아는 것만으로는 바로 자신이 상속인이 된 사실까지 알기 어려운 특별한 사정이 있는 경우에는 자신이 상속인이 된 사실까지 알아야 상속이 개시되었음을 알았다고 할 것이다. 그런데 피상속인의 배우자와 자녀 중 자녀 전부가 상속을 포기한 때에는 피상속인의 손자녀가 배우자와 공동으로 상속인이 된다는 것은 상속의 순위에 관한 민법 제1000조, 배우자의 상속순위에 관한 민법 제1003조, 상속포기의 효과에 관한 민법 제1042조 등의 규정들을 종합적으로 해석하여 비로소 도출되는 것이지 이에 관한 명시적 규정이 존재하는 것은 아니므로, 일반인의 입장에서 피상속인의 자녀가 상속을 포기하는 경우 자신들의 자녀인 피상속인의 손자녀가 피상속인의 배우자와 공동으로 상속인이 된다는 사실까지 안다는 것은 오히려 이례에 속한다(대법원 2005. 7.22. 선고 2003다43681 판결 참조).

이 사건에서 피고들은 망 소외 1의 손자녀로서 위와 같은 과정을 거쳐 상속인이 되었으므로, 피고들의 친권자인 소외 3, 소외 4로서는 자신들의 상속포기 사실 등 피고들에 대한 상속개시의 원인사실을 아는 것만으로는 피고들이 상속인이 된다는 사실까지 알기 어려운 특별한 사정이 있는 경우라고 봄이 상당하다. 나아가 상속포기로써 채무 상속을 면하고자 하는 사람이 그 채무가 고스란히 그들의 자녀에게 상속될 것임을 알면서도 이를 방치하지는 않았으리라고 봄이 경험칙에 부합하는 점, 실제로 소외 3, 소외 4는 피고들이 상속인이 아니라고 일관되게 다투면서 이 사건 항소 및 상고에 이른 점 등을 고려하면, 피고들의 친권자인 소외 3, 소외 4는 적어도 이 판결이 선고되기 전에는 피고들이 상속인이 된다는 사실을 알지 못하였다고 인정할 여지가 충분하고, 그 경우 피고들에 대하여는 아직 민법 제1019조 제1항에서 정한 기간이 도과되지 아니하였다고 할 수 있다. 그러나 피고들이 이를 이유로 상속포기를 한 다음 청구이의의 소를 제기함은 별론으로 하고, 위와 같은 사정만으로는 원고의 피고들에 대한 청구를 배척할 사유가 되지 아니한다.

상속의 효과

04

제1절 상속분과 기여분

Ⅰ. 서설

상속분이란 전체의 상속재산에 대한 관념적·분량적인 일부를 말한다. 상속분은 보통 상속재산의 2분의 1, 3분의 1과 같이 상속개시 당시에 있어서 상속재산의 전체 가액에 대한 계수적 비율에 의하여 표시된다.[1] 상속분은 피상속인의 의사에 따라 정하여지는 지정상속분과 법률의 규정에 의하여 정해지는 법정상속분이 있다.

Ⅱ. 지정상속분

피상속인은 유언에 의하여 공동상속인의 상속분을 지정할 수 있다. 그러므로 피상속인은 유언에 의하여 유증을 받는 자로 하여금 법정상속분에 우선하여 상속재산을 취득하게 할 수 있다.[2] 이처럼 유언에 의한 상속분의 지정은 피상속인의 의사를

---

[1] 김주수·김상용, 앞의 책, 685쪽; 윤진수, 앞의 책, 361-362쪽.
[2] 대법원 2001.02.09. 선고 2000다51797 판결-공동상속인의 상속분은 그 유류분을 침해하지 않는 한 피상속인이 유언으로 지정한 때에는 그에 의하고 그러한 유언이 없을 때에는 법정상속분에 의하나, 피상속인으로부터 재산의 증여 또는 유증을 받은 자는 그 수증재산이 자기의 상속분에 부

존중하고 피상속인의 상속인에 대한 감정이나 상속인의 상속재산 증가에 대한 협력의 정도 등을 반영하려는 취지가 있는 것이다. 그러나 유류분에 반하여 상속분을 지정할 수 없으며 만약 유류분에 반하는 지정을 한 경우 침해를 받은 유류분권리자는 반환을 청구할 수 있다(법 제1115조).

또한 피상속인의 의사로 상속채무에 대한 부담할 비율을 자유로이 지정할 수 있다면 재산이 없거나 변제능력이 없는 상속인을 지정함으로써 피상속인에 대한 채권을 가지고 있는 채권자, 즉 상속채권자를 해할 염려가 있기 때문에 상속채무에 대해서는 부담할 비율을 유언으로 지정할 수 없다.[3]

Ⅲ. 법정상속분

피상속인이 공동상속인의 상속분을 지정하지 아니하였을 경우의 상속분은 민법이 규정한 바에 의하게 된다(법 제1009조·제1010조).

1. 동순위상속인 간 상속분

같은 순위 상속인이 여러 명인 때에는 그 상속인은 균분으로 한다(법 제1009조 제1항).

2. 배우자의 상속분

피상속인 배우자의 상속분은 직계비속 또는 직계존속과 공동으로 상속하는 때에

족한 한도 내에서만 상속분이 있고(민법 제1008조), 피상속인의 재산의 유지 또는 증가에 특별히 기여하거나 피상속인을 특별히 부양한 공동상속인은 상속 개시 당시의 피상속인의 재산가액에서 그 기여분을 공제한 액을 상속재산으로 보고 지정상속분 또는 법정상속분에 기여분을 가산한 액으로써 그 자의 상속분으로 하므로(민법 제1008조의2 제1항), 지정상속분이나 법정상속분이 곧 공동상속인의 상속분이 되는 것이 아니고 특별수익이나 기여분이 있는 한 그에 의하여 수정된 것이 재산분할의 기준이 되는 구체적 상속분이라 할 수 있다.

3) 상속채무에 관하여 지정행위가 있더라도 이는 효력이 없으므로 채권자는 이에 구속되지 않고 법정상속분에 해당하는 부분만큼 변제를 청구할 수 있다(김주수·김상용, 앞의 책, 686쪽).

는 각 상속분의 5할을 가산한다(법 제1009조 제2항). 일방 배우자가 사망한 경우에 타방 배우자가 취득하는 상속분은 혼인관계가 쌍방 배우자 생존 중에 이혼 등의 이유로 해소되는 경우에 받는 재산분할의 액수와는 같지 않아서 불균형이 생길 수 있다. 이와 같은 문제점을 해결하고자 입법론으로 생존 배우자가 먼저 재산분할을 받거나 또는 선취분으로서 일정 부분을 먼저 취득하고, 나머지를 전체 상속인이 법정상속분에 따라 상속하도록 하는 방안이 제기된다.[4]

3. 대습상속인의 상속분

상속개시 전에 사망 또는 결격된 자(피대습상속인)에 갈음하여 상속인이 된 자(대습상속인)의 상속분은 피대습상속인의 상속분에 의한다. 이때 피대습상속인의 직계비속이 여러 명인 때에 그 상속분은 피대습상속인의 상속분의 한도에서 법정상속분에 의하여 정한다(법 제1009조, 제1010조).

Ⅳ. 특별수익자의 상속분

공동상속인 중에 "피상속인으로부터 재산의 증여 또는 유증을 받은 자(특별수익자)"가 있는 경우 그 사전증여 또는 수증재산이 자기의 상속분에 달하지 못한 때에는 그 부족한 부분의 한도까지 상속분이 인정된다(법 제1008조). 이것은 만일 피상속인으로부터 생전의 증여 또는 유증이 있었음에도 불구하고 이를 고려하지 아니하게 되면 공동상속인의 상속분에 불공평한 결과를 초래하게 되므로 이러한 사전증여 또는 유증을 상속분의 선급으로 보고 상속분의 산정에서 이것을 참작하도록 한 것이다.[5] 판례도 다음과 같이 판시하였다. 즉 "민법 제1008조에서 '공동상속인 중에 피상속인으로부터 재산의 증여 또는 유증을 받은 자가 있는 경우에 그 수증재산이 자기의 상속분에 달하지 못한 때에는 그 부족한 부분의 한도에서 상속분이 있다'고 규정하고 있는바, 이는 공동상속인 중에 피상속인으로부터 재산의 증여 또는 유증을 받은 특별수익자가 있는 경우에 공동상속인들 사이의 공평을 기하기 위하여 그 수

---

4) 윤진수, 앞의 책, 363쪽.
5) 김주수·김상용, 앞의 책, 690-691쪽.

증재산을 상속분의 선급으로 다루어 구체적인 상속분을 산정함에 있어 이를 참작하도록 하려는 데 그 취지가 있다"고 한다.[6]

V. 기여분

1. 의의

기여분은 공동상속인 중에 상당한 기간 동거·간호 그 밖의 방법으로 피상속인을 특별히 부양하거나 피상속인의 재산의 유지 또는 증가에 특별히 기여한 자가 있는 경우에 그 자에게 그 기여한 몫만큼 구체적 상속분을 증액시켜 주는 제도를 말한다 (법 제1008조의2).

2. 기여분을 받을 수 있는 자

가. 공동상속인

나. 포괄적 수유자

3. 기여행위

가. 특별한 기여

나. 기여의 무상성

다. 기여의 시기

4. 기여분 결정절차

(1) 서론

기여분은 공동상속인의 협의에 따라 결정되나(법 제1008조의2 제1항), 공동상속인이

---

6) 대법원 1995.03.10. 선고 94다16571 판결 소유권이전등기[공1995.4.15.(990),1576]

기여분에 관하여 협의가 되지 아니하거나 협의할 수 없는 때에는 가정법원은 기여자의 청구에 따라 기여분을 결정하게 된다(동법 동조 제2항). 이 청구는 상속재산분할청구가 있을 경우(법 제1013조 제2항, 제269조), 또는 상속재산분할 수 인지 등에 의하여 공동상속인이 된 자가 상속분 가액의 청구를 할 경우(법 제1014조)에 할 수 있다.[7] 따라서 이와 같은 방법으로 기여분이 결정되기 전에는 유류분반환청구소송에서 피고가 된 기여상속인은 상속재산 중 자신의 기여분을 공제할 것을 항변으로 주장할수 없다는 것이 판례의 입장이다.[8] 나아가 공동상속인의 협의 또는 가정법원의 심판으로 기여분이 결정되었다고 하더라도 유류분을 산정함에 있어 기여분을 공제할수 없고, 기여분으로 유류분에 부족이 생겼다고 하여 기여분에 대하여 반환을 청구할 수도 없다는 것이 판례의 입장이다.[9]

(2) 협의에 의한 결정

기여분은 제1차적으로는 공동상속인 전원의 협의에 의하여 결정할 수 있다. 공동상속인 전원이어야 하므로, 일부가 누락되거나 제외되면 무효이다.[10]

(3) 심판에 의한 결정

협의가 이루어지지 않거나 불가능할 경우에는 가정법원은 기여분이 있다고 주장하는 자의 청구에 의하여 기여분을 정한다. 공동상속인 중에 상당한 기간 동거·간호 그 밖의 방법으로 피상속인을 특별히 부양하거나 피상속인의 재산의 유지 또는 증가에 특별히 기여한 사람이 있을지라도 공동상속인의 협의 또는 가정법원의 심판으로 기여분이 결정되지 않은 이상 유류분반환청구소송에서 기여분을 주장할 수 없다.[11] 또한 상속재산분할이 종료된 후에 이러한 기여분 결정의 청구를 할 수 있는지가 문제되나 통설은 거래안전을 이유로 부정한다.[12]

---

7) 윤진수, 앞의 책, 385쪽.
8) 대법원 1994.10.14. 선고 94다8334 판결 소유권이전등기말소[공1994.11.15.(980),2971]
9) 대법원 2015.10.29. 선고 2013다60753 판결 유류분반환[공2015하,1760]
10) 윤진수, 앞의 책, 386쪽.
11) 대법원 2015.10.29. 선고 2013다60753 판결 유류분반환[공2015하,1760]
12) 윤진수, 앞의 책, 386쪽.

(4) 구체적인 기여분액 결정방법

기여자의 상속분은 상속개시 당시의 피상속인의 재산가액에서 기여자의 기여분을 공제한 것을 상속재산으로 보고 산정한 법정(대습)상속분에 기여분을 가산하여 계산한다(법 제1008조의2). 여기서 '상속개시 당시의 피상속인의 재산가액'에 상속채무가 포함되는지가 문제되는데, 특별수익의 경우처럼 포함되지 않고, 다만 기여분 산정시 고려하는 '일체의 사정'의 하나로 고려하면 충분하다고 보는 것이 일반적이다.[13] 한편, 기여분이 다른 공동상속인들의 유류분을 침해할 수 있는지가 문제된다. 즉 다른 공동상속인들의 유류분을 침해할 정도의 기여분 결정도 허용되는지 여부가 문제되는데, 민법 제1115조에서 기여분을 유류분반환청구의 대상으로 하고 있지 않기에, 기여분과 유류분은 서로 아무런 관계가 없고, 따라서 다른 공동상속인들의 유류분을 침해하는 정도의 기여분도 인정된다고 해석한다.[14] 기여분은 공동상속인 간의 실질적 공평을 실현하기 위한 제도이므로 기여분의 가액이 상속재산가액의 상당한 부분을 차지한다 하더라도 다른 공동상속인의 유류분을 침해한 것이 되지 아니하여 유류분 반환청구의 대상에 해당되지 않는다. 다만, 기여분 결정에 관한 '일체의 사정'으로 다른 공동상속인들의 유류분을 참작하여야 할 것이다.

▶ 쟁점사례 – 대습상속인의 특별수익 여부　　　　　　　25

피상속인 갑은 자신의 자녀 을과 병을 두고 있고, 을과 병은 각각 자녀로 A·B·C와 D·E를 두고 있다. 그런데 피상속인 갑이 사망하기 이전에 갑의 자녀들 중 을 등이 먼저 사망하였는데, 갑이 을 사망 전에 을의 자녀 중 A에게 임야를 증여를 하였다.

문 1

위 사안에서 상속인은 누구이며, 각각의 상속분은 얼마인가?

문 2

만일 갑이 남기고 간 재산이 B·C·D·E의 상속분에 미치지 못할 경우, A가 받은 위 임야를 A의 특별수익에 보아 유류분 산정을 위한 기초재산에 포함시킬 수 있는가?

---

13) 윤진수, 앞의 책, 387쪽.
14) 윤진수, 앞의 책, 387쪽.

관련판례 대법원 2014.5.29. 선고 2012다31802 판결【소유권이전등기절차이행】
[공2014하,1304]

【판시사항】

[1] 민법 제1008조의 규정 취지 및 대습상속인이 대습원인의 발생 이전에 피상속인으로부터 증여를 받은 경우, 대습상속인의 위와 같은 수익이 특별수익에 해당하는지 여부(소극)

[2] 피상속인 갑이 사망하기 이전에 갑의 자녀들 중 을 등이 먼저 사망하였는데, 갑이 을 사망 전에 을의 자녀인 병에게 임야를 증여한 사안에서, 위 임야가 병의 특별수익에 해당하므로 유류분 산정을 위한 기초재산에 포함된다고 본 원심판단에 법리오해의 위법이 있다고 한 사례

【판결요지】

[1] 민법 제1008조는 공동상속인 중에 피상속인으로부터 재산의 증여 또는 유증을 받은 특별수익자가 있는 경우 공동상속인들 사이의 공평을 기하기 위하여 수증재산을 상속분의 선급으로 다루어 구체적인 상속분을 산정함에 있어 이를 참작하도록 하려는 데 취지가 있는 것인바, 대습상속인이 대습원인의 발생 이전에 피상속인으로부터 증여를 받은 경우 이는 상속인의 지위에서 받은 것이 아니므로 상속분의 선급으로 볼 수 없다. 그렇지 않고 이를 상속분의 선급으로 보게 되면, 피대습인이 사망하기 전에 피상속인이 먼저 사망하여 상속이 이루어진 경우에는 특별수익에 해당하지 아니하던 것이 피대습인이 피상속인보다 먼저 사망하였다는 우연한 사정으로 인하여 특별수익으로 되는 불합리한 결과가 발생한다.

따라서 대습상속인의 위와 같은 수익은 특별수익에 해당하지 않는다. 이는 유류분제도가 상속인들의 상속분을 일정 부분 보장한다는 명분 아래 피상속인의 자유의사에 기한 자기 재산의 처분을 그의 의사에 반하여 제한하는 것인 만큼 인정 범위를 가능한 한 필요 최소한으로 그치는 것이 피상속인의 의사를 존중한다는 의미에서 바람직하다는 관점에서 보아도 더욱 그러하다.

[2] 피상속인 갑이 사망하기 이전에 갑의 자녀들 중 을 등이 먼저 사망하였는데, 갑이 을 사망 전에 을의 자녀인 병에게 임야를 증여한 사안에서, 병이 갑으로부터 임야를 증여받은 것은 상속인의 지위에서 받은 것이 아니므로 상속분의 선급으로 볼 수 없어 특별수익에 해당하지 아니하여 유류분 산정을 위한 기초재산에 포함되지 않는다고 보아야 함에도, 위 임야가 병의 특별수익에 해당하므로 유류분 산정을 위한 기초재산에 포함된다고 본 원심판단에 법리오해의 위법이 있다고 한 사례

【참조조문】

[1] 민법 제1008조 / [2] 민법 제1008조, 제1113조 제1항

【참조판례】

[1] 대법원 1995.3.10. 선고 94다16571 판결(공1995상, 1576)

【원심판결】

서울북부지법 2012.2.17. 선고 2011나5552 판결

【주 문】

원심판결을 파기하고, 사건을 서울북부지방법원 합의부에 환송한다.

【이 유】

상고이유를 살펴본다.

1. 원심판결 이유에 의하면, 원심은, ① 소외 1(이하 '망인'이라 한다)이 2009.8.12. 사망함으로써 원심 별지 상속관계목록에 기재된 바와 같이 상속 및 대습상속이 이루어진 사실, ② 한편 망인의 사망 이전 망인의 자녀들 중 소외 2, 3, 4가 먼저 사망하였는데, 망인은 위 소외 2의 사망 이전인 1991.6.12. 소외 2의 장남이자 위 상속관계목록의 대습상속인들 중 한 명인 피고에게 원심 판시 이 사건 임야(이하 '이 사건 임야'라 한다)를 증여한 사실을 인정한 다음, 이 사건 임야는 피고의 특별수익으로서 유류분 산정을 위한 기초재산에 포함된다고 판단하였다.

2. 그러나 원심의 위와 같은 판단은 다음과 같은 이유로 수긍하기 어렵다.

가. 민법 제1008조는 공동상속인 중에 피상속인으로부터 재산의 증여 또는 유증을 받은 특별수익자가 있는 경우 공동상속인들 사이의 공평을 기하기 위하여 그 수증재산을 상속분의 선급으로 다루어 구체적인 상속분을 산정함에 있어 이를 참작하도록 하려는 데 그 취지가 있는 것인바(대법원 1995.3.10. 선고 94다16571 판결 등 참조), 대습상속인이 대습원인의 발생 이전에 피상속인으로부터 증여를 받은 경우 이는 상속인의 지위에서 받은 것이 아니므로 상속분의 선급으로 볼 수 없다. 그렇지 않고 이를 상속분의 선급으로 보게 되면, 피대습인이 사망하기 전에 피상속인이 먼저 사망하여 상속이 이루어진 경우에는 특별수익에 해당하지 아니하던 것이 피대습인이 피상속인보다 먼저 사망하였다는 우연한 사정으로 인하여 특별수익으로 되는 불합리한 결과가 발생한다. 따라서 대습상속인의 위와 같은 수익은 특별수익에 해당하지 않는다고 봄이 상당하다. 이는 유류분제도가 상속인들의 상속분을 일정 부분 보장한다는 명분 아래 피상속인의 자유의사에 기한 자기 재산의 처분을 그의 의사에 반하여 제한하는 것인 만큼 그 인정 범위를 가능한 한 필요최소한으로 그치는 것이 피상속인의 의사를 존중한다는 의미에서 바람직하다는 관점에서 보아도 더욱 그러하다.

나. 위 법리 및 기록에 나타난 위 사실관계에 비추어 살펴보면, 피고가 위와 같이 부 소외 2의 사망 전에 망인으로부터 이 사건 임야를 증여받은 것은 상속인의 지위에서 받은 것이 아니므로 상속분의 선급으로 볼 수 없고, 따라서 이는 특별수익에 해당하지 아니하여 유류분 산정을 위한 기초재산에 포함되지 않는다고 보아야 한다.

다. 그럼에도 불구하고 원심은 이 사건 임야가 피고의 특별수익에 해당하므로 유류분 산정을 위한 기초재산에 포함된다고 보았는바, 이는 대습상속인의 특별수익에 관한 법리를 오해하여 판단을 그르친 것이다.

제2절 상속재산의 분할

I. 서설

민법에서 상속인이 수인인 경우에 상속재산을 공유로 한 것은 상속의 보편적인 방식으로 공유상태를 인정한 것이 아니라, 상속재산이 최종적으로 각 상속인에게 귀속될 때까지의 과도적 상태를 정한 것이라고 할 수 있다. 이에 상속재산 분할은 상속개시로 인하여 생긴 공동상속인 간의 상속재산의 공유관계를 종료시키고 공동상속인별 상속분에 따라 그 재산의 귀속을 확정시키는 일종의 청산행위라고 할 수 있다.

상속재산을 분할하기 위해서는 첫째 공동상속인 간 상속재산에 대한 공유관계가 있어야 하고, 둘째 공동상속인이 확정되어야 하며, 셋째 피상속인의 유언 등에 의한 상속재산분할이 금지되어 있지 않아야 한다.

이러한 조건이 충족된 경우 상속재산의 분할을 청구할 수 있는 자는 상속을 승인한 공동상속인이며, 포괄적 수증자[15]도 포함된다.

II. 상속재산의 분할방법

1. 유언에 의한 분할(민법 §1012)

피상속인은 유언으로 상속재산의 분할방법을 정하거나 이를 정할 것을 제3자에게 위탁할 수 있다. 분할방법의 지정 또는 지정의 위임을 한 유언이 무효이든가 또는 분할방법 지정을 위탁받은 제3자가 이를 실행하지 아니한 경우에는 협의에 의한 분할을 하고, 만약 협의가 되지 아니할 때에는 가정법원의 조정 또는 심판에 의하여 분할할 수 있다.

---

15) 유언에 의하여 유산의 전부나 일정한 비율의 유산을 받는 경우로서 포괄적 수유자는 상속인과 동일하게 취급됨.

2. 협의에 의한 분할(민법 §1013)

유언에 의한 분할방법의 지정이 없거나 분할방법지정의 위탁이 없는 경우, 위탁을 받은 자가 지정을 실행하지 않은 경우, 분할방법의 지정·분할방법지정의 위탁을 한 유언이 무효인 경우, 그리고 유언에 의한 분할금지가 없는 경우 등에는 공동상속인은 언제든지 협의에 의하여 상속재산을 분할할 수 있다. 분할의 협의에는 공동상속인(포괄적 수증자 포함)의 전원이 참가하여야 하며, 일부의 상속인만으로 이루어진 협의분할은 무효이다.

피상속인의 배우자가 미성년자인 子와 동순위로 공동상속인이 된 경우에 미성년자인 子의 친권자로서 상속재산을 분할하는 협의를 하는 행위는 민법 제921조 소정의 '이해상반되는 행위'에 해당하므로 특별대리인을 선임받아 미성년자를 대리하게 하여야 한다.

3. 조정 또는 심판에 의한 분할

공동상속인 간에 상속재산 분할의 협의가 성립되지 않는 때에는 각 공동상속인은 가정법원에 분할을 청구할 수 있다.

Ⅲ. 상속재산분할의 효과

상속재산의 분할은 상속이 개시된 때에 소급하여 그 효력이 있다. 그러나 제3자의 권리를 해하지 못한다(법 제1015조). 보통의 공유물의 분할에 있어서는 분할한 때부터 그 효력이 생기므로 이른바 이전주의이나 상속의 경우는 이와 달리 상속이 개시된 때부터 상속재산이 분할되어 승계된 것이므로 이른바 선언주의이다. 그러나 이 소급효는 현물분할의 경우에만 인정되는 것이며 상속재산을 매각하여 그 대금을 분배하는 경우 또는 상속재산 자체를 취득하지 않는 대가로 상속재산에 속하지 않은 다른 재산을 취득한 경우에는 소급효가 생기지 않는다.

➡️ **쟁점사례 - 상속재산의 분할** 　26

A는 배우자 B, 자녀 C·D·E를 남기고 사망하였다. D는 현재 소식이 끊어진 상태이다.

문 1

B·C·E가 D를 제외하고 A가 남긴 재산을 협의하여 분할하였다. D가 뒤늦게 이 사실을 알고 그 상속재산의 분할은 무효라고 주장할 경우, 이 주장의 타당성 여부를 검토하시오.

문 2

E가 미성년자일 경우, B는 E를 대리하여 분할협의를 할 수 있는가?[16)17)]

➡️ **쟁점사례 - 상속재산 분할과 그 대상** 　27

A와 B는 법률상 부부로서, 자녀 C·D를 슬하에 두고 있다. 그런데 A가 사망하였고, A는 X 건물(시가 5억 원)과 Y에 대한 채무(2억 8천만 원)를 남겨둔 것으로 파악되었다.

문 1

A의 사망으로 공동상속인이 상속받게 되는 재산의 비율은 얼마이며, 이들 상속재산에 대한 공동상속인의 소유형태는 무엇인가?

문 2

공동상속인들은 건물과 채무를 각각 협의분할 할 수 있는가?

---

16) 김주수·김상용, 앞의 책, 672쪽 참조.
17) 대법원 2011.03.10. 선고 2007다17482 판결 - 상속재산에 대하여 소유의 범위를 정하는 내용의 공동상속재산 분할협의는 그 행위의 객관적 성질상 상속인 상호 간 이해의 대립이 생길 우려가 없다고 볼만한 특별한 사정이 없는 한 민법 제921조의 이해상반되는 행위에 해당한다. 그리고 피상속인의 사망으로 인하여 1차 상속이 개시되고 그 1차 상속인 중 1인이 다시 사망하여 2차 상속이 개시된 후 1차 상속의 상속인들과 2차 상속의 상속인들이 1차 상속의 상속재산에 관하여 분할협의를 하는 경우에 2차 상속인 중에 수인의 미성년자가 있다면 이들 미성년자 각자마다 특별대리인을 선임하여 각 특별대리인이 각 미성년자를 대리하여 상속재산 분할협의를 하여야 하고, 만약 2차 상속의 공동상속인인 친권자가 수인의 미성년자 법정대리인으로서 상속재산 분할협의를 한다면 이는 민법 제921조에 위배되는 것이며, 이러한 대리행위에 의하여 성립된 상속재산 분할협의는 피대리자 전원에 의한 추인이 없는 한 전체가 무효이다.

관련판례 ①   대법원 1996.02.09. 선고 94다61649 판결 소유권이전등기말소
[공1996.4.1.(7),888]

판례는 "공동상속재산은 상속인들의 공유이고, 또 부동산의 공유자인 한 사람은 그 공유물에 대한 보존행위로서 그 공유물에 관한 원인 무효의 등기 전부의 말소를 구할 수 있다"라고 하여 공유설의 입장이다. 법정상속분에 따라 B는 3/7, C는 2/7, D는 2/7의 비율만큼 X를 공유하게 된다(법 제1003조, 제1009조).

관련판례 ②   대법원 1997.06.24. 선고 97다8809 판결 구상금
[공1997.8.15.(40),2285]

금전채무와 같이 급부의 내용이 가분인 채무가 공동상속된 경우, 이는 상속 개시와 동시에 당연히 법정상속분에 따라 공동상속인에게 분할되어 귀속되는 것이므로, 상속재산 분할의 대상이 될 여지가 없다. 그럼에도 불구하고 상속재산 분할의 대상이 될 수 없는 상속채무에 관하여 공동상속인들 사이에 분할의 협의가 있는 경우라면 이러한 협의는 민법 제1013조에서 말하는 상속재산의 협의분할에 해당하는 것은 아니지만, 위 분할의 협의에 따라 공동상속인 중의 1인이 법정상속분을 초과하여 채무를 부담하기로 하는 약정은 면책적 채무인수의 실질을 가진다고 할 것이어서, 채권자에 대한 관계에서 위 약정에 의하여 다른 공동상속인이 법정상속분에 따른 채무의 일부 또는 전부를 면하기 위하여는 민법 제454조의 규정에 따른 채권자의 승낙을 필요로 하고, 여기에 상속재산 분할의 소급효를 규정하고 있는 민법 제1015조가 적용될 여지는 전혀 없다.[18]

➡ 쟁점사례 – 가분채권이 공동상속되는 경우 상속재산분할의 가능성[19]   `28`

[1] 금전채권과 같이 급부의 내용이 가분인 채권은 공동상속되는 경우 상속개시와 동시에 당연히 법정상속분에 따라 공동상속인들에게 분할되어 귀속되므로 상속재산분할의 대상이 될 수 없는 것이 원칙이다.
그러나 가분채권을 일률적으로 상속재산분할의 대상에서 제외하면 부당한 결과가 발생할 수 있다. 예를 들어 공동상속인들 중에 초과특별수익자가 있는 경우 초과특별수익자는 초과분을 반환하지 아니하면서도 가분채권은 법정상속분대로 상속받게 되는 부당한 결과가 나타난다. 그 외에도 특별수익이 존재하거나 기여분이 인정되어 구체적인 상속분이 법정상속분과 달라질 수 있는 상황에서 상속재산으로 가분채권만이 있는 경우에는 모든 상속재산이 법정상속분에 따라 승계되므로 수증재산과 기여분을 참작한 구체적 상속분에 따라 상속을 받도록 함으

---

18) 대법원 2014.07.10. 선고 2012다26633 판결.
19) 대법원 2016.05.04.자 2014스122 결정 상속재산분할[공2016하,874])

로써 공동상속인들 사이의 공평을 도모하려는 민법 제1008조, 제1008조의2의 취지에 어긋나게 된다. 따라서 이와 같은 특별한 사정이 있는 때는 상속재산분할을 통하여 공동상속인들 사이에 형평을 기할 필요가 있으므로 가분채권도 예외적으로 상속재산분할의 대상이 될 수 있다.

[2] 상속개시 당시에는 상속재산을 구성하던 재산이 그 후 처분되거나 멸실·훼손되는 등으로 상속재산분할 당시 상속재산을 구성하지 아니하게 되었다면 그 재산은 상속재산분할의 대상이 될 수 없다.
다만 상속인이 그 대가로 처분대금, 보험금, 보상금 등 대상재산(대상재산)을 취득하게 된 경우에는, 대상재산은 종래의 상속재산이 동일성을 유지하면서 형태가 변경된 것에 불과할 뿐만 아니라 상속재산분할의 본질이 상속재산이 가지는 경제적 가치를 포괄적·종합적으로 파악하여 공동상속인에게 공평하고 합리적으로 배분하는 데에 있는 점에 비추어, 대상재산이 상속재산분할의 대상으로 될 수는 있다.

상속의 승인과 포기

05

Ⅰ. 서설

상속이 개시되면 피상속인의 재산상의 모든 권리·의무는 일신전속적인 것을 제외하고는 상속인의 의사와는 관계없이 법률상 당연히 포괄적으로 상속인에게 승계된다. 따라서 민법은 상속인이 한정승인도 상속포기도 하지 않고 3개월(고려기간)이 경과하면 원칙적으로 단순승인 한 것으로 본다(법 제1026조 제2호). 그러나 상속인의 의사를 무시하고 법률상 당연히 상속인에게 포괄적으로 승계시키는 것은 상속인에게 부담을 주게 되므로 상속포기와 한정승인제도를 두어 상속인의 의사 여부에 따라 상속의 효과를 확정지울 수 있도록 함으로써 상속인을 보호하기 위한 제도를 두고 있다(제도적 취지). 이에 따른 상속의 효과를 확정하는 것은 상속세 및 증여세법상 상속세 납세의무자가 달라질 수 있으므로 매우 중요한 의미를 가지게 된다.

Ⅱ. 상속의 승인

상속의 승인이란 피상속인에게 속하였던 재산상의 모든 권리와 의무를 승계하겠다는 것으로서 단순승인과 한정승인이 있다.[1]

---

1) 상속의 승인은 상속인만이 할 수 있는 행사상의 일신전속권이며, 따라서 채권자대위권(법 제404

1. 단순승인(민법 §1025-1027)

단순승인이란 상속인이 피상속인의 권리·의무를 제한 없이 승계하는 형태이다. 상속인이 단순승인을 하면 상속인은 상속채무에 대하여 무한책임을 지게 되므로 피상속인의 채무를 상속받은 재산으로 변제할 수 없는 때에는 상속인은 자기의 고유재산으로 변제해야 하고, 피상속인의 채권자는 상속인의 고유재산에 대하여도 강제집행을 할 수 있다.

다음과 같은 사유가 있는 때에는 상속인이 단순 승인한 것으로 본다(이를 법정 단순승인이라 한다).

민법 제1026조(법정단순승인) ① 상속인이 상속재산에 대한 처분행위를 한 때
② 상속인이 상속개시 있음을 안 날로부터 3월 이내에 한정승인 또는 포기를 하지 아니한 때
③ 상속인이 한정승인 또는 포기를 한 후에 상속재산을 은닉하거나, 부정소비하거나 고의로 재산목록에 기입하지 아니한 때

---

2. 한정승인(법 제1029조, 제1019조 제3항)

(1) 의의 및 취지

한정승인이란 상속인이 상속으로 인하여 얻은 재산의 한도 내에서 피상속인의 채무와 유증을 변제할 조건으로 상속을 승인하는 것이다(민법 §1028). 피상속인의 채무가 적극재산보다 많은 경우에 상속인의 의사를 묻지 아니하고 그 채무의 전부를 승계시키는 것은 상속인에게 부담이 되기 때문에 상속인을 보호할 목적으로 한정승인제도를 두고 있다. 단순승인을 함으로써, 상속인은 피상속인의 권리·의무를 무제한적으로 승계하므로 상속재산은 상속인의 고유재산과 완전히 융합하게 된다. 한정승인은 상속으로 취득하게 될 재산의 한도에서 피상속인의 채무와 유증을 변제할 것을 조건으로 상속을 승인하는 것이다(민법 제1028조). 한정승인도 승인의 일종이므로 피상속인의 채무는 당연히 상속인에게 승계된다. 다만, 피상속인의 채무에 대한 책임을 상속재산의 한도로 제한하는 것이다.

조)의 목적이나 채권자취소권(법 제406조)의 목적이 될 수 없다(김주수·김상용, 앞의 책, 698쪽 참조).

(2) 절차

상속인이 한정승인을 하는 경우에는 상속개시 있음을 안 날로부터 3개월 이내에 상속재산 목록을 첨부하여 상속개시지의 가정법원에 한정승인 신고를 하여야 한다. 상속인은 상속채무가 상속재산을 초과하는 사실을 중대한 과실 없이 단순승인을 한 경우에는 그 사실을 안 날부터 3월 내에 한정승인을 할 수 있다(민법 제1030조).

상속이 한정승인되면 상속재산으로써는 상속채무를 전부 변제하지 못하는 것이 일반적이다. 이 경우 채권자에 대한 변제는 대개 민법 제1034조 본문에 의한 배당변제가 된다. 상속에 의하여 얻은 재산은 그 내용과 종류가 다양하므로 이를 환가하여 상속재산의 총액을 산출하여야 배당변제가 가능하다. 민법 제1037조는 경매에 의하여 환가하도록 정하고 있다. 환가가 주관적으로 되어서는 공정을 기할 수 없기 때문이다.

(3) 효과

한정승인을 한 상속인은 상속으로 인하여 취득한 재산의 한도 내에서만 피상속인의 채무와 유증의 변제를 하면 되고, 자기 고유재산으로 변제할 필요는 없다.[2] 상속재산을 넘는 상속채무는 일종의 자연채무로서 존재하게 되므로, 상속인이 임의로 이를 변제하면 비채변제가 되지 않고, 부당이득반환청구권도 발생하지 아니한다. 한정승인은 상속승인의 하나이므로 피상속인의 채무와 유증을 변제한 후에도 상속재산이 남았을 경우, 이는 상속인에게 귀속된다.

취득세와 관련하여 대법원은 "민법 제1019조 제3항에 따른 한정승인에 의하여 부동산을 상속받은 자에게 취득세 납부의무가 있다"는 입장이고, 이에 대하여 헌법재판소는 합헌으로 판단한 바 있다.[3][4]

---

2) 이 경우에도 한정승인의 대상이 된 채무는 그대로 존속하므로 보증인이 있다면 보증인은 한정승인과 무관하게 채무의 전액에 대한 보증책임을 부담한다.

3) 대법원 2007.04.12. 선고 2005두9491 판결[취득세등부과처분취소] – 민법 제1019조 제3항에 따른 한정승인에 의하여 부동산을 상속받은 자에게 취득세 납부의무가 있다.

4) 헌법재판소 2006.02.23. 선고 2004헌바43 전원재판부 지방세법 제110조 위헌소원: 한정승인자라 하여도 상속재산에 대하여 실질적 권리를 취득하는 것이고 다만 상속채무에 대한 책임이 한정됨에 불과한 것이므로 담세력의 실질이 없다고 볼 수 없다.

Ⅲ. 취득세

1. 상속과 취득세

취득세는 부동산 등을 취득한 자에게 부과된다(지방세법 제105조 제1호). 지방세법은 취득을 "매매, 교환, 상속, 증여, 기부, 법인에 대한 현물출자, 건축, 공유수면의 매립, 간척에 의한 토지의 조성 등과 기타 이와 유사한 취득으로서 원시취득, 승계취득 또는 유상무상을 불문한 일체의 취득"을 의미한다고 정의해 두고 있다(지방세법 제104조 제8호). 상속도 취득의 한 태양으로 열거되어 있다. 상속에 의한 취득에 대해서는 1994년까지 취득세를 과세하지 아니하다가 1994.12.22. 법률 제4794호로 지방세법이 개정되면서 1995.1.1.부터 1가구 1주택 또는 자경농지의 상속을 제외하고는 과세대상으로 전환되었다. 이는 취득세가 과세되고 있는 증여와의 형평을 고려한 것이다.

2. 헌법재판소[5]

【판시사항】

가. 상속재산에 대한 취득세를 부과함에 있어서, 상속채무초과상태에 있는 자와 그렇지 아니한 자를 구별하지 아니하는 구 지방세법(2000.12.29. 법률 제6312호로 개정되기 전의 것) 제110조가 평등원칙에 위배되는지 여부(소극)

나. 과세를 면제해 주는 조항에 대한 재산권 침해 주장이 가능한지 여부(소극)

다. 한정승인자의 상속재산취득에 대해 취득세를 부과하는 것이 실질과세원칙에 위배되는지 여부(소극)

【결정요지】

가. 취득세의 부과에 있어서 사물을 보는 관점은 과연 그 납세자가 취득세의 과세대상이 되는 목적물을 '취득'하였는가 하는 것이다. 채무초과상태에 있는 상속인도 일단 적극재산에 대한 소유권을 취득하는 것이므로, 상속재산에 대한 취득세 과세문제에 있어서, 사실상 상속채무가 상속재산을 초과한 자와 그렇지 아니한 자를 본질적으로 다르다 볼 수는 없다. 따라서 상속재산에 대한 취득세를 부과함에 있어서, 상속채무초과상태에 있는 자와 그렇지 아니한 자를 구별하지 아니하는 구 지방세법(2000.12.29. 법률 제6312호로 개정되기 전

5) 헌법재판소 2006.02.23. 선고 2004헌바43 전원재판부 [지방세법 제110조 위헌소원][헌공제113호]

의 것) 제110조가 평등원칙에 위배되지 아니한다.

나. 이미 발생한 납세의무를 전제로 하여 이를 면제해 주는 특례규정은 국민의 재산권을 제한하는 것이 아니라 수익과 혜택을 주는 것이므로, 그 수익으로부터 배제되었다 하여 바로 청구인의 재산권이 '제한'되었다 할 수 없다.

다. 한정승인자라 하여도 상속재산에 대하여 실질적 권리를 취득하는 것이고 다만 상속채무에 대한 책임이 한정됨에 불과한 것이므로 담세력의 실질이 없다고 볼 수 없다.

【심판대상조문】

구 지방세법(2000.12.29. 법률 제6312호로 개정되기 전의 것) 제110조

【참조조문】

구 지방세법(2000.12.29. 법률 제6312호로 개정되기 전의 것) 제261조, 민법 제1028조, 제1032조, 제1037조

【당해사건】

서울행정법원 2003구합11599 취득세등부과처분취소

【주 문】

구 지방세법(2000.12.29. 법률 제6312호로 개정되기 전의 것) 제110조는 헌법에 위반되지 아니한다.

【이 유】

1. 사건의 개요와 심판의 대상

가. 사건의 개요

(1) 서울 ○○동 330의 506, 서울 종로구 ○○동 475의 13에 각 소재하는 대지 및 건물(이하 '이 사건 부동산들'이라 한다)은 청구외 망 강○식 소유였다가 위 강○식이 2000.5.18. 사망하자 위 망인의 제1순위 공동상속인들인 홍○순, 강○란, 강ㅁ란, 강○수의 상속포기에 의하여 강ㅁ란의 아들인 청구인이 단독으로 상속하였다.

(2) 청구인은 2002.4.26. 민법 제1019조 제3항에 의한 한정승인심판을 받아, 민법 제1032조 제1항에 의하여 일반상속채권자 등에 대하여 상속채권의 신고를 최고 및 공고하는 한편, 같은 해 8.16.경 민법 제1037조에 의하여 이 사건 부동산들을 포함한 상속부동산 전부에 대하여 관할 법원에 환가를 위한 경매신청을 하였는데, 이 사건 부동산들에 대해서는 2003.1.23. 청구인 명의로 상속을 원인으로 한 소유권이전등기가 마쳐졌다.

(3) 이에 서울특별시 성북구청장은 2003.1.21. 청구인에 대하여 청구인의 위 성북동 대지 및 건물을 취득하였다는 이유로 취득세 139,306,890원(가산세 23,217,810원 포함), 농어촌특별세 12,769,790원(가산세 1,160,890원 포함)을 부과하고, 서울특별시 종로구청장은 같은 달 22. 청구인에 대하여 청구인이 위 평창동 대지 및 건물을 취득하였다는 이유로 취득세 63,667,940원(가산세 10,611,320원 포함), 농어촌특별세 5,836,220원(가산세 530,560원 포함)을 부과하는 처분을 하였다.

(4) 청구인은 이에 불복하여 서울특별시 성북구청장 및 종로구청장을 상대로 서울행정법원 2003구합11599호로 위 각 부과처분의 취소를 구하는 소를 제기하면서 구 지방세법(2000.12.29. 법률 제6312호로 개정되기 전의 것) 제110조에 대해 위헌법률심판제청을 신청하였으나(2004아530) 2004.6.11. 기각당하자, 2004.6.28. 헌법재판소법 제68조 제2항에 따라 이 사건 헌법소원심판을 청구하였다.

나. 심판의 대상

이 사건의 심판 대상은 구 지방세법(2000.12.29. 법률 제6312호로 개정되기 전의 것) 제110조(이하 '이 사건 법률조항'이라 한다)이다. 이 사건 법률조항과 관련조항의 내용은 다음과 같다.

구 지방세법(2000.12.29. 법률 제6312호로 개정되기 전의 것) 제110조(형식적인 소유권의 취득 등에 대한 비과세) 다음 각 호의 1에 해당하는 것에 대하여는 취득세를 부과하지 아니한다.

(1) 신탁(신탁법에 의한 신탁으로서 신탁등기가 병행되는 것에 한한다)으로 인한 신탁재산의 취득으로서 다음 각 목의 1에 해당하는 취득. 다만, 주택건설촉진법 제44조의 규정에 의한 주택조합과 조합원 간의 신탁재산 취득을 제외한다.

  ① 위탁자로부터 수탁자에게 신탁재산을 이전하는 경우의 취득

  ② 신탁의 종료 또는 해지로 인하여 수탁자로부터 위탁자에게 신탁재산을 이전하는 경우의 취득

  ③ 수탁자의 경질로 인하여 신수탁자에게 신탁재산을 이전하는 경우의 취득

(2) 환매권의 행사 등으로 인한 취득으로서 다음 각 목의 1에 해당하는 취득

  ① 환매등기를 병행하는 부동산의 매매로서 환매기간 내에 매도자가 환매한 경우의 그 매도자와 매수자의 취득

  ② 토지수용법 또는 공공용지의 취득 및 손실보상에 관한 특례법의 규정에 의한 환매권의 행사로 매수하는 부동산의 취득

  ③ 징발재산정리에 관한 특별조치법 또는 국가보위에 관한 특별조치법폐지법률 부칙 제2항의 규정에 의한 동원대상지역 내의 토지의 수용·사용에 관한 환매권의 행사로 매수하는 부동산의 취득

(3) 상속으로 인한 취득 중 다음 각 목의 1에 해당하는 취득

  ① 대통령령이 정하는 1가구 1주택 및 그 부속토지의 취득

  ② 제261조 제1항의 규정에 의하여 취득세와 등록세의 감면대상이 되는 농지의 취득

(4) 법인의 합병 또는 공유권의 분할로 인한 취득. 다만, 법인의 합병으로 인하여 취득한 과세물건이 합병 후에 제112조의2 및 제112조의3의 규정에 의한 과세물건에 해당하게 되는 경우에는 그러하지 아니하다.

(5) 건축물의 이축으로 인한 취득. 다만, 이축한 건축물의 가액이 종전의 건축물의 가액을

초과하는 경우에 그 초과하는 가액에 대하여는 그러하지 아니하다.

구 지방세법(2000.12.29. 법률 제6312호로 개정되기 전의 것) 제261조(자경농민의 농지 등에 대한 감면) ① 대통령령이 정하는 바에 의하여 농업을 주업으로 하는 자로서 2년 이상 영농에 종사한 자, 후계농업경영인 또는 농업계열학교 또는 학과의 이수자 및 재학생(이하 이 조에서 "자경농민"이라 한다)이 대통령령이 정하는 기준에 따라 직접 경작할 목적으로 취득하는 농지(전·답·과수원 및 목장용지를 말한다. 이하 이 절에서 같다) 및 관계법령의 규정에 의하여 농지를 조성하기 위하여 취득하는 임야에 대하여는 취득세와 등록세의 100분의 50을 경감한다. 다만, 2년 이상 경작하지 아니하고 매각하거나 다른 용도로 사용하는 경우 또는 농지의 취득일부터 2년 내에 직접 경작하지 아니하거나 임야의 취득일부터 2년 내에 농지의 조성을 개시하지 아니하는 경우 그 해당 부분에 대하여는 경감된 취득세와 등록세를 추징한다.

민법 제1028조(한정승인의 효과) 상속인은 상속으로 인하여 취득할 재산의 한도에서 피상속인의 채무와 유증을 변제할 것을 조건으로 상속을 승인할 수 있다.

민법 제1032조(채권자에 대한 공고, 최고) ① 한정승인자는 한정승인을 한 날로부터 5일 내에 일반상속채권자와 유증받은 자에 대하여 한정승인의 사실과 일정한 기간 내에 그 채권 또는 수증을 신고할 것을 공고하여야 한다. 그 기간은 2월 이상이어야 한다.

민법 제1037조(상속재산의 경매) 전3조의 규정에 의한 변제를 하기 위하여 상속재산의 전부나 일부를 매각할 필요가 있는 때에는 민사집행법에 의하여 경매하여야 한다.

2. 청구인의 주장과 위헌제청신청 기각이유 및 관계기관의 의견

가. 청구인의 주장

이 사건 법률조항은 '형식적인 소유권 취득의 경우로서 취득세를 과세하지 않는 사유'를 규정하면서, 채무초과상태에 있는 한정승인자가 상속재산을 환가·변제하기 위하여 소유권 이전등기를 마친 경우를 열거하고 있지 아니하고 있는바, 이는 구체적인 사정을 고려함이 없이 단지 한정승인자가 등기부상으로 상속부동산에 대한 소유권이전등기를 마쳤다는 이유만으로 한정승인자를 납세의무자로 함으로써 실질과세원칙에 위배되고, 신탁으로 인한 소유권 취득, 자경농지 등에 대한 소유권 취득, 법인의 합병이나 공유물 분할로 인한 소유권 취득, 건축물 이전으로 인한 취득의 경우에 비하여 합리적인 이유 없이 한정승인자가 환가 등을 위하여 상속부동산에 관한 상속등기를 마친 경우를 차별함으로써 평등원칙 및 재산권보장원칙에 위배되어 위헌이다.

나. 법원의 위헌제청신청 기각이유

이 사건 법률조항의 비과세 대상에 신탁으로 인한 소유권 취득, 자경농지 등에 대한 소유권 취득, 법인의 합병이나 공유물 분할로 인한 소유권 취득, 건축물 이전으로 인한 취득의 경우를 한정적으로 열거하면서도 청구인과 같은 한정승인자가 상속재산을 환가·변제 위하여 소유권이전등기를 마친 경우를 열거하지 않았다 하더라도 취득세의 법적 성격에 비추어 현저히 불합리하지 아니한 입법재량의 범위 내에 있고, 상속재산의 취득이 없는 상속포기자와는 달리 상속재산을 한정승인한 상속인은 상속채무 등에 관하여 상속재산의 한도 내에서 유한책임을 지는 것에 불과하므로 상속채무가 아니라 상속인이 우선 책임을 부담하여야 하는 상속인의 고유한 채무에 해당하는 취득세 등의 납세의무는 상속재산의 한정승인과 아무런 관련이 없다. 그렇다면 이 사건 법률조항은 헌법상 평등권, 또는 재산권을 침해하거나 실질과세원칙에 위배되지 아니한다.

다. 서울특별시 성북구청장, 종로구청장의 의견

취득세는 재화의 이전이라는 사실 자체를 포착하여 거기에 담세력을 인정하고 부과하는 유통세의 일종으로서 부동산의 취득자가 그 부동산을 사용·수익·처분함으로써 얻어질 이익을 포착하여 부과하는 것은 아니라는 취득세의 법적 성격에 비추어 볼 때 이 사건 법률조항에서 비과세대상에 한정승인자 기타 형식적인 경매신청인의 보호를 위한 규정을 두지 않더라도 헌법상의 평등권, 재산권을 침해하는 것이 아니다.

3. 판단

가. 한정승인에 대한 일반론

상속이라 함은 피상속인의 사망에 의하여, 피상속인의 일신에 전속한 것을 제외하고, 상속인이 피상속인에 속하였던 모든 재산상의 지위(또는 권리의무)를 포괄적으로 승계하는 것을 말한다(민법 제1005조). 상속의 효력은 상속인의 의사와는 관계없이, 또 상속인이 알건 모르건 법률상 당연히, 피상속인의 '사망'으로 인하여 생긴다. 한편 민법은 상속의 승인 및 포기제도를 두어서(민법 제1019조 이하), 상속인의 의사에 의하여, 일단 생긴 상속의 효과를 확정 또는 부인할 수 있도록 하고 있다.

먼저 상속인은 상속을 포기할 수 있다. 상속의 포기는 상속의 효력을 부인하는 것이다. 즉 피상속인의 권리의무가 상속인 자신에게 이전되는 효력을 소멸시키는 의사표시이다. 상속을 포기하면 상속이 개시된 때에 소급하여 상속인이 아니었던 것이 된다(민법 제1042조). 승인에는 단순승인과 한정승인이 있다. 단순승인은 제한 없이 피상속인의 권리·의무를 승계한다는 의사표시다(민법 제1025조). 단순승인을 함으로써, 상속인은 피상속인의 권리·의무를 무제한적으로 승계하므로 상속재산은 상속인의 고유재산과 완전히 융합하게 된다. 한정승인은 상속으로 취득하게 될 재산의 한도에서 피상속인의 채무와 유증을 변제할 것을 조건으로 상속을 승인하는 것이다(민법 제1028조). 한정승인도 승인의 일종이므로 피상속인의 채무는 당연히 상속인에게 승계된다. 다만, 피상속인의 채무에 대한 책임을 상속재산의 한도로 제한하는 것이다.

상속이 한정승인되면 상속재산으로써는 상속채무를 전부 변제하지 못하는 것이 일반적이다. 이 경우 채권자에 대한 변제는 대개 민법 제1034조 본문에 의한 배당변제가 된다. 상속에 의하여 얻은 재산은 그 내용과 종류가 다양하므로 이를 환가하여 상속재산의 총액을 산출하여야 배당변제가 가능하다. 민법 제1037조는 경매에 의하여 환가하도록 정하고 있다. 환가가 주관적으로 되어서는 공정을 기할 수 없기 때문이다. 상속재산을 넘는 상속채무는 일종의 자연채무로서 존재하게 되므로, 상속인이 임의로 이를 변제하면 비채변제가 되지 않고, 부당이득반환청구권도 발생하지 아니한다. 한정승인은 상속승인의 하나이므로 피상속인의 채무와 유증을 변제한 후에도 상속재산이 남았을 경우, 이는 상속인에게 귀속된다.

나. 상속과 취득세

취득세는 부동산 등을 취득한 자에게 부과된다(지방세법 제105조 제1호). 지방세법은 취득을 "매매, 교환, 상속, 증여, 기부, 법인에 대한 현물출자, 건축, 공유수면의 매립, 간척에 의한 토지의 조성 등과 기타 이와 유사한 취득으로서 원시취득, 승계취득 또는 유상무상을 불문한 일체의 취득"을 의미한다고 정의해 두고 있다(지방세법 제104조 제8호). 상속도 취득의 한 태양으로 열거되어 있다. 상속에 의한 취득에 대해서는 1994년까지 취득세를 과세하지 아니하다가 1994.12.22. 법률 제4794호로 지방세법이 개정되면서 1995.1.1.부터 1가구 1주택 또는 자경농지의 상속을 제외하고는 과세대상으로 전환되었다. 이는 취득세가 과세되고 있는 증여와의 형평을 고려한 것이다.

다. 이 사건 법률조항의 위헌 여부

(1) 청구인의 주장 정리

① 청구인은 만약 한정승인 심판을 받고도 민법 제1032조 이하에서 규정하는 한정승인자의 의무를 이행하지 아니하고 수수방관하였다면 이 사건 부동산들에 관하여 상속을 원인으로 소유권이전도 받지 아니하고 청구인 앞으로 취득세 등의 부과도 받지 아니하였을 것이라고 하면서, '한정승인자의 상속재산 환가를 위한 목적의 소유권 취득'에 대하여는 취득세를 비과세 하여야 한다고 주장한다. 이는 이 사건 부동산들에 대한 등기를 경료하는 것이 과세대상 사건이고, 상속인이 그 등기를 경료한 것은 상속재산 환가를 위한 것이었으므로 그러한 사정이 고려되어야 한다는 점을 주장하는 것으로 보인다.

살피건대, 피상속인이 사망하면 상속이 개시되므로(민법 제887조), 바로 상속인이 상속재산에 대한 소유권을 취득하게 된다. 상속재산이 부동산이더라도 등기 없이 물권변동이 일어난다(민법 제187조 참조). 그렇다면, 피상속인의 사망시점에 상속인은 상속재산에 대한 취득세 납부의무가 성립한다(지방세법 제29조 제1항 제1호, 지방세법 시행령 제73조 제2항). 상속인이 목적물에 대한 등기를 경료하였는가 하는 것은 취득세 부과에 있어서 아무런 의미를 가지지 못한다. 그러므로 청구인이 이 사건 부동산들에 대한 소유권이전등기를 경료한 이유를 들어서 취득세 부과의 부당함을 주장할 수는 없다.

② 청구인은 민법 제1019조 제3항에 의한 한정승인자(이하 '특별한정승인자'라 한다)는 상속채무가 상속재산을 초과하여 그 상속으로부터 어떠한 경제적 이익도 얻지 못한 자인데, 그에게 취득세까지 부과하는 것은 부당하다는 전제에서 이 사건 법률조항을 위헌이라 주장한다.

살피건대, 상속의 한정승인신고의 수리는 라류 가사비송사건으로서[가사소송법 제2조 제1항나(1)28] 그 재판의 형식은 심판이다(가사소송법 제39조 제1항). 상속의 한정승인신고의 수리심판에 있어서는 그 신청서에 법정기재사항이 기재되어 있는가 등, 형식적 요건의 구비 여부만을 조사할 권한이 있을 뿐 실질적 내용을 조사할 권한은 없다. 그 귀결로, 가정법원의 한정승인신고 수리의 심판은 일단 한정승인의 요건을 구비한 것으로 인정한다는 것일 뿐 그 효력을 확정하는 것은 아니다(대법원 2002.11.8. 선고 2002다21882 판결 등 참조).

특별한정승인수리심판에 대하여도 위와 같은 법리를 달리 할 바가 아니라 할 것이므로, 특별한정승인심판을 받았다고 하여 채무초과사실이 법적으로 확정되지 아니한다. 민법 제1019조 제3항은 '상속채무가 상속재산을 초과하는 사실'을 '과실 없이' 알지 못한 경우에 한정승인을 할 수 있다고 규정하고 있으나, 위 각 요건의 충족여부는 각 본안 사건에서 판단될 내용인 것이지, 특별한정승인심판을 받았다 하여 바로 위의 각 요건이 법적으로 확정되는 것은 아니다. 특별한정승인심판을 받았으므로, 상속채무가 상속재산을 초과하고 따라서 취득세 부과가 부당하다는 주장은 그 논리적 전제가 흠결된 것이다.

③ 청구인의 주장을 선해한다면, 사실상 채무초과상태에 있는 상속인에 대하여까지 취득세를 부과하는 것은 헌법적으로 정당하지 아니하다는 것이라 볼 수 있다. 이하에서는 이에 관하여 살펴본다.

(2) 조세평등주의 위배 여부

① 헌법은 제11조 제1항에서 "모든 국민은 법 앞에 평등하다. 누구든지 성별·종교 또는 사회적 신분에 의하여 정치적·경제적·사회적·문화적 생활의 모든 영역에 있어서 차별을 받지 아니한다"고 규정하여 평등원칙을 규정하고 있는데 조세평등주의는 평등원칙의 조세법적 표현이다(헌재 2005.3.31. 2003헌바55, 판례집 17-1, 371, 383). 본질적으로 같은 것을 자의적으로 다르게, 본질적으로 다른 것을 자의적으로 같게 취급하는 것은 평등원칙에 위배된다. 비교되는 두 사실관계가 본질적으로 동일한가의 판단은 일반적으로 당해 법률조항의 의미와 목적에 달려있다(헌재 1996.12.26. 96헌가18, 판례집 8-2, 680, 701). 조세는 개인의 담세능력에 상응하여 공정하게 부과되어야 하고 합리적인 이유 없이 특정의 납세의무자를 불리하게 차별하거나 우대하는 것은 허용되지 아니한다(헌재 2000.2.24. 98헌바94등, 판례집 12-1, 188, 227; 2000.7.20. 98헌바99, 판례집 12-2, 95, 102-103).

② 이 사건에서 쟁점으로 되는 것은, 상속채무가 상속재산을 초과하는지 여부가 상속에

따른 취득세를 부과함에 있어서는 어떤 의미 있는 관점이라 할 수 있는가 하는 것이다. 즉, 취득세를 부과함에 있어서, 상속채무초과상태에 있는 자와 그렇지 아니한 자는 본질적으로 다르다고 보아야 할 것인가 하는 것이다.

살피건대, 취득세의 과세대상 사건은 '취득'이다. 즉 취득세의 부과에 있어서 사물을 보는 관점은 과연 그 납세자가 취득세의 과세대상이 되는 목적물을 '취득'하였는가 하는 것이다. 그러한 관점에서 보면 채무초과상태에 있는 상속인도 일단 적극재산에 대한 소유권을 취득하고 또 채무를 승계한다. 다만 상속인이 한정승인을 하는 경우 책임의 양만이 상속받은 적극재산을 한도로 제한될 뿐이다. 물론, 그 관점을 넓혀 그 취득을 둘러 싼 경제적 사정을 따져 보고, 취득세를 비과세할 수 있다 할 것이나, 이는 어디까지나 은혜적이고 정책적인 판단에 속하는 것이지, 취득 개념에서 바로 도출되어지는 것은 아니다. 그렇다면, 상속재산에 대한 취득세 과세문제에 있어서, 사실상 상속채무가 초과한 자와 그렇지 아니한 자를 본질적으로 다르다 볼 수는 없다.

한편, 청구인의 주장은 이 사건 법률조항에서 들고 있는 각 항목과 마찬가지로 특별한정승인자의 상속재산에 대한 소유권 취득이 형식적인 것이므로 양자는 본질적으로 같은 것이고, 그렇다면 특별한정승인자의 상속재산취득에 대해서도 취득세를 과세하지 아니하여야 한다고 주장하나, 위에서 본 바대로 특별한정승인자도 상속재산에 대한 실질적 소유권을 취득하고 다만 상속채무에 대한 책임이 상속재산을 한도로 한정될 뿐이므로, 특별한정승인자의 소유권취득이 형식적인 것임을 전제로 한 평등권 침해 주장은 이유 없는 것이다.

(3) 재산권 침해 여부

청구인은 한정승인자의 사적 청산과정에서 형식적으로 이루어지는 취득행위를 취득세 비과세대상으로 하지 아니한 것이 헌법 제23조의 재산권을 침해하고, 헌법 제37조 제2항의 본질적 내용을 침해하는 것이라고 주장한다.

살피건대, 이 사건 법률조항은 과세의 근거가 되는 조항이 아니다. 상속에 의하여 소유권을 취득한 경우 취득세를 부과할 수 있는 근거가 되는 것은, 납세의무자를 정한 지방세법 제105조와 취득에 관한 정의규정인 지방세법 제104조 제8호다. 위 규정들이 청구인의 재산권을 침해하는가 하는 문제는 별론으로 하고, 위 규정들에 의해 이미 발생한 납세의무를 전제로 하여 이를 면제해 주는 특례규정인 이 사건 법률조항은 국민의 재산권을 제한하는 것이 아니라 수익과 혜택을 주는 것이므로, 그 수익으로부터 배제되었다 하여 바로 청구인의 재산권이 '제한'되었다 할 수는 없다. 그러므로, 이 부분 청구인의 주장은 이유 없다.

(4) 실질과세원칙 위배 여부

청구인은 한정승인자가 상속부동산을 환가·변제 위하여 민법 제1037조에 의거하여 상속부동산의 경매에 따라 상속등기를 마친 경우를 취득세 비과세 대상으로 삼지 아니한 것은 실질과세원칙에 위배된다고 주장하나, 위에서 본 바대로 한정승인자라 하여도 상속재산에 대하여 실질적 권리를 취득하는 것이고 다만 상속채무에 대한 책임이 한정됨에 불과한 것이어서 담세력의 실질이 없다고 볼 수 없으므로, 청구인의 이 부분 주장 역시 이유 없는 것이 된다.

3. 대법원의 입장[6]

【판시사항】
[1] 지방세법 제105조 제1항에 정한 '부동산취득'의 의미
[2] 민법 제1019조 제3항에 따른 한정승인에 의하여 부동산을 상속받은 자에게 취득세 납부의무가 있다고 본 원심의 판단을 수긍한 사례

【판결요지】
[1] 부동산취득세는 재화의 이전이라는 사실 자체를 포착하여 거기에 담세력을 인정하고 부과하는 유통세의 일종으로서 부동산의 취득자가 그 부동산을 사용·수익·처분함으로써 얻어질 이익을 포착하여 부과하는 것이 아니므로, 지방세법 제105조 제1항의 '부동산취득'이란 부동산 취득자가 실질적으로 완전한 내용의 소유권을 취득하는지 여부와 관계없이 소유권이전의 형식에 의한 부동산취득의 모든 경우를 포함하는 것으로 해석된다.
[2] 민법 제1019조 제3항에 따른 한정승인에 의하여 부동산을 상속받은 자에게 취득세 납부의무가 있다고 본 원심의 판단을 수긍한 사례.

【참조조문】
[1] 지방세법 제105조 제1항 / [2] 지방세법 제105조 제1항, 제110조 제3호, 민법 제1019조 제3항, 제1028조

【참조판례】
[1] 대법원 1984.11.27. 선고 84누52 판결(공1985, 83), 대법원 1988.4.25. 선고 88누919 판결(공1988, 922), 대법원 2002.6.28. 선고 2000두7896 판결(공2002하, 1848)

【원심판결】
서울고법 2005.7.12. 선고 2004누13631 판결

【주 문】
상고를 기각한다. 상고비용은 원고가 부담한다.

【이 유】
상고이유를 판단한다.
1. 부동산취득세는 재화의 이전이라는 사실 자체를 포착하여 거기에 담세력을 인정하고 부과하는 유통세의 일종으로서 부동산의 취득자가 그 부동산을 사용·수익·처분함으로써

---

6) 대법원 2007.04.12. 선고 2005두9491 판결 [취득세등부과처분취소][공2007.5.15.(274),737]

얻어질 이익을 포착하여 부과하는 것이 아니므로, 지방세법 제105조 제1항의 '부동산취득'이란 부동산 취득자가 실질적으로 완전한 내용의 소유권을 취득하는지 여부와 관계없이 소유권이전의 형식에 의한 부동산취득의 모든 경우를 포함하는 것으로 해석된다(대법원 1984.11.27. 선고 84누52 판결, 1988.4.25. 선고 88누919 판결 등 참조). 한편, 민법 제1019조 제3항에 의한 이른바 특별한정승인의 경우 비록 상속채무가 상속재산을 초과한다 하더라도 상속으로 취득하게 될 재산의 한도로 상속채무에 대한 책임이 제한되는 점에서 민법 제1028조에 의한 통상의 한정승인과 다를 바 없고, 상속인이 한정승인을 할 경우 책임이 제한된 상태로 피상속인의 재산에 관한 권리·의무를 포괄적으로 승계하는 것이다.

원심이 인용한 제1심판결 이유에 의하면, 제1심 판시 과세대상 부동산의 소유자인 피상속인이 사망한 후 제1순위 공동상속인들이 상속포기를 하고 그 공동상속인 중 피상속인의 딸 강애란이 그의 아들로서 차순위상속인 지위에 있는 원고의 법정대리인 자격으로 한정승인을 하였다는 것인바, 그렇다면 원고는 그 한정승인의 효과로서 위 부동산을 상속에 의하여 취득하였고 위 부동산이 취득세 비과세대상을 한정적으로 규정한 지방세법 제110조 제3호 소정의 비과세대상으로서 '1가구 1주택' 또는 '자경농지'에 해당하지 아니함이 분명하므로 원고에게 위 부동산에 관한 취득세 납부의무가 있다고 본 원심의 판단은 정당하다. 원심판결에 취득세 과세대상에 관한 법리오해 등의 위법이 없으므로, 상고이유는 받아들일 수 없다.

Ⅳ. 양도소득세

1. 양도소득세의 귀속

대법원 2012.9.13. 선고 2010두13630 판결 【양도소득세부과처분취소】

[공2012하,1694]

【판시사항】

저당권 실행을 위한 부동산 임의경매가 소득세법 제4조 제1항 제3호, 제88조 제1항의 양도소득세 과세대상인 '자산의 양도'에 해당하는지 여부(적극) 및 부동산의 소유자가 한정승인을 한 상속인이라도 양도소득의 귀속자로 보아야 하는지 여부(적극)

【판결요지】

저당권의 실행을 위한 부동산 임의경매는 담보권의 내용을 실현하여 현금화하기 위한 행위로서 소득세법 제4조 제1항 제3호, 제88조 제1항의 양도소득세 과세대상인 **'자산의 양도'에 해당**하고, 이 경우 양도소득인 매각대금은 부동산의 소유자에게 귀속되며, 그 소유자가 한정승인을 한 상속인이라도 그 역시 상속이 개시된 때로부터 피상속인의 재산에 관한 권리의무를 포괄적으로 승계하여 해당 부동산의 소유자가 된다는 점에서는 **단순승인을 한 상속인과 다르지 않으므로** 위 양도소득의 귀속자로 보아야 함은 마찬가지이다.

【참조조문】

소득세법 제4조 제1항 제3호, 제88조 제1항

【원심판결】

서울고법 2010.6.4. 선고 2009누31641 판결

【주 문】

상고를 모두 기각한다. 상고비용은 원고들이 부담한다.

【이 유】

상고이유에 대하여 판단한다.

저당권의 실행을 위한 부동산의 임의경매는 담보권의 내용을 실현하여 현금화하기 위한 행위로서 소득세법 제4조 제1항 제3호, 제88조 제1항의 양도소득세 과세대상인 '자산의 양도'에 해당하고, 이 경우 양도소득인 매각대금은 부동산의 소유자에게 귀속되며, 그 소유자가 한정승인을 한 상속인이라도 그 역시 상속이 개시된 때로부터 피상속인의 재산에 관한 권리의무를 포괄적으로 승계하여 해당 부동산의 소유자가 된다는 점에서는 단순승인을 한 상속인과 다르지 않으므로 위 양도소득의 귀속자로 보아야 함은 마찬가지이다.

원심은 제1심판결 이유를 인용하여 그 판시와 같은 사실을 인정한 다음, 피상속인의 처와 자녀들로서 한정승인을 한 원고들을 비롯한 상속인들(이하 '원고 등'이라 한다)이 그 피상속인으로부터 상속받은 이 사건 각 부동산에 관하여 상속개시 전에 설정된 근저당권의 실행을 위한 임의경매절차가 진행되어 그 매각대금이 모두 상속채권자들에게 배당되는 바람에 전혀 배당을 받지 못하였다고 하더라도, 위 임의경매절차에서 매각된 이 사건 각 부동산의 양도인은 원고 등이고, 그 매각대금이 상속채권자들에게 교부되어 상속채무가 변제됨으로써 원고 등은 상속으로 인하여 부담하게 된 상속채무의 소멸이라는 경제적 효과를 얻었으므로, 위 임의경매에 의한 이 사건 각 부동산의 매각에 대하여 원고들에게 양도소득세를 부과한 이 사건 처분이 실질과세의 원칙에 위배되어 위법하다고 볼 수 없다고 판단하였다.

앞서 본 법리와 기록에 비추어 살펴보면 원심의 위와 같은 판단은 정당한 것으로 수긍할 수 있고, 거기에 상고이유의 주장과 같은 실질과세의 원칙이나 한정승인의 효과에 관한 법리오해의 위법이 없다.

그리고 원고들이 부담하는 이 사건 양도소득세 채무는 상속채무가 아닌 원고들 고유의 채무로서 한정승인제도는 채무의 존재를 제한하는 것이 아니라 단순히 그 책임의 범위를 제한하는 것에 불과하므로, 원고들이 한정승인을 하였다고 하여 이 사건 양도소득세 채무가 당연히 원고들이 상속으로 인하여 취득할 재산의 한도로 제한되는 것은 아니다. 따라서 이

사건 양도소득세 채무가 상속채무의 변제를 위한 상속재산의 처분과정에서 부담하게 된 채무로서 민법 제998조의2에서 규정한 상속에 관한 비용에 해당하고, 상속인의 보호를 위한 한정승인제도의 취지상 이러한 상속비용에 해당하는 조세채무에 대하여는 상속재산의 한도 내에서 책임질 뿐이라고 볼 여지가 있음은 별론으로 하고, 원고들의 한정승인에 의하여 이 사건 양도소득세 채무 자체가 원고들이 상속으로 인하여 취득할 재산의 한도로 제한된다거나 위 재산의 한도를 초과하여 한 양도소득세 부과처분이 위법하게 된다고 볼 수 없다. 이와 다른 취지의 상고이유 주장은 받아들이지 않는다.

2. 한정승인자의 양도소득세 납부의무의 책임재산

[참조판례]   항소심 2017.7.20 2017누21418【압류처분 직권취소 + 원고취하】
　　　　　　　부산지방법원-2016-구합-25063(2017.03.31)

【제 목】
상속재산이 강제경매절차에 따라 매각됨에 따라 원고에게 부과된 양도소득세에 대하여 원고의 고유재산으로 지급할 의무가 있는지

【요 지】
상속재산이 강제경매절차에 따라 매각됨에 따라 원고에게 부과된 양도소득세에 대하여 양도소득세에 대하여 상속재산 중에서만 지급할 의무를 부담할 뿐, 원고의 고유재산으로서 지급할 의무를 부담하지 않음

【관련법령】
소득세법 제94조【양도소득의 범위】, 민법 제998조의2【상속비용】

【판결내용】

사 건	2016구합25063 압류처분취소
원 고	이AA
피 고	BB세무서장
변 론 종 결	2017.3.10.
판 결 선 고	2017.3.31.

【주 문】
1. 피고가 2016.7.28. 별지1 목록 기재 각 부동산에 대하여 한 압류처분 및 2016.10.14. 원고에 대하여 한 국세환급금 4,XXX,XXX원의 충당처분을 취소한다.
2. 소송비용은 피고가 부담한다.

【청구취지】
주문과 같다.
【이 유】
1. 처분의 경위
가. ○○ ○○구 ○○동 산00-0 임야 93,XXX㎡(이하 '이 사건 토지'라 한다)의 토지등기부등본에 의하면 원고의 부친 이CC(지분 2975/96099)와 이DD의 부친 이EE(지분 93124/96099, 이하 '이 사건 지분'이라 한다)이 공유자로 되어 있었다.
나. 위 이EE이 2009.4.15. 사망하자 이DD은 상속을 원인으로 하여 이 사건 지분을 취득하였고, 채권자 FFF의 신청에 의한 강제경매개시결정(○○지방법원 2009타경XXXXX)에 따라 2010.8.10. 이 사건 지분이 위 FFF에게 매각되었다.
다. 피고는 2010.10.29. 이DD에게 이 사건 지분의 매각에 따른 양도소득세 예정신고를 하였으나 이DD은 이를 납부하지 아니하였고, 피고는 2010.12.10. 이DD에 게 양도소득세 79,XXX,XXX원의 부과처분을 하였다.
라. 그 후 이DD은 국민권익위원회에 원고의 부친 이CC가 이 사건 지분의 실제소유자이고, 위 이EE은 이 사건 지분에 관하여 명의수탁자에 불과하였음을 이유로 위 양도소득세 79,XXX,XXX원의 취소를 구하는 고충민원을 청구하였고, 피고는 국민권익위원회의 고충민원해결을 위한 합의(조정)권고에 따라 2015.12.10. 위 양도소득세의 결정을 취소하였다.
마. 피고는 이 사건 지분의 실제 소유자인 이CC(2006.12.26. 사망)의 상속인 원고와 망 이GG에게 이 사건 지분의 양도일을 2010.8.10.로 하여 2010년 과세연도 양도소득세를 아래와 같이 각 부과하였다.
바. 피고는 원고가 위 76,XXX,XXX원의 양도소득세(이하 '이 사건 양도소득세'라 한다)를 납부하지 아니하자, 2016.7.28. 원고 소유의 별지1 목록 기재 각 부동산(이하 '이 사건 압류대상 부동산'이라 한다)에 대하여 압류처분(이하 '이 사건 압류처분'이라 한다)을 하였고, 2016.10.14. 상속세 과오납에 따른 국세환급금 4,XXX,XXX원(이하 '이 사건 국세환급금'이라 한다)을 이 사건 양도소득세에 충당하는 처분(이하 '이 사건 충당처분'이라 한다)을 하였다.
사. 이에 대하여 원고는 2016.8.24. 이 사건 압류처분에 관하여 이의신청을 하였으나 2016.9.22. 기각되었고, 2016.10.21. 이 사건 압류처분 및 이 사건 충당처분에 관하여 조세심판원에 심판청구를 제기하였으나 2016.12.19. 모두 기각되었다.
[인정근거] 다툼 없는 사실, 갑 제1, 2, 4 내지 7호증, 을 제1 내지 3호증(각 가지번호 있는 것은 가지번호 포함, 이하 같다)의 각 기재, 변론 전체의 취지

2. 이 사건 각 처분의 적법 여부

가. 원고의 주장

이 사건 양도소득세를 원고에게 부과한 처분은 적법하다고 하더라도, 이 사건 양도소득세는 민법 제998조의2에서 규정하고 있는 '상속에 관한 비용'에 해당하므로 상속재산 중에서 지급할 의무만 있을 뿐, 상속재산이 아닌 원고의 고유재산에서 이 사건 양도소득세를 지급하여야 하는 의무까지 부담하는 것이 아니다.

나. 관계 법령

별지2 기재와 같다.

다. 판단

1) 이 사건 양도소득세의 법적 성격

민법 제998조의2에서는 '상속에 관한 비용은 상속재산 중에서 지급한다.'라고 규정하고 있고, '상속에 관한 비용'은 조세 기타 공과금, 관리비용, 청산비용 등을 의미하며(대법원 1997.4.25. 선고 97다3996 판결, 대법원 2003.11.14. 선고 2003다30968 판결 등 참조), 상속인은 상속이 개시되면 민법 제1022조에 따라 상속인이 한정승인을 할 때까지 상속재산 관리를 하여야 할 뿐만 아니라, 나아가 상속재산에 대한 청산이 종료할 때까지 관리를 계속하여야 한다고 해석하여야 함이 상당한바, 상속재산 청산이 종료되는 시점에 발생하게 되는 비용, 즉 이 사건 양도소득세와 같이 상속재산이 강제경매절차에 따라 매각됨에 따라 발생하는 양도소득세는 '상속에 관한 비용' 중 청산비용에 해당한다고 봄이 상당하다.

위와 같이 '상속에 관한 비용'을 '상속재산'의 범위 내에서 지급하도록 하는 민법 제998조의2 규정은 상속재산과 고유재산이 분리되는 한정승인의 경우에 있어 그 의미를 가지는데, 이 사건 양도소득세와 같이 상속재산의 매각 등으로 인하여 발생하는 조세 채무의 성격을 '상속에 관한 비용'으로 해석하지 아니할 경우, 상속인이 한정승인을 하였음에도 불구하고 실질적으로 상속을 받은 재산의 범위를 초과하여 상속으로 인한 채무를 부담하게 되는 결과가 발생하게 되어 한정승인의 취지에 반하게 된다.

2) 책임의 범위

이 사건 양도소득세가 '상속에 관한 비용'이라고 본다면 이 사건 양도소득세는 '상속재산 중에서 지급'하여야 할 것이고, '상속재산 중에서 지급'한다는 것은 상속으로 인하여 받은 재산을 한도로 하여 변제한다는 것을 의미한다고 보아야 할 것이므로, 원고는 상속재산인 이 사건 지분이 강제경매절차에 따라 매각됨에 따라 원고에게 부과된 이 사건 양도소득세에 대하여 원고가 상속으로 인하여 받은 상속재산 중에서만 지급할 의무를 부담할 뿐, 원고의 고유재산으로서 이 사건 양도소득세를 지급할 의무를 부담하지는 않는다고 할 것이다.

결국 갑 제1호증의 기재에 의하면 이 사건 압류대상 부동산이 원고의 고유재산인 사실이 인정되고, 이 사건 국세환급금이 상속재산에서 지급된 것으로서 상속재산에 해당한다고 인정할 만한 아무런 증거가 없는 이상, 원고는 고유재산인 이 사건 압류재산 부동산 및 이 사건 국세환급금으로 이 사건 양도소득세를 부담할 책임이 없다고 할 것이다.

3) 소결론

따라서 이 사건 양도소득세를 원고의 고유재산에서 부담하여야 함을 전제로 한 이 사건 압류처분 및 충당처분은 모두 위법하다 할 것이어서 취소되어야 한다.

3. 결론

그렇다면 원고의 이 사건 청구는 이유 있으므로, 이를 인용하기로 하여 주문과 같이 판결한다.

V. 상속의 포기

1. 의의 및 법적성질

상속의 포기란 상속의 개시로 인하여 일단 발생한 상속인으로서의 효력인 피상속인의 재산에 대한 모든 권리·의무의 승계를 부인하고 처음부터 상속인이 아니었던 효력을 생기게 하려는 단독의 의사표시이다.

2. 방식

상속을 포기하려는 자는 상속개시 있음을 안 날로부터 3월 내에 가정법원에 포기의 신고를 해야 하며, 공동상속의 경우에도 각 상속인은 단독으로 포기할 수 있다.7)8)

---

7) 상속의 포기는 상속인만이 할 수 있는 행사상의 일신전속권이며, 따라서 채권자대위권(법 제404조)의 목적이나 채권자취소권(법 제406조)의 목적이 될 수 없다는 견해도 있으나(김주수·김상용, 앞의 책, 698쪽 참조), 판례는 채권자취소권의 목적이 될 수 없다고 한다(대법원 2011.06.09. 선고 2011다29307 판결).

8) 대법원 2011.06.09. 선고 2011다29307 판결.

3. 효과

상속의 포기를 한 때에는 포기의 효과는 소급하므로 처음부터 상속인이 아니었던 것으로 되고 포기한 상속분은 다른 상속인의 상속분의 비율로 그 상속인에게 귀속한다(법 제1043조).

Ⅵ. 승인·포기의 취소금지

상속인은 일단 상속의 승인이나 포기를 한 경우에는 3월의 기간 내에도 이를 취소할 수 없다(법 제1024조 제1항). 이는 취소를 인정하면 이해관계인의 신뢰를 배반하는 것으로 되어 그들에게 많은 피해를 줄 수 있게 되기 때문이다. 다만 미성년자와 한정치산자가 법정대리인의 동의 없이 한 경우, 금치산자가 한 경우, 사기·강박에 의한 경우, 착오로 인한 경우에는 취소권자가 그 승인 또는 포기를 취소할 수 있다(법 제1024조 제2항).

Ⅶ. 재산의 분리

1. 의의 및 취지

재산의 분리란 상속이 개시된 후 피상속인의 채권자나 유증받은 자 또는 상속인의 채권자의 청구에 의하여 피상속인으로부터 승계받은 상속재산과 상속인의 고유재산을 분리시키는 것을 말한다(법 제1045조 제1항). 두 재산이 분리되지 않으면, 상속인의 고유재산이 채무초과인 경우 피상속인의 채권자나 유증받은 자가 불이익을 받게 되고, 승계받은 상속재산이 채무초과인 경우[9] 상속인의 채권자가 불이익을 받게 되므로 이를 사전에 방지하기 위한 제도이다.[10][11]

---

9) 이와 같은 경우에 재산분리는 실제로 한정승인과 같은 기능을 한다고 한다(윤진수, 앞의 책, 459쪽).
10) 김주수·김상용, 앞의 책, 775쪽; 윤진수, 앞의 책, 459쪽 이하.
11) 재산분리는 상속인의 단순승인에 의하여 상속재산과 상속인의 고유재산이 혼합되는 것을 막기 위한 것이므로 한정승인이나 포기가 있는 경우에는 그 필요성이 없다. 다만 한정승인이나 포기가

2. 절차 및 그 효과

상속채권자나 유증받은 자 또는 상속인의 채권자는 상속개시된 날로부터 3월 내에 상속재산과 상속인의 고유재산의 분리를 가정법원에 청구할 수 있다.

(1) 청구기간

상속이 개시된 날로부터 3개월 내이지만, 상속인이 상속의 승인이나 포기를 하지 않은 동안에는 3개월이 경과하더라도 재산분리를 청구할 수 있다(법 제1045조 제2항).

(2) 가정법원의 선고

재산분리 명령이 선고되면 한정승인과 마찬가지로 피상속인에 대한 상속인의 재산상 권리의무는 소멸하지 않는다(법 제1050조). 따라서 피상속인과 상속인 간 혼동은 일어나지 않으며, 재산분리의 효과로 상속인은 상속재산을 처분할 수 없다.[12] 다만, 상속재산이 부동산인 경우에는 재산분리를 등기하지 않으면 제3자에게 대항하지 못한다(법 제1049조).[13]

▶ 쟁점사례 - 상속포기의 효과와 상속개시의 요건　　　　　　　　29

피상속인 갑이 사망하였고, 이에 상속인으로는 갑의 배우자 을과 자녀 병, 정이 있다(병은 아들 A, 정은 딸 B를 두고 있다). 이들은 상속의 승인 여부를 고민한 끝에 포기하기로 하고 갑의 배우자와 자녀 전부가 법원에 상속포기 신청을 하였고, 법원은 이를 수리하였다.

문 1
상속을 한정승인 또는 포기하기 위해서는 일정한 기간(3월) 내에 법원에 신청하여야 한다. 3월의 기간(고려기간)이 진행하기 위한 전제조건은 무엇인가?

후에 무효가 될 수도 있으므로 여전히 재산분리 청구가 가능하며, 반대로 재산분리가 있은 후에라도 3월의 고려기간 내라면 상속인이 한정승인이나 포기를 할 수 있고 이때에는 재산분리절차가 정지된다(김주수·김상용, 앞의 책, 776쪽). 그러나 이와 같은 견해는 한정승인을 한 상속인이 상속인의 채권자에게 우선변제권 있는 담보권을 설정한 경우 상속채권자에 앞서 변제받을 권리가 있다는 대법원 판결에 의할 때 타당하다고 볼 수 없을 것이다.

12) 윤진수, 앞의 책, 460쪽.
13) 부동산등기법 제3조 참조.

문 2

상속포기의 효과는 상속개시시로 소급하여 상속인이 아니게 되는 것이다. 그렇다면 을, 병, 정이 모두 상속을 포기하면 갑의 사망으로 인한 상속재산 처리와 관련하여 이들 가족(친척 포함)들은 더 이상 상속인이 될 여지가 없는가?

관련판례   대법원 2005.7.22. 선고 2003다43681 판결【구상금】
[공2005.9.1.(233),1392]

【판시사항】

[1] 상속이 개시되면 상속인이 바로 피상속인의 재산에 관한 포괄적 권리의무를 승계하는 것으로 규정한 민법 제1005조가 헌법상 보장된 재산권을 침해하는지 여부(소극) 및 위 조항이 상속인의 평등권을 침해하는지 여부(소극)

[2] 상속포기를 위한 고려기간의 기산점으로서 민법 제1019조 제1항에 규정된 '상속개시 있음을 안 날'의 의미 및 상속인이 상속개시의 원인사실을 앎으로써 자신이 상속인이 된 사실까지도 알았다고 볼 수 있는 경우

[3] 선순위 상속권자인 피상속인의 처와 자녀가 상속을 포기하여 그 다음의 상속순위에 있는 손자녀가 상속인이 되는 경우, 상속인이 상속개시의 원인사실을 아는 것만으로 자신이 상속인이 된 사실을 알기 어려운 특별한 사정이 있다고 본 사례

【판결요지】

[1] 민법은 상속이 개시되면 상속인이 바로 피상속인의 재산에 관한 포괄적인 권리와 의무를 승계하는 것으로 규정하는바(민법 제1005조), 이는 상속으로 인한 법률관계를 신속하게 확정함으로써 법적 안정성을 도모하기 위함이고, 다른 한편 상속의 포기·한정승인 제도 등을 통하여 상속인으로 하여금 그의 의사에 따라 상속의 효과를 귀속시키거나 거절할 수 있는 자유를 주고 있으므로 위 조항이 헌법상 보장된 재산권을 침해하여 헌법에 위반된다고 볼 수 없고, 나아가 위 조항은 누구든지 상속을 하게 되면 동일하게 적용되는 것이므로 어떤 상속인은 적극재산을 상속하는 한편 어떤 상속인은 소극재산을 상속한다는 점을 들어 위 조항이 상속인의 평등권을 침해한다고 볼 수도 없다.

[2] 상속인은 상속개시 있음을 안 날로부터 3월 내에 상속의 포기를 할 수 있는바(민법 제1019조 제1항), 여기서 상속개시 있음을 안 날이라 함은 상속개시의 원인이 되는 사실의 발생을 알고 이로써 자기가 상속인이 되었음을 안 날을 말한다고 할 것인데, 피상속인의 사망으로 인하여 상속이 개시되고 상속의 순위나 자격을 인식함에 별다른 어려움이 없는 통상적인 상속의 경우에는 상속인이 상속개시의 원인사실을 앎으로써 그가 상속인이 된 사실까지도 알았다고 보는 것이 합리적이나, 종국적으로 상속인이 누구인지를 가리는 과정에 사실상 또는 법률상의 어려운 문제가 있어 상속개시의 원인사실을 아

는 것만으로는 바로 자신의 상속인이 된 사실까지 알기 어려운 특별한 사정이 존재하는 경우도 있으므로, 이러한 때에는 법원으로서는 '상속개시 있음을 안 날'을 확정함에 있어 상속개시의 원인사실뿐 아니라 더 나아가 그로써 자신의 상속인이 된 사실을 안 날이 언제인지까지도 심리, 규명하여야 마땅하다.

[3] 선순위 상속인으로서 피상속인의 처와 자녀들이 모두 적법하게 상속을 포기한 경우에는 피상속인의 손(孫) 등 그 다음의 상속순위에 있는 사람이 상속인이 되는 것이나, 이러한 법리는 상속의 순위에 관한 민법 제1000조 제1항 제1호(1순위 상속인으로 규정된 '피상속인의 직계비속'에는 피상속인의 자녀뿐 아니라 피상속인의 손자녀까지 포함된다)와 상속포기의 효과에 관한 민법 제1042조 내지 제1044조의 규정들을 모두 종합적으로 해석함으로써 비로소 도출되는 것이지 이에 관한 명시적 규정이 존재하는 것은 아니어서 일반인의 입장에서 피상속인의 처와 자녀가 상속을 포기한 경우 피상속인의 손자녀가 이로써 자신들이 상속인이 되었다는 사실까지 안다는 것은 오히려 이례에 속한다고 할 것이고, 따라서 이와 같은 과정에 의해 피상속인의 손자녀가 상속인이 된 경우에는 상속인이 상속개시의 원인사실을 아는 것만으로 자신이 상속인이 된 사실을 알기 어려운 특별한 사정이 있다고 본 사례

【참조조문】

[1] 민법 제1005조, 헌법 제11조 제1항, 제23조 / [2] 민법 제1019조 제1항 / [3] 민법 제1000조 제1항 제1호, 제2항, 제1019조 제1항, 제1042조, 제1043조, 제1044조

【참조판례】

[1] 헌법재판소 2004.10.28. 선고 2003헌가13 전원재판부 결정(헌공98, 1134) / [2] 대법원 1969.4.22. 선고 69다232 판결(집17-2, 민54), 대법원 1984.8.23.자 84스17-25 결정(공1984, 1723), 대법원 1986.4.22.자 86스10 결정(공1986, 872), 대법원 1988.8.25.자 88스10, 11, 12, 13 결정(공1988, 1240), 대법원 1991.6.11.자 91스1 결정(공1991, 1925)

【원심판결】

서울고법 2003.7.9. 선고 2003나7083 판결

【주 문】

원심판결을 파기하고, 사건을 서울고등법원으로 환송한다.

【이 유】

1. 민법 제1005조의 헌법 위반 여부에 관하여

민법은 상속이 개시되면 상속인이 바로 피상속인의 재산에 관한 포괄적인 권리와 의무를 승계하는 것으로 규정하는바(민법 제1005조), 이는 상속으로 인한 법률관계를 신속하게 확정함으로써 법적 안정성을 도모하기 위함이고, 다른 한편 상속의 포기·한정승인제도 등을 통하여 상속인으로 하여금 그의 의사에 따라 상속의 효과를 귀속시키거나 거절할 수 있는 자유를 주고 있으므로 위 조항이 헌법상 보장된 재산권을 침해하여 헌법에

위반된다고 볼 수 없다. 나아가 위 조항은 누구든지 상속을 하게 되면 동일하게 적용되는 것이므로 어떤 상속인은 적극재산을 상속하는 한편 어떤 상속인은 소극재산을 상속한다는 점을 들어 위 조항이 상속인의 평등권을 침해한다고 볼 수도 없다(헌법재판소 2004.10.28. 선고 2003헌가13 결정 참조).

이 부분 상고이유의 주장은 이유 없다.

2. 상속개시 있음을 안 날의 해석에 관하여

가. 원심의 조치

원심판결 이유(원심이 인용한 제1심판결의 이유를 포함한다.)에 의하면, 원심은 그 채용 증거를 종합하여, 원고에 대해 구상금채무를 지고 있던 망 소외 1(아래에서는 '망인'이라 한다)이 1997.1.4. 사망하자 그 제1순위 상속인인 처와 소외 2 외 4인의 자녀들(이하 위 자녀들을 '소외 2 외 4인'이라 한다) 전원이 적법한 기간 내에 상속포기신고를 하여 1997. 2.21. 그 신고가 수리되었고, 이로 인해 망인의 손자녀들로서 그 다음의 상속순위에 있던 피고들과 제1심 상피고 1, 제1심 상피고 2가 상속인이 된 사실, 피고들은 2002.11.7. 서울가정법원 2002느단7298호로 상속포기신고를 하였고 위 신고는 2003.4.3. 수리된 사실, 위 상속포기신고 당시 피고 1, 피고 2를 제외한 나머지 피고들은 미성년자였고 피고 1, 피고 2는 혼인 전으로 그 부모와 주소를 같이 하고 있었던 사실을 각 인정한 다음, 특별한 사정이 없는 한 위 소외 1의 손자녀들인 피고들은 직접 또는 법정대리인인 그들의 부모를 통해 그 무렵(제1순위 상속인들의 상속포기신고가 수리된 무렵을 가리키는 것으로 보인다) 이미 상속개시가 있음을 알았다고 보아야 할 것이므로 피고들이 한 2002. 11.7.자 위 상속포기신고는 그 기간을 도과한 것으로서 적법한 상속포기로서의 효력이 발생하지 않는다고 판단하여 이에 관한 피고들의 항변을 배척하였다.

나. 대법원의 판단

(1) 상속인은 상속개시 있음을 안 날로부터 3월 내에 상속의 포기를 할 수 있는바(민법 제1019조 제1항), 여기서 상속개시 있음을 안 날이라 함은 상속개시의 원인이 되는 사실의 발생을 알고 이로써 자기가 상속인이 되었음을 안 날을 말한다고 할 것인바(대법원 1969.4.22. 선고 69다232 판결), 피상속인의 사망으로 인하여 상속이 개시되고 상속의 순위나 자격을 인식함에 별다른 어려움이 없는 통상적인 상속의 경우에는 상속인이 상속개시의 원인사실을 앎으로써 그가 상속인이 된 사실까지도 알았다고 보는 것이 합리적이다(대법원 1984.8.23.자 84스17-24 결정, 1986.4.22.자 86스10 결정, 1988.8.25.자 88스10,11,12,13 결정 등 참조). 그러나 종국적으로 상속인이 누구인지를 가리는 과정에 사실상 또는 법률상의 어려운 문제가 있어 상속개시의 원인사실을 아는 것만으로는 바로 자신의 상속인이 된 사실까지 알기 어려운 특별한 사정이 존재하는 경우도 있으므로, 이러한 때에는 법원으로서는 '상속개시 있음을 안 날'을 확정함에 있어 상속개시의 원인사실뿐 아니라 더 나아가 그로써 자신의 상속인이 된 사실을 안 날이 언제인지

까지도 심리, 규명하여야 마땅할 것이다.

(2) 선순위 상속인으로서 피상속인의 처와 자녀들이 모두 적법하게 상속을 포기한 경우에는 피상속인의 손(孫) 등 그 다음의 상속순위에 있는 사람이 상속인이 되는 것이나(대법원 1995.4.7. 선고 94다11835 판결, 1995.9.26. 선고 95다27769 판결 등 참조), 이러한 법리는 상속의 순위에 관한 민법 제1000조 제1항 제1호(1순위 상속인으로 규정된 '피상속인의 직계비속'에는 피상속인의 자녀뿐 아니라 피상속인의 손자녀까지 포함된다)와 상속포기의 효과에 관한 민법 제1042조 내지 제1044조의 규정들을 모두 종합적으로 해석함으로써 비로소 도출되는 것이지 이에 관한 명시적 규정이 존재하는 것은 아니어서 일반인의 입장에서 피상속인의 처와 자녀가 상속을 포기한 경우 피상속인의 손자녀가 이로써 자신들이 상속인이 되었다는 사실까지 안다는 것은 오히려 이례에 속한다고 할 것이다. 따라서 이와 같은 과정에 의해 피고들이 상속인이 된 이 사건에 있어서는 상속인이 상속개시의 원인사실을 아는 것만으로 자신이 상속인이 된 사실을 알기 어려운 특별한 사정이 있다고 보는 것이 상당하다 하겠다.

(3) 한편, 기록에 의하면, 소외 2 외 4인이 상속포기를 한 것은 망인에게 채무가 과다함을 알고 그 채무가 상속되는 일을 막고자 함에 이유가 있었는데, 앞서 본 바와 같이 그들의 상속포기로 인하여 다음 순위 상속인인 그들의 자녀들이 그 채무를 상속하게 될 것이므로 종국적으로 채무상속방지의 목적을 달하기 위해서는 당연히 그들의 자녀인 피고들 이름으로도 상속포기신고를 하여야 하는데도 그 조치까지 나아가지 않은 사실, 그 후 원고가 망인의 처 및 소외 2 외 4인을 상대로 제기한 이 사건 구상금청구 소송에서 소외 2 외 4인의 상속포기 사실이 드러나자 원고는 2002.10.4. 피고를 소외 2 외 4인으로부터 그 다음 순위의 상속권자인 현재의 피고 및 제1심 상피고 1, 제1심 상피고 2로 정정하는 당사자표시정정신청을 하였고, 이에 피고들(그 중 미성년자인 사람은 그 법정대리인들이 대리)은 부랴부랴 자신의 이름으로 상속포기신고를 한 사실이 인정되는바, 상속의 과정에는 앞서 본 바와 같이 종국적인 상속인이 누구인지 즉각 알기 어려운 특별한 사정이 인정되는 이 사건에 있어, 경험칙에 비추어 상속포기로써 채무 상속을 면하고자 하는 사람이 그 자녀 이름으로 상속포기신고를 다시 하지 않으면 그 채무가 고스란히 그들의 자녀에게 상속될 것임을 알면서도 이를 방치하지는 않았으리라는 점, 피고들 또는 그 법정대리인이 이 사건 소송과정에서 원고의 피고표시정정신청이 있은 후 바로 상속포기를 하였다는 점 등을 염두에 두고 위 인정의 사실관계를 조명하여 보면, 피고들 또는 그 법정대리인은 당초 망인의 처와 소외 2 외 4인이 상속포기를 함으로써 그 다음 상속순위에 있는 피고들이 상속인이 된다는 사실을 알지 못하고 있다가 원고의 당사자표시정정신청에 의하여 비로소 이를 알게 되어 그제야 피고들 이름으로 상속포기신고를 한 것이라고 볼 여지가 충분히 있다 하겠다.

그렇다면 원심으로서는 이 점에 관하여 더 심리하여 피고들이 상속인이 된 사실을 알게 된 날을 확정하고 난 후에 그들이 2002.11.7. 상속포기신고를 한 것이 적법한지 여부를 판단하였어야 함에도 단지 위 신고가 선순위 상속인들이 한 상속포기의 효력이 발생한 후 3개월이 지나 이루어졌다는 점만을 들어 상속포기의 효력을 부정하였으니, 이러한 원심의 판단에는 상속개시 있음을 안 날의 해석에 관한 법리를 오해하였거나 심리를 다하지 못하여 판결에 영향을 미친 위법이 있다고 할 것이다.

이에 관한 피고들의 상고이유의 주장은 이유 있다.

▶ 쟁점사례 – 상속포기행위가 채권자취소권의 대상이 되는지 여부   `30`

A에게는 아내 B와 아들 C가 있다. C는 A를 도와서 A가 경영하는 제과점에서 일을 해왔으며, C는 개인사업의 실패로 D에 대하여 많은 빚을 지고 있다. A가 사망한 후 C는 상속포기를 하였는데, 이에 대해 D는 C의 상속포기행위가 사해행위임을 이유로 채권자취소권을 행사할 수 있는가?

관련판례   대법원 2011.06.09. 선고 2011다29307 판결 사해행위취소 [공2011하,1376]

본 사안에서의 핵심은 상속을 포기하는 행위를 재산권에 관한 법률행위로 볼 수 있는지 여부이다. 판례는 "상속의 포기는 비록 포기자의 재산에 영향을 미치는 바가 없지 아니하나(그러한 측면과 관련하여서는 '채무자 회생 및 파산에 관한 법률' 제386조도 참조) 상속인으로서의 지위 자체를 소멸하게 하는 행위로서 순전한 재산법적 행위와 같이 볼 것이 아니다. 오히려 상속의 포기는 1차적으로 피상속인 또는 후순위상속인을 포함하여 다른 상속인 등과의 인격적 관계를 전체적으로 판단하여 행하여지는 '인적 결단'으로서의 성질을 가진다. 그러한 행위에 대하여 비록 상속인인 채무자가 무자력상태에 있다고 하여서 그로 하여금 상속포기를 하지 못하게 하는 결과가 될 수 있는 채권자의 사해행위취소를 쉽사리 인정할 것이 아니다. 그리고 상속은 피상속인이 사망 당시에 가지던 모든 재산적 권리 및 의무·부담을 포함하는 총체재산이 한꺼번에 포괄적으로 승계되는 것으로서 다수의 관련자가 이해관계를 가지는데, 위와 같이 상속인으로서의 자격 자체를 좌우하는 상속포기의 의사표시에 사해행위에 해당하는 법률행위에 대하여 채권자 자신과 수익자 또는 전득자 사이에서만 상대적으로 그 효력이 없는 것으로 하는 채권자취소권의 적용이 있다고 하면, 상속을 둘러싼 법률관계는 그 법적 처리의 출발점이 되는 상속인 확정의 단계에서부터 복잡하게 얽히게 되는 것을 면할 수 없다. 또한 상속인의 채권자의 입장에서는 상속의 포기가 그의 기대를 저버리는 측면이 있다고 하더라도 채무자인 상속인의 재산을 현재의 상태보다 악화시키지 아니한다. 이러한 점들을 종합적으로 고려하여 보면, 상속의 포기는 민법 제406조 제1항에서 정하는 '재산권에 관한 법률행위'에 해당하지 아니하여 사해행위취소의 대상이 되지 못한다] 라고 하여 부정하는 입장이다.

▣ 쟁점사례 – 상속인의 보험금청구권은 상속재산인가 고유재산인가?   31

피상속인의 사망으로 상속인이 보험금청구권을 가질 때, 보험수익자인 상속인의 보험금청구권이 상속재산에 해당하는지 또는 상속인의 고유재산에 해당하는지를 판단하고 그에 따른 법적 효과를 검토해보자.

해 설

1. 피상속인의 생명보험금은 상속재산인가 고유재산인가?

대법원은 "보험계약자가 피보험자의 상속인을 보험수익자로 하여 맺은 생명보험계약에 있어서 피보험자의 상속인은 피보험자의 사망이라는 보험사고가 발생한 때에는 보험수익자의 지위에서 보험자에 대하여 보험금 지급을 청구할 수 있고, 이 권리는 보험계약의 효력으로 당연히 생기는 것으로서 상속재산이 아니라 상속인의 고유재산이라고 할 것인데, 이는 상해의 결과로 사망한 때에 사망보험금이 지급되는 상해보험에 있어서 피보험자의 상속인을 보험수익자로 미리 지정해 놓은 경우는 물론, 생명보험의 보험계약자가 보험수익자의 지정권을 행사하기 전에 보험사고가 발생하여 상법 제733조에 의하여 피보험자의 상속인이 보험수익자가 되는 경우에도 마찬가지"라고 보아 상속인의 고유재산이라고 본다.[14] 이에 의하면 피상속인의 상속재산에 대한 상속을 승인하는지 여부와 생명보험금 수령은 전혀 별개의 것으로 취급된다. 즉 상속인이 생명보험금을 신청하여 수령하는 것이 상속재산에 대한 처분행위가 되지 않아 단순승인으로 간주되지도 않고, 상속재산에 대한 상속을 포기하더라도 생명보험금은 수령가능하다.

2. 상속포기자가 생명보험금을 수령하는 경우 납세의무는?

(1) 대법원

대법원 2013.5.23. 선고 2013두1041 판결 【양도소득세부과처분취소】

[공2013하,1140]

【판시사항】

[1] 적법하게 상속을 포기한 자가 국세기본법 제24조 제1항이 피상속인의 국세 등 납세의무를 승계하는 자로 규정하고 있는 '상속인'에 포함되는지 여부(소극)

---

14) 대법원 2004.07.09. 선고 2003다29463 판결.

[2] 상속세 및 증여세법 제8조가 규정하는 보험금이 국세기본법 제24조 제1항에서 정한 '상속으로 받은 재산'에 포함되는지 여부(소극)

【판결요지】

[1] 원래 상속을 포기한 자는 상속포기의 소급효에 의하여 상속개시 당시부터 상속인이 아니었던 것과 같은 지위에 놓이게 되는 점(민법 제1042조), 상속세 및 증여세법(이하 '상증세법'이라 한다.) 제3조 제1항은 상속세에 관하여는 상속포기자도 상속인에 포함되도록 규정하고 있으나 이는 사전증여를 받은 자가 상속을 포기함으로써 상속세 납세의무를 면하는 것을 방지하기 위한 것으로서, 국세기본법 제24조 제1항에 의한 납세의무 승계자와 상증세법 제3조 제1항에 의한 상속세 납세의무자의 범위가 서로 일치하여야 할 이유는 없는 점, 조세법률주의의 원칙상 과세요건은 법률로써 명확하게 규정하여야 하고 조세법규의 해석에 있어서도 특별한 사정이 없는 한 법문대로 해석하여야 하며 합리적 이유 없이 확장해석하거나 유추해석하는 것은 허용되지 않는 점 등을 종합하여 보면, 적법하게 상속을 포기한 자는 국세기본법 제24조 제1항이 피상속인의 국세 등 납세의무를 승계하는 자로 규정하고 있는 '상속인'에는 포함되지 않는다고 보아야 한다.

[2] 상속세 및 증여세법(이하 '상증세법'이라 한다) 제8조 제1항은 피상속인의 사망으로 인하여 지급받는 생명보험 또는 손해보험의 보험금으로서 피상속인이 보험계약자가 된 보험계약에 의하여 지급받는 보험금이 실질적으로 상속이나 유증 등에 의하여 재산을 취득한 것과 동일하다고 보아 상속세 과세대상으로 규정하고 있으나, 상증세법 제8조가 규정하는 보험금의 경우 보험수익자가 가지는 보험금지급청구권은 본래 상속재산이 아니라 상속인의 고유재산이므로, 상증세법 제8조가 규정하는 보험금 역시 국세기본법 제24조 제1항이 말하는 '상속으로 받은 재산'에는 포함되지 않는다고 보아야 한다.

【참조조문】

[1] 국세기본법 제24조 제1항, 상속세 및 증여세법 제3조 제1항, 민법 제1042조 / [2] 국세기본법 제24조 제1항, 상속세 및 증여세법 제8조 제1항

【원심판결】

서울고법 2012.12.6. 선고 2012누13377 판결

【주 문】

상고를 기각한다. 상고비용은 피고가 부담한다.

【이 유】

상고이유를 판단한다.

국세기본법 제24조 제1항은 "상속이 개시된 때에 그 상속인(수유자를 포함한다.) 또는 민법 제1053조에 규정된 상속재산관리인은 피상속인에게 부과되거나 그 피상속인이 납부할 국세·가산금과 체납처분비를 상속으로 받은 재산의 한도에서 납부할 의무를 진다"라고 규정하고 있다.

원래 상속을 포기한 자는 상속포기의 소급효에 의하여 상속개시 당시부터 상속인이 아니었던 것과 같은 지위에 놓이게 되는 점(민법 제1042조), 상속세 및 증여세법(이하 '상증세법'이라 한다.) 제3조 제1항은 상속세에 관하여는 상속포기자도 상속인에 포함되도록 규정하고 있으나 이는 사전증여를 받은 자가 상속을 포기함으로써 상속세 납세의무를 면하는 것을 방지하기 위한 것으로서, 국세기본법 제24조 제1항에 의한 납세의무 승계자와 상증세법 제3조 제1항에 의한 상속세 납세의무자의 범위가 서로 일치하여야 할 이유는 없는 점, 조세법률주의의 원칙상 과세요건은 법률로써 명확하게 규정하여야 하고 조세법규의 해석에 있어서도 특별한 사정이 없는 한 법문대로 해석하여야 하며 합리적 이유 없이 확장해석하거나 유추해석하는 것은 허용되지 않는 점 등을 종합하여 보면, 적법하게 상속을 포기한 자는 국세기본법 제24조 제1항이 피상속인의 국세 등 납세의무를 승계하는 자로 규정하고 있는 '상속인'에는 포함되지 않는다고 보아야 한다. 또한 상증세법 제8조 제1항은 피상속인의 사망으로 인하여 지급받는 생명보험 또는 손해보험의 보험금으로서 피상속인이 보험계약자가 된 보험계약에 의하여 지급받는 보험금이 실질적으로 상속이나 유증 등에 의하여 재산을 취득한 것과 동일하다고 보아 상속세 과세대상으로 규정하고 있으나, 상증세법 제8조가 규정하는 보험금의 경우 보험수익자가 가지는 보험금지급청구권은 본래 상속재산이 아니라 상속인의 고유재산이므로, 상증세법 제8조가 규정하는 보험금 역시 국세기본법 제24조 제1항이 말하는 '상속으로 받은 재산'에는 포함되지 않는다고 보아야 한다.

원심판결 이유에 의하면, 원심은 그 채택 증거를 종합하여 망 소외인(이하 '망인'이라 한다)이 양도소득세를 체납한 채 2010.6.12. 사망한 사실, 망인의 처인 원고는 2010.6.22. 보험수익자로서 망인의 사망으로 보험금 3억 원을 수령하고 2010.8.31. 그 중 망인이 보험계약자로서 부담한 보험료에 상당하는 2억 1,900만 원(이하 '이 사건 보험금'이라 한다)에 대한 상속세를 신고한 사실, 한편 원고는 2010.7.7. 상속포기 신고를 하여 2010. 7.15. 그 신고 수리의 심판을 받은 사실, 피고는 이 사건 보험금이 상증세법 제8조에 따른 상속재산이고, 국세기본법 제24조 제1항에 의하여 그 한도에서 망인의 양도소득세 납세의무가 원고를 비롯한 상속인들에게 승계되는 것으로 보아 2010.12.9. 원고에게 2008년 귀속 양도소득세 2억 1,900만 원을 부과하는 이 사건 처분을 한 사실 등을 인정한 다음, 이 사건 보험금은 상속으로 받은 재산에 포함되지 아니하고 상속을 포기한 원고는 망인의 양도소득세 납세의무를 승계하지 않는다는 이유로, 이와 달리 본 이 사건 처분은 위법하다고 판단하였다.

앞서 본 법리와 기록에 비추어 살펴보면, 원심의 이러한 판단은 정당하고, 거기에 상고이유의 주장과 같은 국세기본법 제24조 제1항 소정의 상속으로 인한 납세의무의 승계에 관한 법리오해 등의 위법이 없다.

(2) 국세기본법 규정

위와 같은 판결에도 불구하고 상속인이 피상속인의 상속재산에 대하여는 상속을 포기하면서도 피상속인이 생전에 가입한 생명보험금은 수령하는 경우에는 상속포기자의 조세회피 방지를 위해 납세의무 승계 대상에 이를 포함시켰다(국세기본법 제24조 제2항 참조).

3. 상속으로 인한 납세의무 승계

국세기본법 제24조(상속으로 인한 납세의무의 승계) ① 상속이 개시된 때에 그 상속인[「민법」 제1000조, 제1001조, 제1003조 및 제1004조에 따른 상속인을 말하고, 「상속세 및 증여세법」 제2조 제5호에 따른 수유자(受遺者)를 포함한다. 이하 이 조에서 같다] 또는 「민법」 제1053조에 규정된 상속재산관리인은 피상속인에게 부과되거나 그 피상속인이 납부할 국세·가산금과 체납처분비를 상속으로 받은 재산의 한도에서 납부할 의무를 진다.

② 제1항에 따른 납세의무 승계를 피하면서 재산을 상속받기 위하여 피상속인이 상속인을 수익자로 하는 보험계약을 체결하고 상속인은 「민법」 제1019조 제1항에 따라 상속을 포기한 것으로 인정되는 경우로서 상속포기자가 피상속인의 사망으로 인하여 보험금(「상속세 및 증여세법」 제8조에 따른 보험금을 말한다)을 받는 때에는 상속포기자를 상속인으로 보고, 보험금을 상속받은 재산으로 보아 제1항을 적용한다.

③ 제1항의 경우에 상속인이 2명 이상일 때에는 각 상속인은 피상속인에게 부과되거나 그 피상속인이 납부할 국세·가산금과 체납처분비를 「민법」 제1009조·제1010조·제1012조 및 제1013조에 따른 상속분 또는 대통령령으로 정하는 비율(상속인 중에 수유자 또는 「민법」 제1019조 제1항에 따라 상속을 포기한 사람이 있거나 상속으로 받은 재산에 보험금이 포함되어 있는 경우로 한정한다)에 따라 나누어 계산한 국세·가산금과 체납처분비를 상속으로 받은 재산의 한도에서 연대하여 납부할 의무를 진다. 이 경우 각 상속인은 그들 중에서 피상속인의 국세·가산금 및 체납처분비를 납부할 대표자를 정하여 대통령령으로 정하는 바에 따라 관할 세무서장에게 신고하여야 한다.

④ 제1항의 경우에 상속인이 있는지 분명하지 아니할 때에는 상속인에게 하여야 할 납세의 고지·독촉이나 그 밖에 필요한 사항은 상속재산관리인에게 하여야 한다.

⑤ 제1항의 경우에 상속인이 있는지 분명하지 아니하고 상속재산관리인도 없을 때에는 세무서장은 상속개시지를 관할하는 법원에 상속재산관리인의 선임을 청구할 수 있다.

⑥ 피상속인에게 한 처분 또는 절차는 제1항에 따라 상속으로 인한 납세의무를 승계하는 상속인이나 상속재산관리인에 대해서도 효력이 있다.

상속채권자와 상속인의 채권자 간 우열관계

06

▶ **쟁점사례 – 상속채권자와 상속인의 채권자 간 우열관계** | 32 |

피상속인 A가 2010.2.1. 사망하자 단독상속인 B는 적법하게 한정승인 신고를 하여 2010. 4.30. 수리되었으며, B는 2010.5.31. 유일한 상속재산인 X부동산에 대하여 상속을 원인으로 하는 소유권이전등기를 마쳤다. B는 D에 대하여 상속개시가 있기 전부터 3억 원의 금전 채무를 부담하고 있었는데, 위와 같이 상속등기를 마친 후 D에 대한 위 채무를 담보하기 위하여 X부동산에 대해 근저당권설정등기(채권최고액 3억 원)를 경료하였다. 한편 C는 A의 생전에 A에게 3억 원을 대여하였으나 전혀 변제받은 바 없고, B는 이러한 사실을 알고 있었다. C가 2011.9.경 X부동산에 대한 강제경매를 신청하여 3억 원에 매각되었는데, D는 위 근저당권에 기하여 청구채권 3억 원의 배당을 요구하였다.[1)2)]

문 1
한정승인을 한 C는 B가 가지는 고유재산에 대하여 강제집행 할 수 있는가?

문 2
상속채권자와 상속인의 채권자 간의 우열관계는?

---

1) 사법시험 기출.
2) 대법원 2010.03.18. 선고 2007다77781 전원합의체 판결 배당이의[공2010상,737]

문 3

위 사실관계에서 C와 D 외에 다른 이해관계인이 없다면, D(상속인의 채권자)는 (   )원, C(상속채권자)는 (   )원을 배당받을 수 있다.

관련판례 1. 한정승인이 이루어진 경우 상속채권자가 상속재산에 관하여 한정승인자로부터 담보권을 취득한 고유채권자에 대하여 우선적 지위를 주장할 수 있는지 여부(소극)
대법원 2010.3.18. 선고 2007다77781 전원합의체 판결 【배당이의】
[공2010상,737]

【판결요지】

[다수의견] 법원이 한정승인신고를 수리하게 되면 피상속인의 채무에 대한 상속인의 책임은 상속재산으로 한정되고, 그 결과 상속채권자는 특별한 사정이 없는 한 상속인의 고유재산에 대하여 강제집행을 할 수 없다. 그런데 민법은 한정승인을 한 상속인(이하 '한정승인자'라 한다)에 관하여 그가 상속재산을 은닉하거나 부정소비한 경우 단순승인을 한 것으로 간주하는 것(제1026조 제3호) 외에는 상속재산의 처분행위 자체를 직접적으로 제한하는 규정을 두고 있지 않기 때문에, 한정승인으로 발생하는 위와 같은 책임제한 효과로 인하여 한정승인자의 상속재산 처분행위가 당연히 제한된다고 할 수는 없다. 또한 민법은 한정승인자가 상속재산으로 상속채권자 등에게 변제하는 절차는 규정하고 있으나(제1032조 이하), 한정승인만으로 상속채권자에게 상속재산에 관하여 한정승인자로부터 물권을 취득한 제3자에 대하여 우선적 지위를 부여하는 규정은 두고 있지 않으며, 민법 제1045조 이하의 재산분리제도와 달리 한정승인이 이루어진 상속재산임을 등기하여 제3자에 대항할 수 있게 하는 규정도 마련하고 있지 않다. 따라서 한정승인자로부터 상속재산에 관하여 저당권 등의 담보권을 취득한 사람과 상속채권자 사이의 우열관계는 민법상의 일반원칙에 따라야 하고, 상속채권자가 한정승인의 사유만으로 우선적 지위를 주장할 수는 없다. 그리고 이러한 이치는 한정승인자가 그 저당권 등의 피담보채무를 상속개시 전부터 부담하고 있었다고 하여 달리 볼 것이 아니다.

[대법관 김영란, 박시환, 김능환의 반대의견] 한정승인자의 상속재산은 상속채권자의 채권에 대한 책임재산으로서 상속채권자에게 우선적으로 변제되고 그 채권이 청산되어야 한다. 그리고 그 반대해석상, 한정승인자의 고유채권자는 상속채권자에 우선하여 상속재산을 그 채권에 대한 책임재산으로 삼아 이에 대하여 강제집행할 수 없다고 보는 것이 형평에 맞으며, 한정승인제도의 취지에 부합한다. 이와 같이, 상속채권자가 한정승인자의 고유재산에 대하여 강제집행할 수 없는 것에 대응하여 한정승인자의 고유채권자는 상속채권자에 우선하여 상속재산에 대하여 강제집행할 수 없다는 의미에서, 상속채권자는 상속

재산에 대하여 우선적 권리를 가진다. 또한 한정승인자가 그 고유채무에 관하여 상속재산에 담보물권 등을 설정한 경우와 같이, 한정승인자가 여전히 상속재산에 대한 소유권을 보유하고 있어 상속채권자가 그 재산에 대하여 강제집행할 수 있는 한에 있어서는, 그 상속재산에 대한 상속채권자의 우선적 권리는 그대로 유지되는 것으로 보아야 한다. 따라서 한정승인자의 고유채무를 위한 담보물권 등의 설정등기에 의하여 상속채권자의 우선적 권리가 상실된다고 보는 다수의견은 상속채권자의 희생 아래 한정승인자로부터 상속재산에 관한 담보물권 등을 취득한 고유채권자를 일방적으로 보호하려는 것이어서, 상속의 한정승인 제도를 형해화시키고 제도적 존재 의미를 훼손하므로 수긍하기 어렵다.

【참조조문】

민법 제1005조, 제1026조 제3호, 제1028조, 제1030조, 제1031조, 제1032조, 제1033조, 제1034조, 제1036조, 제1037조, 제1038조, 제1045조, 제1049조

【참조판례】

대법원 2003.11.14. 선고 2003다30968 판결(공2003하, 2346)

【원심판결】

대전고법 2007.10.11. 선고 2007나505 판결

【주 문】

원심판결의 피고에 관한 부분을 파기하고, 사건을 대전고등법원에 환송한다.

【이 유】

상고이유를 판단한다.

1. 민법 제1028조는 "상속인은 상속으로 인하여 취득할 재산의 한도에서 피상속인의 채무와 유증을 변제할 것을 조건으로 상속을 승인할 수 있다"고 규정하고 있다. 이에 따라 법원이 한정승인신고를 수리하게 되면 피상속인의 채무에 대한 상속인의 책임은 상속재산으로 한정되고, 그 결과 상속채권자는 특별한 사정이 없는 한 상속인의 고유재산에 대하여 강제집행을 할 수 없다(대법원 2003.11.14. 선고 2003다30968 판결 참조).

그런데 민법은 한정승인을 한 상속인(이하 '한정승인자'라 한다)에 관하여 그가 상속재산을 은닉하거나 부정소비한 경우 단순승인을 한 것으로 간주하는 것(제1026조 제3호) 외에는 상속재산의 처분행위 자체를 직접적으로 제한하는 규정을 두고 있지 않기 때문에, 한정승인으로 발생하는 위와 같은 책임제한 효과로 인하여 한정승인자의 상속재산 처분행위가 당연히 제한된다고 할 수는 없다.

또한 민법은 한정승인자가 상속재산으로 상속채권자 등에게 변제하는 절차는 규정하고 있으나(제1032조 이하), 한정승인만으로 상속채권자에게 상속재산에 관하여 한정승인자로부터 물권을 취득한 제3자에 대하여 우선적 지위를 부여하는 규정은 두고 있지 않으며, 민법 제1045조 이하의 재산분리제도와 달리 한정승인이 이루어진 상속재산임을 등기하여 제3자에 대항할 수 있게 하는 규정도 마련하고 있지 않다.

따라서 한정승인자로부터 상속재산에 관하여 저당권 등의 담보권을 취득한 사람과 상속채권자 사이의 우열관계는 민법상의 일반원칙에 따라야 하고, 상속채권자가 한정승인의 사유만으로 우선적 지위를 주장할 수는 없다고 할 것이다. 그리고 이러한 이치는 한정승인자가 그 저당권 등의 피담보채무를 상속개시 전부터 부담하고 있었다고 하여 달리 볼 것이 아니다.

2. 원심이 확정한 사실에 의하면, 망 소외 1(이하 '망인'이라 한다)이 2002.11.7. 사망하자 망인의 법정상속인들 중 자녀들은 상속을 포기하고 처인 소외 2가 서울가정법원에 원심판결의 별지 기재 상속재산목록을 첨부해 한정승인신고를 하여 위 법원이 2003.4.30. 이를 수리한 사실, 그 후 소외 2는 2003.5.29. 위 상속재산목록 제1, 2 부동산(이하 '이 사건 각 부동산'이라 한다)에 관하여 상속을 원인으로 한 소유권이전등기를 마치고, 2003.7.28. 피고에게 채권최고액 1천만 원의 근저당권을 설정하여 준 사실, 한편 망인에게 금원을 대여하였던 원고는 망인의 사망에 따라 소외 2를 상대로 대여금청구의 소를 제기하여, 2004.4.27. '소외 2는 원고에게 5억 원 및 이에 대한 지연손해금을 망인으로부터 상속받은 재산의 한도 내에서 지급하라'는 내용의 판결(서울중앙지방법원 2004.4.27. 선고 2003가합3480호 판결)을 선고받고, 위 판결의 가집행선고에 기하여 그 판결금 중 2억 원을 청구채권으로 하여 2004.9.16. 이 사건 각 부동산 등에 관하여 강제경매신청을 한 사실, 이에 따라 강제경매절차를 진행한 경매법원은 2006.5.3. 배당기일에서 이 사건 각 부동산에 관하여 근저당권자인 피고가 상속채권자인 원고에 대한 관계에서 우선변제권을 주장할 수 있음을 전제로 하여, 실제 배당할 금액 중 위 근저당권의 채권최고액에 해당하는 1천만 원을 피고에게 먼저 배당하고, 나머지 금원은 원고를 포함한 일반채권자들에게 안분하여 배당하는 취지의 배당표를 작성한 사실, 원고는 위 배당기일에 피고의 위 배당액에 대하여 이의한 사실 등을 알 수 있다.

위 사실관계를 앞서 본 법리에 비추어 보면, 상속채권자인 원고는 이 사건 각 부동산에 관하여 한정승인자인 소외 2로부터 근저당권을 취득한 피고에 대하여 우선적 지위를 주장할 수 없다고 할 것이다.

그럼에도 원심은 이 사건 각 부동산의 매각대금이 상속채권자인 원고에게 우선적으로 배당되어야 한다는 이유로 원고의 청구를 받아들여 그 판시와 같이 배당표를 경정한다고 판단하였는바, 이러한 원심판결에는 한정승인에 관한 법리오해로 판결에 영향을 미친 잘못이 있다.

3. 그러므로 원심판결의 피고에 관한 부분을 파기하고, 사건을 다시 심리·판단하게 하기 위하여 원심법원에 환송하기로 하여 주문과 같이 판결한다. 이 판결에는 대법관 김영란, 대법관 박시환, 대법관 김능환의 반대의견이 있는 외에는 관여 법관들의 의견이 일치되었다.

4. 대법관 김영란, 대법관 박시환, 대법관 김능환의 반대의견

가. 상속인의 한정승인신고가 수리되면, 상속인은 상속개시된 때부터 피상속인의 재산에 관한 포괄적 권리의무를 승계하지만(민법 제1005조 본문) 그 상속채무에 대한 책임은 상속재산의 범위 내로 제한되므로, 상속채권자는 한정승인자의 고유재산에 대하여 강제집행할 수 없다. 민법은, 한정승인의 신고에 상속재산의 목록을 첨부하여야 하고(제1030조), 한정승인자의 피상속인에 대한 재산상 권리의무는 소멸하지 않으며(제1031조), 한정승인자는 한정승인을 한 날로부터 5일 내에 일반상속채권자와 유증받은 자에 대하여 한정승인의 사실과 2월 이상의 기간 내에 그 채권 또는 수증을 신고할 것을 공고하고 (제1032조), 공고기간 만료 전에는 상속채권의 변제를 거절할 수 있으며(제1033조), 그 기간 만료 후에 상속재산으로써 그 기간 내에 신고한 채권자와 한정승인자가 알고 있는 채권자에 대하여 각 채권액의 비율로 변제하되 우선권 있는 채권자의 권리를 해하지 못하고(제1034조), 그 후에 유증받은 자에게 변제하여야 하며(제1036조), 그러한 변제를 위하여 상속재산의 전부나 일부를 매각할 필요가 있는 때에는 민사집행법에 의하여 경매하여야 한다(제1037조)고 규정하고 있다. 따라서 한정승인자의 상속재산은 상속채권자의 채권에 대한 책임재산으로서 상속채권자에게 우선적으로 변제되고 그 채권이 청산되어야 하는 것이다. 그리고 그 반대해석상, 한정승인자의 고유채권자는 상속채권자에 우선하여 상속재산을 그 채권에 대한 책임재산으로 삼아 이에 대하여 강제집행할 수 없다고 보는 것이 형평에 맞으며, 한정승인제도의 취지에 부합한다. 이와 같이, 상속채권자가 한정승인자의 고유재산에 대하여 강제집행할 수 없는 것에 대응하여 한정승인자의 고유채권자는 상속채권자에 우선하여 상속재산에 대하여 강제집행할 수 없다는 의미에서, 상속채권자는 상속재산에 대하여 우선적 권리를 가진다고 할 것이다.

나. 한정승인은 상속채무에 대한 책임을 상속재산의 범위 내로 제한하는 것일 뿐 한정승인자가 상속재산에 대한 포괄적 권리의무를 승계하는 것 자체를 배제하거나 제한하는 것은 아니다. 따라서 한정승인자가 상속채권자의 강제집행이 개시되기 전에 상속재산을 처분하여 그 소유권을 상실한 경우에는, 상속채권자가 사해행위취소 등의 방법으로 그 재산을 한정승인자의 책임재산으로 회복하여 이를 강제집행의 대상으로 삼는 것은 별론으로 하고, 파산절차에 있어서의 부인권이나 별제권 등에 유사한 권리를 행사할 수는 없다. 이러한 의미에서 한정승인자의 상속재산 처분은 유효하고, 상속채권자가 그 재산에 추급하여 강제집행할 수 없다.

그러나 한정승인자가 그 고유채무에 관하여 상속재산에 담보물권 등을 설정한 경우와 같이, 한정승인자가 여전히 상속재산에 대한 소유권을 보유하고 있어 상속채권자가 그 재산에 대하여 강제집행할 수 있는 한에 있어서는, 그 상속재산에 대한 상속채권자의 우선적 권리는 그대로 유지되는 것으로 보아야 할 것이다. 그 이유는 다음과 같다.

먼저, 그와 같이 담보물권 등을 설정하였더라도, 그 재산은 여전히 상속재산으로서 한정승인자의 책임재산이 되는 것이어서 상속채권자가 강제집행할 수 있고, 그 강제집행이 허용되는 한 상속채권자의 우선적 권리가 상실되지 않고 그대로 유지되는 것으로 보는 것이 한정승인제도의 취지에 맞는다.

또한, 한정승인자의 고유채권자가 상속재산에 대하여 강제집행할 수 없다고 본 앞서의 논증과 법리가 옳은 이상, 한정승인자로부터 담보물권을 취득한 자의 담보권 행사 역시 상속채권자에 우선하지 못한다고 보는 것이 균형에 맞는다. 강제집행과 담보물권의 행사는 채권의 만족을 얻는 방법에 있어서 차이가 있을 뿐이므로, 상속재산이 한정승인자의 고유채권자에 대한 관계에서 책임재산으로 될 수 없다면 그 고유채권자 중 담보물권 등을 설정받은 자에 대한 관계에서도 마찬가지로 책임재산으로 되지 못하는 것이 원칙이라고 보아야 할 것이기 때문이다. 뿐만 아니라, 앞에서 본 바와 같은 의미에서의 상속채권자의 우선적 권리는 한정승인신고가 수리됨으로써 즉시 발생한다. 그 후에 한정승인자가 상속재산에 대하여 담보물권 등을 설정한다고 하여 이미 발생한 상속채권자의 우선적 권리가 소멸할 아무런 이유가 없으며, 그와 같이 볼 근거도 없다.

다른 한편, 현재의 등기실무상 한정승인 사실이 등기부에 나타나지 않지만, 그렇다고 하여 상속채권자의 우선적 권리가 당연히 부정되어야 하는 것은 아니다. 등기부에 공신력이 인정되지 않는 우리 법제 아래에서는, 등기부의 기재가 실체법상의 권리관계를 그대로 공시하지 못하고 양자가 괴리되는 현상을 완전히 배제할 수는 없다. 실체법상의 우선적 권리 중에는 근로기준법상의 임금채권의 우선변제권 등과 같이, 등기부에 기재되지 아니하는 권리도 있다. 그러므로 한정승인의 경우에 등기되지 아니한 상속채권자의 우선적 권리가 한정승인자로부터 담보물권 등을 설정받은 자에 대한 관계에서 그대로 유지되는 것으로 본다고 하여 우리 법제상 생소하거나 낯선 것이라고는 할 수 없다. 한편, 상속재산은 원래 피상속인 명의로 등기되어 있던 것으로서 상속등기가 경료된 후에야 비로소 한정승인자의 담보물권 등의 설정등기가 가능해지는 것이므로 한정승인에 따른 상속채권자의 우선적 권리가 간접적으로나마 공시되어 있다고 볼 수도 있다. 상속인의 고유채권자가 피상속인 명의로 등기가 남아 있거나 상속등기가 경료된 부동산에 관하여 담보물권 등을 취득함에 있어서는, 그 상속인이 한정승인 또는 상속포기를 하였는지 여부를 확인할 주의의무가 있고, 이를 해태한 자를 굳이 보호할 이유나 필요는 없다고 볼 여지가 있다.

그리고 민법 제1049조는 "재산의 분리는 상속재산인 부동산에 관하여는 이를 등기하지 아니하면 제3자에게 대항하지 못한다"고 규정하고 있지만, 이는 한정승인과는 별개의 제도인 재산의 분리에 관한 규정이고, 재산의 분리에 있어서는 앞에서 본 바와 같은 의미에서의 상속채권자의 우선적 권리는 인정되지 않으므로, 위 규정에 근거하여 한정승인 사실이 등기되지 않는다는 것 때문에 상속채권자의 우선적 권리가 유지될 수 없다고 볼 것도 아니다.

한정승인 사실이 등기부에 기재되지 않는다는 것에 근거하여 상속채권자의 우선적 권리가 부정되고 한정승인자로부터 담보물권을 취득한 자가 우선한다고 보는 것은 본말이 전도된 것이다. 확실히, 민법이 한정승인자의 고유채권자가 상속채권자에 우선하여 상속재산에 대하여 강제집행할 수 없다는 것을 당연한 법리로 전제하면서도, 한정승인 사실을 등기부에 기재하는 등의 공시방법이나 절차를 따로 규정하지 아니함으로써 거래의 안전을 확보하는 방안을 마련해 놓지 않은 것은 입법의 불비라고 할 것이다. 그러나 그렇다고 하여 상속채권자의 우선적 권리를 희생시키는 것은 올바른 문제해결 방안이 될 수 없다. 오히려, 가사소송규칙 등에 가정법원이 한정승인신고를 수리하는 심판을 함과 아울러 그 신고서에 첨부된 목록에 기재된 부동산에 관하여 한정승인 사실 또는 그 신고의 수리심판 사실의 등기를 촉탁하게 하고 등기관으로 하여금 그 사실을 등기하도록 하는 규정을 두는 등으로 공시방법을 강화함으로써 등기부의 기재를 신뢰하고 거래한 자의 보호를 꾀하는 것이 정도일 것이다.

나아가, 민법 제1026조 제3호는 "상속인이 한정승인을 한 후에 상속재산을 은닉하거나 부정소비한 때"에는 상속인이 단순승인을 한 것으로 본다고 규정하고 있고, 한정승인자가 상속재산에 담보물권 등을 설정한 것이 이에 해당한다고 하더라도, 이로써 상속채권자가 온전히 구제될 수 있는 것도 아니다. 한정승인자에게 별다른 고유재산이 없는 경우도 얼마든지 상정할 수 있다. 뿐만 아니라, 한정승인의 경우에 상속채권자와 한정승인자로부터 담보물권 등을 취득한 자 사이의 우열이 문제되는 것은, 이 사건에서와 같이, 상속채권자가 한정승인자를 상대로 상속채무의 이행소송을 제기하여 승소확정판결 또는 가집행선고부 승소판결(이하 '소확정판결 등'이라 한다)을 받음으로써 이미 집행권원을 확보한 경우로 한정된다. 그렇지 아니하면 상속채권자임이 확인되지 않기 때문이다. 그런데 한정승인자의 상속채무에 대한 책임이 상속재산으로 한정되어 상속채권자가 한정승인자의 고유재산에 대하여는 강제집행할 수 없으므로, 상속채권자가 한정승인자를 상대로 하여 얻은 집행권원, 즉 승소확정판결 등에는 판결 주문에 상속재산의 한도에서만 강제집행할 수 있다는 뜻이 명시되어 있어야 한다(다수의견이 인용한 대법원 2003.11. 14. 선고 2003다30968 판결 등 참조). 그 결과, 위에서 본 법정단순승인에 해당하는 사유가 사후적으로 발생하였다고 하더라도, 상속채권자가 강제집행할 수 있는 재산을 상속재산의 범위 내로 제한한 판결의 효력이 그대로 유지되는 이상, 상속채권자가 위와 같은 법정단순승인의 법적 효과를 곧바로 누릴 수 있게 되는 것은 아니다. 따라서 이와 같은 법정단순승인에 관한 규정을 근거로 하여 상속채권자의 담보물권자 등에 대한 우선적 권리를 부정하는 것도 타당하지 않다.

그럼에도 불구하고, 한정승인자의 고유채무를 위한 담보물권 등의 설정등기에 의하여 앞에서 본 바와 같은 의미에서의 상속채권자의 우선적 권리가 상실된다고 보는 다수의견은 결국, 상속채권자의 희생 아래 한정승인자로부터 상속재산에 관한 담보물권 등을 취득한 고유채권자를 일방적으로 보호하려는 것에 다름 아니고, 이는 상속의 한정승인제도를 형해화시키고 제도적 존재 의미를 훼손하는 것이어서 수긍하기 어렵다.

다. 이 사건에서, 원고는 한정승인자인 소외 2에 대하여 상속재산의 한도 내에서 상속채무를 이행할 것을 명하는 내용의 가집행선고부 승소판결을 받은 상속채권자이고, 피고는 위 소외 2로부터 그 고유채무에 관하여 근저당권을 설정받은 자이므로, 앞에서 본 법리에 따라 원고는 피고에 대하여 우선적 권리를 가진다고 할 것이다. 원심이 같은 취지에서 피고에 대한 배당금을 원고에게 배당하는 내용으로 배당표를 경정할 것을 명한 조치는 정당하고, 거기에 피고가 상고이유로 주장하는 것과 같은 법리오해 등의 위법이 없다. 그러므로 피고의 상고는 기각되어야 한다.

이상의 이유로 다수의견에 찬동하지 아니한다.

5. 다수의견에 대한 대법관 양창수, 대법관 민일영의 보충의견

가. 반대의견은, 다수의견이 한정승인자의 고유채무를 위한 담보물권 등의 설정등기에 의하여 상속채권자의 우선적 권리를 부정하여 상속채권자의 희생 아래 한정승인자로부터 상속재산에 관한 담보물권 등을 취득한 고유채권자를 일방적으로 보호하려는 것이어서 상속의 한정승인제도를 형해화시키고 제도적 존재 의미를 훼손하므로 수긍하기 어렵다고 한다.

이에 반대의견이 제시하는 논거들에 관하여 다음과 같이 다수의견을 보충하고자 한다.

나. 먼저 반대의견에서는, 상속인의 한정승인에 따라 상속재산은 상속채권자의 채권에 대한 책임재산이 되어 민법 제1030조 이하에서 규정하고 있는 바에 따라 상속채권자에게 우선적으로 변제·청산되는 것이고, 상속채권자가 한정승인자의 고유재산에 대하여 강제집행할 수 없는 것과의 균형상 한정승인자의 고유채권자는 상속재산에 대하여 강제집행할 수 없다고 보아야 하므로, 상속채권자는 상속재산에 대하여 우선적 권리를 가진다고 한다.

그러나 한정승인으로 상속채권자가 상속재산에 대하여 한정승인자의 고유채권자보다 우선하는 것은, 한정승인자의 고유채권자와 상속채권자가 모두 일반채권자인 한, 상속채권자는 한정승인자의 고유재산에 대하여, 한정승인자의 고유채권자는 상속재산에 대하여, 각 강제집행을 할 수 없다고 하는 것이 형평의 관점에서 정당하다는 데서 파생하는 결과에 지나지 않으며, 이와 같은 의미에서의 집행대상 재산의 제한 내지 책임재산의 분리로부터 곧바로 상속채권자에게 상속재산에 관하여 '대세적으로 우선하는 권리'가 논리 필연적으로 도출된다고 할 수는 없다.

만약 민법이 반대의견과 같이 상속재산과 한정승인자의 고유재산을 완전히 분리하고 상속채권자에게 상속재산에 관하여 우선적 권리를 부여하려고 하였다면, 그에 관한 직접적인 명문의 규정을 두든가, 아니면 적어도 한정승인자의 처분행위를 제한하는 규정이나 상속채권자에게 그러한 처분행위의 효력을 부인하는 법적 수단(파산절차에서의 부인권이나 별제권 등) 등을 마련하였어야 한다.

그러나 이러한 취지의 규정이 민법에 존재하지 않음은 분명하고, 민법은 단지 한정승인자에 대하여 그의 부당한 재산 감소 행위에 따른 단순승인 간주의 불이익(제1026조 제3호)을 부여하거나 부당한 변제 절차 등으로 인한 손해배상책임(제1038조)을 인정하는 정도에서 상속채권자의 보호를 도모하고 있을 뿐이다. 이는 우리 민법상의 한정승인제도가 상속채권자의 보호보다는 상속인이 피상속인의 채무를 무한정 상속하여 파탄에 빠지는 것을 막아 상속인을 보호하려는 데 본래의 목적이 있다는 제도적 성격을 말해 주는 것이다. 대법원이 2006.10.13. 선고 2006다23138 판결에서 상속채권자의 상속인에 대한 이행청구에서 한정승인의 항변을 하지 아니하여 전부인용판결이 이미 선고·확정되었음에도 후에 상속인에게 청구이의의 소를 허용함으로써 상속채권자의 보호에 제한적 태도를 취한 것도 이와 같은 맥락에서 이해될 수 있다.

결국 반대의견은 위와 같은 한정승인제도의 본래의 취지를 넘어 상속채권자의 보호에 지나치게 치중한 나머지 한정승인에 대하여 상속재산에 관한 파산절차(채무자 회생 및 파산에 관한 법률 제299조, 제438조 등)에서 인정되는 것과 동일한 수준에서 재산의 분리·독립 효과를 인정하고, 그로부터 상속채권자에게 대세적으로도 상속재산에 대한 우선적 권리를 도출하려는 것이어서, 한정승인에 관한 현행 민법의 규정내용 및 제도 이념과 조화를 이루지 않는다.

다. 또한 반대의견은 앞서와 같은 상속채권자의 우선적 권리를 인정하면서도, 상속채권자의 강제집행이 개시되기 전에 한정승인자가 상속재산을 처분하여 소유권을 상실한 경우와 담보물권 등을 설정하여 준 경우를 구분하여, 후자에 관하여만 추급을 인정하여 상속채권자의 우선적 지위를 그대로 인정하고, 전자에 관하여는 이를 인정하지 않는다.

그러나 한정승인자가 상속재산의 소유권을 상실하는 양도의 경우와 그렇지 않은 저당권의 설정행위는 비록 소유권의 변동 여부에서 차이가 있을 뿐 처분행위라는 점에서 그 기본적 성격이 동일하며, 또한 반대의견의 위와 같은 차별적 취급은 상속재산의 감소라는 측면에서 본다면 보다 더 부정적인 평가를 받아야 하는 처분행위인 양도에 관하여는 양수인의 완전한 권리취득을 긍정하고, 그보다 더 작은 권리인 담보물권을 취득한 사람에 대하여는 그의 권리행사를 제한하는 논리가 되어, 부정적(부정적) 결과에 대한 부인(부인)의 정도에서 일종의 평가모순의 오류에 빠지게 된다. 이는 담보권 설정행위가 상속채권자의 강제집행 가능성이 남아 있는 처분행위라는 이유만으로는 쉽게 설명되지 않는다.

또한 반대의견에서는 상속재산은 원래부터 한정승인자의 고유채권자에 대하여 책임재산이 될 수 없었던 것이고 일반채권자의 강제집행과 담보권자의 담보권 행사는 채권 만족을 얻는 방법의 차이에 불과하다고 하나, 상속재산에 관한 담보물권의 취득에는 한정승인자의 처분행위가 개재되어 있기 때문에, 그렇지 아니한 일반채권자와 반드시 동일한 평면에서 평가할 수는 없다고 할 것이다.

라. 한편 민법은 한정승인자로 하여금 한정승인을 한 날로부터 5일 내에 일반상속채권자와 유증받은 자에 대하여 한정승인의 사실과 2월 이상의 기간 내에 그 채권 또는 수증을 신고할 것을 공고하게 하는 것(제1032조) 외에는 한정승인 사실에 관한 공시방법을 요구하고 있지 않으며, 특히 부동산에 관하여 원칙적 공시방법인 등기부에 한정승인 사실을 등기하는 방법이 현행 법제도 아래서는 마련되어 있지 않다.

이와 같이 공시방법이 극히 미약한 상태에서 대세적으로 우선하는 권리를 해석론으로 도출하는 것은 거래의 안전을 크게 해치는 결과가 되어 가능한 한 피하는 것이 합당한 태도이며, 특히 일반 거래계의 주요한 거래대상물인 부동산과 관련하여서는 법률이 따로 정하고 있는 것 외에 우선적 권리를 인정하는 데 매우 신중해야 한다. 반대의견에서 적시한 근로기준법상의 임금채권이나 그 밖의 주택임대차보호법상 소액임차인의 우선변제권 등이 모두 성문의 법률에 근거한 것임은 주지하는 바이다.

반대의견에서는, 한정승인자는 상속등기가 마쳐진 후에야 비로소 상속재산에 담보물권 등을 설정할 수 있으므로, 그 과정에서 거래상대방은 상속등기를 확인할 수 있어 간접적인 공시기능을 기대할 수 있고, 한정승인 사실을 확인하지 않은 사람은 필요한 주의의무를 다하지 않은 것으로서 보호의 필요성을 부정할 여지가 있다고 하나, 단순승인을 원칙적인 상속 형태로 정하고 있는 우리 상속법제 아래에서 상속등기를 통하여 한정승인 사실의 간접적인 공시기능을 기대하거나 거래상대방에게 한정승인 사실의 확인에 관한 주의의무를 요구하는 것은 지나치다고 할 것이다.

이와 관련하여 민법이 재산분리제도에서는 등기의 대항력에 관하여 제1049조와 같은 규정을 두면서 한정승인에는 침묵하고 있는 점에 주목할 필요가 있다. 소정의 절차를 거쳐 법원의 명령에 의하여 재산을 분리한 경우조차도 등기 없이는 제3자에게 대항할 수 없는데, 하물며 그 사실이 전혀 등기되지 않는 한정승인의 경우에 상속채권자에게 상속재산에 관하여 제3자에게 대항할 수 있는 우선적 지위를 인정할 수는 없는 것이다.

마. 반대의견은, 한정승인 사실이 등기부에 기재되지 않는 등 공시방법이나 절차가 결여된 것은 그것대로 보완하여 거래의 안전을 도모하여야 하는 것이지, 이러한 입법 내지 제도의 불비를 문제 삼아 다수의견처럼 상속채권자에게 제도적으로 부여된 우선적 권리를 부정하고 한정승인자로부터 담보물권을 취득한 자가 우선한다고 보는 것은 본말이 전도된 것이라고 한다.

물론 반대의견이 지적하는 바와 같이, 한정승인 사실에 관한 공시방법이나 절차가 제대로 정비되지 않은 현 상황에서 거래 안전의 보호 필요성이야말로 다수의견의 입장에서 상속채권자에게 상속재산에 관하여 우선적 권리를 부여하는 해석론에 동의할 수 없게 하는 주된 논거이기는 하다. 또한 반대의견이 주장하듯이 한정승인제도의 공시기능을 제고하는 입법적 보완이 이루어져야 하는 데도 이론(異論)이 있을 수 없다.

하지만 그러한 공시방법이 완비되기 전까지 현재의 제도적 현실 아래에서 상속채권자의 정당한 이익 보호와 함께 한정승인자의 처분행위와 관련한 거래 안전의 고려도 동시에 조화시킬 수 있는 법리를 모색하는 것이 한정승인제도에 관한 법해석의 요체이다. 또한 상속채권자가 상속재산에 관하여 민법상의 재산분리제도나 채무자 회생 및 파산에 관한 법률에 따른 파산절차 등의 제도를 제대로 이용하면 반대의견이 우려하는 것, 즉 상속인의 고유채권자가 책임재산으로 상정하지 않았던 상속재산에서 기대하지 않았던 이익을 향수하는 결과는 적절히 차단할 수 있다고 할 것이다.

이러한 점들에 비추어 보면, 법률에 규정이 없고 등기부에 전혀 나타나지 않는 우선적 권리를 해석론으로 도출하려는 시도는 오히려 어떤 권리나 효력의 대세적 주장에는 원칙적으로 공시의 원칙을 요구하는 우리 법체계와 쉽사리 조화하지 않으며, 따라서 권리의 선후나 우열관계를 민법상의 일반원칙에 따라 가리려는 다수의견의 견해에 대하여 본말이 전도되었다고 비난하는 것에는 동의할 수 없다.

바. 반대의견은, 한정승인자의 부당한 재산 감소 행위가 민법 제1026조 제3호의 법정단순승인 사유에 해당한다고 하더라도, 한정승인자에게 별다른 고유재산이 없는 경우도 얼마든지 있을 수 있고, 상속채권자가 한정승인자를 상대로 하여 얻은 집행권원인 승소확정판결 등의 주문에 상속재산의 한도에서만 강제집행할 수 있다는 뜻이 명시되어 있는 경우에는 위와 같은 법정단순승인의 효과를 곧바로 누릴 수 없으므로 상속채권자가 온전히 구제될 수 있는 것도 아니라고 한다.

그러나 상속인이 한정승인을 하는 것은 통상적으로 상속채무가 과다하여 그로부터 자신의 고유재산을 보호할 필요가 있기 때문이므로, 단순승인으로 간주되어 한정승인자의 고유재산에 대하여도 권리행사를 할 수 있게 된다면 상속채권자에게 이익이 되는 것이 일반적일 것이다. 그리고 반대의견에서 적시한 집행권원상의 제약은 그 문제 발생 영역이 제한적일뿐더러(반대의견이 제시한 상황 외에 법정단순승인에 해당하는 사유가 소송단계에서 이미 발생한 경우에는 그 절차 내에서 당사자들의 공방을 통하여 문제가 자연스럽게 걸러질 것이다), 반대의견이 상정한 상황에서는 결국 상속채권자가 한정승인자를 상대로 별도의 소송을 제기하여 책임재산에 관하여 무유보의 이행판결을 확보하여야 하는 등의 절차적 부담이 남는다고 하겠으나, 이는 법정단순승인 사유가 판결 후에 비로소 발생한 경우에 생기는 불가피한 결과일 뿐이고 이러한 절차적 부담이 단순승인에 따른 상속채권자의 권리행사에 있어 본질적인 장애가 되는 것은 아니라고 할 것이다.

사. 결론적으로 반대의견은, 한정승인으로 상속인의 책임이 제한되긴 하지만 그로 인하여 한정승인자의 처분행위가 제한되거나 상속재산과 한정승인자의 고유재산이 완전히 분리되는 것이 아님에도 불구하고, 상속재산에 관하여 한정승인자로부터 담보물권을 취득한 사람보다 상속채권자에게 우선적 권리를 해석론으로 도출하여 인정하려는 태도라 할 것인데, 이는 우선 우리 민법상의 한정승인제도가 기본적으로 상속채권자가 아니라

상속인의 보호를 위하여 마련된 것이라는 제도적 의미를 충분히 고려하지 아니한 것이라고 할 것이고, 나아가 우리 민법이 부동산의 물권변동이나 우선변제권과 같이 이해관계인들 사이에서 우열을 따지는 첨예한 이익 대립의 국면에서는 원칙적으로 등기와 같은 대외적 표상인 공시방법에 의하여 문제를 처리하는 것을 기본적 입장으로 하고 있는 것과 배치된다고 할 것이다.

<table>
<tr><td>관련판례</td><td>2. 상속인이 한정승인의 신고를 한 경우, 상속채권자가 상속인의 고유재산에 대하여 강제집행을 할 수 있는지 여부(원칙적 소극) 및 상속재산으로부터만 채권의 만족을 받을 수 있는지 여부(적극) / 상속채권자가 아닌 한정승인자의 고유채권자가 상속재산에 관하여 담보권을 취득한 경우, 상속채권자가 우선적 지위를 주장할 수 있는지 여부(소극) / 상속채권자가 상속재산으로부터 채권의 만족을 받지 못한 경우, 한정승인자의 고유채권자가 상속재산을 책임재산으로 삼아 강제집행을 할 수 있는지 여부(원칙적 소극) 및 이는 한정승인자의 고유채무가 조세채무인 경우에도 마찬가지인지 여부(원칙적 적극)
대법원 2016.5.24. 선고 2015다250574 판결【배당이의】
[공2016하,833]</td></tr>
</table>

【판결요지】

[1] 민법 제1028조는 "상속인은 상속으로 인하여 취득할 재산의 한도에서 피상속인의 채무와 유증을 변제할 것을 조건으로 상속을 승인할 수 있다"라고 규정하고 있다. 상속인이 위 규정에 따라 한정승인의 신고를 하게 되면 피상속인의 채무에 대한 한정승인자의 책임은 상속재산으로 한정되고, 그 결과 상속채권자는 특별한 사정이 없는 한 상속인의 고유재산에 대하여 강제집행을 할 수 없으며 상속재산으로부터만 채권의 만족을 받을 수 있다.

[2] 상속채권자가 아닌 한정승인자의 고유채권자가 상속재산에 관하여 저당권 등의 담보권을 취득한 경우, 담보권을 취득한 채권자와 상속채권자 사이의 우열관계는 민법상 일반원칙에 따라야 하고 상속채권자가 우선적 지위를 주장할 수 없다. 그러나 상속재산에 관하여 담보권을 취득하였다는 등 사정이 없는 이상, 한정승인자의 고유채권자는 상속채권자가 상속재산으로부터 채권의 만족을 받지 못한 상태에서 상속재산을 고유채권에 대한 책임재산으로 삼아 이에 대하여 강제집행을 할 수 없다고 보는 것이 형평의 원칙이나 한정승인제도의 취지에 부합하며, 이는 한정승인자의 고유채무가 조세채무인 경우에도 그것이 상속재산 자체에 대하여 부과된 조세나 가산금, 즉 당해세에 관한 것이 아니라면 마찬가지이다.

【참조조문】

[1] 민법 제1028조, 제1030조, 제1031조, 제1032조, 제1033조, 제1034조 / [2] 민법 제1028조, 제1030조, 제1031조, 제1032조, 제1033조, 제1034조

【참조판례】

[2] 대법원 2010.3.18. 선고 2007다77781 전원합의체 판결(공2010상, 737)

【원심판결】

대구지법 2015.11.26. 선고 2015나305298 판결

【주 문】

원심판결을 파기하고, 사건을 대구지방법원 합의부에 환송한다.

【이 유】

상고이유에 대하여 판단한다.

1. 민법 제1028조는 "상속인은 상속으로 인하여 취득할 재산의 한도에서 피상속인의 채무와 유증을 변제할 것을 조건으로 상속을 승인할 수 있다"라고 규정하고 있다. 상속인이 위 규정에 따라 한정승인의 신고를 하게 되면 피상속인의 채무에 대한 한정승인자의 책임은 상속재산으로 한정되고, 그 결과 상속채권자는 특별한 사정이 없는 한 상속인의 고유재산에 대하여 강제집행을 할 수 없으며 상속재산으로부터만 채권의 만족을 받을 수 있다.

상속채권자가 아닌 한정승인자의 고유채권자가 상속재산에 관하여 저당권 등의 담보권을 취득한 경우, 그 담보권을 취득한 채권자와 상속채권자 사이의 우열관계는 민법상 일반원칙에 따라야 하고 상속채권자가 우선적 지위를 주장할 수 없다(대법원 2010.3.18. 선고 2007다77781 전원합의체 판결 참조). 그러나 위와 같이 상속재산에 관하여 담보권을 취득하였다는 등 사정이 없는 이상, 한정승인자의 고유채권자는 상속채권자가 상속재산으로부터 그 채권의 만족을 받지 못한 상태에서 상속재산을 고유채권에 대한 책임재산으로 삼아 이에 대하여 강제집행을 할 수 없다고 보는 것이 형평의 원칙이나 한정승인제도의 취지에 부합하며, 이는 한정승인자의 고유채무가 조세채무인 경우에도 그것이 상속재산 자체에 대하여 부과된 조세나 가산금, 즉 당해세에 관한 것이 아니라면 마찬가지라고 할 것이다.

2. 원심이 인용한 제1심판결 이유와 적법하게 채택된 증거들에 의하면, 다음과 같은 사실을 알 수 있다.

가. 망 소외 1은 2002.9.5. 사망하였는데, 그 상속인 중 소외 2를 제외한 나머지 상속인들은 모두 상속을 포기하였고, 소외 2는 한정승인 신고를 하여 수리되었다.

나. 원고는 망인에 대한 채권자로서, 소외 2를 상대로 제기한 소송에서 2014.5.2. '소외 2는 망인으로부터 상속받은 재산의 범위 내에서 원고에게 81,138,332원 및 그 중

31,544,723원에 대하여 2014.2.25.부터 2014.3.29.까지는 연 12%의, 그 다음 날부터 다 갚는 날까지는 연 20%의 각 비율로 계산한 돈을 지급한다'는 취지의 화해권고결정을 받았고, 이는 그 무렵 확정되었다.

다. 원고는 망인의 소유였던 경북 칠곡군 (주소 1 생략) 전 2,165㎡와 (주소 2 생략) 임야 2,380㎡ 등 부동산에 관하여 소외 2 앞으로 상속등기를 대위신청하여 2014.9.1. 그 소유권이전등기를 마친 다음, 2014.9.15. 위 화해권고결정에 기초하여 위 부동산에 대하여 강제경매신청을 하였다.

라. 피고는 소외 2에 대한 부가가치세 등 조세채권자로서 위 강제경매절차에서 교부청구를 하였는데, 그 조세가 상속부동산 자체에 대하여 부과된 당해세는 아니다.

마. 경매법원은 배당할 금액 88,588,000원 중 1순위로 30,000,000원을 근저당권자 소외 3에게, 2순위로 58,588,000원을 원고에 우선하여 피고에게 배당하는 내용으로 배당표를 작성하였고, 원고는 2015.4.2. 배당기일에 피고에 대한 배당액 전부에 대하여 이의를 진술한 다음 이 사건 배당이의의 소를 제기하였다.

3. 이러한 사실관계를 앞서 본 법리에 비추어 살펴보면, 상속재산인 위 부동산의 매각대금은 한정승인자인 소외 2의 고유채권자로서 그로부터 위 부동산에 관하여 저당권 등의 담보권을 취득한 바 없는 피고보다 상속채권자인 원고에게 우선 배당되어야 하고, 이는 피고가 조세채권자라고 하더라도 마찬가지이다.

그럼에도 원심은 이와 달리 원고에 우선하여 피고에게 배당한 경매법원의 조치가 적법하다고 판단하였으므로, 이러한 원심의 판단에는 한정승인에 관한 법리를 오해하여 판결에 영향을 미친 잘못이 있다. 이 점을 지적하는 상고이유의 주장에는 정당한 이유가 있다.

유류분

07

I. 서설

1. 의의 및 근거

　유류분이란 일정한 상속인을 위하여 법률상 마땅히 유류해 두지 않으면 안 되는 유산의 일정부분을 말한다. 사유재산제도 하에서 사적자치원칙에 따라 개인은 자기가 소유하는 재산을 생전에 처분할 수도 있고 유언에 따라 처분될 수도 있다. 그런데 유언에 의하여 법정상속인이 상속에서 배제될 수도 있고, 상속인의 범위에 속하지 않은 사람이 상속재산을 수여받을 수도 있다. 극단적으로 피상속인의 재산처분의 자유와 유언의 자유에 따를 경우 법정상속인이 모두 상속에서 배제되는 결과까지도 일어날 가능성이 존재한다. 그러나 피상속인의 재산에 의존하여 생활을 영위하고 있었던 근친의 생활을 보장하여야 할 뿐만 아니라 피상속인 명의로 되어 있는 재산 중에 근친자의 잠재적 지분이 포함되어 있다고 볼 수 있는 경우에는 상속재산을 청산함에 있어서 이를 현재화할 필요가 있고 상속인의 물적 생활기반을 희생시키면서까지 타인에게 증여 또는 유증하려는 피상속인의 자의로부터 상속인을 보호하기 위한 장치가 필요하다는 점을 고려해보면 위와 같은 극단적인 결과는 법정상속제도를 인정한 취지에 정면으로 반하는 것이다.[1]

---

1) 김주수·김상용, 앞의 책, 853쪽.

유언자유의 원칙과 법정상속 사이에 존재하는 이와 같은 모순을 해결하기 위하여 도입된 제도가 바로 유류분제도이며, 피상속인의 직계비속·배우자·직계존속 및 형제자매, 태아2)가 유류분권자에 해당한다(법 제1112조).

2. 유류분제도의 도입

피상속인의 재산처분의 자유에 일정한 비율의 제한을 가하여 그 비율액 만큼 상속인에게 승계될 수 있도록 보장하려는 유류분제도는 1977년 민법 개정에 의해 도입되어 1979년 1월 1일부터 시행되었다.3)

3. 특징

상속개시 이전에는 피상속인에게 재산처분의 자유가 보장되어 있어 피상속인 생

---

2) 살아서 출생하면 직계비속으로서 유류분을 가진다.
3) 대법원 2012.12.13. 선고 2010다78722 판결―유류분제도가 생기기 전에 피상속인이 상속인이나 제3자에게 재산을 증여하고 이행을 완료하여 소유권이 수증자에게 이전된 때에는 피상속인이 1977.12.31. 법률 제3051호로 개정된 민법(이하 '개정 민법'이라 한다) 시행 이후에 사망하여 상속이 개시되더라도 소급하여 증여재산이 유류분제도에 의한 반환청구의 대상이 되지는 않는다. 개정 민법의 유류분 규정을 개정 민법 시행 전에 이루어지고 이행이 완료된 증여에까지 적용한다면 수증자의 기득권을 소급입법에 의하여 제한 또는 침해하는 것이 되어 개정 민법 부칙 제2항의 취지에 반하기 때문이다. 다른 한편 개정 민법 부칙 제5항은 '이 법 시행일 전에 개시된 상속에 관하여는 이 법 시행일 후에도 종전의 규정을 적용한다'고 규정하고 있다. 따라서 개정 민법 시행일 이후 개시된 상속에 관하여는 개정 민법이 적용되어야 하므로, **개정 민법 시행 이전에 증여계약이 체결되었더라도 이행이 완료되지 않은 상태에서 개정 민법이 시행되고 그 이후에 상속이 개시된 경우에는 상속 당시 시행되는 개정 민법에 따라 증여계약의 목적이 된 재산도 유류분 반환의 대상에 포함된다.** 비록 개정 민법 부칙 제2항이 개정 민법은 종전의 법률에 의하여 생긴 효력에 영향을 미치지 아니한다고 하여 개정 민법의 일반적인 적용대상을 규정하고 있지만, 부칙 제5항이 개정 민법 시행 이후 개시된 상속에 관하여는 개정 민법을 적용한다고 정하고 있는데 유류분제도 역시 상속에 의한 재산승계의 일환이기 때문이다. 또한 유류분 산정의 기초가 되는 재산의 범위에 관하여 민법 제1113조 제1항에서 대상재산에 포함되는 것으로 규정한 '증여재산'은 상속개시 전에 이미 증여계약이 이행되어 소유권이 수증자에게 이전된 재산을 가리키는 것이고, 아직 증여계약이 이행되지 아니하여 소유권이 피상속인에게 남아 있는 상태로 상속이 개시된 재산은 상속재산, 즉 '피상속인의 상속개시 시 가진 재산'에 포함된다고 보아야 하는 점 등에 비추어 보더라도, 증여계약이 개정 민법 시행 전에 체결되었지만 이행이 개정 민법 시행 이후에 되었다면 그 재산은 유류분 산정의 대상인 재산에 포함시키는 것이 옳고, 이는 증여계약의 이행이 개정 민법 시행 이후에 된 것이면 그것이 상속 개시 전에 되었든 후에 되었든 같다.

전의 재산처분이 만약 상속이 개시되면 유류분을 침해한다는 것이 분명하더라도 유류분을 가지는 추정상속인이 상속개시 전에 이를 제한할 수 없고 피상속인의 처분행위가 당연히 무효로 되는 것도 아니다. 그리고 유류분을 미리 보전할 수도 없다. 결국 유류분 침해의 유무는 상속개시시를 기준으로 하여 비로소 결정되고(법 제1113조), 반환을 청구할 수 있을 뿐이다.[4]

II. 유류분의 범위

1. 유류분권자와 그 유류분

유류분권자는 피상속인의 직계비속·배우자·직계존속·형제자매이다(법 제1112조). 이들 가운데 유류분권을 행사할 수 있는 자는 재산상속의 순위에 따라 상속권을 가지는 자여야 한다.[5] 따라서 상속결격이나 상속포기에 의하여 상속권을 잃은 자는 유류분권도 당연히 잃는다.[6] 태아도 살아서 출생하면 직계비속으로서 유류분을 가지고 대습상속인도 피대습자의 상속분의 범위 내에서 유류분을 가진다(법 제1118조·제1001조·제1010조).

> **민법 제1112조(유류분의 권리자와 유류분)** 상속인의 유류분은 다음 각 호에 의한다.
> 1. 피상속인의 직계비속은 그 법정상속분의 2분의 1
> 2. 피상속인의 배우자는 그 법정상속분의 2분의 1
> 3. 피상속인의 직계존속은 그 법정상속분의 3분의 1
> 4. 피상속인의 형제자매는 그 법정상속분의 3분의 1

2. 유류분의 산정

(1) 유류분 산정의 기초가 되는 재산

유류분액을 산출하기 위해서는 우선 산정의 기초가 되는 피상속인 재산의 액을 확정하여야 한다.

---

4) 김주수·김상용, 앞의 책, 855쪽.
5) 김주수·김상용, 앞의 책, 857쪽.
6) 대법원 2012.04.16. 선고 2011스191 판결.

> **민법 제1113조(유류분의 산정)** ① 유류분은 피상속인의 상속개시시에 있어서 가진 재산의 가액에 증여재산의 가액을 가산하고 채무의 전액을 공제하여 이를 산정한다.

가. 상속개시시에 가진 재산

상속재산 중 적극재산만을 의미한다.[7) 아직 증여계약이 이행되지 아니하여 소유권이 피상속인에게 남아 있는 상태로 상속이 개시된 재산은 당연히 '피상속인의 상속개시시에 있어서 가진 재산'에 포함되는 것이므로, 수증자가 공동상속인이든 제3자이든 가리지 아니하고 모두 유류분 산정의 기초가 되는 재산을 구성한다.[8) 다만 분묘에 속한 1정보 이내의 금양임야와 600평 이내의 묘토인 농지, 족보와 제구의 소유권은 상속재산을 구성하지 않으므로 여기서 제외된다(법 제1008조의3). 유증의 목적인 재산은 상속개시시에 현존하는 재산으로 취급하고, 사인증여는 민법상 유증에 관한 규정을 준용하고 있으므로(법 제562조) 유증과 동일하게 취급된다.[9)

나. 증여재산의 가산

산입되는 증여는 다음과 같다.

① 오래전에 한 증여가 무한정으로 산입되고 반환청구의 대상이 되면 거래의 안전을 해하므로, 상속개시 전 1년간 행하여진 것에 한하여 그 가액을 산정한다(법 제1114조 전단). 이것은 증여계약이 체결된 때를 기준으로 하며, 이행이 상속개시 전 1년간에 행하여진 것을 의미하는 것은 아니다.[10)

② 당사자 쌍방이 유류분권리자에게 손해를 가할 것을 알고 증여를 한 때에는 1년 전에 한 것도 산입한다(법 제1114조 후단).

③ 상속인의 특별수익분은 1년보다 먼저 것이라도 모두 산입한다(특별수익 반환의무, 법 제1118조).

다. 공제되어야 할 채무

채무를 공제하는 것은 상속인의 순취득분을 산정하기 위한 것이므로, 여기서 채무란 상속채무를 말한다. 사법상의 채무뿐만 아니라 상속인의 부담이 되는 채무는 공법상의 채무, 즉 세금이나 벌금도 포함된다.[11) 상속재산에 관한 비용(상속세·관리비

---

7) 김주수·김상용, 앞의 책, 858쪽.
8) 대법원 1996.08.20. 선고 96다13682 판결.
9) 김주수·김상용, 앞의 책, 858쪽.
10) 김주수·김상용, 앞의 책, 858쪽.
11) 김주수·김상용, 앞의 책, 862쪽.

용·소송비용 등)이나 유언집행에 관한 비용(유언 등의 검인신청비용·상속재산목록 작성비용 등) 등이 여기에 포함될 것인가와 관련해서는 견해가 긍정하는 견해12)과 부정하는 견해13)가 대립한다.

(2) 유류분액의 계산(법 제1113조)

유류분 산정의 기초가 되는 재산은 상속개시 당시 피상속인이 가진 재산의 가액에 상속개시 전에 증여한 재산의 가액을 가산하고 채무를 공제하여 산정하며 유류분액은 이와 같이 계산된 유류분 산정의 기초가 되는 재산액에 그 상속인의 법정유류분의 비율을 곱하여 산출한다.14)

Ⅲ. 유류분반환청구권의 행사

유류분권리자가 피상속인의 생전 증여 및 유증으로 인하여 그 유류분에 부족이 생긴 때에 부족한 한도에서 그 재산의 반환을 청구할 수 있으며 유증 등을 한 사실을 안 때로부터 1년 내 또는 상속이 개시된 때로부터 10년 이내에 유류분반환을 청구하여야 한다(법 제1115조).

➡ 쟁점사례 - 유류분　　　　　　　　　　　　　　　　　　　　　　　　　33

A에게는 자녀 B·C·D가 있는데, A는 자기 재산 3억 원 중에서 B에게 1억 5천만 원의 재산을 증여하였다. 그로부터 2년 후에는 사실혼의 처 E에게 9천만 원의 재산을 증여하였다. A는 C와 D에게 그 후 재산을 증식시켜 나누어 줄 생각이었는데, 뜻대로 되지 않았고, 그 후 2년이 지나서 6천만 원의 재산을 남기고 사망하였다.

---

12) 곽윤직, 상속법, 1997, 458쪽.
13) 김주수·김상용, 앞의 책, 862쪽.
14) 예를 들어 피상속인이 상속재산 전부를 상속인(자) 이외의 자에게 유증한 경우. 단, 유류분 산정의 기준이 되는 상속재산의 가액은 15,000원, 채무 6,000원.
　① 단독상속인 경우: 9,000원(15,000원−6,000원)×1/2=4,500원.
　② 갑, 을, 병이 공동상속하는 경우: 9,000원×1/3×1/2=각 1,500원.

문 1
C와 D가 받을 수 있는 상속분은 얼마인가?

문 2
C와 D는 B 또는 E에 대하여 유류분반환청구를 할 수 있는가?[15)]

쟁점해설

B에게 1억 5천만 원의 재산을 증여한 것은 특별수익분에 해당 → 산입
실혼의 처 E에게 9천만 원의 재산을 증여 → 산입 또는 불산입

〈유류분 산정 기초재산〉
6,000만 원＋1억 5,000만 원＝2억 1,000만 원
B·C·D 각자의 상속분: 2.1억 원×1/3＝7,000만 원
따라서 C·D는 상속개시시의 재산 6,000만원에서 각각 3,000만 원씩을 받게 되고, B는 더 이상 받을 것이 없다. 그 이유는 B의 경우 자신의 상속분 7,000만 원을 초과하는 증여를 받았기 때문이다. 그런데 C·D의 유류분액은 7,000만 원×1/2＝3,500만 원이므로, 상속재산에서 3,000만 원씩을 받아도 유류분에서 500만 원이 부족하게 된다.
결국 C·D는 B에 대하여 각각 500만 원씩의 유류분반환청구권을 가진다.

▶ 쟁점사례 – 공동상속인에 대한 생전증여가 특별수익에 해당하는지 여부 　34

갑(아내)은 을(남편)과 사이에 딸 병 등과 아들 정을 두고 을의 사망 시까지 43년 4개월 남 짓의 혼인생활을 유지해 오다가 을의 사망 7년 전에 을에게서 부동산을 생전 증여받았다. 이후 병과 정은 자신의 상속분 침해를 이유로 갑을 상대로 유류분반환청구소송을 제기하였다.

문 1
위 소송에서 병과 정은 을이 생전에 갑에게 증여한 부동산은 공동상속인의 특별수익으로 유류분반환청구의 대상에 포함된다고 주장한다. 타당한가?

---

15) 김주수·김상용, 앞의 책, 856−862쪽 참조.

관련판례　　대법원 2011.12.8. 선고 2010다66644 판결【유류분반환】

[1] 생전 증여를 받은 상속인이 배우자로서 일생동안 피상속인의 반려가 되어 그와 함께 가정공동체를 형성하고 서로 헌신하며 가족의 경제적 기반인 재산을 획득·유지하고 자녀들에 대한 양육과 지원을 계속해 온 경우, 생전 증여를 특별수익에서 제외하는 것이 자녀인 공동상속인들과의 관계에서 공평에 반하는지 여부(소극)

[2] 갑이 을과 사이에 딸 병 등과 아들 정을 두고 을의 사망 시까지 혼인생활을 유지해 오다가 을의 사망 7년 전에 을에게서 부동산을 생전 증여받은 사안에서, 위 부동산 외에는 아무런 재산이 없던 을이 이를 모두 갑에게 증여하였다는 사정만으로 증여재산 전부를 특별수익에 해당한다고 본 원심판결에는 배우자의 특별수익에 관한 법리오해의 위법이 있다고 한 사례

【판결요지】

[1] 민법 제1008조는 "공동상속인 중에 피상속인으로부터 재산의 증여 또는 유증을 받은 자가 있는 경우에 그 수증재산이 자기의 상속분에 달하지 못한 때에는 그 부족한 부분의 한도에서 상속분이 있다"라고 규정하고 있는데, 이는 공동상속인 중에 피상속인에게서 재산의 증여 또는 유증을 받은 특별수익자가 있는 경우에 공동상속인들 사이의 공평을 기하기 위하여 수증재산을 상속분의 선급으로 다루어 구체적인 상속분을 산정할 때 이를 참작하도록 하려는 데 그 취지가 있다. 여기서 어떠한 생전 증여가 특별수익에 해당하는지는 피상속인의 생전의 자산, 수입, 생활수준, 가정상황 등을 참작하고 공동상속인들 사이의 형평을 고려하여 당해 생전 증여가 장차 상속인으로 될 자에게 돌아갈 상속재산 중 그의 몫의 일부를 미리 주는 것이라고 볼 수 있는지에 의하여 결정하여야 하는데, 생전 증여를 받은 상속인이 배우자로서 일생 동안 피상속인의 반려가 되어 그와 함께 가정 공동체를 형성하고 이를 토대로 서로 헌신하며 가족의 경제적 기반인 재산을 획득·유지하고 자녀들에게 양육과 지원을 계속해 온 경우, 생전 증여에는 위와 같은 배우자의 기여나 노력에 대한 보상 내지 평가, 실질적 공동재산의 청산, 배우자 여생에 대한 부양의무 이행 등의 의미도 함께 담겨있다고 봄이 타당하므로 그러한 한도 내에서는 생전 증여를 특별수익에서 제외하더라도 자녀인 공동상속인들과의 관계에서 공평을 해친다고 말할 수 없다.

[2] 갑이 을과 사이에 딸 병 등과 아들 정을 두고 을의 사망 시까지 43년 4개월 남짓의 혼인생활을 유지해 오다가 을의 사망 7년 전에 을에게서 부동산을 생전 증여받은 사안에서, 을이 부동산을 갑에게 생전 증여한 데에는 갑이 을의 처로서 평생을 함께 하면서 재산의 형성·유지과정에서 기울인 노력과 기여에 대한 보상 내지 평가, 청산, 부양의무 이행 등의 취지가 포함되어 있다고 볼 여지가 충분하고, 이를 반드시 공동상속인 중 1인에 지나지 않는 갑에 대한 상속분의 선급이라고 볼 것만은 아니므로, 원심으로서는 갑과

을의 혼인생활의 내용, 을의 재산 형성·유지에 갑이 기여한 정도, 갑의 생활유지에 필요한 물적 기반 등 제반 요소를 심리한 후, 이러한 요소가 생전 증여에 포함된 정도나 비율을 평가함으로써 증여재산의 전부 또는 일부가 특별수익에서 제외되는지를 판단하였어야 함에도, 단순히 위 부동산 외에는 아무런 재산이 없던 을이 이를 모두 갑에게 증여하였다는 사정만으로 증여재산 전부를 특별수익에 해당한다고 본 원심판결에는 배우자의 특별수익에 관한 법리오해의 위법이 있다고 한 사례.

【참조조문】
[1] 민법 제1008조 / [2] 민법 제1008조

참고문헌

고성춘, 국세기본법 사례연구, 법문사, 2013.

곽윤직·김재형, 물권법, 박영사, 2016.

곽윤직·김재형, 민법총칙, 박영사, 2015.

곽윤직, 민법총칙(제9판), 박영사, 2015.

광장신탁법연구회, 주석신탁법, 박영사, 2016.

국세청, 양도소득세실무해설, 2016.

김동희, 행정법Ⅰ, 박영사, 2015.

김상용, 민법총칙, 화산미디어, 2009.

김주수·김상용, 친족·상속법(제12판), 법문사, 2015.

김주수·김상용, 친족상속법, 법문사, 2017.

백태승, 민법총칙, 집현재, 2011.

송덕수, 민법총칙, 박영사, 2015.

송덕수, 신민법강의, 박영사, 2016.

송덕수, 신민법강의, 박영사, 2018.

송덕수, 채권법각론, 박영사, 2016.

양해운, 양도소득세 법령 해설, 삼일인포마인, 2016.

윤진수, 친족상속법강의, 박영사, 2016.

이경희, 가족법, 법원사, 2013.

이은영, 리갈마인드 물권법, 박영사, 2013.

이은영, 민법총칙, 박영사, 2009.

이창희·임상엽·김석환·윤지현·이재호, 세법입문, 박영사, 2017.

이창희, 세법강의, 박영사, 2016.

임승순, 조세법, 박영사, 2018.

지원림, 민법강의, 홍문사, 2017.

저자 약력

김성균(金成均)
한양대학교 법학과 졸업
한양대학교 일반대학원 법학석사
한양대학교 일반대학원 법학박사
한양대학교 법학연구소 전문연구원
한양대학교 정책과학대학 정책학과 겸임교수
한양사이버대학교 법학과 강사

現 국세청 국세공무원교육원 교수

세법 속 민법의 이해

초판발행   2018년 7월 6일

지은이   김성균
펴낸이   안종만

편 집   조보나
기획/마케팅   송병민
표지디자인   권효진
제 작   우인도·고철민

펴낸곳   (주) **박영사**
             서울특별시 종로구 새문안로3길 36, 1601
             등록 1959. 3. 11. 제300-1959-1호(倫)
전 화   02)733-6771
f a x   02)736-4818
e-mail   pys@pybook.co.kr
homepage   www.pybook.co.kr
ISBN   979-11-303-3215-4 93360

정 가   28,000원